转型的推动者

『江北三杰』评传

杨东升 徐学鸿 阎建宁 著

南京出版传媒集团
南京出版社

图书在版编目（CIP）数据

转型的推动者："江北三杰"评传 / 杨东升, 徐学鸿, 阎建宁著. -- 南京：南京出版社, 2025. 1.

ISBN 978-7-5533-4931-2

Ⅰ. K820.5

中国国家版本馆CIP数据核字第20240X5Y36号

书　　名　转型的推动者："江北三杰"评传
作　　者　杨东升　徐学鸿　阎建宁
出版发行　南京出版传媒集团
　　　　　南 京 出 版 社
社　　址　南京市玄武区太平门街53号
邮　　编　210016
联系电话　025-83283873、83283864（营销）　025-83112257（编务）

责任编辑　程　瑶
装帧设计　阳山歌
责任印制　杨福彬

印　　刷　日照市精美印务有限公司
开　　本　710毫米×1000毫米　1/16
印　　张　27
字　　数　398千
版　　次　2025年1月第1版
印　　次　2025年1月第1次印刷
书　　号　ISBN 978-7-5533-4931-2
定　　价　108.00元

许鼎霖

许鼎霖（1857.5.1—1915.10.15），中国近代著名政治家、外交家、实业家

许鼎霖雕像

许鼎霖雕像，位于江苏连云港市赣榆区青口镇潜园内（杨东升摄于2024年4月）

张謇

张謇（1853.7.1—1926.8.24），中国近代著名实业家、教育家、政治家

张謇雕像

张謇雕像，位于江苏南通市南通博物苑内（杨东升摄于 2024 年 4 月）

沈云沛

沈云沛（1854.3.1—1918.8.12），中国近代著名实业家、政治家、思想家

沈云沛雕像

沈云沛雕像，位于江苏连云港市海州区海州公园内（杨东升摄于2024年4月）

序　言

一

社会转型是指在特定的历史时期，社会经济结构、政治体制、文化形态、价值观念等发生深刻变化。社会转型的具体内容是结构转换、机制转轨、利益调整和观念转变。在社会转型时期，人们的生产方式、生活方式、思维方式都会发生明显的变化。从社会学研究角度看，人类社会是一部社会变迁的进步史，社会变迁是一个缓慢的过程，社会转型是社会变迁过程中的“关键一跃”。比如传统社会向现代社会转型，就是从农业的、乡村的、封闭或半封闭的传统型社会，向工业的、城镇的、开放的现代型社会的转型。现代社会形态转型，即指社会从传统社会向现代社会、从农业社会向工业社会、从封闭性社会向开放性社会的变迁和飞跃。

美国人类学家摩尔根在《古代社会》中将人类的历史分为蒙昧社会、野蛮社会和文明社会，其中文明社会又分为古代文明社会和近代文明社会。摩尔根提出的“文明社会”就是人类进入国家和文字产生的阶段。

文明社会的发展，从古至今经历了三个阶段。第一阶段的主要标志有青铜器、文字、城市国家，这是农业文明阶段，出现了铁器、专制国家、军队等。第二阶段的主要标志有自动化机器、市场经济、民主政治，这是工业文明阶段，出现了工业企业、金融保险、大学、新闻、议会、法院等。当代人类社会正在走向第三阶段，其主要标志可能是互联网与人工智能、知识经济、知识政治，这是知识文明阶段，它将极大改变人类的行为方式和思维方式。笔者将其命名为知识主义社会（在 2000 年第 2 期《新经济》杂志发表的《走进知识主义时代》中首先提出“知识主义社会”概念；在 2007 年由中国文联出版社出版的《促进人的全面发展研究》中系统阐述了知识主义社会的概念、特征、结构等理论）。

由古代向近现代的转型与由农业文明向工业文明的过渡，表现在四个方面，一是经济上：1500年前后，新航路的开辟结束了各地相对孤立的状态，世界日益连成一个整体。葡、西、荷、法、英等国的殖民扩张，为资本主义的发展提供了原始资本积累，使世界市场进一步拓展。西方发生了两次工业革命。第一次工业革命，大机器生产取代手工劳动，以蒸汽机的发明为代表，人类进入"蒸汽时代"。第二次工业革命，以电力的发明和应用为标志，人类进入"电气时代"。商品经济取代自然经济；实现了工业化和城市化；农牧场取代个体耕作，工厂取代工场；铁路、航运日益发达；世界相互联系、相互交往日益密切。二是政治上：1215年，英国颁布《自由大宪章》，确立"王在法下"的原则；1689年，英国议会颁布《权利法案》，君主立宪制度确立；美国颁布1787年宪法，确立了立法、行政、司法三权分立的共和制度；1789年，法国大革命爆发，法国政体几经变化，最终确立共和制度。资产阶级代议制民主逐步确立并进一步完善。1832年英国议会改革，工业资产阶级代表大量进入议会；1871年德意志帝国宪法颁布，德国确立了君主立宪制；1875年法兰西第三共和国宪法颁布，共和政体最终在法国确立。通过一系列的资产阶级革命和改革，资产阶级掌握了统治权。公民取代臣民，法治取代人治，颁布了一系列宪法和法律，人们的法律意识普遍增强。工人运动和社会主义运动兴起，1848年，《共产党宣言》发表，马克思主义诞生；巴黎公社是建立无产阶级专政的第一次伟大尝试。三是思想文化上：文艺复兴运动的核心是人文主义，要求肯定人的价值和尊严，实质是宣传资产阶级思想；宗教改革打破了对罗马教会的迷信，解放了思想；启蒙运动以"理性"为核心，提倡民主、科学，自由、平等、法治观念深入人心，进一步解放了人们的思想。现实主义文学成为主要形式，音乐、美术佳作不断，电影在一定程度上改变了人们的思想和生活方式。追求享受，追求财富，个人主义成为普遍价值观；人们生活丰富多彩。四是科学技术上：以牛顿经典力学体系为代表的近代科学理论产生。达尔文进化论、爱因斯坦相对论、普朗克量子理论诞生。

世界正在发生巨变的今天，未来的社会转型之路，取决于人们的观念对人类秩序本质的认知与接受程度。

二

世界各国都要从传统社会转型为现代社会。有些国家很顺利，有些国家则迂回曲折。因为社会转型必然触动权贵阶层的既得利益，遭致激烈反弹，这是所有转型国家都必经的阶段。然而，一个国家越早完成现代文明转型，就可以获得越多的时代红利。相反，一个国家如果一再错过转型机遇，就需要付出很大的代价和很长的时间追赶。中国近现代社会转型的进程从 15 世纪到 21 世纪，主要经历了明清的东西方文化交流、晚清的被动改良新政、中华民国的暴力革命和军政与训政、中华人民共和国的社会主义革命与建设和改革开放几个阶段。相较于清末民初的被动开放、经济起步、政体变革、思想解放，新中国的主动开放、市场改革、经济起飞等明显变化，是一种社会质变，即社会生活各个领域、各个层面发生了整体性的变革。

中国在明清丧失了三次社会转型的机会：第一次机会是 1405—1433 年郑和七次下西洋，其首航比哥伦布发现新大陆早 87 年。第二次机会是明末清初东西文化交流出现高潮，以利玛窦来中国为代表。第三次机会是 1793 年、1795 年、1816 年，从乾隆到嘉庆时期，英国分别派出使者或送来国书、礼品，要求与中国和平通商。乾隆皇帝的答复是“天朝无所不有”，嘉庆皇帝则宣称“中国为天下共主”，不能容忍使团拒绝叩头，降旨“逐其使臣回国”。中国丧失了和平融入世界的大好机会。

自 1840 年鸦片战争以来，中华体系遭遇欧洲列强主导的现代国家体系，在“三千年未有之大变局，三千年未遇之大强敌”面前，儒家文化与现代性之不兼容暴露无遗。正如美国汉学家芮玛丽指出，儒家文化天然适应农业文明。复旦大学哲学系教授李天纲经研究得出结论：“三千年未有之大变局”不是李鸿章提出来的。在上海，英国伦敦会的传教士麦都思与王韬（昆山人）、冯桂芬（苏州人）聊天时说：你们中国今天碰到一个大问题，就是你们整个的文明体系和制度体系今天不得不变革了。于是，王韬、冯桂芬把这个想法，概括提炼为三千年未有之大变局。

经历了三千年的封建专制社会的中国，在鸦片战争以及外来文化等因素的影响下，清朝后期开始了非完全自主性的社会转型，其中最为典型的便是恭亲王奕䜣支持的洋务运动。如果奕䜣主导或支持的改革或改良成功，君主立宪或许成为现实。如果没有1897年德国侵占胶州湾等不确定诱因，光绪皇帝或许不会采取操之过急的戊戌变法，而是延续并深化奕䜣等人原先就已推行的主动改革。进而推论，义和团运动和八国联军入侵等不确定的内外诱因加速了慈禧太后其后的仓促被动变革，甚至超过戊戌变法的力度，由此也注定了这种变革的失败和辛亥革命的发生。辛亥革命在突发式的彻底摧毁和断裂大清帝国历史和传统的同时，带来了政权频繁更替、军阀割据、地方诸侯暴政等诸多乱局的深刻教训。在长期的传统熟人社会治理模式渐趋失灵并逐渐解构过程中，陌生人社会治理模式又尚未成熟，社会稳定系数必然极大降低，其后，孙中山不得不将革命政权移交给袁世凯。如此也就不难理解孙中山先生后来提出的"军政、训政、宪政"理念及其实践。

由于晚清的改革者没有看到"经济奇迹"背后的危机，存在极端排外的情绪，对真正的"改革者"并不信任甚至排斥于体制之外，对传统政教与文化的过度迷信，导致中国没有成为第一批原发性转型的国家，而且在后来转型的国家里所用时间也长。

三

出现传统文化热不是一个偶发问题，要把它放到历史经验中去考察。中国传统文化有很多好的方面，一是中国的祖先给人类留下了最丰富的典籍，没有任何国家有像中国这样多的典籍。二是中国也创造了很多珍宝，包括各种各样的艺术品和思想遗产，有一些文化到现在还在发挥作用，比如中医、京剧、国画。但与任何事物一样，中国传统文化也有不足和缺陷。这就需要对中国传统文化进行深入分析，明确优劣的因素。

影响社会转型的文化因素主要有：一是伦理与政治的统一。中国传统文化的骨干是儒学，而儒学讲伦理和政治的最多。从西汉开始，就强调以孝治天下，把家族伦理拓展到整个国家的治理，后来发展为一个完整的公式——修身齐家治国平天下。这体现当时的中国社会的一个基本特点：宗法专制，伦理与政治统一。因为那个时候的社会是自然经济，经济状态比较稳定。二是专制制度下严格的等级关系。用孔子的话说就是“君君，臣臣，父父，子子”。君、臣、父、子都有一套严格的规范，各自按照自己的规范行事，等级森严，不能逾越。商鞅变法的核心是“尊王”，并且历史上的“重农抑商”“灭族之法”均因此次变法得以强化。尤其是商鞅的驭民六术，即弱民、贫民、疲民、辱民、愚民和虐民，旨在通过一系列手段来加强君主的统治力量，确保国家的稳定强大，从而导致无论国家治与乱，普通民众都贫弱和痛苦。三是服从。孔子指出，君子有三畏：“畏天命，畏大人，畏圣人之言。”公元 1 世纪，汉章帝批准《白虎通义》，此以儒学为指导，为国家政治生活和社会生活中的各方面制定详细的规矩或规范，突出传统文化的核心，即三纲六纪（六亲），服从尊长。老百姓犯了罪，按照身份的高低、亲疏关系定罪。四是“重义轻利”。是否重视利，是小人与君子的划分的标准。“普天之下，莫非王土；率土之滨，莫非王臣”是一个原则。自从中国传统文化法典化以来，要维护宗法专制，维护三纲，就规定一条：祖父母、父母在，不准分户口、分财产，不准“别籍”，不准“异财”；唐朝以来，谁违反这一条都是要受惩罚的。在传统道德观里，不准个人经营新的经济形式。比如，19 世纪 70 年代，广东商人在天津申请办轮船企业，直隶总督李鸿章不准；19 世纪 90 年代，湖南的一些商人要在洞庭湖、长江上办小轮船公司，湖广总督张之洞说不行。一直到戊戌变法前后，还是不同意。这些新企业，只准公家办，不准私人办，即使私人可以办，也要批准，限制私人财产进入某些经济领域。但是社会要现代化，就必须人要现代化，而维护现代公民的尊严和权利是根本。

中国传统文化的儒佛道这三种主要的思想中，关于自我的概念与个人主义都不是一回事。他们的“个人”是一个道德载体，而不是政治实体，更不是法人。道教和佛教倾向于退出社会，根据道家无为原则，争取权利毫无意义，其唯一反叛的方式是逃遁。儒家虽然主张改造社会，但也不是像现代化那样要解放个人，而是用礼仪和等级制来限制个人权利，事实上，儒家最不愿做的事就是社会变革。中国思想史上，只有杨朱的思想是现代个人主义。杨朱公开宣扬过“为我”的学说，然而没有留下任何著作。《列子·杨朱第七》中记载杨朱的话：“人人不损一豪，人人不利天下，天下治矣。”提倡“为我”

学说的杨朱，被批判了两千多年。孟子把杨朱和墨翟放在一起批判：“杨氏为我，是无君也；墨氏兼爱，是无父也。无父无君，是禽兽也。”儒家文化没有魔鬼一说，骂人禽兽已属最高级了。值得注意的是，孟子攻击的矛头是针对杨墨学说对等级制的瓦解，他确实击中了要害——倘若每个人都有了“自我”的意识、“为我”的可能，等级制就很难维护了。

人类是从野蛮转向文明的，无论中外都是如此。毫无疑义，对优秀传统文化应该继承、创新和发展。但是，要谨记过去的经验教训，警惕企图利用所谓传统文化否定和修改现代文明的核心价值的问题。有人说，新文化运动把中国传统文化打断了，成为中国遭殃的一个根源。而事实上，新文化运动对中国的进步贡献很大、影响深远。它不但没有打断中国的文化发展，而是开启了中国学术文化的新纪元。中国人文社会科学都是在新文化运动基础上建立起来的。有些人选择另外一个方向为儒学辩护，就是强调中国的特殊性，认为现在世界的一些核心价值观不是不对，但是不适合中国的特殊情况，所以不能简单学习和模仿。这是与现代文明相悖的。

四

虽然一定程度的社会转型是必须付出成本与代价的，但中国有时间、条件和智慧，力求以尽可能小的成本与代价实现社会平稳转型，避免重复历史。因此，应当以史为鉴，主动解放思想，积极深化改革开放，以尽可能小的成本与代价实现社会平稳转型。

世界各国的竞争，最终不是在军事上、经济上，而是在思想上、哲学上。实现现代化，首先要实现思想的现代化。没有现代化的思想，不可能诞生现代化的科技、军事、经济和现代社会。现代社会转型，最关键的就是对传统文化进行继承和创新，弘扬优秀文化，摒弃糟粕文化，促进人的自由全面发展。

自鸦片战争以来，中国社会依然处在一个古今之变的转型时期，即从传统王朝社会到现代化社会的转型之中，或者说中国近现代史正处于以现代性为主导的政治、经济、文化的演进或建构之中，尽管这种转型是在遭受西方列强的压迫并且伴随着深刻而又剧烈的中西文明之争的背景下展开的。这个历史过程，非常类似于西方大致经历三百多年才完成的现代社会的形成过程。西方现代性的历史演变又可细分为早期现代与中晚期现代两个阶段，从某种意义上说，以约翰·穆勒为代表的19世纪的英国思想家们，恰好是处于从早期现代到成熟的现代文明的转折时期。约翰·穆勒的思想为英国乃至欧洲从早期现代向成熟现代社会的迈进，提供了一个承上启下的典范性的理论依据，他的政治哲学、政治经济学和伦理学著作，尤其是在当时的英国乃至以后在世界影响深远的《论自由》一书，均是应对西方社会的现代转型问题，勾画了未来社会健康发展的图景和路径。

我国与国外社会转型的诸多历史阶段仍或多或少存在相似性，但基于三千年封建专制社会的历史土壤，从而凸显出中国相比较世界其他国家具有少有的较长周期的社会转型过程及其复杂性。首先，社会转型具有整体配套性。人类社会是一个整体，整体的运转需要各个方面配套协调。否则，社会就无法正常运转，甚至出现混乱。其次，国家的兴衰史证明：开放兴，封闭衰。国家社会发展，需要对外开放，如葡萄牙、西班牙、荷兰、英国的富强，以及隋朝、唐朝、宋朝的富裕，无不说明了对外开放的极端重要性。一个国家闭关锁国只有死路一条，明清错失大航海和现代化的机遇，清朝乾隆皇帝的闭关锁国政策，导致鸦片战争的失败结局。尤其是当今时代，对外开放是国家持续繁荣的前提。要实现社会转型，必须进一步深化改革开放，社会经济才能持续发展。最后，社会文明只有不断创新发展，才能充满生机与活力。现代社会转型，需要准确认识差距与不足，不断创新体制机制，不断实现科学创新，才能不断发展和进步。因循守旧，故步自封，不认问题，不愿改变，夜郎自大，盲目自信，好大喜功，欲速不达。现代社会转型的道路，就是不断推进思想启蒙和社会改良，笃守法治，保障人民的民主和权利，保护创造发明成果，最终走出历史的周期律，实现现代化文明的美好愿景。

目录

contents

下篇 许鼎霖的思想

第二部　张謇评传

上篇　张謇的一生

下篇 张謇的思想

第三部　沈云沛评传

上篇　沈云沛的一生

下篇 沈云沛的思想

第一部

许鼎霖评传

上篇　许鼎霖的一生

第一章　家族厄运与磨难中的青少年

一、家世和颠沛的童年

许鼎霖（1857.5.1—1915.10.15），字九香，于清咸丰七年（农历丁巳年）四月，出生在江苏赣榆县青口镇牌坊街许家公馆里，其父亲许恩普时年二十四岁，母亲乔氏二十五岁。许恩普为长子取名鼎霖是寄予厚望的。

许恩普按照《易学》阴阳五行和八卦的理论推算出长子命相为“艮”，艮为山，因此他希望刚出生的儿子将来要像山那样鼎立不动，同时许氏荆桂堂十一世行字为“鼎”，这是一个巧合。许恩普认为儿子既然命相为艮，为山，那么山上就应该有水有木才能吉祥，这也符合“山上有木，君子以居贤德善俗”的渐卦卦理。因此许恩普为长子取“霖”为名，与行辈“鼎”合起来就是“许鼎霖”。至于许鼎霖的字到底是“久香”还是“九香”，历史上还是有过争议的。根据《张謇日记》和《汪荣宝日记》的使用记录，许鼎霖的字为“九香”和“久香”并用，但《高阳许氏族谱》里记载，许鼎霖字“九香”。根据常理，族谱应为一个人生卒信息最可靠的依据。另外许鼎霖所举办的实业公司的股票印鉴上的“九香”，这是经过本人审定的，必定是真实的。为什么许鼎霖的字会有“九香”与“久香”正误不同的两种写法呢？许恩普为长子起名字是按照易经理论的。“九”在《易经》中代表阳①，还代表龙。许恩普希望他将来能像乾卦卦德所言：“天行健，君子以自强不息。”乾卦九五爻象所言：“飞龙在天，利见大人。”艮卦上为一阳，下为两阴，一阳对两阴，两阴托一阳，故突出九阳。“九香”这个字号其中蕴含着许恩普初为人父的喜悦和望子成龙的厚望。至于后来被人误写为“久香”则是对许恩普本意的误解，久香含有德馨久远的意思，这实在是没有深刻领会许恩普在其子名字中所植入的深厚的中国古

---

①阳：《易经》中用九代表阳爻，而用六代表阴爻。

典文化的内涵。后来许鼎霖果如其父所期望的那样似飞龙在天，成就了一番惊天动地的事业。

许姓出现在西周，周武王封伯夷之后文叔于许国，其后人以国为姓。许姓分为六大支，其中郡望高阳郡置于东汉时期，治所在高阳[①]。据台湾《高阳许氏族谱》记载，唐末高阳系二十世祖许儒自雍州迁入安徽歙县许村，宋朝初年，高阳系二十三世祖许逖迁居江苏高邮，二十五世祖许琳迁居无锡，后人又分别迁居苏州、上海等地，逐渐形成了高阳系的许氏分支——江浙系，许儒为江浙系许氏的开基之祖。明末清初，江浙系后人有的在上海嘉定、江苏太仓为官，遂建祠堂，另立堂号为"荆桂堂"。上海嘉定、江苏太仓之荆桂堂许姓传至六世许河时，因青口港开港，便于商贸，遂决定由上海嘉定迁居江苏赣榆县青口镇，许河为赣榆青口许氏分支的开基之祖。许河生六子，第四子国枢生文燃、文惶、文灯三子，文煌生长子恩魁（字会英）、次子恩普（字子博）。许恩普在家为次子，在族中九世排行第四，前有其伯父许文燃[②]二子为其兄，所以被坊间称为"许四"。许恩普妻乔氏（赣榆墩尚一个大户人家之女），妾熊氏、张氏。生六子：长子许鼎霖、次子许鼎和、三子许鼎动、四子许鼎馨、五子许鼎恭、六子许鼎年。其中许鼎霖为嫡出，余皆庶出。乔氏还生六女，均未成活。鼎字辈为嘉定荆桂堂许氏第十世、赣榆青口许姓的第五世。因此，安徽省歙县许村是江浙系荆桂堂许氏的起源。

许鼎霖的高祖许河是在清乾隆五年（1740年）赣榆县青口开埠之后，来到青口做生意的第一批外地的商人，也是青口的第一代徽商。当时中国大部分实行海禁，青口港是因朝廷"特恩"而开港的，吸引了来自各地的客商开行设铺，最繁荣时有商行二百四十家、商船三百余艘、人口五万。许河来到青口后的主营生意就是开油坊。许家油坊和周家油坊在当时青口镇是有着重要影响地位的企业。

当时青口镇的名门望族，如周家、龙家、蒋家、佘家这四大家族中的旺户多居住在青口的主大街——一道街，此街的居民非富即贵。作为客籍人的

---

①高阳：今河北高阳县东。
②许文燃：妻张氏，长子殇，次子许恩来。

许河此时还没有足够的资格和实力融入其中，因此许河举家来到青口后，在并不显赫的二道街一个无名小巷买了一块地皮，建起了简易的二层小楼。二道街是一个商业街，东西长二百多米，宽不足十米。许家小楼位于二道街西二百米处一条南北支巷，宽二米左右。该巷子当时无名，到了许家在此定居至五世的 1927 年，许鼎年的八女儿被土匪绑票，许家用了七麻袋银圆通过青口局团练将其赎回，但是八小姐也因此坏了名声，以至于终身未嫁，并在此孤独终老，后人为纪念许家这位不幸的女子，便命名此处为八小姐巷。许家在青口二道街的八小姐巷一住就是四代，历经了许河、国枢、文煌、恩普，到了许恩普羽翼渐丰，需要独立门户的时候，许家才因为此处地域狭小，与许家辉煌的家业和社会地位不相匹配而迁移到了牌坊街①西段。当时的牌坊街被称为青口大街，也就是一道街。此街宽十多米，东西长不过一里。位于一道街的许家与周家毗邻而居，周家在东，建房二十一间；许家在西，建房二十八间，坐南朝北，人称许公馆。

据《赣榆文史资料》载，许家花园即“潜园”（就是后来的赣榆县中学校园），位于和安圩东北，南临“马号街”，园内因洼疏池，构石为山，楼榭错落，奇花异卉充斥其间，包括灵璧石、昆石、太湖石、道州石、桂川石等在内的名贵奇石就有五十多种，供观赏的松柏也有三十多个品种。许恩普先购置了花园这块地盘，初步设计了框架布局，并建有少量的建筑物，到了光绪三十年（1904 年）至光绪三十一年（1905 年）间，许鼎霖对其进行了大规模的补建和扩建，才最终定型，形成了占地面积数十亩的一座完善的私家花园。

赣榆青口是个人杰地灵之地，清末以来人才辈出，考取功名的人很多，如举人龙方干、汪元恺、龙锡甲等，进士汪彤程、徐灿英、佘培轩等，这主要得益于青口选青书院的设立以及浓郁的人文氛围。为了给自己的后人以及乡党的子弟提供一个良好的学习环境和平台，许恩普和周定鉌不惜花重金重修被捻军烧毁的青口选青书院，许恩普还义务在选青书院教授《道德经》。

①牌坊街：今青口镇军人礼堂北、人委宿舍南的一条街道，因此处有八座贞节牌坊而得名。

选青书院于道光二十六年（1846年）由知县彭荣诰和举人龙良恒、汪元恺等募建在前宫院附近，虽然是由民间出资兴建，但是经由官方认可的县学机构，凡是在选青书院肄业的学生，享受着童生，也就是秀才的待遇。清时赣榆全县共有三所具有官办性质的学校，一是在县城赣马镇的怀仁书院，二是在青口镇的选青书院，三是位于沙河镇的溯沂书院。怀仁书院和选青书院成立得比较早，为赣榆培养了大量的士子，因而名噪一时。

根据许恩普对其子许鼎霖的人生设计，他应该走八股取士、求取功名的道路，而不是像他的祖父辈那样去经商。因此从许鼎霖出生之日起，父亲许恩普就开始对许鼎霖进行求取功名教育。同治二年（1863年），六岁的许鼎霖便在父亲的安排下进入许家私学读书。令先生称奇的是，许鼎霖从六岁入学起，就从来没有挨过先生的惩戒。凡是老师安排的作业，许鼎霖总能不折不扣地完成，对于老师没有布置的作业，许鼎霖也能额外完成。许鼎霖从十二岁入选青书院读书，八年中，学的自然是八股取士的那些课程，但许鼎霖读书最大的特点就是于诵记中领悟别人领悟不到的东西，而不是死读书的"书呆子"。

许鼎霖出生在一个社会动荡、民不聊生的时代。咸丰七年（1857年），中国爆发了历史上著名的捻军农民起义，捻军屡至赣榆，攻打青口和县城赣马，把赣榆作为其补充给养的粮仓。根据《赣榆县志》记载，捻军存续期间，数十次攻打赣榆，给赣榆当地百姓的生命财产造成了巨大的损失。另外，其他农民起义军也在赣榆各地数经战事，还有土匪武装多次侵犯，烧杀抢掠之事常有发生。咸丰十年（1860年）九月初六，捻军近十万人从山东日照、莒县南下攻占青口，在这个赣榆经济重地盘踞了五天，青口镇的财物被抢掠焚烧殆尽，无辜百姓被杀二千余人，包括青口的名门望族周家、龙家、汪家都有家眷被杀，青口七大支之一的李家几乎被灭门，许家在许恩普的带领下坐船逃到了海上，人丁没有受到损失。在这次海上逃难过程中，只有三岁的许鼎霖由家丁用柳条编制的窝篮挑着，但是由于逃跑时候匆忙，窝篮里边的棉垫子没有铺好，许鼎霖当时穿着开裆的裤子，屁股被柳条篮底磨出了血泡，而许鼎霖没有哭出一声，事后许恩普感慨于幼子的坚韧。

当时的青口镇贸易繁荣，经济发达，但没有任何的城防工程，是起义军和匪人必争之地，这种有城无防的现象让包括许鼎霖家族在内的广大富人和民众坐立不安。为抵御匪患，在官方剿匪行动之外，民间为自保也采取了许多有效的防御手段以减少损失，弥补官方撤退后所留下来的权力真空。因此，赣榆产生了以大刀王德胜为首领的地方团练组织“海胜军”，成为赣榆县剿匪最得力的一支武装。同时，各地纷纷修建圩寨，以深沟高垒来抵御匪众肆无忌惮的掳掠，青口和安圩就是由青口镇董事周曰森和龙方干、汪元恺以及青口选青书院董事许恩普、许灿英等人倡议、募资、组织施工而完成的，其在抵御匪患方面发挥了重要作用。

二、许恩普冤狱

许鼎霖的父亲许恩普出生于道光十三年（1833 年，农历癸巳年），在家为次子，在族中排行第四，因善于搞恶作剧而被坊间戏称为“许四坏瓜”或“四坏瓜”。这只是因少年天性做出的顽劣行为，那种顽劣并不是道德层面上的败坏。而《赣榆县志》所记载的许恩普绰号就有“四坏瓜”和“四君子”这两个截然相反的绰号。许恩普在其成年后干了很多捉弄达官贵人、劫富济贫的所谓的“坏事”，许多孬官员和为富不仁者每每提到他便咬牙切齿、恨之入骨，骂他为“四坏瓜”。此时的“四坏瓜”绰号已被赋予了新的含义。这方面最典型的就是许恩普联合族人状告知县特秀贪污赈灾款项中饱私囊，并在青口河大桥上当着特秀的面焚烧纸人纸马等冥品，痛哭“特儿”，为其送行的故事。正因为这样一个恶作剧，最终酿成了他的牢狱之灾和许鼎霖青年时代的苦难。

本来青口的富商通过众筹方式修建和安圩，用于抵御匪患，给青口人民带来了不小的福祉，然而工程施工中产生的疑似贪腐问题令刚正不阿的许恩普拍案而起，引发了一场诉讼。许恩普到赣榆县大衙状告周曰森完全是出于正义和良知，而不是意气用事。也许当时许恩普对建圩款的使用有所怀疑，是“风闻奏事”之类的行为，没有什么确凿的证据来证明周曰森确实贪污，所以他和周定鉌状告周曰森的案件经过知县万叶封审理，原告败诉。但是此时的许恩普并没有就此罢休，而是继续收集证据以证明其告诉行为是正义的，而非捏造，于是决定派周定鉌赴京城去控告周曰森。当时许鼎霖已年满十岁，已经熟读了诸子百家等书籍，他对于父亲屡次状告他人的行为是非常担心的，曾多次劝阻，因为树敌易，得友难，而且在那个动荡和腐败的社会是难以伸张正义的。少年许鼎霖的委劝并没有改变父亲伸张正义的决心，父亲经过研究和咨询，决定走京控司法程序。同治五年（1866 年）四月中旬，许恩普最终还是找到了周定鉌及其儿子周维熙等商议，让七十多岁的周定鉌出面、出钱派工人赵恩信作为抱告（即诉讼代理人），实际诉讼人依然是周定鉌。诉状以周曰森设局谋陷等理由赴京城都察院奏告。听说此事，周曰森急请讼师许恩隆商讨对策。这个许恩隆是许恩普没出五服的堂弟，是个远近闻名的讼师。周曰森花了大量的讼费请许恩隆代为应诉。

出乎许鼎霖的意料，这个状子在当月的二十六日就转到了同治皇帝的案头，而且同治帝朱批"此案着教李鸿章、吴棠亲提人证、卷宗，秉公严讯确情，按律定拟具奏。抱告工人赵恩信，该部照例解往对质，钦此"。皇帝亲自批示交办的该案件于七月下旬转到了曾国藩手里，二十九日，曾国藩审理后向皇帝上奏："奏为审明赣榆县贡生周定鉌京控周曰森局谋陷害一案，分别定拟，恭折奏祈圣鉴事……"从曾国藩的奏折上看，该京控案的原告是周定鉌，而没有出现许恩普，可见许恩普当时对这种事情还是有所顾忌的。曾国藩把处理意见上报给了皇帝，请皇帝裁定，又把皮球踢给了皇上，最后同治帝对这样的案件也没啥耐心去研究是非曲直，于是干脆来了个葫芦僧断葫芦案，御批对周曰森和周定鉌各打五十大板。但是此案到底是怎么顺利通过了都察院的受理并在极短时间内送到了皇帝的案头，并受到了朱批这一最高指示的礼遇，却成了历史的谜团。

光绪三年（1877 年）二月，赣榆县令特秀召集周曰森、孙树恩、许恩普等在前宫商议如何赈灾的事情。许恩普认为应该把钱直接发给灾民，救民于水火之中；周曰森和孙子梅认为应该以工代赈，兴修水利，如果把钱都分了，不能从根本上解决天灾问题，下次大雨还得受灾。赣榆县绅士徐灿英建议用赈灾款开挖青口河下游，采取疏浚的办法，彻底解决青口河水患问题。周曰森以工代赈整修青口河的方案得到了汪元恺、龙方干、徐灿英等青口董事的支持，这样按照少数服从多数的原则，知县特秀采纳了周曰森等人的以工代赈的方案，把赈灾款用于整修河道。其实许恩普不是不明白从源头上彻底解决天灾问题的好处，但是鉴于修建和安圩时周曰森可能贪污工程款的问题，特别是当前老百姓最迫切的吃饭保命是刻不容缓的，许恩普坚持发钱给灾民。许恩普的意见没有得到大家的支持，出于一种强烈的责任心，许恩普决定向上一级官府的行政长官陈述他的意见，以期能改变县里原来的决定。农历三月初三，许恩普来到海州府，向海州知州林达泉面陈挑海利弊，建议不要挑海，把赈灾款以最快的速度发给灾民。海州知州林达泉听了许恩普心急火燎的陈述，面无表情，只说了一句“事成难挽回”这样不疼不痒的话，就拂袖而去了。林知州的冷漠态度让许恩普怀疑海州赈灾及河工款项和赣榆赈灾款被海州知州挪作他用，官府拿不出现钱，所以要以工代赈。

事情果如许恩普预料的那样，青口河治理，囫囵结工和验收，大部分赈灾款落入县太爷特秀的囊中，当然周曰森和孙树恩也分了杯羹。愤怒到极点的许恩普等状告县衙高小阶贪污，而特秀为了显示其权威和尊严，居然反控许恩普等人阻挠赈灾，破坏河工建设。两江总督沈葆桢听了特秀的一面之词，在没有调查了解的情况下就上奏光绪皇帝，《大清德宗同天崇运大中至正经文纬武仁孝睿智端俭宽勤景皇帝实录》第六十四卷记载，其奏称“劣绅阻挠工赈，请斥革审办”“上年江苏赣榆县筹办工赈，劣绅许恩普等，希图渔利，百端阻挠，追解案讯供，又复狡展，实属胆玩。道员龙方升、山东试用县丞许恩普着一并斥革。与已革训导周维熙，归案严讯确情，按律定拟。并着该部查明龙方升花翎尽先道员捐案是否属实，咨明两江总督办理”。两江总督沈葆桢的奏词可谓又损又绝，把许恩普等人的正义形象完全颠覆过来，并且给许恩普等人带来了第一次的牢狱之灾。该年冬，许恩普等人被押解到海州州府大牢中。

负责处理该案的海州知州林达泉是咸丰十一年（1861年）的举人，历署上海崇明县、江苏江阴县知县，光绪元年补海州直隶州知州，先前海州受灾，林达泉勘测海沭盐河工程，采用的就是以工代赈的方法，依次疏浚了甲子河、玉带河等，修复路桥，增筑堤防，是个深受地方百姓爱戴的官员。为彰显林知州的政绩，海州专门立了《海州工赈记》碑，记载他以工代赈兴修水利的事迹。这也是当时许恩普向他面陈以工代赈弊端时，他没有反应的原因，因为他就是一个忠实信奉并施行以工代赈政策的重要官员。好在林达泉是个正直无私的官员，他并没有按照两江总督草率的定性去定案，也没有按照自己的好恶来个先入为主。而是让原告与被告双方充分发表意见，通过双方的陈述和辩论来理清是非曲直。林达泉也心知许恩普是冤枉的，所以允许他们相互切磋，相互串供，希望这个案件不了了之，这样既不陷害许恩普这样忠心耿耿的良民，也不得罪两江总督，用拖延的方法淡化这个棘手的案子。这事一直拖到了光绪五年（1879 年），特秀知县任期已满，因为有控案未结，省里令他撤任听参，特秀只得交待离任。而许恩普、周曰森也交保出狱。

特秀原姓刘佳氏，字实斋，号子良，曾以乡试第一百二十八名举人资格参加会试，结果考上进士，位列第十一名，被皇上钦点为即用知县，签发赣榆，他的哥哥特亮，是咸丰己未科进士，特秀一家出了兄弟两个进士，皆是朝廷的命官，其在官场上当然拥有一张庞大的关系网。光绪七年（1881 年），特秀经过多方营运，终于重新当上了赣榆知县，二次主政赣榆。重新掌权的特秀第一个目标就是复仇，他设计索拿许恩普、周维熙、周维亨、龙方升等人。当时周维熙的口袋里有一叠许恩普写的声讨特秀的传单《告赣榆人民书》，被一个衙役发现，呈报给知县特秀。特秀得到了这份传单，认为有此证据在手，即使不能定许恩普图谋造反的罪名，也至少能定个"造谣污蔑，蛊惑煽动人心"的罪名。特秀之后又得到了写有"刮地皮出人头地，吃人肉不嫌血腥"的标语性材料，同样也是许恩普的手笔。特秀在掌握了这些所谓确凿的证据后，就以"结党营私，对抗长官""造谣污蔑，煽惑人心""诬控县役高小阶"等罪名，将青口的东周集团数人告到了江宁府。青口东周集团除佘右斌外逃、程振甲装疯得免外，其余全部被押解到江宁府监狱。随后，西周集团的周曰森、孙树恩等作为原来青口河以工代赈案件的被告，因为案子没有结，当时只是取保候审，也于稍后被押解到江宁府监狱。最初周曰森和许恩普还想故伎重演，重复着在海州知府那种拖延战术，因为东周、西周两大集团[①]虽然有矛盾，没有根本利害上的冲突，更谈不上你死我活的斗争。但是事情的

①东周、西周两大集团：青口镇以周曰森为代表和以许恩普为代表的先后崛起的两大地方集团，人们分别以我国历史上两个朝代西周、东周的名称，代指这两个地方势力集团。

性质已由乡党间的利益之争，演变成官府和地方势力的矛盾。光绪九年（1883年）某日二人过堂，周曰森在堂上屡次遭到主审官的严厉训斥，这种情况在以往是没有的。但是许恩普一眼就认出那个在大堂上问案的主审就是过去被周曰森告掉的原赣榆知县依勒通阿。等到下堂，许恩普善意地告诉周曰森：“你的仇人到了，审问的主官是依勒通阿。”许恩普的话对周曰森来说无异于晴天霹雳，当年周曰森通过御史佘培轩京控依勒通阿，使他丢官罢职，如今他卷土重来，再出江湖，而周曰森本人又落到了他的手里，有道是仇人相见分外眼红，周曰森岂能不害怕。当夜，周曰森仰天长叹，想不到当年的得意之举，如今到了他为此买单的时候了，这正应了那句话——出来混，总是要还的！于是在极度困苦和思维混乱的情况下，周曰森在牢房里吞生金自杀。青口镇的一代风云人物就这样枉死江宁府狱中，尸首归葬青口。

三、磨难中的青少年

对于强者而言，苦难是其人生中最宝贵的财富。许鼎霖就是在常人难以忍受的苦难中顽强成长起来并走向人生辉煌的强者。正当许鼎霖意气风发准备求取功名的时候，家中出现了突发性的变故。父亲许恩普因为在青口河以工代赈的工程中状告知县特秀，被特秀反诬为“阻挠工赈”，和东周集团的一干人等关押在海州直隶州的监狱中。为了救父，许鼎霖不得不中断原来的计划，赴京进行京控，以营救父亲。此时他家已破产，家中除了体弱的母亲乔氏卧病在床，就是尚未成年的八个弟妹。作为家庭的长子，他并没有气馁，外出时就去营救父亲，回家后就看望母病，照顾弟妹，担负起了家庭的重任。

但是，这次许恩普状告知县特秀与上一次不同，这次复出的特秀把许恩普送进了江宁府的大牢中，而且青口的头面人物不少受到牵连。尚未出道的青年才俊许鼎霖认为，西周集团的头目周曰森已在江宁监狱自杀，这个案件由原来的数案交错，如今就变成了以许恩普为代表的东周集团的个案了，在江宁府监狱不比在海州监狱容易掌控，像周曰森这样的意外死亡随时都有可能发生，所以必须想办法把人从江宁监狱营救出来。

当许鼎霖来到江宁监狱看到才四十八岁的父亲已须发皆白、面容苍老的时候，不禁号啕大哭。父子谈起了今后的打算，许鼎霖说自己打算再次进京申冤，而许恩普则不赞成儿子把精力放到申诉上，认为许家的牢狱之灾在于官场没有过硬的关系来化解，如果想摆脱这种局面，只有把希望寄托在许鼎霖短期内考取功名上，因此鼓励许鼎霖积极备考，等有了功名和地位，此冤案自然能够得以昭雪。对于父亲的围魏救赵的计谋，许鼎霖是赞同的，但是父亲在狱中备受煎熬，做儿子的怎么能安下心来读书求取功名呢？因此许鼎霖还是决心再到各级府衙为父亲申冤，希望能遇到像包拯那样的青天大老爷为父做主。

许鼎霖的去京申冤之路是崎岖坎坷的，甚至几次掉进冰窟窿里差点淹死。《民国赣榆县续志》之《人物列传》对许鼎霖上访的事情有过细致而精彩的描述："君年未冠，痛父冤，诉巡抚于苏、诉总督于宁、诉都察院于京师，徒步数千里，终不得直，家破矣。母又卧病，弟妹八九人并细弱。君出营救父，入视病母，抚诸弟妹，支离困悴，一身兼之。炎风朔雪，彷徨道左，无识不识皆啧啧曰'许孝子，许孝子'云。君既蹀躞①南朔，无一息废学，短篷孤檠，弦诵不辍，学以大昌。"

光绪八年（1882年）许鼎霖和发妻朱氏从青口搬到江宁，在那里租了一间破房子居住，一是便于照顾父亲；二是便于伺机向朝廷大员反映问题；三是便于了解和掌握科举考试的信息；四是便于结交上层的朋友，以期借助外力替父申冤。在江宁的日子里，许鼎霖白天便奔赴于各官府大员的住所和办公场所，不管有用没用，见到大官就上前去陈诉父亲的冤情，遇到朝廷的大员巡视江宁，他也毫不畏惧，上前拦轿喊冤。在江宁他先后拜访了江苏巡抚、两江总督等大员。面对这些朝廷要员的威严与质询，许鼎霖面无惧色，对答如流，言语之间滴水不漏，令这些接访的大员无比折服。然而没有一个官员真正过问此事，因为在清朝末期，官场腐败，当官的官官相护，谁也不愿得罪同僚。于是，许鼎霖在万般无奈的情况下，背着煎饼，顶风冒雨，徒步近一千公里再次到京城都察院进行京控。当时国家内忧外患，清朝官场腐败，京控制度已经名存实亡了。许鼎霖把为父申冤的诉状递上去后，再也看不到

---

①蹀躞：往来徘徊。

下文，无计可施的许鼎霖只得从京城回来。许鼎霖又到了江宁狱中看望父亲，许恩普见儿子许鼎霖无意于科考，便正告道：“若有父，则请救之，若救之，则请试！”

许鼎霖处此艰辛境地依旧不忘刻苦攻读，无论严寒酷暑、在家外出，稍有空闲，都是手不释卷，琅琅诵读，因此学业渐进。光绪八年（1882 年）八月初九至十五日，许鼎霖以增生的身份参加了在江宁贡院举办的乡试。许鼎霖本没有对这次乡试抱太多的希望，因为他的答卷是对他少年时候自己认为很不成熟的作品的誊写和翻新，自己很不满意。而那场考试的主考正官是礼部右侍郎、浙江仁和县壬戌进士许庚身，副考官为翰林院编修国史馆协修、广东南海县甲戌进士谭宗浚，监考为安徽巡抚、正白旗裕禄。这两个考官在拿到实行糊名制的试卷后，阅毕许鼎霖的文章，都长时间没说话表态，最终两人都认为许鼎霖的这篇文章精妙绝伦，按照许鼎霖的各科考试成绩，应为第一名，也就是“解元”。但是根据当时清朝考试制度规定，每年乡试录取的“解元”必须由江苏和安徽两省的学子轮流坐庄。因为光绪七年（1881 年）的江南乡试的第一名录取为江苏籍学子，那么光绪八年（1882 年）江南乡试的第一名必须安排由安徽学子高中。因此，该年度江南乡试的“解元”为安徽籍的考生林介弼，许鼎霖只能被点为第二名“亚元”。许鼎霖初次乡试居然得中，将彻底改变家庭和个人的命运。这一年在江南贡院得中的一百多名举人中，有两个对许鼎霖申冤产生了重要影响的人，这其中一个是李鸿章儿子、二十七岁的李经方（中第三十八名），另一个是李鸿章的侄子李经畬（中第七十一名）。

许鼎霖多年上访形成了遇到能倾诉之人便谈论其父冤情的习惯，便向李经畬倾诉了其父的冤情，李经畬对地方官吏的贪赃枉法感到义愤，于是又把此事告诉了堂兄李经方。由于中了举人后有拜见恩师——在主考中录取他们的主官和副官的惯例，许鼎霖在拜见恩师许庚身时，除了谢师之外，许鼎霖很巧妙地把话题引到了父亲的冤狱上，主考官许庚身也被许鼎霖纯孝的行为所感动，又因为同属于从安徽歙县分支出来的江浙系许氏，更何况他们还有师生之谊这一层的关系，因此许庚身认为许鼎霖这个忙他必须帮。过去许鼎霖到处申冤而不得直是因为许鼎霖走的申冤路径方向是为父作“无罪辩护”，如果平反成功，那就说明官方都错了。而许庚身对于该案的切入角度却与许鼎霖不同，是在不考虑当事人是非曲直的基础上，按照大清法律中人性的一面，把许恩普释放出来且不用问责地方官员，还能成就许鼎霖孝子的美名。许鼎霖通过恩师的一番点拨，赶忙去找他的同科举人李经方和李经畬兄弟。因为对该案的申请赦免，老师是不能出面的，必须由其本人通过正常合法的渠道和程序去走。"二李"对于许鼎霖救父的事情表现出了极大的热忱，联合了上元[①]人仇继恒、江苏太仓人唐文治等三十八名同科举人，上演了中国历史上最早的一次集体性的"公车上书"，上书以清朝刑律的"诉讼时效"和"保外就医"等理由，要求无条件释放许鼎霖父亲许恩普。该"意见书"通过李经方递交给时任两江总督的左宗棠，他在接到李鸿章儿子李经方递交上来的光绪八年（1882 年）江南乡试近三分之一举人的联名意见书后，丝毫不敢怠慢，很快将这事落实到位。

从光绪八年（1882 年）十月的江南贡院举子上书，到光绪九年（1883 年）八月许恩普被保释出狱，前后不到十个月的时间。左宗棠之所以能够将东周集团等人释放出狱，是因为许鼎霖等三十八名举人采纳了恩师许庚身避实就虚的策略，在不分清是非曲直的情况下，在不伤及任何官员既得利益的情况下，达到了救人的目的，可谓棋高一着。这场官司历时七年之久，涉及七人，其中除了周曰森在监狱吞金自杀、周维熙病死于江宁客栈之外，许恩普、龙方升、佘右斌、程振甲、孙树恩等人都在光绪九年（1883 年）八月被保释出狱。而特秀此时以及此后的若干年依然坐在赣榆知县的宝座上，东周集团的冤案对他的官途没有产生丝毫的不良影响，直到光绪十二年（1886 年），特秀因"才识练达"而被两江总督曾国荃奏请调至山阳县任知县。

在许鼎霖中了亚元的光绪八年（1882 年）十一月，许鼎霖的母亲、许恩普的发妻乔氏在悲喜交加中离开了人世，乔氏终年才五十岁。这时离许恩普出狱还差近九个月的时间，许恩普闻听妻子过世的消息后，为了表达对亡妻的深深眷恋，写下了催人泪下的诗歌《哭老妻乔安人三章》。许恩普出狱后再也不关心政治，而是寄情山水，作诗研医。

---

①上元：今南京

第二章 从清内阁中书到正一品官员

一、从内阁中书到外交官

光绪十四年（1888年）五月，许鼎霖为了尽快走向仕途，施展抱负，以捐新海防捐的渠道被吏部发到内阁中书进行任职前的实习和考察。清朝的海防捐源于光绪十年（1884年）中法马江海战之后，由于中国水师全军覆没，为了筹措海防经费，重新加强海防建设而实行的捐官措施。捐的钱由户部管理运作，当时主持户部的翁同龢，是光绪帝的股肱大臣，是张謇的恩师，因主张变法图强而在朝野声名鹊起。清朝的内阁中书负责撰拟、记载、翻译、缮写等工作，或由举人考授，或由特赐。清代在内阁中设中书，定额为满洲中书七十人、蒙古中书十六人、汉军中书八人、汉中书三十人，官阶为从七品。清代在进士参加朝考以后，除择优任翰林院庶吉士者外，较次者部分用为内阁中书，经过一定的年限，可外补同知或直隶州知州，或保送充任军机处章京，一般很受重视。翁同龢早对许鼎霖在为父申冤期间不畏艰苦伸张正义的决心和能力甚为欣赏，还曾经调阅过许鼎霖在江南贡院的朱卷，对其文采是非常认可的。因此，举人许鼎霖被分发为内阁中书行走，虽然是兼差并兼任前实习，但是也体现了翁同龢的一番良苦用心，目的是让许鼎霖得到锻炼后快点提拔起来，以为国用。经过一年零两个月的内阁中书任上的实习和吏部的考察，许鼎霖于光绪十六年（1890年）六月初八结束了在内阁中书的行走，正式担任了内阁中书职务，这一职务为正五品，因此许鼎霖任职的起点是非常高的。

许鼎霖在京城担任内阁中书的第三个年份，即光绪十九年（1893年），迎来了父亲许恩普六十岁的生日。经过慎重考虑，许鼎霖决定在北京为父亲举行六十大寿的庆典。许鼎霖在北京为父庆寿是有着复杂的情感因素的：一是为表达孝心，许恩普一生劳碌，中年命运多舛，饱受了人间的屈辱。二是借机宣示其报国志向的能力，因为自己已正式担任内阁中书。三是作为科举制度的受益者，让世人知道许家代有人才出。于是，许鼎霖邀请了上层一些名流，如户部掌印给事中、前翰林院编修洪良品，国史馆协修、翰林院修撰张建勋，户部尚书翁同龢，都察院左都御史、南书房翰林徐郁等前来参加寿宴。而且请翰林院修撰张建勋为许恩普作了《寿序》，左都御史南书房翰林徐郁为许父的寿诞作了《诰封奉政大夫州同衔前山东县丞许子博仁兄六十寿序》，该寿序收录了当时参加祝寿的高官和贤达的祝词、诗歌、楹联等，并编纂成册，刊印发行。这里也收录了许恩普自己的诗词三首，系许恩普的陈年旧作，这三首诗词题目分别为《村居即事》其一、其二，《丁丑冬忆子鼎霖赴部叩阍调寄少年游》。

从光绪十九年（1893 年）五月到光绪二十二年（1896 年）九月，许鼎霖在秘鲁正领事官位置上干了三年多。光绪二十年（1894 年）四月廿五日，正在秘鲁担任外交官的许鼎霖闻听国内传来两个令他非常振奋的消息：一个是他的诤友、赣榆选青书院山长（院长）张謇四十二岁高中状元。另一个是家乡海州第一个得中举人的沈云沛终于在四十一岁时中了二甲第八十六名进士。张謇和沈云沛两个人在科举考试上有一个共同点，就是两人出道很早，都在早年通过乡试，但是后来在想取得会试乃至殿试好成绩的过程中都经历了长时间的挫折，那种屡试不中的焦躁和羞愧长期影响他们的心态和健康。试想沈云沛当年十八、十九岁的时候就中贡生和举人，牛得不肯吃鹿鸣宴，而是要等中了进士后吃琼林宴，海口既夸，却又屡试不中，其中的滋味可想而知。而张謇出身冷籍，在冒名顶替参加考试后，却被人控告得鸡犬不宁，颜面尽失，此后也是屡试不第，从十六岁中秀才到三十二岁才考上举人，历时十六年，虽然功名之途坎坷了一些，但是他在科举考试过程中结识了很多文友和仕子，积累了大量的人脉。张謇和沈云沛是在科举道路上先顺而后挫的一对难兄难弟，然而最终他们在八股取士方面修成了正果。因此，尽管这两个人是封建社会八股取士的受益者，但是曲折而漫长的期待与挣扎把他们打造成了旧学体制和科举制度的掘墓人。

在出任秘鲁外交官期间，光绪二十一年（1895 年）许鼎霖还报捐同知衔，并且指定报捐的任职区域在直隶省。在晚清，同知的官阶是正五品，而许鼎霖原来在秘鲁的官阶也是正五品。因为许鼎霖想要实现他的救国理念，必须有其施行抱负的舞台，而且想要到地方工作，除朝廷的任命外，就是主动报捐。然而此后不久，光绪皇帝颁发圣旨，直隶省停止官员分发。因此，许鼎霖在直隶省候补已经没有可能了，于是改为在安徽以相同官位补用。

二、署理安徽庐州知府和查办三河抢米案

许鼎霖在接到安徽补用的通知后，便马不停蹄地穿梭于各府道衙门，谋求最快解决其履新问题。半年后的光绪二十三年（1897 年）六月十六日，礼部带着即将上任的许鼎霖面见光绪皇帝，由皇帝宣布其新的职务。光绪帝当时基本采纳了杨儒的推荐意见，将其以知府加盐运使衔发往安徽。[①]光绪皇帝对许鼎霖的新任命超越了许鼎霖自己原报捐的直隶省同知职务。知府在清为从四品，盐运使也是从四品，两个从四品相加，远大于原来的捐同知正五品。这也反映出当时的光绪皇帝从善如流，敢于放手任用贤达的广阔心胸。九月二十三日，许鼎霖来到安徽赴任。但是令许鼎霖尴尬的是，他的知府职务当时还没有落实，他到安徽依然是候任。

到了光绪二十四年（1898 年）年初，吏部任命许鼎霖署理安徽庐州知府。所谓署理是指代理，因为原安徽庐州知府文翰辞职赴京候补，其知府空缺由许鼎霖暂时代理。许鼎霖署理庐州知府后的第一件事情就是验收求是学堂工程。求是学堂是于光绪二十四年（1898 年）安徽兴办的以讲授西学为主的新式学校，是安徽近代教育兴起的标志。光绪二十三年（1897 年），安徽巡抚邓华熙向清政府呈请开办学堂，强调办学的宗旨，既重西学的学习，也重圣贤义理的熏陶，办学必须实事求是。邓华熙的奏札得到批复的第二年，求是学堂就在安庆敬敷学院旧址正式开办，共招收正课生、附课生九十三名，学制三年。许鼎霖的外交官经历使他对教育救国理念有了更深刻的认识，对新式教育及新式求是学堂所开设的西学课程充分肯定，推动了中国旧式教育向现代教育转型。

---

①秦国经：《清代官员履历档案全编》（6），华东师范大学出版社，1997 年，中国第一历史档案馆藏，第 359 页。

光绪二十四年（1898 年）安徽合肥大灾，饥民为了生存集体哄抢了三河镇长龙炮舰上的军米，将巢湖水师长龙炮舰拆毁。饥民抢夺军米的动机无疑是为了生存的需要，这从当代善法的立法原则看，其行为主体的主观方面并不构成犯罪的构成要件，但是依照当时的清朝法律，饥民的行为在客观方面造成了军粮的丢失和军舰的损坏，侵犯了国有资产的国家所有权这一客体。如何处理这样一个群体事件是非常棘手的问题，如果不处罚则国家的法律和统治秩序受到挑战，如果处罚严厉则于情不通，还可能进一步激化矛盾，演变成更大的群体性事件。对于署理安徽庐州知府后不久的许鼎霖，确实是对其政治智慧和处理问题能力的一个考验。

对于三河抢米风潮的处理，许鼎霖采取了怀柔和法办这一手软一手硬的两种方法。"软"则是采取安抚和赈济的方法，让当地老百姓得到一定量的政府接济，使广大饥民得以渡过灾荒。许鼎霖在给其上级的信函中阐述了他的个人观点："粮价上涨是社会非常态化的危险信号，世界上最危险的事，再没有比多数人没饭吃还危险的了，米荒能使中国社会霎时变成扰乱状态，一星的火，顷刻燎原，以至于不可收拾，若不妥筹方法，维持善后，万一群众惶惑，衅开暴动，社会安宁、地方秩序不但无以维持，且将牵动外交，祸变之来，逼于眉睫，若老弱流亡，络绎道路，或数百人为一起，或数千人至万人一起，此种情形，实乃动荡、风暴的温床。为今之计，需拯万民于水火，使饥馑者得以饱腹，寒号者得以温存，病弱者得以诊治。"许鼎霖的观点得到了上级的首肯，政府拨付了一定的粮食和救灾物品发放到了饥民的手中，老百姓的生活问题短时间内得以解决，官府和老百姓的矛盾得到了有效的缓解。但是依照大清法律，那些挑头肇事者是需要依法严惩的，否则会使各地百姓纷纷效仿，使清朝的法律形同虚设，导致清政府的统治根基发生根本性的动摇。因此许鼎霖在各个场合都是严厉谴责这种罔顾法律、制造动乱的行为的。但是在具体确定犯罪主犯的时候，许鼎霖所确定的人选是已经在饥荒和抢米风潮中殒命的，或是老弱病残已丧失行为能力的，而且对病残者也按照盗抢的罪名而非谋反的罪名入刑，然后再以保外就医的名义保释出来。许鼎霖这样做既维护了统治阶级的颜面，也维护了法律的尊严，同时也是对参与抢米的广大饥民最好的交代和安抚。当许鼎霖将查办该案件的卷宗报告给有关部门后，官员们对许鼎霖办案的效率和效果给予了高度的评价。民间也对许鼎霖的处理方法给予了更大的谅解和赞许。

此案虽然办结了，但许鼎霖认为要想从根本上消除隐患，官府必须采取得力的措施改善民生，如果老百姓现实情况是生不如死，那么他们就不畏惧死亡！因此，许鼎霖在庐州采取了许多手段来改善民生，其中主要措施有：一是减轻农民的徭役赋税，让民众有休养生息的机会；二是官府组织人力物力开垦一部分过去不宜农耕的废闲地，无偿供无地无业农民耕种；三是大力发展实业，振兴经济，实现国富民强。许鼎霖通过在庐州短时间的高效治理，民变得以平息，老百姓也看到了生活的希望。

当许鼎霖的知府试用期满一年（自光绪二十三年九月二十日起至二十四年八月二十日）后，两江总督刘坤一在写给光绪皇帝的考察报告中这样评价许鼎霖："精明历练，振作有为，堪以繁缺，留省补用。"特别是评语中的"精明历练"是对许鼎霖处理三河抢米案方式的最贴切和准确的评价。鉴于刘坤一对许鼎霖评价的权威性，因此他要求许鼎霖留在安徽委以更加复杂繁重的工作的建议得到了光绪帝的恩准。

三、官场的"万金油"和"救火队长"

光绪二十四年（1898年）八月中旬，许鼎霖以候补知府身份署理华阳厘局。厘局是管理征收厘金的机关，局下设卡，卡又有分卡、巡卡。厘金是清代国内贸易征税制度之一，最初是地方筹集饷需的方法，又名捐厘，因其初定税率为一厘（1%），故名厘金。华阳厘局就是指设立在安徽安庆望江县城华阳镇的厘局，华阳镇位于皖西南长江北岸，清乾隆年间开挖华阳港，同治年间设立长江水师华阳营游击署，建有游击衙、演武厅和火药局，设厘金局、瓷器统捐局、土卡等机构。由于清朝末年，清政府对外赔偿负担沉重，所以只能靠对内加征赋税来弥补国库的亏空，许鼎霖以从四品的身份署理华阳厘局，可见该机构层级之高，作用之重要。

许鼎霖署理华阳厘局仅一个月，为发挥其工作所长，就被安排到华阳厘局的下属单位负责厘卡工作，同时以委办华阳厘卡知府身份赴皖北催赈捐。这个工作是华阳厘局的委派，而不是朝廷的钦差大臣，所以这个职务实际是没有任何硬性的权力的，但是催赈捐职务却责任重大，因为赈捐事关民生和政权的稳定，搞不好是要被问责的。但是从关注民生角度来讲，许鼎霖觉得他这个催赈捐的工作对普通民众来讲是有很大意义的。到了月底，许鼎霖在皖北完成了所谓赈捐工作后又被安排以委办华阳厘卡知府身份到上海去赈捐，所谓到上海赈捐就是到上海利用各种人际关系去募集所谓的赈灾资金，这些资金最终是不是专款专用，真正用于灾民是很难保证的，有时候这些赈捐沦落成增加群众负担和搜集民脂民膏的最好的借口，也是统治者打悲情牌以达到敛财目的的一种手段。许鼎霖的华阳厘卡的职位变成了一个地道的官方乞丐，其心情是沉重的。然而，当许鼎霖看到灾情之多、灾民之众、国力之弱时，觉得如其在要职上碌碌无为，还不如为老百姓多做一点实际的工作，赈灾工作也是造福黎民百姓的善事。光绪二十五年（1899 年）一月二十六日及以后的两个月，许鼎霖以委办安徽华阳厘卡知府的身份，赴江苏劝赈。许鼎霖到江苏劝赈是其原单位华阳厘局的意图，而非朝廷的安排。因为朝廷安排的职位不应是劝赈，而应该是督赈，且朝廷也不便安排这样的职位跨省操作。许鼎霖本身就是江苏人，到江苏来赈捐可谓是驾轻就熟了。当然许鼎霖的身份还是安徽的官员，所以他来江苏赈捐只能是劝捐，而没有行政的权力，当然经他劝赈而得来的善款也是不能与江苏分享的，必须全部拿回安徽去使用。但是许鼎霖并不介意这些细节，因为灾民无区域之分，凡是灾民都有权得到救济，这也正是赈灾之“义”的价值观的原则体现。

在经历了一年多的委屈和疲惫的赈灾生涯后，许鼎霖在光绪二十五年（1899 年）十月二十四日终于卸掉了安徽华阳厘局厘卡的职务，同时也卸掉了原来的督赈、义赈和劝赈等难做的工作，被安排到安徽凤阳署理凤阳知府，因为凤阳知府冯煦现已离任，所遗员缺应补。这一次许鼎霖得到朝廷重用的推荐人物依然是两江总督刘坤一，刘坤一在写给朝廷的推荐信中这样表扬许鼎霖：“兹查有候补知府许鼎霖，事理通达，强干精明，堪以署理。”刘坤一本次比上一次的推荐信中加了“事理通达”四个字。“事理通达”是指许鼎霖识大局、顾大体，在厘卡的位置上无怨无悔尽职尽责地做好份外的赈捐工作，而且还从安徽跑到上海和江苏去义赈和劝赈，成绩斐然，可贵的是从事该项工作自始至终没有怨言。虽然这次许鼎霖依然是署理凤阳知府，但就在三天后辞去了该职务，原因是许鼎霖奉营务处委派赴山东探听硫黄价格。营务处是刘坤一作为两江总督在其军队中设立的以军营行政为要务的官署，营务处总办、会办常以道、府文官充任。但是打探一种矿物质的价格居然启用一位四品官员，足以说明硫黄这种战略性物资的重要性。

尽管许鼎霖一如既往地以忘我的精神投入工作中，但是在国家积贫积弱、清朝大厦将倾的背景下，由于社会一片混乱，他的工作职务难以正常稳定。从山东探硫黄回来后，许鼎霖于光绪二十六年（1900 年）四月二十五日在安徽办街口厘卡；五月被委派往京解京饷，完成任务后被支遣到宿松公干；五月二十日，以知府衔委办安徽大通厘卡，五月二十七日以大通厘卡身份兼办安徽码头厘卡。在皖北时期，许鼎霖就像一个“官场流浪者”，被安排得忽东忽西，但这也证明了许鼎霖具有惊人的忍耐力和配合精神。

许鼎霖在大通厘卡兼办安徽码头厘卡工作期间，正值戊戌变法失败、义和团打着“扶清灭洋”的口号在全国风起云涌地兴起、自立会①在各地起事、八国联军侵华之时，安徽发生了大通居民焚烧教堂案和婺源等教堂案，这些在特殊的国内国际背景下发生的复杂的刑事案件与政治外交事件交织的教案，都委派了许鼎霖去接“烫手山芋”，其官途富有挑战性。

光绪二十六年（1900 年）七月，安徽大通当地居民群起攻击西班牙在大通开设的天主教堂，并将教堂纵火焚毁。大通镇位于铜陵市中部，清设大通水师营并建参将衙，还设有“纳厘助饷”的厘金局和专征江西、两湖及安徽中路盐税的盐务督销局，其与安庆、芜湖、蚌埠并称为安徽“四大商埠”。许鼎霖深知这是非常棘手的问题，教案频发的主要根源之一，就是传教士在田产和购房之事上与中国人发生冲突。同治十一年（1872 年）后西班牙传教士来到安徽大通，除了学习汉语和研究中国社会、传播“上帝的福音”之外，他们还看中了大通这块水陆便捷、物产富庶、商贸繁荣的宝地，卷入了中国的商务、建筑、生产等事务中，利益的严重冲突加上中国农民群体的不理智

---

①自立会：清末由唐才常组织发起，由资产阶级维新派、革命派和会党群众所组成的政治组织和武装起事组织。自立会和自立军的活动，一方面继戊戌变法的余绪，另一方面又表露出革命的新机。

是造成教会案件的根本原因。许鼎霖作为朝廷的官员，面对发生在自己行政辖区内的焚毁西班牙天主教堂案件，如何处理能既不伤害民族感情，又不引起外交纠纷，成了摆在许鼎霖面前的一道考题。处理三河抢米案涉及的是内政问题，而处理大通焚毁教堂案涉及的是外交问题，特别是在八国联军兵临北京城下之时，更是要慎之又慎。就在许鼎霖对如何处理该事件一筹莫展的时候，在大通发生了自立会起事事件。许鼎霖灵机一动，认为可以在自立会上大做文章，于是他派厘卡上的"勇"迅速出击，捉拿自立会成员七名，作为焚烧教堂案的替罪羊。许鼎霖的做法是一箭双雕，首先，自立会是以西太后为首的清廷所要打击取缔的非法组织，把自立会的成员捉拿归案，并把焚烧教堂的责任推到该组织的头上，内可以让清政府满意，外可以让涉案的当事国缄口。其次，把自立会成员作为焚毁教堂案的肇事者，可以有效保护当地民众的利益，使民众免于大清法律的制裁。但是许鼎霖这样做从历史大趋势上看还是有负面影响的，因为自立军是戊戌变法中光绪帝派的拥护者，当然这是由许鼎霖的阶级立场决定的。七月十四日，许鼎霖向两江总督刘坤一电告安徽大通镇情况："探明富有票匪在江北桐城地界啸聚数百人，宰牲祭旗，请速派队剿捕。"许鼎霖对被捉拿的滋事的当地土民，进行严刑拷打。翌日，民众群起围堵厘局，要求许鼎霖高抬贵手，放了被捉拿的土民。[①]但是许鼎霖这次并没有像以往那样施以变通，因为许鼎霖处理这类群体事件是有底线的，即在旗帜鲜明地维护国家尊严的前提下，对涉匪案件的处理是秉公执法的。这也是许鼎霖的历史局限性。

由于许鼎霖在处理大通焚烧教堂案表现出的一般官员所不具备的智慧和胆识，之后又被安排去处理更为复杂的婺源等教堂案。此案与大通焚烧教堂案的前因后果如出一辙。婺源的外国传教士依靠所谓的法外治权勾结地方恶霸占领大片土地，修建教堂，搜刮民财，激起了广大民众的仇恨。光绪二十六年（1900 年），在义和团"扶清灭洋"的口号鼓动下，加上八国联军侵略中国所形成的仇恨，导致安徽婺源、宿松等地民众捣毁教堂、破坏教会

①路遥主编：《义和团运动文献资料汇编》（卷下），山东大学出版社，2011 年，第 470 页。

财物等极端行为的发生。许鼎霖在处理婺源、宿松民教冲突中，一如既往坚持不牵连无辜百姓的原则，对教会欺骗民众、侵占土地和财产的行径披露真相，依法处置，对参与民教冲突的当地居民尽最大的可能予以保护。因此，许鼎霖采取了息事宁人的办法，冲突很快得到了平息。但许鼎霖参与处理的几起安徽的民教纠纷的方法，只是治标不治本，不能从根本上消除因国家外交软弱所带来的弊端，他自己也因此产生了深深的忧虑。

许鼎霖在处理完婺源等民教案回到芜湖后，于光绪二十七年（1901 年）七月初五，被委派查办盐河厘卡的有关问题并兼营务处；七月初十，以兼办盐河厘卡知府身份销洋务局提调差；七月二十二日，以候补知府身份奉抚台委办芜湖商务通判；七月二十三日，奉抚台委办芜湖商务局总办；八月初八，山西巡抚岑春煊奏请吏部，以资差遣[①]；十月初十，以委办芜湖商务局提调知府身份署理桐城；十月十四日，以芜湖商务局提调身份辞职，分发安徽遇缺先行补用。由此可见，许鼎霖在安徽从政期间成了一个任人驱使和抽调的“万金油[②]”型官员，短短的几个月时间内，许鼎霖的职务频繁变动。这说明其受到了官员的重视和重用，除了他的精明能干之外，很大的原因来自他的廉政形象。

四、芜湖城市建设和管理的试验

光绪二十八年（1902 年）年初，聂缉椝任安徽巡抚。聂缉椝（1855—1911），字仲芳、仲方，室名心斋，今衡阳市衡山县人，清末封疆大臣，洋务派代表人物、民族资本家。二月，许鼎霖被聂巡抚以委办商务局兼米厘知府身份知过班道员仍留安徽试用，并以商务局知府身份以知州补用。又一个月以后，许鼎霖以芜湖商务局总办身份前去参拜新任的巡抚聂缉椝，并接受其垂询。在第一次见面中，聂巡抚对许鼎霖的印象非常好，于是有意要培养其在发展工商实业方面的领导能力，即派许鼎霖以皖南商务米厘

①中国第一历史档案馆：《光绪宣统两朝上谕档》第 27 册，广西师范大学出版社，1996 年，第 85 页。
②万金油：寓意能力比较全面，胜任多种工作。

局的身份到江宁考察。通过对江宁的考察，许鼎霖认为九江、芜湖等同为长江中下游的通商口岸，商业不振与其不通达的交通和衰落凋敝的市容市貌有一定的关联，欲要富先修路，所以许鼎霖考察回来后即着手改善整治芜湖的道路设施。

芜湖的街道狭隘不平，污水横流，让行者感到很不方便。许鼎霖经过征询方方面面的意见，拟将长街一带用红麻石铺路，道路中间设排水沟，把原来长街的行道石起运到二街使用，从广仁局到陶家沟新关租界一线均铺设为马路。六月二十九日，许鼎霖以商务局会商办道员身份拨款两万银圆给市政部门，用于开辟芜湖大马路、二街和广陶路等。在此基础上，许鼎霖又对芜湖大大小小的街道进一步勘察设计整修，并于陡门巷兴筑新马路。在整修街道的施工过程中，许鼎霖多次组织商务局委员司事勘验修路工程施工，以确保施工质量。

芜湖市政管理的滞后也是不容小觑的。许鼎霖熟悉外国城市的管理方法和经验，决定在芜湖城市街道设立巡警，用以城市的基础设施管理和秩序维护。这种设立巡警的管理方式在当时是具有创造性和开拓性的。为了把这项工作做好，许鼎霖于光绪二十八年（1902 年）七月初十专程到安徽省城安庆拜见安徽巡抚聂缉椝，专题汇报振兴芜湖工商业和设立巡警局等举措。许鼎霖侃侃而谈其设想和计划：芜湖向来都是通商码头，华人和洋人杂处，教堂林立，又为长江和湖北的要冲，那些游勇和土匪常常在这里穿梭往来，如果不设立巡警则不足以弥奸慝[①]而靖地方。近来屡奉诏旨，要求振兴商务，皖省地瘠民贫，商力窘迫，欲求振兴商业，实在不知道从何处入手。只有芜湖一区，濒江背河，商务繁盛，实为全省之冠，芜湖作为已经开放的通商口岸，亟需设法整顿秩序，以保证工商业蒸蒸日上。现在巡警没有设立，没有可以用来保持社会秩序、保护工商业者利益的载体，并且城市马路不发达，各处联络交通也很困难。现在要振兴商业必须将芜湖巡警队伍建立起来，把马路交通设施完善起来，才能实现圣上关于振兴商务的旨意。芜湖应当仿照江宁、江苏、湖北、山西新章，参照英、美等西方国家的成法，设巡警兵三百名，

①奸慝：奸恶的人。

日夜轮流更替巡查。所需要的经费，就用原来设的今被裁撤的保甲局保卫营的相关经费来维持支付，不足的款项，按照各省章程，抽收门牌、车船各捐，以资凑抵。听了许鼎霖关于设立巡警、拓展马路、振兴工商业的计划，聂缉槼认为此计划"甚善"，即在许鼎霖的书面报告上做出如下批示："饬令会办商务局委员、候补道许鼎霖将芜湖巡警、马路事宜妥筹开办。"根据聂巡抚的批示，许鼎霖将设立芜湖巡警的一系列规章制度草拟完成，并报至巡抚处。该章程大纲共有十条：一曰筹款，二曰立局，三曰设官，四曰薪饷，五曰衣械，六曰赏罚，七曰规条，八曰法令，九曰工程，十曰习艺。每条大纲后另有子目。

根据许鼎霖呈报的详细报告，聂缉槼拟好奏章上报朝廷，不久得到了批复，获准设立"芜湖商务巡警局"，由许鼎霖任总办，招募三百名巡警，拟定《巡警章程大纲》，巡警章程为商务局许鼎霖观察所定。总局住所设在江口横街，巡警营房设置在鸡窝①，选择地址设立分局。芜湖巡警局被冠以"商务"的名称，原本是许鼎霖想顺利通过的一个由头。芜湖商务巡警局顺利设立后，由于在社会治安和市政管理方面的贡献，得到了广大市民和客商的一致好评，许鼎霖也一鼓作气，在原来街道马路改良的基础上又修建了西门至江干十里长街，接着修缮了二街和三街等街道。芜湖的道路设施焕然一新，从而促进了商贸业的发展与繁荣。

五、江苏丁艰候补道和处理浙江宁海民教案

就在许鼎霖在安徽干得风生水起的时候，光绪二十九年（1903年）正月，其父许恩普在上海祝其公所病逝，享年七十岁。许恩普身后留下了中国中医界一本知名度很高的专著《许氏医案》，因为许恩普从少年时代就精读《黄帝内经》《伤寒杂病论》《金匮方》等传统的中医药著作，并且能活学活用，举一反三，生前还经常为达官贵人和贫民进行义诊。由于原来在青口以西的十里铺村的许家祖茔内已无空地，许鼎霖将其父葬于赣榆县青口南第二沟许

①鸡窝：芜湖的某一处地名。

家山庄附近，与已安葬在此的发妻乔氏合葬。但令人痛心的是，二沟的许家坟茔在"文化大革命"期间被毁，后来在外地的许家后人闻听此事，将许恩普等重新安葬，没有在地表留下任何标记，因此许恩普的坟茔具体在二沟什么地方成了历史之谜。

按照清朝的有关制度，有官职在身的人，父母去世后要在家守孝三年，名曰丁忧。但是，由于晚清内忧外患困扰着统治者，此时国家确实需要像许鼎霖这样的大贤来辅佐，再加之芜湖十三帮总董一致上书给聂缉槼，要求许鼎霖留任，理由是商情难却。所以，聂巡抚把许鼎霖丁忧期由三年改为百天。朝廷批文任命许鼎霖以丁艰候补道身份到江苏，下乡查勘湖场。在江苏查勘湖场、考察农业的时候，触发了许鼎霖后来投资垦牧的设想和创意。

光绪二十九年（1903 年）十月十三日，许鼎霖奉命到达位于杭州的浙江省巡抚府任职。原来就在许鼎霖以丁艰候补道发往江苏之后不久，聂缉槼被调任浙江巡抚。聂巡抚直言不讳地告诉许鼎霖，此次让他来浙江任职是他的主意，因为浙江宁海发生了一件震惊中外的民教大案，鉴于许鼎霖积累了许多处理涉外事务的经验，于是向朝廷具奏许鼎霖善决狱讼的特长，请求朝廷安排许鼎霖到浙江处理该案件。朝廷准其所奏，着江苏丁艰候补道许鼎霖速往浙江处理宁海民教案。

在浙江宁海发生的这起历史性的反洋教起义，起义发起人名叫王锡彤。四月间，为勒派斋醮祀冥演戏等费用，土民与教民发生口角，凶殴滋事。控案经宁海县叶县令提案讯结，已相安无事。自五月间，北方义和拳之事起，是时适因案在押的主犯王锡彤保释，他鼓动一群不逞之徒[①]借仇教为名，于六月十六日揭竿起事，焚烧教民张永吉等十余家，将溪边教堂举火焚毁。该年度浙江有几十座教堂被焚毁，教民千余家被捣毁。

听完聂巡抚对该案件的说明，许鼎霖认为这些案件都有一个共同的特征，即外国传教士利用宗教侵吞当地居民的土地和财产，教堂与民争利是最根本的原因，而义和拳等扶清灭洋运动只是事件爆发的一个导火索，王锡彤也只不过是维权民众的代理人。对该案的处理，许鼎霖还想延续过去的做法，嫁

①不逞之徒：欲望未得到满足、心怀不满而捣乱闹事的人。

祸于恶，赦罪于民。但是，直到许鼎霖拿到卷宗着手审理的时候，才知道事件的严重性。原来领头起事的王锡彤（1860—？），又名守真，字凤栖，宁海大里村人。自幼刻苦读书，光绪二十四年（1898年）考中秀才，长期执教乡里。为人豪爽耿直，喜喝酒，广交游，常为乡里人排难解忧，打抱不平，在民众中有很高威望。曾编撰《缑北正气集》，以乡先贤气节自励。光绪二十九年（1903年）九月，王锡彤发起反洋教斗争，率众近万，攻入城内，攻打天主教总堂，活捉神父朱国光，押往城南教场斩首剖腹示众。“宁海教案”震惊中外，清政府随即联合法军血腥镇压义军。法国“巴斯卡尔”号巡洋舰驶入甬江示威，向浙江巡抚施加压力，致函浙江巡抚限七日内拿获王锡彤。台州知府徐承礼坐镇宁海，命海门镇游击黄文琮率练船四艘、威远轮一艘，驶抵三门湾。调集台州、宁波府清军“并偕法国兵数十复来宁海”。看到这些触目惊心的细节，许鼎霖感到事件极为严重，这已经演变成一起严重的外交事件，而自己目前的身份既不是钦差也不是事发地的大员，如何能妥善处理好此事？但是，许鼎霖从另一个角度来想，方觉得朝廷和聂巡抚的高明之处，那就是许鼎霖在浙江近乎白身的身份就是最好的身份，没有优势就是审理该案的最大优势，因为他在此审案中不需要投鼠忌器，即使判决结果有所不妥，也不至于让有司没有退路，自己只管依法办事，据理力争，内维民权，外争主权，其他节外之事全不用其考虑。

在庭审过程中，法国天主教主教赵保禄狮子大开口，要求清地方政府赔偿白银三十万两，许鼎霖针对法国神父的无理要求，怒目斥责其贪婪的本质，拿出早已调查好的法国教堂实际损失评估数据以证其诉求的荒谬，并以基督教教义来斥责赵保禄的贪婪是与其信奉的宗教教旨严重背离的。许鼎霖这种以子之矛攻子之盾的手法和其义正词严的犀利，瞬间剥下了赵保禄虚伪的宗教外衣，让他在大堂之上张口结舌，羞愧难当。同时许鼎霖力陈众土民因乞食而叛并无罪过，呈请清廷批准：将宁海县令从军，赔白银十万两，为被杀教士竖碑道歉结案。清政府对整个案件许鼎霖的审理和判决非常满意，然而鉴于帝国主义国家的武力威胁，不得不于光绪三十年（1904年）四月，与法国、天主教签订了丧权辱国的《宁海教案议约》并赔款白银十万两。

由于许鼎霖不负众望妥善处理了宁海民教案件，浙江巡抚聂缉椝决定上书皇帝要求把许鼎霖留在浙江从事商务工作。聂巡抚在给朝廷的奏折上写道："浙江省自开埠通商以后，洋务事繁，经前抚臣余联沅附片，奏委候补道许贞干总理局务在案，今年交涉日繁，一切更为吃重，又值宁海闹教，日下布置将来搓磨议结均开紧要，兹据该道禀称，现署运司事务较繁，势难兼顾，请将总理洋务一差另委接办，以专责则。查有丁忧前安徽候补道许鼎霖老成练达，办事实心，前曾出洋有年，交涉一切尤为熟习。臣在安徽颇资臂助，现已调来省，应留浙檄委总理洋务，仍令会同司道和衷商办，以免贻误，……陈明伏乞。"聂巡抚的推荐书给许鼎霖的评价关键词有六个字：练达、实心、熟习。可谓一字千钧，尤其是"办事实心"，更是前人推荐官员所罕用的词汇。鉴于聂巡抚言辞恳切，朝廷准聂所奏，留许鼎霖于浙江办理洋务，任浙江省洋务局总办，丁忧之事不复提及。许鼎霖的"实心"决定了其对个人的得失去留绝不萦怀的高尚素养，这种素养使其在官场上留下了良好的口碑，且为朝廷所器重，并给予了很多的荣誉。例如清政府在宁海教案风波平息后，论功行赏，表彰有功人员时候，许鼎霖就是赫然在列的十一名官员之一，而且被赏加二品顶戴，许鼎霖从从四品一下子跃升到从二品，这是他职场生涯中关键的一步，奠定了他在中国政坛的历史地位。

许鼎霖审理宁海教案所展现的果断的风格，引起了朝野上下的关注，致使全国各地凡有疑难问题或当决而不能决的案件，皆向其问计，或打报告给朝廷，要求委派许鼎霖前去决狱。但是当许鼎霖把事情办结后，有的却对许鼎霖去留问题三缄其口，以至于出现了"供一差履一任皆不久谢去，不竟厥用"这种对许鼎霖严重不负责任的情况。

光绪三十年（1904年），在上海大办洋务的盛宣怀遇到了外交上的难题，粤汉铁路面临废约的局面，沪宁借款合同英公司提出修改，泽道铁路及山西铁矿磋商合同久拖不决。这些剪不断理还乱的政务让盛宣怀不胜其烦，为了及时解决这些问题，他需要一个能干善断的官员来辅佐他，就想起了那个以决狱而蜚声中外的许鼎霖。于是发急电给清廷军机处要许鼎霖，电报中列举了他公务中的种种矛盾问题和困难，并进一步阐述道："种种为难情形宣怀固责无旁贷，惟事体重大，交涉甚艰，亟思遴选贤能相助为理。查安徽丁忧候补道许鼎霖，诚毅练达，实心任事，交涉尤为熟谙。上年浙抚[1]奏调委办宁海教案，悉协机宜，中外翕服。刻下案经议结，该员请假在沪，可否请旨饬下聂缉槼速令该员前来由宣怀差委，随同办理铁路事宜，以裨要工而资臂助，如浙省遇到重大洋务案件本需与各国驻沪总领事商办，浙抚仍可派令办理，是否有当，伏乞，圣裁，请代奏。”盛宣怀不但话说恳切，而且还许诺浙江省如果将来需要找各国驻沪领事馆办事，他将会不遗余力予以帮助。聂巡抚看罢盛宣怀的奏折，认为许鼎霖可以去上海，但是上海方面要给许鼎霖支付足够多的报酬。这被许鼎霖断然拒绝了，他说朝廷已有俸禄，额外薪俸受之不义，且从法理上也有不通之处。许鼎霖认为当务之急是先帮助上海方面把事情办好，至于待遇问题则闭口不谈。许鼎霖聪明的地方就在于不要价就是最好的要价，像以往任何一次到外地协助处理疑难案件一样，他从不主动伸手，但是事后还是被动接受一定数量的酬谢的。据说宁海教案后，许鼎霖接受了一万块大洋作为劳务费。至于上海之行许鼎霖是否接受了酬谢，没有资料能够确认。但是有资料言许鼎霖在皖、浙两省为官期间，宦囊渐丰，遂投资实业[2]。

许鼎霖在上海协助盛宣怀处理洋务不久，安徽新任巡抚了解到许鼎霖长期在外省服务，于是向朝廷奏请将许鼎霖调回安徽，被许鼎霖坚决果断地拒绝了。因为许鼎霖经过浙江和上海的履职经历，深知发展实业对国民生活和国家财力的重要作用，他已决计在今后要以发展实业为人生之第一要务。

六、处理安庆朝廷命案的智慧

光绪三十三年（1907 年）五月二十六日，发生在安徽安庆巡警学堂的一件刺杀朝廷命官的大案，让许鼎霖不得不暂时放下已经卓有成效的实业，重回安徽，再一次充当“救火队长”的角色。事发那天，巡警学堂会办徐锡麟在安徽安庆巡警学堂甲班学生毕业典礼上刺杀了安徽巡抚恩铭。由于许鼎霖在芜湖设立商务巡警局，安徽的巡警设置在全国开创了治理社会、

①浙抚：指浙江巡抚聂缉槼。
②赣榆县志编纂委员会：《赣榆县志》，中华书局，1997 年，第 1019 页。

管理城市的先河，也是洋为中用的产物，得到了朝野上下的一致认可，恩铭作为新任安徽巡抚参加巡警学堂学生的毕业典礼，不但发表了鼓舞人心的演讲，而且亲自为毕业的学生颁发毕业文凭。大约在十一点左右，徐锡麟手持双枪率领数人向安徽巡抚恩铭开枪射击，恩铭左手、左腿被子弹击穿，腹部也中弹，当即被人背入轿内回府抢救。两江总督端方闻讯后向恩铭发出急电，要求恩铭迅即派江宁盐巡道朱恩绂带兵前去弹压。电文如下："安庆恩抚台，兹派江宁盐巡道朱道恩绂统带长江舰队四川试用道余大鸿、三十四标统带艾忠琦率带南琛江元兵轮两艘、步队两队前去，相机震慑。一面严拿放枪匪徒，务获审办。仍乞随时指示机宜，俾资遵办，方，宥。"但是此时的恩铭身中数弹，处于严重的昏迷之中，已经无法拜读端方的电文，更无法调兵遣将去抓捕革命党人。由于恩铭身上有一枚子弹击中腹部，一时间无法取出，到了下午三点整，恩铭终因伤重，医治无效而亡。

事件发生后，两江总督端方立即电告安徽候补道许鼎霖："安庆局送许九香观察，闻新帅验看巡警学堂，突有匪党持快抢轰伤新帅，并伤及员役，究系如何情形，请详细电告。"对于恩师端方的指示，许鼎霖不敢稍加怠慢，迅速参与到该案件的侦破和审理程序中，以不负端方大人的重托。在案发的次日，专案组开始审讯徐锡麟同案犯卢钟岳。卢钟岳，字迎仙，诸暨县人，大通学堂肄业，加入光复会。由徐锡麟资助，东渡日本留学，入日本警监学校学习。光绪三十三年（1907 年）结业，奉徐锡麟之召，前往安庆协助警务工作。参与了徐锡麟发动的刺杀恩铭事件，兵败被捕[①]。这次审讯，端方指示由许鼎霖、朱恩绂两人为主审官，卢钟岳坦言受徐锡麟指使，但并不知道内情。

十日后案件讯理完毕，尚未出台处理意见。这时候端方致安徽布政使冯煦的电文到了，并要求许鼎霖同览。该电文主要内容如下："安庆朱菊尊观察、许九香观察：逆匪徐锡麟上年到省，系有何人荐引得差？闻该匪并未携眷来皖，在寓同住者为谁？平日往来最密者为谁？其所放手枪系何洋行所购？同时放枪者共若干人？所用手枪是否一种？随往围踞军械所者若干人？已否攻

---

①林吕建主编：《浙江民国人物大辞典》，浙江大学出版社，2013 年。

踞？有无失去军械？同叛者公若干？有毕业者若干人？有无别堂学生、外来匪徒及他项人在内？格杀者若干名？擒获者若干名？在逃者有约共若干名？系何姓名、籍贯？再该匪曾经游学东洋，据供蓄志排满已十余年，芜湖交道来电谓系孙文党羽，有无证据？事后皖省司道曾否派员至该匪等住处搜查函件？究觉往来通信者系何等人？有无谋逆函据？且既有学生多人同反，逆谋断非一日，该堂总办、提调、教员及执事人等何以毫无风闻觉察？有无知情不报情事？以上各节，皆紧要关键，必须逐一查明，九香于皖省情形较熟，务即会同菊尊访查明确，详细电复，为盼！”在这份发给朱菊尊和许鼎霖的电文中，作为两江总督的端方一口气提出了二十二个问题，可谓咄咄逼人，字里行间充满着杀气。端方的意图已经很明确了，那就是要找出徐锡麟的同党、同谋、同案者绳之以法，按照端方的思路查下去，不知道要有多少人头落地。该电文结尾，明确指出许鼎霖对安徽人事比较熟悉，暗示该案件的查处应该以许鼎霖为主，朱菊尊为辅助。

对于端方处理该案件意图扩大化的思路，许鼎霖思之再三以为不妥，当今国家内忧外患，谋逆者众，若一味严刑酷法势必导致更大的动乱，对于处理该案，应本着惩办首犯，保护大多数的原则以达到息事宁人的结局。因此许鼎霖和朱菊尊顶着巨大的压力，达成初步的处理意见，于三日后（即六月初三）联合给端方致电，表述调查结果，回答了端方三日前电文中的二十二个类似于诘问的疑问，间接表达了二人对该案的处理意见。电文如下：“南京督宪钧鉴：徐锡麟系俞虞仙[①]亲表侄，曾有缄托新帅照拂。该逆春二月中旬入皖，同寓有徐却新，浙江人；朱道恕，大兴人。该逆平日与同寓多不往来。前经臬司诘其是否与孙文同党，该逆供非同党，并称与孙文宗旨不合，不配使我行刺。致手枪由何处购来，尚未查实。同时放枪者仅徐、陈、马[②]三逆。当时各学生目睹变状向外奔避，而徐逆诈言抚台为顾松所刺，顾已为我击毙，令各学生站队同往保护军械所。诸生不从，徐、陈二逆以枪逼迫，徐前行领队，马居中，陈在后督队，三人各持手枪，违者即以枪击。查是日在堂与试

①俞虞仙：俞廉三(1841—1912)，字廙轩，一字虞仙，山阴（今浙江绍兴）人。
②徐、陈、马：徐锡麟、陈伯平、马宗汉。

学生有二百八十人，及至军械所存者不过二三十人，并无别堂学生及他项人等在内。既未开库，亦未失去军装。此次之变，经职道等明察暗访，至再至三，该堂总办、提调、教习、学生及执事人等似无知情不报情事。余详霖缄。鼎霖、恩绂禀。冬。"许鼎霖这封调查电报，展现了他卓越的政治智慧。对于该案，除了三个主犯以外，其他的涉事之人都被许鼎霖以查无实情、与徐逆等叛案无涉等从参与谋反的案件中解脱出来。特别是对学生的开责之词，更是极尽保护之能事。应该说，在当时的朝廷震怒、端方严查、恩铭等党系的重重压力下，许鼎霖敢于坚持己见、不畏权贵、勇于担当的精神和勇气是值得为官者钦佩和敬重的。

两江总督端方接到许鼎霖和朱菊尊发来的对徐锡麟行刺的调查报告，觉得如此重大事件仅有徐、陈、马三人涉案，对余皆无罪的认定结论颇有疑虑。他感到如此结论朝廷和世人未必认同，于是再电许鼎霖和朱菊尊二人，要求以武力弹压，并询问兵力部署情况。许鼎霖和朱菊尊接到端方的电报后，丝毫没有动摇其固有的立场，并于当日复电端方："南京督宪钧鉴，学生前后会讯四次，多系胁从。马宗汉系当场拿获，亦讯四次，亲笔写供，罪无可逃，会商稍留待质。徐伟昨傍晚解到，比即提讯，供词狡展，今日再讯，仍如前。遵谕会同皖省司道及许道，量用刑讯。因案情重大，又关人命，非得有确供不敢冒昧上达，至送信匪党，现饬查拿，另报。职道绂、霖禀。"这次许鼎霖再次把端方的意见驳回，特别是许鼎霖复电中"非得有确供不敢冒昧上达"的表述更是让端方无可奈何，因为该句言下之意是他们总不能以莫须有的罪名制造冤假错案。端方也知道自己不在办案第一线，没有足够的证据来否定许鼎霖和朱菊尊二人的审理结论，但心有不甘，于是又电许鼎霖和朱菊尊，列举了秋瑾等例子，来说明徐锡麟党羽甚丰，不要掉以轻心，匆忙下结论，要求他们二人再查再讯。端方的这次电令明显底气不足，秋瑾案件在浙江，而徐锡麟刺杀恩铭案件在安徽，即使徐锡麟如端方所言有羽翼万人，也不能据此断定巡警学堂的师生中就有其党羽。明显看出来，端方的两次密电都被许鼎霖婉拒，这次拉出秋瑾案说事，纯属为了颜面而牵强证明其观点的正确性。许鼎霖聪明绝顶，当然一眼就看出了端方的心态，于是顺水推舟，复电端方，表示完全赞同他的观点，为了加强防范，请求端方增派步兵一个营来安徽，以壮声威而资镇压。端方这次接到许鼎霖和朱菊尊于六月初七发来的回电，见自己的观点得到赞同，心情虽然好了些，但是对于许鼎霖再次踢给他的皮球，他已经没有牌可打了，只得敷衍回复许鼎霖和朱恩绂二人："安庆许、朱道合，添派军队原无不可，惟近日安和人心已定，地方静谧，军队到彼无大用处，而外间转难免不别生惊疑，且鄂军甫归，而我又增兵，亦难置词。仍请密察情形，倘演非靖兵不可，再电商。"至此，端方初期的狠劲已经消了一多半了。

但是许鼎霖为了彰显其扎实的行事风格和对该案审讯的慎重，再次复电端方，把如何九次讯问徐伟，徐伟如何只承认徐锡麟的同党只有陶焕卿、陈子英、龚味荪、陈淑南、沈钧业等五人，余皆与案无涉等情况又不厌其烦地跟端方做了汇报。这次复电端方后，许鼎霖和朱菊尊都长舒了一口气，因为仅从电报的字面看，二人对该案的询问处理已经详而又详了。至此，名震一时的刺杀恩铭的暴动案基本结束，大量的学生和无辜者在许鼎霖的据理力争下得以保全，躲过了这次的万劫不复。许鼎霖这次处理革命党刺杀恩铭案时保护学生的义举，客观上保护了革命党，因此，历史上对许鼎霖的评价应该客观公正。

七、从奉天交涉使到正一品封典

宣统三年（1911 年）四月初七，东北三省总督赵尔巽奏请选调并经朝廷安排，许鼎霖被调任东北三省垦务总督。这是由于赵尔巽在任安徽按察使时，对安徽候补道许鼎霖的雄辩之才和在江苏垦务的成功实践早有耳闻。但是，许鼎霖在接到任命后还未及上任，四月十三日，又被赵尔巽改任为试署奉天交涉使，原因是赵尔巽考虑到许鼎霖曾担任过多年的秘鲁外交官。许鼎霖在奉天交涉使的位置上充分展现了他无与伦比的外交才能，也是其官宦生涯中一个重要的里程碑。此后，许鼎霖又被邮传部委任为全国铁路总稽查，月薪五百两。于是，许鼎霖就在奉天和北京之间往返事职。五月初六下午二时，资政院召开会议欢送许鼎霖赴奉天任职，陈树楷代表全体议员致欢送词，许鼎霖做答谢众议员送别演说。

宣统元年（1909 年），鉴于许鼎霖在振兴实业、赈灾和断案等方面的贡献，清廷授予许鼎霖一品官。宣统三年（1911 年）五月十七日，作为清朝官员的许鼎霖迎来了人生的大喜事，朝廷以许鼎霖在实业和赈灾事务、推动预备立宪以及在谘议局和资政院中的杰出贡献，授予许鼎霖直系三代正一品封典。其曾祖父许国枢、祖父许文煌、父许恩普追赠光禄大夫，妣乔氏追赠一品夫人，光禄大夫在清代为正一品，而非前朝的从一品。这是清廷那些托孤重臣劝谏朝廷效仿信陵君"夷门求侯瀛"，给足许鼎霖以虚拟的荣耀，使之效忠于朝廷，达到束缚许鼎霖手脚的目的。许家三代受封正一品，这在封建社会是最高的荣耀了。但是，许鼎霖在家族先祖获此封赠后表现也甚为低调，只是象征性地在北京宴请了张謇、陈伯潜、窦子敬等几位好友而已。

第三章　中国第一代外交官

一、出任大清驻秘鲁外交官时与驻日本外交官郑孝胥会晤

光绪十九年（1893 年）三月，大清国驻美日秘公使杨儒向光绪皇帝奏请调内阁中书许鼎霖到秘鲁担任大清驻秘鲁总领事馆正领事官。

杨儒（1840—1902），清末外交官，字子通，铁岭人，隶汉军正红旗，同治六年（1867 年）举人，光绪十四年（1888 年）后任江苏镇海道道员、浙江温处道道员、安徽池太道道员，光绪十八年（1892 年）以四品卿任驻美国公使兼日本、西班牙和秘鲁公使，太常寺少卿，光绪二十二年（1896 年）转任出使俄、奥、荷三国公使，工部右侍郎。由于身兼数职，杨儒需要有独当一面能力的得力助手来协助他的外交工作。这时，担任内阁中书不久的许鼎霖进入了他的视野。据分析，作为一位资深外交家的杨儒点将许鼎霖出任秘鲁正领事官是出于以下几个原因：第一，许鼎霖出仕后先是行走内阁中书，之后不久经吏部考察认可正式担任内阁中书，而内阁中书工作的性质是最能锻炼官员综合能力的，如为朝廷拟写重要的文件等。通过调阅许鼎霖在内阁中书任上手书的文档，杨儒发现许鼎霖具有一个优秀外交家所需要的良好素质和能力。第二，光绪帝身边的许多重臣出于公心，对许鼎霖在内阁中书的表现是充分肯定的，特别是翁同龢等重臣对其基本素质和工作能力甚至赞美有加。第三，杨儒曾担任过江苏镇海道的道员，对于坊间关于许鼎霖的传说耳熟能详，特别是在其为父申冤的过程中所表现的雄辩之才早已印记于内心。

许鼎霖接到朝廷的新任命后，于五月廿八日启程赴任，其行程路线为：从京城到天津，然后从天津乘船南下，最后经香港乘船赴秘鲁。许鼎霖在天津乘船经过海上十余天的航行，于六月十四日到达广州。正巧，与许鼎霖神交已久的外交官、中国近代史上著名的人物——郑孝胥从国外回到国内，途

经广州。许鼎霖年长郑孝胥三岁，他们都是光绪八年（1882 年）的举人，只不过许鼎霖是江南贡院的亚元，而郑孝胥是福建省的解元。在履历上二人也有相似之处，郑孝胥于光绪十五年（1889 年）担任内阁中书，光绪十七年（1891 年）担任大清国驻日本神户、大阪总领事，而许鼎霖则于光绪十六年（1890 年）担任内阁中书，光绪十九年（1893 年）担任大清国驻秘鲁嘉里约总领事。此时两位外交官邂逅，许鼎霖正好利用这次难得的机会与郑孝胥交流有关外交方面的问题。

二人在一家粤式茶楼饮茶时谈了各自对时局的看法。许鼎霖对国外的情况知之甚少，而郑孝胥在这之前已经有了两年在日本的外交生涯，而且在担任大清国驻日本神户、大阪领事馆总领事期间，对日本的国情有了深刻的认识和研究。作为当时国内顶尖的日本专家，郑孝胥谈了对日本明治维新以后的社会发展变化的深层领悟和研究，对中日两国的经济科技和政治军事上存在巨大差距的认知和看法，以及对大清国统治领土主权的完整和统治基础稳固的忧虑，特别是谈到了他的君主立宪思想。许鼎霖对于中法海战后，新海防捐的实行以及北洋海军与日本海军的差距提出了他的一些看法和忧虑。

郑孝胥听了许鼎霖的一席话之后，在初次相识的许鼎霖面前，先是委婉地谈到中法海战中方的失利，以及新海防捐强化海防的初衷与现实的落差，然后大胆地谈了他预感到中日战争的迫近。他引用同治六年（1867 年）明治天皇睦仁在《天皇御笔信》中宣称"开拓万里波涛，宣布国威于四方"的强势外交政策，向许鼎霖阐述他已经深谙的日本蓄意向海外扩张的基本国策，据此他就大胆预言中日近期必有一战。

许鼎霖和郑孝胥的这次谈话交流有些一致的看法：中日两国军力尤其是海军力量的失衡，加上日本无限扩张的野心必将在短期内引发中日之间的一场战争，而且这场战争是箭在弦上、无法避免。大清要想在这场无法避免的中日战争中胜出，必须走日本明治维新的变革之路。但是，他们两人的维新变法思想当时还仅仅停留在萌芽阶段，因为当时的维新力量还没有壮大起来，绝大部分的清帝国的官僚们依然在昏睡不醒。

二、向驻美日秘公使杨儒建言与抵御日寇

在与郑孝胥会晤的半个月以后，许鼎霖终于到达了南美的秘鲁国，担任大清国驻秘鲁嘉里约领事馆正领事官。当时，杨儒担任包括美国、日本、秘鲁在内的清政府驻多个邦交国的公使，清政府驻神户、大阪的领事馆总领事郑孝胥和驻秘鲁的领事馆总领事都在杨儒的直接领导之下。作为一位资深的外交官，杨儒对中日甲午海战前那种山雨欲来的局势看得是很准的，他清楚地认识到，当时清政府自诩有号称亚洲第一的铁甲舰队，但是多年来国力孱弱、体制落后、战备松弛，海军预算没有保障，要想在中日战争中胜出是非常困难的。因此，作为驻美国和日本的大使，杨儒意识到了美国在中日国家安全方面的重要性，也想办法去努力说服美国，争取美国的同情和支持，他在游说美国国务卿葛礼山的时候，只能用中国传统的手段，向葛礼山及其夫人送些礼品，笼络感情，请求美国在道义上的支持。然而日本外交官在游说美国国务卿时却以两国的国家利益为钓饵，取得了美国的默许。

在中日甲午海战前，大清国驻日本公使杨儒往所辖的驻在国领事馆发出了多封电文，这些电文有的是直接发给许鼎霖的，有的是抄送许鼎霖等相关驻外使领馆负责人阅知的。许鼎霖对大清国及驻美公使馆的外交工作有着自己的想法，他曾以私人身份电告杨儒，当下中美关系至关重要，美国的态度就是决定中日交战及胜负的至关重要的砝码。许鼎霖认为要说服美国，仅靠外交官之间的私交和人格魅力是不够的，国家之间的利益才是决定外交走向的关键。后来的结果证明了许鼎霖的观点无疑是正确的，但是许鼎霖甚至杨儒都是人微言轻，国家实力和清政府的思想观念才是基础和根本。清政府在战前无论是经济政治军事，还是舆论宣传外交都处于劣势，特别是清政府援助朝鲜平叛成了国际社会特别是西方国家一致谴责的借口。

清政府在中日甲午海战中战败后，光绪廿一年（1895 年）二月初七，日本的炮舰直接开到了许鼎霖的家乡——赣榆县青口镇以东的黄海海面上游弋，当时赣榆民众人皆惶恐。二十二日，日本的炮舰开到了海州以东的黄海海面，并停留三天，向天鸣炮，以宣示其淫威，恫吓海州沿海一带的民众。

许鼎霖在听到这些消息后，对于日军的耀武扬威，感到了从未有过的耻辱和愤怒，特别是知道两江总督张之洞奉上谕办团练，委派大刀王德胜统带盐防营并办赣榆团练，以备日军登陆防卫之需的消息后，许鼎霖立即电告老父许恩普务必资助团练，以抗日寇。半个月以后，日军军舰又开到了青口以东的海面，王德胜带领盐防营和赣榆地方团练在赣榆沿海一带布防，要求家乡父老一定要严防死守，确保不让日寇在赣榆登陆。四月初四，两江总督张之洞再次上疏光绪皇帝：“江南所属之海门厅，滨临大海，通州锁钥长江，由北岸登陆可径趋扬州，为南洋门户。海州内障徐淮运道，东北一带三百余里，可登岸之处太多，当此海氛告紧之际，虽由臣提调营勇，扼要驻扎，而地广兵单，不敷分布，非举办团练，无以团结民心而辅兵力。”张之洞的奏章除了要皇上恩准地方办团练外，还请求让已请假回海州的沈云沛暂时不要回京城销假，而应留在海州协助地方防务和兴办团练，当于海州以东海防警报解除后再回京任职。由于沈云沛家族是当时海州的名门望族，在官方和民间都有很大的影响力，可以在支持兴办团练和发动民众抗寇中发挥重要作用。

此时远在万里之外的许鼎霖也认为利用乡贤乡绅的号召力、影响力举办地方武装是可以起到事半功倍的效果的，因此许鼎霖在给其父许恩普的信中提到了全民御侮的概念，并要求父亲倾其所有也要支援地方团练的筹办，对家乡青口办团练抵御日寇的义举表示了极大的赞许和支持。许恩普接到儿子从国外发来的信函，比过去曾经以支持筹办青口团练助剿东捻叛军，投入了更多的资金和精力，在国难面前为国出力，组织乡民抵御日寇。

然而，他们这种发动民众抵御侵略的计划还没有得到有效实施，清政府就已经和日本政府签订了丧权辱国的《马关条约》，该条约延续了自鸦片战争以来历次对外签署战败条约的惯例，除了赔款，还把台湾割让给了日本。这让许鼎霖和张謇、沈云沛等怀揣报国之志、探索救国之路、立身救国之行的爱国者和精英深陷屈辱和绝望。但这种屈辱和绝望，更加坚定了他们发展现代经济教育和推动社会政治转型，以拯救国家于水火之中的救国理念和志向。

三、努力维护国家和在秘侨民的权益

由于有强烈的民族责任感和家国情怀，许鼎霖在秘鲁担任外交官期间，在岗位上尽心尽责，努力维护国家和在外侨民的权益。

秘鲁是华人侨居最多的国家。据文献记载，明清时期就有中国商人、工匠、水手抵达秘鲁经商、做工。道光二十九年（1849年），首批“契约华工”运抵秘鲁。咸丰元年（1851年），秘鲁宣布废除奴隶制，同时提出用华工代替黑奴。此后二十五年间约有十万名“契约华工”来到秘鲁开矿、垦荒、筑路……秘鲁闻名于世的中央铁路及许多重要的公路、矿山、港口，都凝聚着华工的血汗甚至生命。同治十三年（1874年）五月，李鸿章代表清政府与秘鲁就华工在秘鲁的权益签署了《中秘查办华工专条》和《中秘友好通商条约》。《中秘查办华工专条》规定：中国派员前往秘鲁查办华工状况；在秘华工享受寄居该国的外国侨民的一切权益；华工受雇主虐待，可向地方官及至高等法院控告；秘鲁政府有保护华工和督促雇主履行合同的责任；合同期满应出资遣送华工回国。《中秘友好通商条约》规定：中秘两国互派使者；两国居民在对方国内享有同等的权利和权益；两国居民可以自愿往来，但“别有招致之法，均非索准”；不准在澳门及各口岸诱骗中国人，运载出洋，违者其人严惩，船只罚办。

这两个条约是清政府与秘鲁经过多年的外交谈判最终达成的双方均有妥协的产物。由此，清政府为保护在秘鲁的华人劳工的权益有了国际法上的依据和保障。但是秘鲁一方在条约生效以后，并没有很好地遵守，而是千方百计巧立名目压榨华工的劳动血汗。按照中秘双方达成的《中秘友好通商条约》，双方的侨民均享受驻在国的国民待遇，但是因为华人劳工在秘鲁数量庞大，几乎秘鲁的各行各业都有华人在从事劳务或商业经营，以华人的聪明才智和勤劳，很快就在当地逐渐形成了一个占有庞大社会财富的集团。秘鲁政府对此忧心忡忡，基本上没有遵守中秘双方签署条约中的国民待遇条款，擅自对华人劳工增加税收，在华人所涉足的领域实行对华工歧视的政策，导致华人怨声载道。许鼎霖到达秘鲁以后，迅即开展了对华人劳工在秘鲁生产和生活状况的调查，并报给驻美大使杨儒，列举秘鲁违背《中秘友好通商条约》的事实，陈述维护在秘华人劳工权益的多条措施和意见。杨儒对秘鲁不遵守双方条约的行为是了解的，因为早在光绪元年（1875年）六月，秘鲁派遣使爱勒莫尔来华换约，李鸿章事前即派遣容闳前往秘鲁秘密调查，经调查后得知，条约签订后，秘鲁迫害华工依然如故，严厉指责秘鲁的无耻行径，提出妥商禁止凌虐华工办法后再行换约的要求，双方经过一个月的激烈辩论，终于迫使秘鲁妥协，同意通过添加照会的方式，保证秘鲁一定将实力保护华工，不容华工稍受委屈，并同中国使臣"实力会商华工事宜，以期为华工尽除一切利弊"，七月，双方终于正式换约，中秘交涉告一段落。此后秘鲁欺压华人的行为又不断滋长，至许鼎霖出任秘鲁正领事官时，华人维权的呼声渐趋高涨。因此当杨儒接到许鼎霖发来的关于维护华人在秘鲁权益的请示函后，于光绪二十一年（1895年）七月二十七日、光绪二十二年（1896年）二月十八日两次发文给许鼎霖，指示其务必按照《中秘友好通商条约》相关条款向秘鲁当局提出严正的交涉，切实维护华人在秘的正当权益。

许鼎霖是一个非常善辩的外交官，他的辩才早在为其父申冤时就展现出来。在与秘鲁政府交涉的过程中，许鼎霖雄辩的口才展现得淋漓尽致，与自命"待凭口舌巩山河"的曾纪泽、杨儒等一样赢得赞誉。最后秘鲁政府在许鼎霖展示的确凿的事实和无与伦比的雄辩面前不得不承认其违反《中秘友好通商条约》的行为，并依据国民待遇原则退回了多征收的华人税款。

同时，许鼎霖还据理力争，要求秘鲁方面修改原与清政府签订的《中秘友好通商条约》中不合理的条款，因为该条约在签约时，中国内忧外患迫近，李鸿章受"和戎"的外交思维影响和未从国内事务中抽身与有关国家调解而仓促签约，故有一些不公平、不对等、不合理之处。因此，许鼎霖本着主权国家外交对等的原则，经过多次磋商，据理力争，最终促成了《中秘友好通商条约》中相关不合理条款的修订，如对华人的苛税和对华工的歧视政策等。

许鼎霖在秘鲁的维权行为是清王朝末期为数不多的几次外交胜利的案例之一，其外交才能得到了秘鲁华人的一致赞许，许鼎霖在秘鲁华人中树立了很高的威望。在秘鲁的华人出于对许鼎霖的感激和爱戴，想为他办醵[①]金寿，即通过众筹的办法为许鼎霖举办生日活动，以表达对许鼎霖的感激之情。许鼎霖听说此事后，便把牵头的人找来，在表达谢意的同时委婉而坚决地拒绝了这次活动。据《民国赣榆县续志》记载：许鼎霖“除苛税、改商约、争赔款。侨民德之，醵金寿君，拒不受。”

许鼎霖在秘鲁成功为华人维权的行为，不仅维护了华人在国外的正当权益，而且也维护了《中秘友好通商条约》的权威性，更重要的是维护了国家的主权和权益不受侵犯。许鼎霖也因此成了与杨儒一样在国内外享有盛誉的外交家之一。

由于清朝康熙年间，设立了对官员的考察制度，每三年考核一次，对京官的考核叫“京察”，对地方官的考核叫“大计”。到了光绪二十二年（1896年）六月，许鼎霖在秘鲁总领事任上已满三年，根据制度需要对许鼎霖的任职情况进行“京考”，但是许鼎霖身在海外，对他的考察只能通过其上司杨儒的口述来进行。杨儒对许鼎霖的能力也是非常欣赏的，鉴于中日甲午战争后的国家外交形势，杨儒认为再把许鼎霖留在秘鲁已不利于其雄才大略的发挥，只有让他回国任职，才有他施展政治抱负的舞台和空间。故杨儒在向吏部述职时，保请许鼎霖回国后以其于光绪二十一年（1895年）所报捐的在直隶省的同知职务候补，在正式接任之前先行补用并添加盐运使官衔。许鼎霖在杨儒的保举下，官阶由直隶省同知的从五品上升到盐运使的从四品，从中可以看出杨儒对许鼎霖的赏识和期待。

应该说许鼎霖具有从事外交事务的才能，这种才能不仅来源于与生俱来的性格，而且来自博学，更重要的是来自他的强烈的爱国心和家国情怀。但是许鼎霖的外交生涯随着中日甲午海战的失败而带来的中日邦交断绝，特别是国内各种矛盾冲突的凸显，急需像许鼎霖这样能处理各种复杂矛盾问题和事件的官员而告一段落。等待许鼎霖的是比外交生涯更加棘手的国内各种错综复杂的疑难案件，他也因此成了晚清时期名噪一时的善断者和“灭火队长”。

---

①醵：凑，聚集钱。

四、担任奉天交涉使处理日俄外交事务

宣统三年（1911 年）四月十三日，东三省总督赵尔巽考虑到许鼎霖曾担任过多年的秘鲁外交官，遂奏请朝廷，由许鼎霖担任试署奉天交涉使。奉天交涉总局设立于光绪二十四年（1898 年）四月，掌理奉天对外交涉事务，隶属于盛京将军。日俄战争之后，日本取代沙俄控制了东北南部广大地区，但沙俄也不甘心退出经营多年的地盘，双方在政治、经济、军事等方面开始了新的角逐，其他资本主义国家插足其间，谋取各自的利益。列强的政治、经济、军事侵略，引起了东北民众的愤怒和反抗，也同中国的主权发生了尖锐的冲突，奉天交涉总局不得不进行交涉。义和团运动失败后，日、俄等帝国主义国家成了中国的"太上皇"，清朝统治者为维持其摇摇欲坠的统治，力图取得列强的支持，采取整顿军警、加强司法的措施，无不通过奉天交涉总局同外国列强进行所谓"交涉"。如变通各省制兵章程，整顿、改编地方军队，筹办善后设防，招募、改编、裁撤网勇，设立陆军武备学堂；筹办保甲及其章程，改设巡警，试办警务学堂，等等。此外，中国军警在执行公务时同日、俄军方发生冲突，以及日、俄在华军政机构非法逮捕、关押、审讯中国公民，因而发生交涉事件，亦由奉天交涉总局处理。光绪三十三年（1907 年）三月所置之奉天交涉司，以原将军衙门办理对外交涉各局改并，设交涉使一人（秩正三品）总理司属事务，下设佥事（从四品）、科员（一等从五品、二等正六品、三等正七品）、一等译官（正六品）、二等译官（正七品）佐之。

许鼎霖作为候补多年的正二品官员，虽然出任的奉天交涉使为正三品，但是，奉天交涉司属牵一发而动全身的机关之一，其外交事务在整个国家的外交事务中具有举足轻重的地位，因此许鼎霖此番的任命实属重用的范例。许鼎霖此番所充任的东北外交事务的艰巨性和复杂性也远非当年秘鲁总领事事务可比，其所面对的是强大的日、俄帝国外交官，因此许鼎霖所面临的考验和压力也是空前的。

时任奉天巡抚的唐绍仪曾和许鼎霖商讨，与美国驻奉天总领事司戴德密谋建立中、美、德同盟，联手抵制日本在东北的扩张，表现了他们合纵连横

的外交策略。但此后许鼎霖与日本的面上交涉还要进行。宣统三年（1911年）七月初十，许鼎霖以署奉天交涉使的身份，和邮传部特派工程师孙多钰，与日本驻奉天总领事小池张造在奉天订立了《关于京奉铁路延长协议》，双方规定在南满铁路与京奉铁路交叉点设立立交桥，使京奉铁路由桥下通过，展至奉天城根，并在南满铁路奉天站和京奉铁路奉天城站[①]之间修一条直接联络线，以便行车。至十一月初一日，皇姑屯站至奉天城站完成铺轨，十一月十三日通车。虽然在这场与日本方面的交涉中，许鼎霖展现了其外交才能，但是，这件貌似成功的外交交涉事件，却让许鼎霖如骨鲠在喉，难以称快。因为许鼎霖认为中国人在自己的疆域内筑路反倒要征得日本方面的许可，这种屈辱对于有着强烈民族情感的人来说是一件非常痛苦的事情。

鉴于许鼎霖在奉天交涉使任上的成绩，朝廷将其职务由原来的署理交涉使升任为交涉使，其前任韩紫石改任署理吉林民政使。此后的一段时间里，许鼎霖出色地完成了许多棘手的外交事务。许鼎霖在奉天交涉使的位置上充分展现了他无与伦比的外交才能，也是其官宦生涯中一个重要的里程碑。

①奉天城站：沈阳北站。

第四章　清末民初近代实业和教育的创办者

兴办实业和教育，改善民生，增强国力是许鼎霖长期以来的理想和愿望。在任江苏丁艰候补道和浙江洋务局总办后，许鼎霖携手张謇、沈云沛等在江苏开创的实业救国和教育救国的新局面是值得后人永远景仰的。

一、创办海丰面粉公司

许鼎霖在为父丁忧时，在青口通过与亲朋好友交谈，决计兴办工厂，投资实业，以践行自己多年来的夙愿。光绪三十年（1904 年）四月中旬，许鼎霖在青口许家公馆会同弟弟许鼎馨、许鼎年、许鼎恭等商量在青口筹建面粉厂的事宜。由于赣榆地处苏北鲁南的三麦的主产区，青口传统的饼油业已经饱和，粮食加工业是新兴行业，前景广阔，因此许家兄弟稍议即决，投资兴建海丰面粉厂。八月二十四日，许鼎霖亲自起草的《海丰面粉公司章程》（共十三条），报南洋大臣及两江总督，该章程很快得到了商部的批准。海丰面粉公司拟设在赣榆县青口镇，注册资本二十万元。八月底，许鼎霖、许鼎馨召集青口商界人士，就海丰面粉厂建在青口一事同有关人员进行商议。许鼎霖以为把企业建在青口可以拉动家乡的经济发展，带动就业，大家都会拥护此事。但是，出乎许鼎霖预料，此事遭到了青口商业界人士的一致反对。理由是青口不产小麦，所用小麦是从山东或乡下运来，如果在青口设立面粉厂，势必大量收购小麦，抬高物价，给本地老百姓的生活造成冲击。其实乡绅反对许家在青口建厂还另有隐情，那就是许鼎霖在外为官多年，干得风生水起也引起了乡党的嫉妒。许多不明真相的老百姓听说建厂后会引起粮价上涨，于是也跟着反对。此时已经进入选址建厂的关键时间点，节外生枝，确实令许鼎霖头疼。但是许鼎霖毕竟在外为官多年，认为在家乡父老面前不能强行，因为他不能给家乡父老落下一个倚官挟势的千古骂名。为了照顾家乡人的情绪，许鼎霖只好启用最初筹备设立公司时的备用方案，把海丰面粉有限公司的厂址落在新浦。

据《新浦区新志》之《大事记》记载：光绪三十年（1904年）间的新浦已经具有工商业的基础和兴办实业的条件。光绪二十四年（1898年）沈云沛在新浦创办了临洪榨油厂，次年又在新浦新建甡泉槽坊、甡泰油坊、甡茂油坊等。光绪二十六年（1900年）大浦作为临洪口已经自行对外开放，同年朝议于海州开辟商埠，并于新浦建设海关大厦。光绪二十七年（1901年）新浦旱班邮路已经开通，邮件经淮阴达镇江，由邮局转寄各地。因此，许鼎霖选择在新浦创办海丰面粉公司是非常明智的。当许鼎霖把他要在新浦设立海丰面粉公司的计划告诉了海州的沈云沛时，沈云沛表示非常欢迎和支持。

光绪三十年（1904年）十一月二十二日，许鼎霖关于设立海丰面粉公司并在新浦、青口地方创设股本二十万两，订有股本章程十三条的呈报获得商部批准。海丰面粉有限公司即时开展招商集资和股票发行工作，海丰股票每股银一百两，利息按年息八厘计息，每届年终结算，次年三月初一，凭存折付息。

当然，许鼎霖创办海丰面粉有限公司的过程也是曲折不平的。光绪三十一年（1905年）正月，许鼎霖申请海丰面粉公司参照通州大兴面粉公司免税五年。二月初九，两江总督回复许鼎霖，直接拒绝了海丰面粉公司的免税申请，其理由为“原来机器制造货物纳税为百抽十，因为湖广总督、浙江巡抚等奏明商部获准改为值百抽五完税，通州大兴公司免税一事也未有部核准有案”。意思是工业化生产的企业税收已经较过去减半了，大兴公司免税的事，商部并没有下达文件以资参照，所以海丰面粉公司申请免税没有根据，不予支持。许鼎霖在收到两江总督的回复后，并未放弃为企业减负的想法，他于当月中旬直接将海丰面粉公司申请免税的呈报发给了清政府的商部。一个半月后，商部批准了海丰面粉公司暂免税厘的申请：“海丰面粉暂免税厘经本部咨商外务部后，兹准洋面进出口免税，机器面粉应一概准其暂免税，并通告两江总督、江苏巡抚。”

海丰面粉公司在获得暂免税厘的待遇后，企业负担相对减轻，生产也日益增进。光绪三十二年（1906年）许鼎霖的海丰面粉申请运至海参崴由华商出口。当时就此事，外务部、商部、两江总督合议并答复海丰面粉公司及许鼎霖。答复如下："职商许鼎霖前以公司积面甚多，禀请商部运面到海参崴销售，嗣经商部咨行南洋大臣，旋经江督，称面粉一宗为麦为之，查通商条约有禁止米麦等粮出口，今若准职商运面出口，随后洋商依例请运，即不能拒绝，外人且从前英美日各国亦曾请运，均未照准，此次该职商请运弛禁似亦未便准行。"虽然海丰面粉出口因危及粮食安全而遭禁，但这也说明企业发展的兴盛。

许鼎霖后来创办的很多企业都陆续落户在新浦，推动了新浦向近代工业化、城市化的发展。而许鼎霖创办的海丰面粉公司被排挤出赣榆青口，让青口丧失了近代史上一次难得的工业发展的机遇。虽然许鼎霖把厂设在新浦，但他是有浓厚的家乡情结的，后来他利用实业上的收益在家乡赈灾以及在家乡水利建设上的一系列回馈举措，也给青口的那些封建士绅们上了生动的一课。然而，许鼎霖兴办的企业在新浦落户后，当地居民骚扰不断，直到饥民受人唆使冲击企业的事件爆发又给许鼎霖上了更生动的一课。因此许鼎霖曾多次在青口乡党面前戏称：新浦之貉（方言音：猫）子，亦非省油之灯。

在海丰面粉公司产销两旺之际，罕见的饥荒影响着赣榆和新浦各地。《新浦区新志》记载：宣统二年（1910 年）三月十三日，有人怂恿饥民涌向新浦包围海丰面粉公司，企图抢夺公司面粉，海丰面粉公司立即关闭大门，但此时已经情绪失控的饥民在前门砸坏牌楼栅栏，在后门纵火焚烧，厂区院墙被扒开三处，公司三面被围，众饥民从断墙处涌入厂内，混入饥民队伍中的部分匪徒在厂内开枪，勇丁蒋长胜被打死。面对这样非常严重的混乱局面，海丰面粉公司的洋人司机开枪还击，打死九人，打伤二十二人，另有七人淹死在护厂河中。闻听此事后，海州营房千总带兵前来弹压，但是为时已晚，公司两船麻袋和机器等被饥民纵火焚烧殆尽，面粉、大豆等被抢光。事发后海州知府汪树堂派兵捉拿饥民，并在应运成立的团练组织中任命许鼎霖担任协理，这更加激化了饥民与许鼎霖的对立情绪。

这次饥民冲击企业的事件对海丰面粉公司的破坏是巨大的，企业也很难从这样的困境中走出来。同时，事件对许鼎霖本人的伤害也是巨大的。由于公司内保卫人员处置不当，导致流血事件的发生，而且公司保卫人员所使用的四尊快炮和其他枪械，都是许鼎霖于光绪三十二年（1906 年）十一月向两江总督申请由军械局发给的，初衷是用来抵御匪徒，使其免遭损失，但许鼎霖是绝对不会下令枪击百姓的。在此之前，许鼎霖对灾荒中的饥民表达了十足的同情，并采取力所能及的手段赈济灾民，最初饥民对许鼎霖本人是感激的，但是为什么会突然出现饥民冲击海丰公司这种极端行为，有观点认为新浦有人暗中煽风点火，企图搞垮赣榆人在新浦的企业。所以说，海丰面粉公司枪杀饥民事件是许鼎霖一生中挥之不去的痛。

二、创建耀徐玻璃公司

光绪三十年（1904 年）五月初十，许鼎霖又和丁宝铨、张謇等议建耀徐玻璃公司。丁宝铨生于同治五年（1866 年），光绪十四年（1888 年）的举人，光绪十五年（1889 年）的进士，光绪二十八年（1902 年）外放广东为官，因为母亲病故，回老家淮阴丁忧。此时许鼎霖也在家丁父忧，而张謇作为清末的状元则在南通大兴实业和教育。这三人相聚，主要的议论话题便是实业，在谈到发展实业需要以资源为支撑的议题时，作为淮阴人的丁宝铨着重谈了宿迁之地生产硅砂，而硅砂则是生产玻璃的主要原料。宿迁的硅砂资源已经引起了国外许多企业的觊觎，有的国家甚至派出企业在宿迁征地盗采此种资源。许鼎霖认为当时中国的玻璃行业尚处于起步阶段，尤其是民用平板玻璃更是空白，于是，许鼎霖谈了他在宿迁设立玻璃制造企业的初步设想。

许鼎霖关于筹建耀徐玻璃公司的建议和设想，首先得到了丁宝铨的赞同，此后又得到了黄以霖[①]、李伯行、陈润甫、袁海观、余寿平等人的积极响应。当时张謇对兴建玻璃企业还没有考虑成熟，所以没有表态。五月二十日夜，两朝帝师翁同龢在老家常熟去世，许鼎霖和张謇等这些曾蒙受过翁同龢恩典的江苏籍名流和官吏纷纷以不同的形式吊唁翁公。许鼎霖与张謇等也因此得以在十日内再度会面，所谈议题依然是耀徐玻璃公司创设相关事宜，这一次

①黄以霖（1856—1932），字伯雨，宿迁人。光绪十七年（1891 年）中举后，历任郧阳知府候补道，署湖南提学使兼署布政使等职。

他们不仅就此议达成一致，并且开始了调研论证和可行性报告等文书的撰写工作。

许鼎霖和张謇等于光绪三十年（1904年）五月至七月间组织对宿迁的考察是非常仔细的。据《张謇日记》记述如下："（六月）十六日，至宿迁，寓城内北街蔡家祠，即为玻璃厂买地蔡佑甫之祠也。城无北门如通州……十七日，与九香同至河北看玻璃厂基。厂地冈埠也，下临六塘河，河外一高堰，堰外即运河。堰广裁半里许，有河中贯，以通两河，运道良便。惟运河已浅，六塘河尤淤垫高仰，非疏导不可。厂基之冈，被二十年前骆马湖泛涨冲刷，其中成涧道，冈分为二，因议填平，即用疏辟六塘之土……二十一日，袁察使约同九香往看白土山煤矿，矿自道咸以来开十七井，脉自北方顾山来……二十四日，寅初与行南、九香、介人同行，由青山泉、贾家汪察视煤矿……询其用工多少，日支若干，出煤若干……二十七日，至宿迁，复视厂基工程……二十九日，至峒峿、经白马涧、三台、嶂山，视玻璃砂地，白马之砂尤王，几于充遍涧壑矣。"组织勘察的结果是：宿迁城北沿马陵山岭蕴藏着大量的硅砂，这种硅砂是制作玻璃的主要原料。硅砂又称石英砂，在宿迁井头、晓店、嶂山一带储藏丰富，其可采面积约两千亩，蕴藏量达上亿立方米。当地在清朝光绪年间开始开采使用，主要用于建筑。光绪二十八年（1902年），英商卜内门洋碱公司经理李德立至宿迁，发现宿迁硅砂能生产玻璃，便抢先在白马涧盗购砂矿地两百亩。当地父老告知许鼎霖，西洋人到处高价收购砂地，并拿出地产硅砂样品给他看。许鼎霖随后即把硅砂样品寄往清政府驻比利时使馆，请交比利时专家化验，很快比利时方面的化验结果传到了许鼎霖手中，通过该报告，方知宿迁硅砂为上等玻璃原料，其含硅成分为93%—95%，还含有镁、铝及钾、钠等氧化物，适宜制造玻璃平片、器皿及搪瓷釉之用。之后，许鼎霖再至宿迁考查设立企业需要的其他条件。

经过考察，许鼎霖和张謇认为：宿迁地处京杭大运河旁，水陆交通便利，又距峄山窿窑甚近，煤炭、石灰足供炼制玻璃之用，加之当地劳动力众多，工价便宜，甚宜设立玻璃制造业。于是便计划收购砂地，并将计划中的玻璃公司址选在宿迁县城北六塘河畔的井头。从宿迁考察返回后，许鼎霖和张謇赶到上海，一面与英国驻上海领事馆交涉，一面与李经方、丁衡甫等人洽商募股投资筹办耀徐玻璃公司事宜，并草拟了《订宿迁玻璃公司集股章程》二十条，由张謇牵头报商部核准立案，许鼎霖担任经理主办，计划先集股本银五十万两，选购砂地三千亩，清政府准予专利二十年。

七月十二日，江苏在籍翰林院编修张謇、在籍安徽候补道许鼎霖、在籍广东惠潮嘉兵备道丁宝铨以及黄以霖、林松堂、陈同礼等联名呈请商部："徐州、宿迁县境内三台嶂山等地向产玻璃沙料，屡有传教外人前往探险，经德、比[①]两国工程师化验，砂质纯良，张謇等请创设耀徐玻璃公司，意在振兴实业，请准立案。"对于由张謇和许鼎霖发起的实业设立呈请，商部于四日后予以批准。商部批准为专办十年，并请地方官实力保护。[②]根据公司组织章程，设立董事会，张謇任董事长，许鼎霖任总办。

耀徐玻璃公司筹建时，许鼎霖发挥曾任外交官之长，多次与英国方面交涉，最终达成了以耀徐玻璃公司向英国购买机器等为条件，将英国人李德立抢购的砂矿地两百亩转让给耀徐玻璃公司的折中方案。许鼎霖、张謇等随后在宿迁白马涧购砂地六千二百亩，成立了久安砂地公司，露天开采硅砂，为耀徐玻璃公司提供生产原料。年底，宿迁人黄以霖加入创办耀徐玻璃公司行动，对耀徐玻璃有限公司的开工建设提供了很大帮助。

为了解决机器设备技术问题，许鼎霖托在英国留学的金拱北、金仲廉兄弟就近调查欧美各国制造玻璃的方法，找到英国人福斯德发明专利的玻璃制造机器，并开具详细的价目单预算表。经多次洽谈后于光绪三十一年（1905年）八月订立合同，采用福斯德的机器设备并聘其为总工程师负责技术指导。光绪三十二年（1906年）开始生产玻璃瓶罩及器皿，光绪三十三年（1907年）年底耀徐玻璃公司厂房全部竣工。光绪三十四年（1908年）年初开工试制平板玻璃，经排除故障，反复试验，所产玻璃平面始能洁净。但是，由于福斯德异常骄横，任意打骂艺徒，再加上缺少洋匠四十四人，产能低下，许鼎霖与他发生争执，而他私拆主要机器运往上海，竟不辞而别，以胁迫厂方，许鼎霖在上海请英国领事出面调停，但福斯德私自改小熔炉容积，无法保证

①德、比：德国和比利时。
②戴逸、李文海主编：《清通鉴》，山西人民出版社，1999年，第8785页。

二十四小时连续生产，不能满足合同规定，不盈反亏。于是许鼎霖与股东磋商后决定增资重聘奥地利工程师韦斯乐来华指导，更换了部分机器设备，引进和改良了技术。宣统元年（1909 年）投入了大规模生产，日产玻璃七千块，有五十余个品种，年产平板玻璃十八万箱（每箱百平方尺）。

作为我国首家玻璃制造企业的耀徐玻璃有限公司，投资金额之大（累计投入一百三十多万两银子），规模之宏伟，设备之先进，员工数之多，涉及面之广，在当时的中国可以称得上是一座先进的大型企业。

宿迁耀徐玻璃有限公司是清末中国最早生产日用玻璃的主要基地。耀徐玻璃公司生产基地建有钢架混凝土结构主厂房一幢、附属厂房一百九十八间、其他厂房二百五十七间，大锅炉两座、煤气发生炉八个、大小烟囱九个，有生产平片、滚片、器皿等熔炉、烤炉多座，另有英国专利的平片机四部，打花、滚花机、碾压机及车床等十多台。全厂一千二百七十二人，其中外籍技师十人、广东及宁波等地技师三十余人、技工三百人、小工二百人、杂工三百人、巡丁四十人、船工三百余人。该公司还专门在宿城东大街设宝徐钱庄，作为玻璃厂金融流通之所。钱庄内附设玻璃器皿门市部，经销自制各种产品，并在上海设立办事处。耀徐玻璃公司所制造的窗片玻璃、帘板玻璃、型板玻璃等产品都很精良，宣统二年（1910 年）经南洋劝业会、江苏物品展览会审查合格奏报清廷获得一等奖，并参加巴拿马万国博览会，获得优等奖章、奖状。

在耀徐玻璃公司开工生产期间，厂里常年用宿迁本地艺徒五百余人，各行各业也随之兴旺发达，当地直接间接赖以维生者不少于五千余人，工厂所在地井龙头镇人欢马嘶、热闹非凡，成为一个繁荣的市镇。

然而，由于各国玻璃巨商为霸占中国玻璃市场，大量倾销各国玻璃商品，而耀徐玻璃公司产品的质量及价格均难与外商相比，历年亏损。在此期间，虽经两江总督端方拨加官股银三十余万两，但亏损如故。宣统三年（1911 年）年初，宿迁因受灾严重，引起饥民夺粮，数千灾民抢了耀徐玻璃公司大股东黄以霖的宿迁永丰面粉厂，并放火焚烧，耀徐玻璃公司亦遭受严重损失，终于 1912 年宣告停办。耀徐玻璃公司停办后，大批工人流向宁沪等地，留下的部分工人，利用耀徐玻璃公司散落的小型设备，在宿迁县城内外陆续开办了小型玻璃厂。

三、议设镇江开成笔铅公司

光绪三十年（1904年）十月底，许鼎霖致函张謇提出在镇江兴建笔铅公司的建议。当时张謇正在镇江考察其他商务途中，下榻在荷花塘大照电灯有限公司。[①]当他打开许鼎霖的关于在镇江建设笔铅公司的建议函，仔细阅读毕，不禁感慨万千，张謇感到正与其不谋而合，可谓英雄所见略同，他认为许鼎霖为振兴国家的实业，可谓呕心沥血，寝食不安，国家太缺少如许鼎霖这样敬业的实业家了。于是张謇迅即让凤笙安排前往考察事宜。

十一月一日，张謇乘“普安”号轮船至高资港，负责打前站的助手凤笙与杨子麟[②]骑着马来码头接张謇。然后骑马从高资到蔡家窑，从蔡家窑与陈伯方、黄斗泉、黄雅谷等人登上笔铅矿所在地螺蛳营山进行考察。[③]经过几日比较辛苦的实地考察，张謇得出初步的结论，认为如果以火砖、水泥、笔铅、瓷料四合一建厂，则是不败之业。甚至张謇在考察途中把未来的这个四合一企业的字号都想好了，这个字号名叫“大陶公司”。[④]考察归来，张謇抑制不住激动的心情，于初四给许鼎霖发电报，详细谈了他考察的结果和设立笔铅公司的信心，把他途中思考的四合一“大陶公司”的构想也向许鼎霖做了说明。许鼎霖对张謇如此高效的工作深表钦佩。[⑤]

光绪三十一年（1905年）年初，也就是张謇从镇江螺蛳营山考察归来后的第二十八天，许鼎霖与张謇见面，合议在镇江开办笔铅公司的具体事宜。议后合约集资十万两，设立笔铅公司，但是在公司字号上许鼎霖不甚赞同张謇所起的“大陶”名称，认为企业字号要避免用“陶”，因为该字与“淘”谐音，“淘”者去也，丢失也，为不吉之词，因此许鼎霖建议笔铅公司的字号改用“开成”，意思是一开就成功。张謇听了许鼎霖的一番解释，连声说道“开成好”。就这样镇江开成笔铅有限公司经许鼎霖和张謇的细致谋划，

---

①《张謇日记》，上海辞书出版社，2017年，第596页。
②杨子麟：镇江高资人。
③《张謇日记》，上海辞书出版社，2017年，第596页。
④《张謇日记》，上海辞书出版社，2017年，第597页。
⑤《张謇日记》，上海辞书出版社，2017年，第597页。

后经商部奏准在镇江西乡螺蛳山成立，并定下《开成笔铅有限公司集股章程》十三条。[①]

四、设立赣丰机器饼油公司

光绪三十一年（1905年）二月中旬，赣榆商会在青口二道街成立，许鼎霖被推举为赣榆商会会长，说明赣榆商界对他的实业救国的理念及创办实业的成效和能力是认可的。同时聘请徐钟令[②]到赣榆为商会做办。所谓做办相当于秘书长，负责商会日常事务等工作。商会的成立对促进实业界的作为发挥了重要作用。

赣榆商会的成立以及海丰面粉有限公司股票的成功发行给了许鼎霖极大的信心。接着许鼎霖和弟弟许鼎馨、许鼎年等开始筹划建立赣丰机器饼油有限公司的相关工作。因为饼油贸易是青口的支柱型产业，也是许家在青口的立业之本，所以许鼎霖此议得到了许家兄弟的一致通过。三月十六日，许家兄弟关于设立赣丰机器饼油有限公司的呈请获准立项，并批准在海属境内专办二十年。

作为赣榆商会的会长，对于赣丰饼油公司的选址问题，应首先考虑选在赣榆境内，而该公司一旦在青口设立，势必带来青口这一传统行业的激烈竞争。鉴于海丰面粉公司已经在新浦站开办，若把饼油公司设在新浦也便于许家兄弟对企业的管理，再加上许鼎霖对新浦开发开放的良好预期，也有理由将饼油公司设在新浦。但是许鼎霖有很深的家乡情结，为了弥补“海丰”没有设在赣榆的遗憾，下决心将“赣丰”设在赣榆青口。

光绪三十二年（1906年）年初，许鼎霖与上海地亚士洋行签署合同（共十条），购买英国格林华德公司生产的榨油机等全套设备，用于赣丰机器饼油公司的生产，交货时间为是年八月十五之前。因为引进了英国全套

---

①庄安正：《张謇年谱》（晚清篇），上海交通大学出版社，2018年，第232页。

②徐钟令：字庶侯，江苏淮阴人，清末民初学者，以史地研究及志书编纂而闻名。辛亥革命期间，他曾作为江北都督府都督蒋雁行的代表到上海参加各省都督府代表联合会会议。

的工业设备，所以该公司是一个在当时自动化水平最高的现代化的工业企业，其效率是传统的手工榨油业无法企及的。使用机器榨油，每日榨豆饼一千四百四十片，每片四十八斤。[①]

由于“海丰”在新浦、“赣丰”在青口，因此，许鼎霖已经考虑把新浦和青口打造成一体化的港口贸易集散地。为了使新浦成为一个集工商贸为一体的新兴的市镇，经过充分酝酿和磋商，许鼎霖和沈云沛于光绪三十一年（1905 年）八月二十四日致电两江总督周馥开海州为商埠。当时的海州、赣榆以东的黄海海面常有德国军舰在那里勘测水道，商船受限，于是德国商行要求开放青岛至海州之间的行轮，以便于客运和货运。应德国商行的吁请，许鼎霖和沈云沛又再次呈请两江总督周馥，建议开放海州临洪口和青口为通商口岸。

两江总督周馥分别接到由许鼎霖和沈云沛联合发来的电报，十分重视，于是迅疾派员到海州勘查，勘查结果认为海州的实际情况与许鼎霖和沈云沛的报告基本吻合，即函商海关总税务司赫德，赫德派擅长勘测海道的理船厅戴理尔会同地方官绅勘查临洪口，随后，戴理尔将勘查结果报告给赫德，称临洪口适宜开设商埠。据《东方杂志》1905 年第三卷载：因为“其口内数十里，吃水深八尺之船可以停泊。北距临洪口数十里有青口地方，口内河水较浅，应作为分卡，将青口之河择其路近处所开通，并归临洪一口，则于河道商务均有大益。每年土货出口可值银五六百万两，洋货进口尚难预计。”这个报告提出将青口河与临洪口相连接，沟通内河运输，对青口和海州的港口贸易一体化更具有建设性。

此时，赣榆青口人龙锡恩等奏请在海州和赣榆两属设立海赣商务分会的呈请经过江宁商务局总办报两江总督奏请商部，八月三十日获得批准，也进一步提振了赣榆青口港现实作用的信心。在此基础上，许鼎霖向两江总督、江北提督呈请赣丰机器饼油有限公司所产豆饼豆油从赣榆青口的下口出海，也为赣榆青口从许鼎霖实业救国的巨大红利中分到了一杯羹。九月二十六日，

---

①赣榆县志编纂委员会：《赣榆县志》，中华书局，1997 年，第 371 页。

海州开为商埠的呈请获得了批准[①]，虽然海州开埠比青口晚了一百六十五年之久，但新浦的后发优势由于实业家力挺必将迅速显现出来。

五、联合创办海赣垦牧公司

早在光绪二十四年（1898年）沈云沛就与许鼎霖商谈海赣滩涂开发恳牧事宜。许鼎霖、沈云沛和张謇三人基于对农业重要地位的考虑，酝酿设立一个以农业生产为主的企业，将工业化生产与传统的农业结合起来，实行农工贸一体化的经营模式，即对传统的农业生产注入工业化企业化的生产模式，实现农业生产的模式转变。

光绪三十一年（1905年）三月十一日，以许鼎霖、沈云沛为创办人，向江淮巡抚等呈请在海州创办海赣垦牧公司。为了更为细致地筹划该公司的具体方案，许鼎霖和沈云沛邀请张謇前来海州，共谋此事。张謇对于海州并不陌生，早年就曾在赣榆青口选青书院担任过五年院长，与赣榆青口有不解之缘。这次三人除了游览云台山圣境外，余皆考察农业。他们先后考察了沈云沛的洪门果园、树艺公司等以及云台、宿城、大村等地。[②]张謇对沈云沛家的洪门果园等海州所游历之地留下了很深刻的印象，认为海州地区地多而价格便宜，因此很适宜建设垦牧公司。张謇在其日记中写道：“三日，雨辰[③]邀往视其洪门果圃，圃大二十顷，果分类成林，亦有美米坚种，有高台可以远眺，蔷薇河环圃西南东三面。海州地博而值廉，宜其所得之多矣……四日，雨辰、九香同往前云台，住海宁寺，所宿之楼有陶文毅[④]画像……五日，至树艺公司，途中吊龙松，松千年物，虬枝左右下入土，复起而上，横挐几亩许。道光壬辰，陶文毅题为‘蟠龙丈人’，至光绪壬辰年而焚于乡愚祈福之香火。约量其围，几及一丈，须为诗以吊之。是日宿云台宿城法起寺。云台

①戴逸、李文海主编：《清通鉴1–20册》，山西人民出版社，1999年，第1929页。
②庄安正：《张謇年谱》（晚清篇），上海交通大学出版社，2018年，第238页。
③雨辰：沈云沛，字雨辰，号雨人。
④陶文毅：陶澍（1779—1839），字子霖，一字子云，号云汀、髯樵，湖南安化人，清代经世派主要代表人物、道光朝重臣，谥号“文毅”，著有《印心石屋诗抄》《蜀輶日记》《陶文毅公全集》。

纡郁而峻耸，郁州之名当以此。寺宏敞过海宁寺。入山仅一口，在寺西南，颇峻。中有田横崮，有田十顷，栽足供五百人食耳，必不能守，横之必死宜矣。六日，由大村而旋，途中闻德人泊舟东连、西连[①]，颇有虐待居民之事……余以德人之必图我海州也，故为徐州建省之议，由端抚入告。”[②]

送走张謇后不久，商部即于四月二十二日批准开设江苏海赣垦牧有限公司，该公司创办人为沈云沛、许鼎霖；承集人为丁宝铨、刘树屏、许汝棻、黄以霖、狄葆贤、段庆熙。该公司管理范围，北起于日照交界的荻水口、车牛山附近，南到与盐城交界的响水口、燕尾滩，西及海州东云台山周围滩涂，长约三百里，总面积约八千公顷，核心区域为从赣榆境内的鸡心滩，到环云台山滩涂。垦牧公司在海州设立总公司，在上海设立总账房，在云台山、响水口、青口等处设立公所；公司有章程二十二条，并附垦牧办法十二项：定界、收地、筑堤、挑河、建闸、治沟洫、平道途、办土质、培坡田、种芦苇、开牧场、兴渔业；先集股三十万两，每股十两，共计三万股，先由创办人分认二十万两，尚余十万两由同人招集，但不得附入洋股；发行之股票盖有“九香”印章。值得说明的是，海赣垦牧公司股票和存折上加盖的“九香”印章，不但对公司发行的有价证券起到法律证明的作用，而且澄清了许鼎霖字“九香”或“久香”之争。

海赣垦牧公司是许鼎霖、沈云沛实业救国中最大的手笔，因为该公司范围之广、规模之大、所涉及的领域和行业之多在当时的中国是非常罕见的，尤其是垦牧公司在江苏沿海一带对水利设施的兴修和改良，使江苏北部沿海地区受益匪浅。这样一个巨大的工程，在当时的社会、经济、科技及教育等条件相对落后的情况下，他们在借鉴国内外垦牧经济的基础上，审时度势、厉行节约、循序渐进、博采众长、联合开发、综合利用、多种经营，从而将一片片荒滩开垦为一块块良田，有力促进了海赣地区工商业、交通运输业、科技文教的发展。

---

①东连、西连：东、西连岛。

②《张謇日记》，上海辞书出版社，2017 年，第 606 页。

六、协理江苏铁路公司

当许鼎霖、沈云沛、张謇三人在江苏、上海等地区的实业越来越多、规模越做越大之后，落后的运力成为制约企业发展的最大瓶颈，对企业产品运输带来了很大的制约。许鼎霖的海丰面粉公司曾申请向俄国远东地区海参崴出口面粉，当时政府审批没有通过，但是即使审批通过了，怎么把堆积如山的面粉运到海参崴也是一件令人头疼的事情。于是，许鼎霖想到了建设铁路，只有把铁路修到新浦和赣榆青口，才是解决运力问题的唯一长效的途径。

光绪三十一年（1905 年）九月至十月，许鼎霖曾与王同愈、沈云沛、张謇、沈文翰、刘邦述、沙元炳、鲍心增、孙宝书、金还、刘树屏、沈同芳、李平书等致函商部，力争沪宁铁路自办。光绪三十二年（1906 年）闰四月初一，苏绅召集一个小范围的聚会，商讨修建铁路事宜。会议推举王清穆、张謇、许鼎霖为筹建江苏铁路总理事。两天后，商办苏省铁路股份有限公司在许鼎霖以及江苏通省京官、在籍绅士及翰林院侍讲恽毓鼎等二百五十六人的共同呈请下，获得了商部的批准。

为了培养铁路技术人才和管理人员，许鼎霖会同王清穆、张謇等人于闰四月二十七日在苏州新桥巷商议开办苏省铁路学堂之事，并研究决定由王清穆任铁路学堂校长，许鼎霖、张謇为学堂监督。铁路学堂的建立在江苏铁路史上具有重要的意义，学校所培养的铁路建设和管理方面的专门人才为日后江苏乃至中国的铁路发展提供了技术方面的保障。在苏州江苏铁路学堂成立后的次日，商办苏省铁路股份有限公司正式成立，公司在上海设立总公司，在苏州设立分公司，王清穆任苏省铁路公司的总理，张謇为总协理，王同愈为南路协理，许鼎霖为北路协理，随后便发起了招股事宜。

九月十五日，苏路公司股东大会第一次会议在上海愚园召开，许鼎霖参加了本次会议，到会者有四百九十余人，其中女股东两名。会议由公司总理王清穆报告开会事由。十六日，股东大会举行第二次会议，到会人员三百多人，总理王清穆做工作报告。十七日，股东大会举行了第三次会议，就下一步工作形成了决议。十月二十一日，江苏在籍官绅、三品以上衔王同愈、冯诵清、沈云沛、张謇、许鼎霖等人呈请商部派沪宁铁路总监。呈请派驻沪宁铁路总监的目的是向商部和朝廷展示做好沪宁铁路的决心和能力，是向商部委婉施加压力，催促加快推进沪宁铁路建设速度。但是，由于许鼎霖、张謇、沈云沛等全力以赴投入长江、淮河洪灾的赈灾和筹备君主立宪的改良主义政治活动中，铁路筹办工作进展并不尽如人意。

光绪三十三年（1907 年），许鼎霖与张謇致电两江总督端方，翔实汇报了铁路筹资情况："南京督帅钧鉴：惟现收路股无多，未敢率尔从事。昨与杨道面商，借用宁苏两属典款，正典二千，分典一千，两属典共四百数十，为数尚巨，集款尚易。杨道赴宁必可面陈。謇在苏为筱帅言之，深以为然。允即电公，谅已邀鉴，是否？候钧裁。謇、霖。青。"作为苏省铁路北路协理，许鼎霖还向端方提出了让饥民到铁路做工以达到缓解灾情、以工代赈的建议。许鼎霖在给端方的建议函中写道："春赈款绌，似宜多办工赈，方可潜消隐患。苏路北线，现拟随勘随垫，且敲击路石，妇孺皆能，尤为工赈普及之法。"两封致端方的函电提出了两个问题，一个是铁路建设资金的短缺问题，一个是饥民的温饱问题，并附上了解决这两个问题的具体办法——以工代赈，其核心是苏路建设的进展问题。电文中的筱帅指的是江苏巡抚陈夔龙（1857—1948），他虽然赞同该意见，但仅半年时间就离开了江苏巡抚的职位。

二月二十一日，许鼎霖和张謇到郑孝胥的住处回访，三人商谈徐海铁路以及浚淮借款之事。徐海铁路是指徐州通往海州的铁路，也就是后来的东陇海铁路，这条铁路的开通对于提高海州的区位优势无疑具有战略性的作用，因此许鼎霖和张謇对此议表现出很大的热情。对于如何建设，郑孝胥与许鼎霖的观点相同，都是把修建铁路和改善民生作为同一个问题提出来的。但是，就在三人摩拳擦掌准备着手徐海铁路的具体事务之时，中国铁路界的重量级人物王清穆突然要求辞去商办苏省铁路总理职务。作为中国铁路的奠基人之一的王清穆为何突然要辞职呢？原来在王清穆升任商部右丞后与商部侍郎唐文治主持商办铁路建设之时，清政府大量举外债修筑京汉铁路、京榆铁路，主事的清朝官员大肆侵吞工程款，于是，朝廷钦派王清穆查办铁路腐败案件，王清穆不负众望，不畏强权，依法依权查办案件，却遭到既得利益者、直隶总督兼修路大臣袁世凯的嫉恨，遂上书朝廷参王清穆越权办案，而朝廷畏惧袁世凯的势力，于六月突然将王清穆调任直隶按察使，明升暗降，巧妙地剥夺了王清穆对铁路贪腐案的管辖查办权，王清穆愤然请假南归，假期满后拒不就任新职，同时也辞去商办苏省铁路公司总理的职务。王清穆原来所制定的江苏铁路南线（由上海至枫泾与浙江铁路相接）和北线（徐州西接开封经清江至南通）并举的计划因为其辞职，再加上北线铁路资金不继，实施面临严重的困难。

为了挽救中国的铁路及江苏铁路工程，许鼎霖和张謇、王同愈等董事联名致电邮传部，挽留苏路总理王清穆。电文如下：“北京邮传部列堂钧鉴：苏路总理王清穆前蒙电允挽留，同深感幸。公司为商办性质，总理为股东公举，浙路总理汤寿潜奉讳亦迫于公举仍总路政，苏省事同一律。王清穆众望交孚，设或辞退，恐股东解体，关系甚巨。苏路开工未久，万乞鼎持，并求电知王总理照常任事，以释群疑而顾大局。张謇、王同愈、许鼎霖董事查账员全体公叩。”该函说明了王清穆所任职的苏路公司非朝廷所任命的公职，而是作为一个被股东公推为总理的，此行为和职权与公职无涉，可谓之入理；王清穆辞职后会给苏路建设带来的恶果，可谓入情。经许鼎霖和张謇、王同愈再次言辞恳切地致电王清穆，王清穆在众人的挽留声中终于答应留任苏路公司总理一职。在王清穆态度明朗后，许鼎霖等致电邮传部，汇报王清穆留任的消息。电文如下：“总理王清穆固辞路务，现经众股东一再挽留，迫以公义，已允勉留。敬闻。苏路公司，张謇、王同愈、许鼎霖董事局全体叩。”这封向邮传部通报王清穆继续留任的电函与上次挽留王清穆留任的电函其落款有一个不同，此番落款在全体自然人之前增加了“苏路公司”这一法人名称。这样的挽留意见，体现了苏路公司法人与自然人王清穆之间的民事法律关系，具有法律效力。

七、参与筹建中法劝业银行等企业

许鼎霖因处理宁海民教案受到朝廷的奖赏，在政界受到重视的同时，许鼎霖在实业上的前进步伐也明显提速了。光绪三十年（1904 年）八月十一日，许鼎霖与张謇、汤寿潜、熊希龄、张美翊等商议、撰写《议创南洋渔业公司文》，呈报两江总督得到褒奖。光绪三十一年（1905年）八月二十七日，许鼎霖与张謇等奏请设立的上海大达轮步股份有限公司获得清政府商部的批准，公司先在上海十六铺码头附近购买地基，修建码头，集资一百万两，分一万股份。九月二十六日，由许鼎霖和沈云沛提请的将海州设为商埠的意见获得批准。同年，许鼎霖和朱葆三[①]、严信厚、周晋镳等人集资二十八万元，倡办上海第一家织麻厂——同利机器纺织洋线麻袋公司。许鼎霖还投资了北京溥利呢革厂、景德镇江西瓷业公司，等等。

光绪三十四年（1908年）三月，许鼎霖等签订《为建立一所中国劝业银行的联合会合同》，参与筹建中法劝业银行。中方的代表为张謇、许鼎霖、曾铸、蒯光典、汤寿潜等，法国方面的代表为德·马儿托、维·霍夫曼。该银行的宗旨就是要把外国资金引入中国，为中国的工商业提供贷款。许鼎霖等设立劝业银行引进外资，为中国的经济发展提供金融贷款服务，这与清政府从英国政府借款筑路的行为有着本质的区别。劝业银行是一所金融机构，其所提供的服务是贷款业务，借贷双方所发生的民事法律关系与国家的主权无涉。其资金来源虽然以国外资本为主，但是依照中国法律在中国境内设立的企业，其经营行为受到中国的法律调整。而苏、浙两省铁路借款是政府间的官方借款，清政府在借款的同时是以国家的主权权益做保的，事实上清政府以苏、浙两省铁路建设为名大举外债也是为了填补国家财政不足的。因此，许鼎霖等反对清政府借外债修铁路以维护国家主权与建外资银行是不矛盾的。

八、创设工科大学等学校

在创办实业和发展铁路交通的过程中，许鼎霖意识到技术人员的匮乏是阻碍其发展的最大的瓶颈，当初许鼎霖在验收安庆求是学堂、考察通州民立师范学校时就树立了“教育救国”的理念，在苏州创办铁路学堂，以及在赣榆县创办中小学等就是在践行这一理念。为了从宏观上解决创办实业和铁路建设的技术和管理人才的问题，光绪三十四年（1908年）十一月十四日，张

①朱葆三（1848—1926），浙江定海人，中国近代上海工商界领袖、上海总商会会长。

謇与许鼎霖等人上书朝廷，请求设立工科大学。呈文如下："窃惟虞廷以共工名官，周礼有考工之淹。欧美各国工列专科，日本崛兴先图工业。转换生熟之货，沟通农商之邮，合古今之政书，证中外之学说，未有不致力于工而能国者也。中国宫室车服之程，日用饮食之器，累代因仍，大都尚质，即有精致，亦居少数。自海禁大开，欧风东渐，于是捆载麇至，日月相续，瑰文丽彩，奇技神工，阗塞都会，下逮乡曲。嗜之者，无贵无贱，欢迎乐用。日人诇[①]我市情，投以贱值，其货输入，尤形腾踔。而我之出口，但有生货，偶兴制作，则化学分析而成之资料，又无一朘不购自外洋。由是以推，工苟不兴，国终无不贫之期，民永无不困之望，可以断言矣。苟欲兴工，必先兴学。前此南皮相国督两江时，謇曾以工场机械之富，江海交通之利，教员易至致、学生易于参观之便，陈请就上海制造局附近建设一完全高等工学，相同韪之。嗣议移制造局于皖南，而相复回鄂任，久而未果。计其时日又七八年，设使当时成立工学，生徒去毕业不远矣。官愁民叹，穷且逾前，岁月滔滔，坐听废弃，謇等时相聚言，未尝不为之伤心太息也。前闻学部有南北两大学之议，贵部堂下已于盐金加价内，岁筹十余万两，以为南洋大学之备，诚盛意也。顾大学全备六科，科目既繁，规模至大，言乎建设，非百万不可；言乎岁支，非数十万不可；言乎学额，非数千不可；言乎秩序，非各省先有中学高等之卒业生数百不可。棋劫将穷，河清难俟，权衡形势，而先其所至急，莫如仍就上海制造局相近，先建工科大学。更三数年，各省热心从事工业之处，得有相助为理之人，不至如今日实业之索埴冥行，瞎骑盲进，其余国计民生关系实重且要。为此联名恳请，于南洋大学筹备中，先设工科大学，以立基础，而济时艰。如获允行，再由謇等酌度校址，陈请鉴核，无任急切待命之至。三品衔农工商部头等顾问官翰林院修撰张謇、四品京堂郑孝胥、四品衔汤寿潜、吏部主事陈三立、翰林院撰文王同愈、前直隶臬司王清穆、江苏候补道熊希龄、安徽候补道许鼎霖、候补道窦以藩、四品顶戴前广东知县李钟钰。"

张謇、许鼎霖等十名四品以上官员联名呈请的关于设立工科大学的计划在当时确实是高瞻远瞩的，诚如文中所言，没有工程技术人员队伍的系统培

---

①诇：侦察，探听。

养，那么实业救国就将如同“盲人骑瞎马，夜半临深池”一样充满着变数和风险。同样，创办实业和铁路建设也离不开工程技术人员，因此，他们倡设的工科大学无疑也是其雄心勃勃的实业和铁路计划的一个有机组成部分。

许鼎霖以官僚士绅创办新式企业和学校，成为清末著名的实业家、教育家和“实业救国”“教育救国”的楷模。因此得到清政府农工商部的嘉奖，清廷还在光绪三十四年（1908年）赏给许鼎霖正二品封典，宣统元年（1909年）晋升其为一品官员。①

①杨东野：《江北名流许鼎霖》，刊于《赣榆文史资料》（第6辑），政协赣榆县文史资料研究委员会编，1988年，第13–21页。

第五章　践行君主立宪制的政治家

光绪二十年（1894 年）中日甲午海战的失败及清政府被迫与日本政府签订的《马关条约》让许鼎霖等人清晰地认识到，国家要走向富强必须变革政体，实行宪政。于是，光绪帝领导的戊戌变法运动艰难地开展，虽然百日维新运动失败了，但是变法维新的理念已经深入人心，成为社会前进中一股不可阻挡的思想潮流。光绪三十一年（1905 年）清末立宪改革开始，许鼎霖作为资产阶级改良派的代表之一，积极参与了实行君主立宪的运动，成为践行君主立宪制的政治家。

一、投身君主立宪运动

光绪三十一年（1905 年）八月，在清末重臣端方离开上海、赴任闽浙总督之前，许鼎霖、张謇、王清穆等为其饯行的酒宴上，许鼎霖谈到各地要求施行君主立宪的呼声日渐高涨，朝廷应正面回应这种呼声，积极进行政体改良，端方对许鼎霖的立宪主张颇为赞同，表示若有机会，定当力促朝廷实行宪政。巧合的是，端方未及上任便在履新途中接到朝廷的圣旨，要其出使西方，考察宪政，以备国内改革之需。年底五大臣出国考察宪政，不到半年先后回国，上书指出立宪有三大利："一曰皇位永固，二曰外患渐轻，三曰内乱可弭"，建议进行"立宪"。但是，他们指出："今日宣布立宪，不过明示宗旨为立宪预备，至于实行之期，原可宽立年限。日本于明治十四年宣布宪政，二十二年始开国会，已然之效，可仿而行也。"清朝统治者看中的正是"预备"两字，借以欺骗民众，稳定局面。光绪三十二年（1906 年）七月十三日，清廷颁发了《宣示预备立宪谕》，从而开始了长达数年之久的"预备立宪"活动。

光绪三十一年（1905 年）九月初十，许鼎霖、张謇、王清穆、李平书、刘葆良等主张实行君主立宪的学者和政要，在上海愚园讨论发起创立江苏学会事宜。会上决定由雷奋起草成立学会意见书。雷奋（1871—1919），字继兴，光绪二十五年（1899 年）被派赴日本研习政法，于早稻田大学毕业归国后，任上海《时报》编辑，主编《本埠新闻》，对日本的君主立宪体制情有独钟。因此，该组织假以学会之名，行倡导君主立宪之实，呼吁宪政。虽然在十一月十六日的成立大会上正式命名为江苏教育总会，但是其主张君主立宪的精神实质是不可能不涉及的。

光绪三十二年（1906 年）年初，许鼎霖以两江农工商务参赞、安徽候补道身份在上海拜见三天后即将出国考察宪政的镇国公载泽、山东布政使尚其亨、顺天府丞李盛铎。①按理说，以当时许鼎霖的身份去拜访这些出国考察宪政的权臣是不合时宜的，但就在上年的八月，出国考察五大臣（镇国公载泽、户部右侍郎戴鸿慈、军机大臣徐世昌、新任命的闽浙总督端方、商部右丞绍英）在北京正阳门火车站上车时遭到了革命党人吴樾的炸弹袭击，绍英受伤，徐世昌作为巡警部尚书需要留下来处理该案件，因此朝廷重新安排了尚其亨和李盛铎作为考察宪政的大臣随团出国访问。这给当时在京的许鼎霖前去拜会他们提供了礼节性问安的理由，其实许鼎霖专程前往拜访是对出国考察宪政的关切和对在中国实行君主立宪体制的期待，也是他想向这些预备立宪的权臣通报其参与推动实行宪政的预想。

在五大臣出国考察不久，许鼎霖等在上海组织成立了宪政研究公会。该会是一个以宣传西方民主宪政、研究并推进国家政体改良、实行君主立宪体制为宗旨的中国第一个民间学术社团，发挥在宣传上和学术上积极推动社会改良的作用。此时，许鼎霖的次子在赣榆青口的许家公馆出生了，许鼎霖联想到朝廷进行的改良运动将给国家和民族带来美好的前途，于是给儿子起名“廷琦”，“廷”字为许氏十一世行字，又与朝廷的“廷”相同，“琦”有美好以及不平凡的意思。

同年闰四月初三，许鼎霖前去拜会在上海的郑孝胥，二人自从光绪十九年（1893 年）在广州初次会晤之后很少相见，这次许鼎霖的到来令郑孝胥话题洞开，两人所谈多涉及兴办实业和即将到来的预备立宪活动。郑孝胥对日

①潘崇：《清末五大臣出洋考察研究》，中国社会科学出版社，2014 年，第 382 页。

本内政外交颇有研究，尤其对日本明治维新后的君主立宪的政体崇尚有加，因此郑孝胥以日本的政体做比较提出了自己的真知灼见。此后许鼎霖与郑孝胥交往日渐增多，大多谈及国事尤其是预备立宪之事。

五月二十二日，许鼎霖闻听镇国公载泽从国外考察宪政归来，于是迫不及待地约张謇一起前去拜访载泽，了解五大臣一行在欧美的所见所闻。载泽出于身份的制约，只能泛泛而谈，并对个人的观点守口如瓶。因此许鼎霖于两天后前去拜会与五大臣一起出国考察的政治随员周少朴等人。[①]六月初一，许鼎霖和张謇、赵凤昌等拜见刚从国外回到上海的出国考察的五大臣之一的戴鸿慈、端方等权臣，试图从他们的言谈中了解欧洲民主政治的情况以及考察大员对于今后国内君主立宪的设想和建议。这次拜见戴鸿慈，许鼎霖如愿以偿，戴鸿慈出使美国、英国、法国、德国、丹麦、瑞士、荷兰、比利时、意大利等国考察后，大开眼界，他认为中国只有改革才有出路，极力主张以立宪政体代替专制政体，同时中国要富强，必须"固边疆""振兴实业"及开矿、兴学、修铁路等。因此，在许鼎霖眼中，戴鸿慈是清廷中极少数具有一定的开放思想和超前政治眼光的重臣之一。几天后，许鼎霖又与张謇、汤寿潜再次拜访戴鸿慈、端方一行。许鼎霖不厌其烦地倾听戴鸿慈和端方所谈的出使欧美的见闻和感受，憧憬着君主立宪将给中国带来的巨大变化。六月初九，许鼎霖和张謇、汤寿潜等人第三次前去拜访戴鸿慈和端方一行。许鼎霖对戴鸿慈等人对欧美社会的描述达到了如醉如痴的境界。此后许鼎霖在上海多次和张謇、郑孝胥等宴请出国考察归来的朝廷大员，也多次参与端方等组织的小范围的私人聚会和宴饮。通过这些接触和在多种场合的交流，许鼎霖对西方政体的合理性有了更加深刻的认知。

光绪三十二年（1906年）十一月初一，许鼎霖在上海参加了预备立宪公会成立大会。该会以郑孝胥、张謇和许鼎霖为牵头人，联合苏浙闽绅商，组织立宪派人士而创立，郑孝胥被推举为预备立宪公会会长，张謇、汤寿潜被推举为副会长，许鼎霖、王清穆、周廷弼、孟森等被推举为董事和干事。该机构是在前期由许鼎霖等成立的宪政研究公会的基础上扩大而成，是国内规

---

①《张謇全集》第6卷，江苏古籍出版社，1994年，第574页。

模最大的立宪团体。该会宣称以“奉戴上谕立宪，开发地方绅民政治知识”“敬尊谕旨，以发愤为学，合群进化为宗旨”，力谋“使绅民明悉国政，以预备立宪为基础”进行改良主义的政治活动。

光绪三十三年（1907年）二月，郑孝胥邀请许鼎霖、张謇和樊棻在一品香酒楼饮酒。樊棻是清后期江南社会出现的官、绅、商紧密融合的社会特殊群体中的代表人物之一，他们通过经商致富或以捐纳步入绅士行列。据浙江《镇海县志》记载：（樊棻）“数年业大起，好义勇为，各省有灾荒，辄出资为众先，其建宗祠创便蒙学校及附设勤稼女塾，所费尤巨。”光绪二十三年（1897年）前后樊棻曾参与张謇的大生纱厂集股事务，担任“沪董”；光绪二十八年（1902年）以三品衔江苏补用知府作为五金洋货行业代表，列名上海商业会议公所会员；光绪三十三年（1907年）出任浙江兴业银行上海分行总理。他与郑孝胥有特殊关系，这次郑孝胥邀请樊棻，不是想要他出资赈灾，而是要他出资资助预备立宪公会。

二月十七日，许鼎霖携杨钟义前去拜访郑孝胥，因为杨钟义也是变革政体、倡导君主立宪的一个积极人物。杨钟义（1854—1940），原名钟广，正黄旗人，姓尼堪，戊戌变法失败后冠杨姓，改名杨钟义。这个“义”字最主要的含义是公正合宜的道理或举动，可以理解为其钟情于变法图强、实行君主立宪政体这个合乎历史前进方向的事业。三人一起畅叙预备立宪的美好前景。几天后，郑孝胥带着陈三立和夏敬观回访许鼎霖。陈三立（1853—1937），江西修水人，是清末著名的改革派，力主君主立宪。甲午战争后，李鸿章赴日签订《马关条约》，陈三立闻讯激愤异常，曾电张之洞：“吁请诛合肥[①]以谢天下。”当时其父陈宝箴任湖南巡抚，推行新政，他往侍父侧，襄与擘画。光绪二十四年（1898年）戊戌政变时，因“招引奸邪”之罪被革职不用。所以，陈三立对清廷的“预备立宪”有着比较清醒的认识，他直言此次预备立宪朝廷并无诚意，文章在“预备”上，他认为清廷用预备立宪吊足了国人的胃口，是典型的口惠而实不至。会谈结束时，许鼎霖请陈三立留下墨宝，陈三立提笔写下了一副对联：“凭栏一片风云气，来做神州袖手人。”

①合肥：李鸿章，其祖籍为安徽合肥。

这副对联从字面上解读为其无意于朝政，终老林泉的归隐心态。其实，作为一个参与过戊戌变法的壮年之人，又怎么会甘愿对国家的命运袖手旁观呢？因此，许鼎霖在读罢陈三立的大作后，把其中下联的"来"字改为"不"字，陈三立对许鼎霖抱拳说道："知立者，九香也！"

五月初十，郑孝胥邀请许鼎霖、张謇、严复、高梦旦等人在一枝香饮酒。严复是《天演论》译者，他创办的《国闻报》，系统地介绍西方民主和科学，宣传维新变法思想，将西方的社会学、政治学、经济学、哲学和自然科学介绍到中国，是清末极具影响力的资产阶级启蒙思想家、翻译家和教育家，是中国近代史上向西方国家寻找真理的"先进的中国人"之一。而高梦旦则是创办"求是书院"的主要负责人，拥护康有为、梁启超等人提倡变法维新，曾作《议废除跪拜逸事论》（署名"崇有"），登于《时务报》，受到梁启超赞赏。他们是知识界的两个重量级人物，而高梦旦在年龄上比许鼎霖小十三岁，但他们的思想是令许鼎霖推崇备至的，成为其以后践行君主立宪、变法图强的思想和理论基础。

二、积极参加预备请愿国会运动

光绪三十三年（1907 年）五月，两广总督岑春煊关于"速设资政院"的奏折提出"速设资政院以立上议院之基础，并以都察院代国会，以各省谘议局代议院""省城谘议局即各省之总议院也""以总督充议长，次官以下充副议长，凡省会实缺各官均入谘议局"等构想。九月十三日清政府谕令"各省速设谘议局"，作为"采取舆论之所，俾其指陈通省利弊，筹计地方治安，并为资政院储材之所"，各府县设议事会。但是，各省设立谘议局的进程十分缓慢，朝廷设立资政院更是没有实质举措。就在许鼎霖等官员和文人高谈阔论变革社会、实行宪政等宏观问题及微观政策的时候，革命党在全国范围内的起义和暴动事件却此起彼伏。许鼎霖已经意识到他们几年来对朝廷期待的太多了，无论民间和社会立宪变革的呼吁多么高涨，社会却依然依旧，清廷预备立宪仅仅停留在口号上，倒不如革命党直接用暴力手段强行推进社会变革来得干脆，然而这种对暴力革命的少许同情最终淹没在其对君主立宪的执着之中。

此间，安徽发生了徐锡麟刺杀安徽巡抚恩铭的事件，该事件是在清廷预备立宪开始以后发生的一个重大案件，鉴于案件的复杂性和重要性，两江总督端方点名要许鼎霖前往处理。令端方失望的是许鼎霖并没有像他期待的那样对革命党人和学生大开杀戒，而是顶住压力尽了最大的努力去保护无辜的学生和民众，许鼎霖最终保护了巡警学堂的师生和社会上的一些进步人士免遭清政府的血洗。因此，可以推断许鼎霖对革命党人的宽容和保护是长期受维新思想影响的结果，也是其对清廷预备立宪由期望到失望的一种主观上的表现。许鼎霖在后来的苏浙铁路建设中极力反对朝廷向英国借款、出卖国家利益、干扰既定的商办铁路政策，可以说是其长期接受维新思想洗礼、渴望民主宪政的一种应激性的反应。

在许鼎霖等领导浙路公司和苏路公司股东齐心协力向外务部、商部和邮传部表达强烈的抗议并派代表进京与有关部门进行交涉的时候，预备立宪公会第二次大会在上海召开，郑孝胥再次当选为会长①，此时该会俨然成了苏浙铁路维权运动的中心。为了维护国家铁路主权和商办铁路捐股人的利益，光绪三十三年（1907 年）十月二十七日，公司的代表在公会驻所商议江浙铁路代表进京等事宜。准备进京上访的浙路和苏路公司的代表许鼎霖、王清穆、杨廷栋、张元济、孙廷翰等都是清一色的立宪派人物，而在京出面欢迎浙路和苏路公司进京代表的两省官员王胜之、张菊清、许宝蘅等也都是拥护预备立宪的官员，所以说，浙路和苏路公司代表进京为公司的商办政策被抛弃讨说法的行为，也是对朝廷预备立宪承诺的逼宫行为。换言之，如果当时清廷已经实行责任内阁制，在民主制度的保证下，苏、浙两省的路权失控情况是很难出现的，因此民众在维权的同时对君主立宪的期待更为强烈。从这个意义上说，许鼎霖等人发起的铁路维权运动也是推动预备立宪的具体举措。

许鼎霖等曾于光绪三十四年（1908 年）两次致电朝廷，请开国会：“今日时局，外忧内患，乘机并发，必有旋乾转坤之举，使举国人之心思皆受摄以归于一途，则忧患可以潜弭，富强可以徐图，……若限期太远，则中间之

---

①杨萌芽：《清末民初宋诗派文人群体活动年表》，河南大学出版社，2008 年，第 226 页。

变态百出，万一为时势所阻，未能践行，是转因慎重而致杌陧，……决开国会，以二年为限。"对于官方对君主立宪所表现出来的懈怠，许鼎霖和张謇直言不讳地表达了他们的不满："今我督帅陶斋（即端方，时任两江总督）尚书则因尝奉天子明命，周历欧美，考察政治，陈请立宪之伟人；方伯提学，今皆学识闳通，深明治乱安危，能造福于我父老子弟之君子，其必能破除行政衙门文牍胥吏一切迁滞之旧习，增速率于进行之机关。"

光绪三十四年（1908年）四月初七，孟森约请郑孝胥和许鼎霖到立宪公会会面。孟森（1869—1938），清末秀才，屡试举不中，以授学为业，秉性耿直，负才不羁，有"清狂之名"。光绪二十八年（1902年），被送往日本东京法政大学攻读法政专业。光绪三十一年（1905年），从日本学成回国，与郑孝胥、张謇、许鼎霖等在上海创办预备立宪公会，其政治立场是主张君主立宪。孟森此次约请郑孝胥和许鼎霖谈了些什么呢？根据《清末民初宋诗派文人群体活动年表》记载，郑孝胥是该月初三至上海的，次日郑孝胥拜访了严复、陈宝琛、王允哲、高而谦、王寿昌、柯鸿年等。初七，孟森约请郑孝胥至上海预备立宪公会住所与许鼎霖等交谈至深夜，郑孝胥从公会住所出来后连夜又去拜访严复、高而谦等。十八日，郑孝胥又约请张謇、许鼎霖、严金清等久谈，当日又约严复久谈。郑孝胥如此匆匆到了上海，又如此密集地与拥护君主立宪的人士久谈，特别是与孟森和许鼎霖等的谈话内容，包括《郑孝胥日记》都没有具体地记录。但是，不见当事人的日记记录，正说明谈话的内容涉及朝政，当时朝廷最大的事莫过于预备立宪，而清王朝预备立宪口号的提出已经三年之久，却没有任何实质性的政策举措，导致革命党活动和起义频发，苏路、浙路权益面临帝国主义国家的觊觎，保路运动前途未卜，这些因素综合起来导致孟森忧国忧民，寝食难安，恰在此时郑孝胥来到了上海，许鼎霖又是保路运动的发起人和进京代表，所以孟森与许鼎霖和郑孝胥的谈话内容也就可想而知了。此时许鼎霖内心最真实的想法是要以浙路和苏路公司赴京维权为契机，推进朝廷预备立宪的进程，实现一石二鸟的效果。

这次谈话十天后，许鼎霖等发起在上海成立预备请愿国会组织。该组织与此前在上海成立的预备立宪公会有着很大的不同，预备立宪公会是一个带有论坛性质的学术团体，主要研究立宪宏观架构和微观的政策；而预备请愿国会则是一个以敦促清政府尽快召开国会，完成君主立宪为宗旨的一个吁请组织。该组织的成立，说明有识之士对清政府和西太后原预备立宪的欺骗性已经觉察，因此通过这种组织请愿以图唤醒民众自下而上地敦促政府进行自上而下的改革。预备请愿国会成员于光绪三十四年（1908 年）四月十八日在上海法政讲习所开会，就请愿的内容、方式、程序、时间和请愿代表进行了具体的商讨，最后经表决，推举四人为请愿代表入京，其中，许鼎霖以五十五票当选。会议决定，请愿代表进京上奏朝廷要求迅速召开国会。因此，许鼎霖、郑孝胥、王清穆、张謇、孟森等人过从甚密，并非如《张謇日记》《郑孝胥日记》《清末民初宋诗派文人群体活动年表》等书中所记载的某年某月某日与某人在一品香饮酒那样的简单，饮酒只是掩人耳目的幌子，其实他们讨论的内容正是预备请愿国会运动所要进行的活动，是关于如何推动国家实行君主立宪的大事。

五月十七日，许鼎霖作为预备请愿国会代表，在预备请愿国会进京代表团出发前，面对公众发表演说，其宗旨概括地说就是要“兴大利，革大弊，保国权，维民气”，向社会表达的主要内容有：一是江苏谘议局成立和预备请愿国会行动之必然性和必要性；二是江苏民营实业的发展和官绅商一体化的发展模式，使江苏的士绅阶层有了一定的话语权以及这种话语权行使的重要性；三是清政府的预备立宪过渡期太长，应立刻顺应民意，实行君主立宪政体；四是敦促政府立刻实行君主立宪体制、变革政体、改良社会乃国人之责；五是实行君主立宪是时代的潮流，不可阻挡。

到达北京以后，代表们展开了一系列的活动，向都察院递交《呈请速开国会书》。许鼎霖和代表们大声呼吁，“国会者，人民与闻政治之所也。必人民得有公举代表与闻政治之权，国家乃能加以增重负担以纾国难之责”“期以一年之内召集国会”“此诚国家之至计，安危之所系”。同年六月二十四日，清廷颁发《谘议局章程》和《议员选举章程》。八月初一，清政府宣布“九年预备立宪逐年推行筹备事宜谕”，公布《钦定宪法大纲》（二十三条），其中关于“君上大权”有十四条。许鼎霖认为请愿取得了一定的成果。然而，由于清廷的冥顽不化，九年预备立宪实际上还是一种拖延和欺骗。

三、江苏谘议局的总会办兼审议长

光绪三十四年（1908年）八月二十四日至二十五日，江苏全省士绅在上海江苏教育总会会所召开会议，会议主要议题是研究江苏成立谘议局筹办处事宜。参加会议的共二百多人，均是省内的知名人物。这次会议公推仇继恒为主席。经会议选举，张謇、仇继恒、魏家骅、许鼎霖当选为江苏谘议局筹办处宁属成员，王同愈、马良（相伯）、王清穆、蒋炳章当选为江苏谘议局筹办处苏属成员。九月初四，许鼎霖电邀时任两江总督的端方到南京，列席商量江苏谘议局筹办处事宜会议的整个议程。之后，端方将原来依附于地方自治筹备总局的谘议局筹办机构改为独立设置的江宁谘议局筹办处，并委派苏省布政使、提学使为总办，在籍翰林院修撰张謇为总理，丁忧翰林院编修夏寅官、丁忧前广东雷阳道段书云（字少沧）、安徽候补道许鼎霖、前陕西富平县知县仇继恒等为协理，全面规划谘议局筹备事宜。苏属谘议局筹办处总理为邹福保、王同愈，协理是王清穆、蒋炳章。光绪三十四年（1908年）十月十一日，宁属江苏谘议局筹办处在宁成立。然而由于江苏的社会特点，当选的代表中，官、绅、商并没有泾渭分明的界线，许多人的身份都是交叉的，比如许鼎霖既是官也是绅又是商。正是官、绅、商三位一体的群体，注定了江苏要求施行宪政的呼声比其他省份更大。宁、苏两属谘议局筹办处成立后，在颁发晓谕、宣传调查、制定规章、组织选举等方面以白话文的语言形式进行传播，促进了民主政治权利义务观念的传播。

在江苏社会各界紧张筹备谘议局的时候，清朝光绪皇帝爱新觉罗·载湉和孝钦显皇后叶赫那拉氏去世[①]。晚清"双圣"的去世，给动荡不安的局势带来了新的不确定性，给推进缓慢的君主立宪带来了更大的变数。十月二十九日，江苏谘议局、苏省铁路公司等分别向清廷发出唁电，悲痛追念大行皇帝、大行太皇太后。唁文如下："南京端督帅钧鉴：大行太皇太后、大行皇帝先

①光绪皇帝去世时间是1908年11月14日（光绪三十四年十月二十一日），叶赫那拉氏去世时间是1908年11月15日（光绪三十四年十月二十二日）。

后升遐，攀号莫及。追念八月一日筹备立宪之谕，首以谘议局为始基，及读两次遗命，犹谆谆申诫，哀慕之思，终天曷已！今筹办伊始，庶政方新。我皇上纯孝至仁，摄政王忠清闳亮，为立宪前途所仰赖。伏愿节哀顺变，以继志述事，上慰两圣在天之灵。不胜喁喁企望之至。所有哀慕愚忱暨恭慰圣孝各情，伏乞代奏。江宁谘议局张謇、仇继恒、夏寅官、许鼎霖、段叔云、周钺，江苏谘议局邹福保、王同愈、王清穆、蒋炳章同叩。”“南京端督帅钧鉴：两圣升遐，普天悲痛。重念两圣，策励交通，保全商路，感蒙溥利，哀恋尤其深。皇上绍鹰大统，摄政王翊赞宸谟，为薄海[①]臣民所仰赖。伏冀节哀顺变，巩我皇图。区区吁祷之忱，伏乞代奏。苏路总协理王清穆、张謇、王同愈、许鼎霖等，董事周廷弼、李钟珏等同叩。”

从许鼎霖等人以不同的名义发出的两份唁电措辞来看，虽说在名义上是感怀两圣之先德，实则是哀宪政之不施、苏路主权之旁落，实在都戳到了清廷的痛处，同时也在提醒继任者摄政王载沣对于如何处理好两圣遗留的问题要早作绸缪，勿失国人之所望。对于许鼎霖等这一潜在的用心，并非虚妄之谈，根据《郑孝胥日记》记载，当“双圣”去世后，武汉武昌教育会来电，要求上海方面呼应武汉方面的诉求，趁国丧逼宫，要求继任者迅速成立“责任内阁”，但是上海以郑孝胥为会长的预备立宪公会最终以“不敢与闻此事”和“再加研究”等词汇将武昌教育会的建议和请求敷衍过去。但是几天后，上海方面无论是苏路公司还是预备立宪公会发去的唁电，却是话中有话的，表达了苏、宁两属民众和士绅对中央政权的民意和情绪。

十月三十日，赵凤昌邀请许鼎霖、郑孝胥、张权等人到“惜阴堂”（《郑孝胥日记》记载为雅叙园）小聚。赵凤昌（1856—1938），江苏武进人，为晚清君主立宪派的著名人物，也是鼓励光绪皇帝实行戊戌变法的决定性人物之一。此番赵凤昌召集上海预备立宪公会的许鼎霖、郑孝胥前来，分析商讨武昌方面要求施行责任内阁的建议等，寻求支持国家实行责任内阁制度。十一月初一，江苏教育总会大会在上海召开，许鼎霖、张謇、王同愈等同临会场。全体会员依据总会章程，推举张謇为会长，选举王同愈、许鼎霖为副

---

①薄海：本指接近海边，后泛指海内广大地区。

会长[①]。十一月十三日，预备立宪公会会议召开，许鼎霖、郑孝胥、张謇、汤寿潜等二十人被选举为董事。其中郑孝胥得 64 票，为得票数最高者[②]，被推选为会长。

宣统元年（1909 年）二月十五日，清政府颁布"重申实行预备立宪谕"，宣示决心立宪，命各省当年内成立谘议局。江苏之所以宁、苏两属分立，与总督、巡抚不同城有很大关系（督衙在宁、抚衙在苏）。由于一省不能有两个谘议局，二月二十七日宪政编查馆允准江苏合并设立谘议局。此前的二月十四日，许鼎霖与张謇、仇继恒、段叔云等立宪派友人会晤，并拜访端方。他们在一起讨论了江苏谘议局的章程以及谘议局的选址问题，最终谘议局选定在南京鼓楼东北。

四月初五，许鼎霖参加海州资政议员补选，选举结果，许鼎霖获九票当选海州资政议员。八月初一下午，江苏谘议局召开预备会议，到会人员共七十余人，张謇被推选为临时议长，许鼎霖被推选为总会办。八月初四，江苏谘议局大会正式召开，到会的代表共九十五人，经过多次差额选举，张謇当选为正式议长，蒋炳章和仇继恒当选为副议长。八月初五，许鼎霖参加江苏谘议局在八旗会馆召开的会议，这次到会者有一百一十人，以记名投票的方式选举审议长，许鼎霖以八十票当选。然后，大会选举审查员，夏寅官、沙元炳、邵长镕等十九人当选。值得点赞的是，这次选举采用的是记名方式，体现了民主公开的原则。

九月一日，江苏谘议局正式会议召开，议员一百二十五人参加会议，标志江苏谘议局正式成立。作为江苏谘议局的总会办、审议长，许鼎霖的业务是繁忙的。虽然当时的各省谘议局的地位还是虚的成分大于实际的权利，但是至少许多行政上的决策需要走谘议局的流程，这一点已经较以前的专制政体有了历史性的进步。九月二十八日，江苏谘议局召开会议，研究表决《筑海清铁路以工代赈方案》，这次会议之议题由许鼎霖提议，并由许鼎霖说明提出该议题的理由：海州灾情实比光绪三十二年（1906 年）为重，竭力筹赈

①王同愈、许鼎霖为副会长：王同愈得票数为 85 票，许鼎霖得票数为 59 票。
②《郑孝胥日记》，中华书局，1993 年，第 1168 页。

不过六七十万，这对于众多的灾民只是杯水车薪。频年水灾，官方需要极力保运盐之堤坝，若因民田民命而欲阻止运盐，势难办到。故为救灾计、为盐运计，唯有筑海清铁路可以从根本上解决这个问题。许鼎霖的这个提议得到了全体议员的拥护，公议下期大会即行报告，呈请督宪代奏立案。由此看来当时的江苏谘议局并非完全形同虚设，在许多具体的政策制定方面如果与当朝的统治集团没有根本性的利益冲突还是能够多少发挥其建设性的职能的。

九月廿九日下午，江苏谘议局继续开会。会议审查员二十八名，公推蒋炳章副议长为会议主席。许鼎霖提出的意见书的内容共十一条：（1）关于公司利益；（2）关于国家利益；（3）关于海属人民的利益；（4）关于赈务之利益；（5）请督部堂抚部院会奏借大清银行三百万元赶筑海清铁路，以工代赈；（6）全部工程需款四百五十万，所有分年摊还，大清银行借款三百万，不足之一百五十万元由海属绅民及外府州县担任；（7）请督部堂抚部院会奏设商办海清铁路有限公司；（8）请督部堂抚部院会奏俟海清铁路成令淮北官运商盐，概由铁路运输；（9）无论海属外属股份均以交款之日起息；（10）请督部堂抚部院会奏准后饬海赣沭县造居印册，会同员选举正绅；（11）海属绅民如愿一次交足或先交数年听便。据当年十月三日《申报》报道：许鼎霖的议案提出后，江苏议员沙元炳提出减收如皋丁漕议案、江苏议员许鼎霖发出导淮意见书。次日，江苏谘议局接着开会，会议宣布由许鼎霖提出的《筑海清铁路以工代赈案》报告讨论议决此案，已经上次会议议决赞成，以工代赈交审查会修正办法，会议认为海清灾情严重，以工代赈刻不容缓。

四、资政院的股长

资政院是清政府仿照西方政治体制设立的中央议会机关，是成立两院制的一个过渡性的立法机构，光绪三十三年（1907年）光绪皇帝下谕设立，宣统元年（1909年）颁布《资政院院章》，其职权是议定国家预算、决算、税法、公债、制定法规、弹劾大臣等。议员共一百九十九名，其中民选议员八十九名、钦选议员九十名、灵职议员二十名。非民选的君主提名的钦选议员多于民选议员，宗教团体的灵职议员体现了政教合一帝国的合法性，这说明了清廷预备立宪的本质。资政院设总裁（即议长），以维持秩序并主持会议，必须由王、公、大臣担任，君主直接钦选候选人交由资政院选举。设秘书长和两名副秘书长，均由君主指派。溥伦是资政院第一任总裁，其身为道光皇帝曾孙却因为慈禧专权而与皇位擦肩而过，光绪三十三年（1907 年）筹备资政院时，为弥补溥伦的政治损失，他被钦定为总裁；宣统二年（1910 年）著名法律专家沈家本任副总裁。

宣统二年（1910 年）六月廿一日，许鼎霖从事家乡的赈灾工作后返回上海，前往拜会杨廷栋、沈恩孚、赵凤昌等。杨廷栋（1878—1950），字翼之，江苏吴县人，光绪二十四年（1898 年）由南洋公学资遣入日本早稻田大学学习法政，光绪二十六年（1900 年）回国任教于南洋公学。他是中国最早翻译卢梭的《社会契约论》（书名为《路索民约论》）、斯宾塞的《政法哲学》（书名为《原政》）、伯吉斯的《政治学》的学者，还编著《政治学》《法律学》等教科书，并办报宣传变革思想，在社会上产生了重要的影响。而以“六岁为师古未闻”而著称的沈恩孚以及后来被世人呼之为“民国产婆”的赵凤昌等，都是变法维新的坚定倡导者和有着很深影响的立宪派代表人物。许鼎霖此行是为即将召开的清朝资政院第一次会议做准备。许鼎霖从赈灾工作中意识到拯救人的肉体固然重要，但是拯救人的思想乃当时国家重中之重的任务，深感国家体制的改革是拯救人的思想的重要前置条件，于是游走于主张立宪的各方人物中，不知疲倦地宣传其宏观上的政治主张以及微观上的操作方案，为推进变革和实现法治而奋争。

八月二十日，清朝资政院预备国会第一次会议在北京召开，该会议属于清末预备立宪的一个重要举措和步骤，是正式成立资政院的预备会议。这次会议将参加会议的代表以抽签的形式，分为六个股，作为江苏谘议局推荐的钦选议员，许鼎霖的编号为第 115 号议员，并被推选为第二股股长。八月廿七日，资政院议员于午后二时在北京象坊桥财政学堂开会，讨论资政院《议事细则》及《分股办事细则》中的有关具有争议的条款，并与孟庸生等报告讨论的情形。[①]议员们对这些细则进行了严肃认真的讨论。

①《汪荣宝日记》，凤凰出版社，2014 年，第 153 页。

宣统二年(1910年)九月一日,国人企盼已久的清朝资政院开幕典礼开始,到会的议员共有一百七十人,摄政王载沣到会亲致开幕词,宣告资政院正式成立。溥伦总裁在讲话中说:“今天是资政院第一次召集,为我中国数千年以来没有过的盛典”,“务望诸位协心匡助,共襄盛举”。[①]初四,在资政院第三次会议上,许鼎霖提出,因为有个别议员改选,建议更改议员座位号码,并强调会场秩序。从更改议员座位号这个细节也要经过议会议员审议通过来看,当时的晚清资政院的议员们决心遵守法律、服从规则的坚定态度。九月初五,在资政院第五次会议上,许鼎霖被议员推选为资政院预算股股长。

七月,湖南省巡抚杨文鼎发行地方公债一百二十万两,虽然发行地方公债不是杨文鼎的首创,但仅仅因为杨文鼎没有把这件事提交谘议局通过,就酿成一场全国皆知的风波。愤怒的湖南谘议局议员们感觉自己又一次受到了侮辱,就把杨文鼎告到了资政院。资政院于九月二十八日召开第十二次会议,十月初二召开第十三次会议,连续对湖南谘议局提交的杨文鼎公债案进行审议表决,并决议上奏对杨文鼎给予相应处罚。当天,传来的军机大臣副署的谕旨,称此事属于“疏漏”,但是仍然须“遵前旨办理”。谕旨在议员中引起了极大的反响,许鼎霖等议员清醒地意识到,如此结案,资政院或谘议局将会彻底地沦为摆设。于是议员们被军机处的无礼而激怒,他们通过了“军机弹劾案”,要求立即废弃军机处,设立责任内阁。在内阁未成立之前,军机处必须对资政院负责。在这场弹劾军机处的过程中,许鼎霖在十月初八的资政院第十五次会议上,发表了以“我们中国向来无有法律,所以才贫弱到如此,自皇上设立资政院、谘议局,方有个立法机关,我们要再不好好保守法律,危亡就在旦夕”为核心内容的主旨演讲,激发了议员们将弹劾案进行到底的决心。议员们要求立即组织内阁,在内阁未成立之前,要明确军机大臣的权限,使得他们“无所诿卸”。面对资政院的步步紧逼,军机大臣再以退为进,搞了一个集体辞职,以此要挟清廷。这时,摄政王载沣出面了,他连发两道朱谕,一边要挽留军机大臣,一边不让资政院过问此事。面对摄政

①李启成点校:《资政院议场会议速记录:晚清预备国会论辩实录》,上海三联书店,2011年,第1页。

王载沣的威胁，议员们被激发了更大的斗志，在第二天召开的院会中，许鼎霖等人批评“朱谕”不符合“立宪”精神，提出继续弹劾军机大臣，否则，就干脆解散资政院。溥伦这个皇族面对许鼎霖等议员的慷慨陈词，选择站在了议员一方，认为“议员热心爱国且议会与政府冲突各国恒有，不足为病”。事实上，当天的院会始终弥漫着一股悲壮的气氛，因为这场弹劾案看似是针对军机大臣，实质上是立宪与保皇之争，是民主与专制之争。就在资政院与军机大臣僵持不下的时候，各省谘议局给予了有力声援，宣称如果资政院被解散，他们也将同时解散谘议局。于是清廷又一次让步了，命令宪政编查馆赶紧编订内阁官制。许鼎霖在该案中所表现出来的政治智慧和勇气在中国法制史上是史无前例的。

十一月十二日，在资政院第二十五次会议上，审议江苏饥民焚抢海丰面粉公司案，并通过了两江总督张人骏侵权违法报告书，本次到会一百二十五人。资政院议员们对于事涉议员许鼎霖个人企业遭焚抢以及两江总督张人骏处置该案不法的议案表现出了极大的热情，196 号议员牟琳做了审查报告，细数了两江总督张人骏的五种违法行为，然后，16 号议员孟昭常、94 号议员王佐良、55 号议员崇芳、48 号议员陈慰鼎等分别发言[①]，进行激辩后做出了海丰面粉公司枪击案系匪徒滋事和对两江总督张人骏弹劾的议决。这说明预备立宪以后，资政院和谘议局的权力有所独立，议员针对具体的行政行为有了一定的评判话语权且表现出了独立的人格，让人们看到了中国民主政治的曙光。

五、末任资政院总裁（全国议会议长）

资政院是清廷预备君主立宪的产物，是中国最早的议会。在拟定资政院章程时，军机大臣对资政院的职权极力加以限制，资政院总裁溥伦认为各国议会均有职权，中国岂能独损，一再辩争。后因资政院讨论湖南巡抚杨文鼎

---

①李启成点校：《资政院议场会议速记录：晚清预备国会论辩实录》，上海三联书店，2011 年，第 356 页。

发行公债案而引起的弹劾军机大臣事件，得罪了奕劻等人，遂奏请改派总裁、副总裁。于是，宣统三年（1911年）二月二十二日，清廷调溥伦任农工商部尚书、沈家本任法部左侍郎、大学士世续为总裁、学部右侍郎李家驹为副总裁。世续和李家驹均为正黄旗人，前者曾任军机大臣，后者曾任京师大学堂总监督、驻日公使。世续由于应议员要求奏请召开临时会议，遭到皇族内阁的反对，不久之后，不愿当傀儡的世续辞职。九月十九日，武昌起义爆发，此后，李家驹临危受命，出任资政院总裁。而李家驹仅担任总裁数日，因为革命党人刘成禺等嘲笑李家驹的“闭门立宪”，只知道照抄日本现成的条文，不开眼看国内的现实，深感立宪无望，便辞去总裁职务。十月十五日，由许鼎霖接任资政院总裁职务。

在全国上下要求立宪的洪流中，许鼎霖力主基本上尊重资政院的议事规则和议员的议政活动，主张凡事“先交资政院参议”，于是，就一些重要问题，许鼎霖时而与王公大臣发生争论，但是，他们之间的争端已不是单纯的个人权力之争，更重要的意义在于行政机构与准议会机构已发生相互制衡。

武昌起义后，“皇族内阁”提出辞呈，清政府批准，并宣布“袁世凯着授为内阁总理大臣”。以许鼎霖为总裁的资政院为维护《宪法重要信条》尊严，提出该程序违宪，摄政王载沣收回上谕，等候资政院选举结果。随后资政院以无记名投票公选总理大臣，袁世凯得票最多，摄政王载沣再次发布任命上谕。虽然前后结果相同，但第二次任命的发布是遵守宪法程序的，程序正义是现代政治得以公正运行的重要原则。这一事件在中国的法律史、政治史乃至整个社会历史上都具有重大意义。

虽然从制度设计的角度看，晚清的资政院和谘议局并不具备完全的独立地位，但以许鼎霖等为代表的一批既熟悉法律和程序又懂得世界和民意的议员们，表现出值得钦佩的独立品质和政治勇气，积极履行自己的法定职责，一步一步紧逼清廷最高决策层，推进君主立宪制的施行。但是，1912年元旦，中华民国政府在南京宣告成立，许鼎霖感到南方的革命潮流已势不可挡了。虽然北方的清王朝与南方的中华民国依然呈对立态势，但许鼎霖已清楚地认识到清朝的气数已尽，于是，在清帝即将宣布退位的前夕，他向清廷提出解散资政院的奏折。同年2月12日，在清帝退位的次日，许鼎霖作为最后一任总裁的资政院解散，与资政院同时解散的，是腐朽的清王朝及延续了两千多年的中国君主专制制度。

第六章　从“南北议和”的重臣到民主共和制的推动者

一、走向共和的彷徨

当许鼎霖沉浸在清朝成立责任内阁、实行君主立宪的梦想的时候，由四川保路运动为导火索而引发的武昌起义于宣统三年（1911 年，辛亥年）八月十九日爆发。此后以推翻清朝帝制、实行民主共和体制为宗旨的革命行动在南方各省风起云涌地开展起来，许多省份宣布独立，作为热衷于宪政、反对君主专制的著名立宪派人物许鼎霖自然是革命党所要争取的对象。曾任奉天巡抚的程德全在宣统二年（1910 年）调任江苏巡抚后，在民主共和思想的影响下，摒弃了传统的“忠君爱国”观念，深知国家前途只有另谋出路。于是，他开始改变施政方针，不再以挽救清王朝为目标，而是以保护地方经济和人民生活秩序为目标，最终成为第一个反正的前清大吏。他在武昌起义爆发之后接受了革命党人的主张，在当时的江苏省会苏州宣布江苏省独立并自任江苏都督。江苏省独立后，程德全给尚任清朝资政院总裁的许鼎霖写信，力邀许鼎霖南下，加入革命的行列。但是，许鼎霖在给程德全的回信中直言不讳地表达了他此时对暴力革命将会造成国家内乱和分裂的担忧。

宣统三年（1911 年）八月二十三日上午，江苏教育总会开会，会长、著名教育家唐文治，副会长许鼎霖参加了会议。该会议是在程德全已经宣布江苏独立的环境下召开的，这足以说明江苏的局势是稳定可控的。一个月后，许鼎霖闻听东北的奉天在“咸与维新”的浩大声势中也有革命军参与起事，革命党人蓝天蔚自称为都督，宣布奉天独立，许鼎霖对清政府的老巢东北的独立感到震惊。于是，写信给东三省总督赵尔巽，表达了对此事的关注和担忧："督宪鉴，英领事报告朱使[①]，奉已独立，未接官报，甚未杞忧。各省宣告独立，多为保安起见，朝士深喜此法，奉有此举，意或相同。"显然，许鼎霖明知各省独立是高举反清的大旗的革命行动，而非仅仅为了保安起见，赵尔巽在武昌起义后成立的保安会是对抗革命的手段，而蓝天蔚所宣布的独立是拥护南方共和的行动。此时许鼎霖虽然在口头上依然安慰赵尔巽所成立的保安会是奉天保安的必要措施，但内心还是对南方革命形势是否能真正推翻清政府存在疑虑的，这就导致了许鼎霖在共和革命的初期表现得踌躇不前。

然而，是年十月初七，许鼎霖接到诤友张謇关于江苏谘议局改组为江苏省议会的回函，促进了许鼎霖由君主立宪派向民主共和派的转变。该函内容如下："来电敬悉，所称南北眼光，心理迥然不同，良非虚语。但谓就此罢手，即可维持秩序，则实与南中情势相反。果如公言，是惟恐焰之不烈，而益之以膏，恐东南无一片净土矣。南中大多数之论曰：吾侪涂肝脑、迸血肉，乃为爱新觉罗氏争万世一系之皇统乎？上海本商贾荟萃之区，凡商人皆具身家，无不爱好和平者。自闻汉口焚杀之惨，自士大夫以至苦力、妇孺，莫不切齿思奋。其时吾苏若再迟疑，势将酿极烈之暴动与绝大之恐慌。此在南北各省皆然。所谓南北眼光迥不相同者，此其要点也。来教又谓各省独立，恐赔款无着。夫独立云者，离北京政府而独立，非各自独立之谓。颇闻各省现方谋联合统一方法，议设临时政府。东南各省，皆财赋所自出，以海关税项言之，十之八九已归民军。以盐斤税厘言之，亦得十之七八。其他各丁漕各款又独重于东南。万一临时政府成立，直接与外人交涉，担任一切外债，彼各国安得不认？此岂空言所能争耶？来教又虑旷日持久，恐经济一涸，不出两月，行将哗溃，安能持久。至于各处土匪小小蠢动，以苏省论，目前但有徐海、南京下关，分一小部镇抚之即定矣，何须持久？总之，现在时机紧迫，生灵涂炭，非速筹和平解决之计，必至于俱伤。欲和平解决，非共和无善策。此南中万派一致之公论，非在下一人之私言。在下何力，岂能扼扬子之水使之逆流？公如不信，试回南一观，当可得之矣。苏省谘议局取消，改为省议会，公在京无名，盍归乎来？"对于许鼎霖致函所表达出来的对共和的时机和实

①朱使：当时的英国驻华大使朱尔典。

现的方式的忧虑想法，作为诤友的张謇一针见血地指出了许鼎霖一些观点的不当之处，坚定地回答了先前许鼎霖对于革命和共和的诸多恐惧和疑惑，这对许鼎霖的心理所产生的震撼力无疑是很强烈的。这封回函也很好地解答了许鼎霖在致江苏都督程德全的信函中就在中国实施共和所提出的若干疑问，对于打消许鼎霖的思想疑虑，接受共和体制起到了重要的作用。张謇作为江苏省预备君主立宪派的领袖人物，又身处革命的风口，自然对实现共和的革命发生的必然性和必要性有着更加清晰的认知。因此许鼎霖此时觉得自己再不改弦更张，依旧抱残守缺，当会与大势已去的清王朝一样落得个众叛亲离的下场。张謇在回函最后引用了陶渊明《归去来兮辞》中“田园将芜胡不归”的语气，对许鼎霖发出了“盍归乎来？”的诚挚的邀请，请许鼎霖到南方民主革命的暴风眼进行实地考察，相信对于共和革命是“糟得很”还是“好得很”一定会有更加客观、清醒的认知。

二、南北议和的重臣

辛亥革命爆发后，关于未来国家政体问题的讨论愈发激烈，主要分为两派，一是以孙中山为代表的革命党人倡导的共和派，另是以袁世凯为代表的前清旧官僚倡行的立宪派。此两派均各执一词且不肯让步，局面僵持。此时的许鼎霖在看了张謇这封谈论时局的信后，对民主共和与君主立宪的选择以及国内局势有了新的认识。

武昌起义拉开了革命序幕后，诸国列强中的英国和日本也借机将军舰开进长江，目的是通过强行商品贸易使本国在华利益最大化。觊觎中国的英国和日本，分别扶持的是立宪派和共和派。时任驻华公使的朱尔典代表英国利益，表示希望尽快通过南北和谈能够使局势稳定，从而保证本国的在华利益不受到战火的波及。而日本政府则表面上支持共和体制，但实际上是想让革命党继续在各地与清廷开火，使中国长期处于内乱状态，他们则可以在各势力间获得想要的资源和权利。

宣统三年（1911年）九月十一日，袁世凯的部下冯国璋率领清军攻占了汉口，之后又攻占了汉阳，革命军只得退到武昌，就在武昌岌岌可危的时候，精明的袁世凯突然命令冯国璋停止进攻，准备调停与和谈，其目的是想通过和谈，谋取更多利益。而革命军在战场上处于不利的地位，也希望通过袁世凯的力量迫使清帝退位而建立共和制。十月中旬，英国驻华公使朱尔典与袁世凯最终促成了南方革命党与北方清政府的和谈，史称“南北议和”。

南北议和的北方代表团团长为唐绍仪，参赞有许鼎霖、欧庚祥、赵椿年、冯懿同。唐绍仪为清廷内阁总理袁世凯任命的清廷议和全权大臣，是袁世凯的金兰兄弟、高级幕僚，先后任清廷总理总办、邮传大臣、北洋大学校长等。许鼎霖作为清廷任命的议和参赞之一，是唐绍仪亲自点的将，不仅因为他们曾是默契的官场同僚，更重要的是许鼎霖是清末二十位主要立宪派成员[①]之一，曾担任过外交官，以善辩著称，特别是处理民教案和担任资政院总裁的表现，令人乐道和钦佩。北方代表团临行前，袁世凯交给唐绍仪的议和方案“二十二条”，其中最主要的是国家实行“君主共和立宪制”，核心内容有：大清帝国改号中华联邦共和国；皇帝改为国王；各省改为中华联邦，组织共和政府；由各省选举议员，组织上、下两院；公选大总统为行政机关等。

南北议和的南方代表团团长为伍廷芳，参赞有温宗尧、王宠惠、汪精卫、钮永健。伍廷芳是南方革命党谈判的首席代表，曾是李鸿章的高级幕僚，是中国第一位法学博士、著名律师、香港立法局第一位华人议员。

南北议和会议的地点经双方商议设在上海南京路英国租界工部局市政厅。是年十月二十八日，南北议和会议正式开始。虽然北方议和团的阵容整齐，但是鉴于南方革命发展的形势变化和国人对清廷的不满，实际上代表朝廷的北方代表团只有唐绍仪和许鼎霖两人出席了这次在上海的谈判，其他代表都没有到场。在南下议和时，唐绍仪把自己的辫子剪了，这让许鼎霖预判到了唐绍仪此次谈判的立场。在南北议和第一次会议上，双方讨论了各省战场的停战问题，双方很快达成了一致，决定停战。十一月初一，南北议和第二次会议讨论了今后国家的政体问题，南方代表团伍廷芳的观点很鲜明，就是承认共和，取消帝制；北方代表团唐绍仪则委婉地表达了

①清末二十位主要立宪派成员：梁启超、郑孝胥、谭延闿、许鼎霖、张謇、汤寿潜、孙洪伊、蒲殿俊、汤化龙、梁善济、林长民、吴景濂、袁金铠、雷奋、马良、张元济、罗纶、孟昭常、罗杰、谢远涵。

如果让袁世凯出任总统，他们可以想办法让清帝退位。在没有完全达成一致的情况下，会谈结束了。十一月初十，南北议和第三次会议讨论了召开国民会议、国体问题和清帝退位后清室的优待条件（包括满、藏、蒙、回等民族）等事宜。

在南北议和的过程中，北方代表团内部发生了一些变化，因为首席代表唐绍仪对袁世凯的议和方案本就难以接受，好像变成了南方代表团的代言人，他在和谈中说："共和立宪，我等由北京来者无反对之意向……共和立宪，万众一心，我等汉人，无不赞成。不过宜筹一善法，使和平解决，免致清廷横生阻力。且我共和思想尚早于君，我在美国留学，素受共和思想故也。今所议者，非反对共和宗旨，但求和平达到之办法而已。"次日，他给北京拍电报："如不承认共和，无从开议！"

唐绍仪的行为，令北方代表团陷入了尴尬的境地。听完团长唐绍仪的谈话后，许鼎霖明显感觉到唐绍仪违背了袁世凯的交代，背叛了代表团的立场，令人不齿，既然不赞成袁世凯的"二十二条"方案，又何必临危受命呢？他又想，这既坚持北方君主立宪的主张以讨好皇族，又赞成南方民主共和的主张以讨好革命党，是不是袁世凯为了自身获得更大权利而玩弄的阴谋呢？于是，许鼎霖本来欲打断唐绍仪的谈话，又觉得不妥，所以想在事后当面提出指责。跟代表团一起南下谈判的八旗代表章福荣后来回忆："至南京下关，唐绍仪与江苏都督程德全密谈许久，所谈内容虽不知，但看他们亲密的神情，就心中生疑。"章福荣写信给朋友道：此次会议，原为南方主共和政体，北方主君主立宪，故要开会彼此商讨二者之得失厉害，而我们的北方代表未到开会地点，在船上业已主张共和，这会还开个什么劲！事实上，唐绍仪的和谈表态引起了立宪派和保皇派的激烈反应，那些满族权贵和清廷大臣纷纷诘问袁世凯：你派唐绍仪到上海，哪里是在议和，简直是向民军馈献江山。而袁世凯又把责任推给议和代表团：我奉旨派遣唐绍仪与民军讨论大局，你们觉得他不称职，罢免他就是了。

随着清帝的退位，许鼎霖的君主立宪的政治理想也化为泡影。于是，许鼎霖悄然南下青岛，并毅然剪掉了他那条象征着保守与愚昧的长辫子。

三、民国江苏省议会的议长

宣统三年（1911年）十一月初十上午，中华民国临时大总统选举会在南京丁家桥江苏谘议局会场举行，到会的十七省代表共四十五人，会议推举议长汤尔和任主席。汤尔和主席致辞说，此次选举为四千年来历史所未有，别开生面，意义重大。会议选举孙中山为中华民国临时大总统。1912年1月1日，孙中山在南京宣誓就任中华民国临时大总统，南京临时政府诞生，这标志着一个四千余年历史的君主专制时代的结束，民主共和新时代的开始。南京临时政府实行总统制，由临时大总统孙中山、副总统黎元洪和九名部长组成。南京临时政府中虽然有立宪党人和旧官僚，但革命党人占据着主要地位。然而，北方的清王朝和南方的中华民国政府依然呈对立态势。

许鼎霖在结束南北议和的使命后，依然回到奉天交涉使（后称外交部总长）的位置上。之后，南京传来了中华民国临时政府成立、诤友张謇任实业部总长的消息，许鼎霖在《民立报》上看到了赣榆县知县曹运鹏等祝贺民国政府成立和孙中山当选临时大总统的贺电，特别是贺电中的"铁血铸成共和民国，同胞共庆，合县欢呼"的表达，让他感到这场轰轰烈烈的震撼神州和世界的大变革的巨大力量。这时候他想起了诤友张謇前次发来的呼其南归的信函，便决心改弦更张，加入共和后的国家建设中去。正巧此时，《民立报》于1912年3月3日转载了海州公民致临时大总统孙中山的求赈电报，该电报邀请民国政府迅速派许鼎霖由青岛回上海接洽赈务。落款为：海属公民迫叩。与此同时，许鼎霖在北京也接到了家乡父老发来的电报，云："海州频年水灾，元气大损，去岁又重以乱难之惨，四民失业，十室九空，转迁流亡，奚翅数十万，露宿风餐饥寒交迫，道殣相望，惨不忍言，呼吁无门。前经公民等一再呈请当道发款赈抚，奈以军务倥偬，经济困难，以至爱莫能助。哀哀同胞竟忍听其流为沟瘠耶？忆昔丙午之岁，海属大灾，重赖先生南北奔驰，劝募义赈，全活无数，乡人至今戴之，公民等人微言轻，奔走呼号，声嘶力竭，毫无寸效，言念及此，五内俱焚。想先生宅心仁慈，爱乡情切，难远在数千里外，此故乡一片土当也不能忍然去怀也。公民等业已分吁内务部长程公、都督庄公电召先生即日南来筹办赈务，救灾急于救焚，先生早一日来即灾黎早解一日倒悬之阨。临风挥涕，不尽欲言。海州公电。”为了引起许鼎霖对于苏北赈灾的高度重视，海州筹赈处在上海《申报》（1912年4月4日）等各大媒体刊发致许鼎霖的求赈呼吁书：“各报馆转许九香先生鉴，海州屡灾，公救活亿万，近灾状日惨，仍乞筹助，迅赐赈济，生死肉骨，惟公是望。驻海筹赈杨光第叩。”

当许鼎霖回到阔别已久的青口镇时候，严重的灾荒还是让他始料未及，赣榆县数万饥民眼巴巴望着许鼎霖。面对如此严重的灾情，为了尽快缓解灾情，减少死亡，许鼎霖决定以徐海公民的名誉向大总统袁世凯求救。4月14日，许鼎霖将拟好的电文发给了袁世凯：“北京大总统钧鉴，江北灾情日甚一日，死亡枕藉惨状目不忍睹，泣叩大总统速借巨款，由地方人民分任担还，已公举代表许鼎霖赴京面陈办法。”此时，不但家乡的饥民寄希望于许鼎霖，而且整个淮徐海属的饥民也把希望寄托在许鼎霖身上，淮徐海旅沪同乡会也认为只有许鼎霖能够扛起义赈的大旗，解苏北灾民于水火。于是该会发函给许鼎霖请求他火速北上晤大总统袁世凯解决苏北赈灾借款问题。

4月15日，许鼎霖在北京见到了袁世凯，其主要目的是淮徐海属的救灾问题，但由于许鼎霖担任过奉天交涉使，他们还谈了国家的统一问题，尤其是东三省的易帜问题。许鼎霖为了推动东北三省归顺中华民国，致电东三省总督赵尔巽，言：“三省兵力既不足以反对共和，只有认真建设共和，以求国利民福。”许鼎霖主要是规劝赵尔巽认清形势，在强大的共和革命面前不要做无效之反抗，以免遭无谓之牺牲。许鼎霖之所以趋同共和也是以有利于国家的富强和民众的幸福为根本目的的。

许鼎霖对于赈灾的努力取得了明显的成效，5月29日财政部总长熊希龄告知许鼎霖已经面商银行团，先拨付赈灾款二百万两给苏北灾区。但是，许鼎霖通过袁世凯向英国银行借款赈灾的事情，出现了曲折，许鼎霖为了赈灾的大局着想，毅然辞去了北方政权给予他的所有职位，表明了不反对南方革命的态度，南下上海，促使赈灾款很快到位。江北的赈务依然非许鼎霖莫属，所以熊希龄告诉许鼎霖，今后赈务可以直接给大总统袁世凯或总理发电，不需要通过相关部门转述。

辞职回到上海后的许鼎霖，开始思考检讨他在辛亥革命后言行的是非和得失。此时，许鼎霖与故知袁希洛在黄浦江相见，谈了各自对时局的看法。袁希洛（1876—1962），原名俶畬，字素民，江苏宝山人，清末秀才，曾就读于上海龙门书院，留学日本东京大学，光绪三十二年（1906 年）在东京加入孙中山的同盟会。辛亥革命后，作为江苏省的代表参与商量成立中华民国临时政府的活动。在中华民国临时大总统就职典礼上，代表各省将“中华民国临时大总统印”授予孙中山。拥护革命党的袁希洛对于许鼎霖提出的南方革命党的问题，给予了善意的反驳，并希望许鼎霖放弃先前的想法，加入革命的行列。特别是袁希洛在 1912 年 6 月 1 日《申报》的文章，一针见血的言语深深刺痛了许鼎霖的内心，刺激许鼎霖反思其既往的立场和言行，促其改弦更张。他们的这场辩论，对于改变许鼎霖的立场，促使其转向同情革命、拥护革命继而参加革命起到了十分重要的作用。此后，正如郑孝胥之所料，许鼎霖从一个君主立宪派迅速转变成了一个新的革命派，实现了其人生中的一个华丽的转身。

1912 年年底，许鼎霖正式加入了中国国民党[①]，表明了拥护并推进实行民主共和体制的态度和决心。1913 年 1 月 7 日，江苏省议会议员候选人选举第四选区选出议员三十八人，许鼎霖赫然在列，而且选票位列第一。许鼎霖之所以能在江苏省议会议员的选举中胜出，原因是多方面的：一是许鼎霖连年办赈，深得民心，绝非袁希洛等对许鼎霖的婉责可以抹杀的；二是许鼎霖于辛亥革命前在江苏谘议局和大清资政院的上乘表现令国人多有叹服，尤其是其“意气遒上善持论，每廷议风发泉涌，恒盖其坐”的雄辩家的风采令人欲拒还迎，不忍遽弃；三是许鼎霖大办实业和处理民教案的业绩是世人有目共睹的，展示了“良吏”和“义绅”的形象，让世人有了舍之其谁的依恋；四是许鼎霖正式加入了中国国民党，说明他推进民主共和制的政治取向，堵住了一些人的嘴。然而，此次选举之后，一些别有用心的人造谣蛊惑，言许鼎霖图谋议会议长之职。许鼎霖深感义愤，于 1913 年 2 月 18 日向诤友张謇

①杨东野：《江北名流许鼎霖》，刊于《赣榆文史资料》（第 6 辑），政协赣榆县文史资料研究委员会编，1988 年，第 13–21 页。

坦言其不愿即议长之职的心态。

1913 年 2 月 22 日，江苏省第一届议会在南京丁家桥议会会场举行第一次常委会，会议毫无悬念地选举许鼎霖为江苏省议会议长，钱崇固、沙元炳为副议长，会议议决了《江苏银行条例案》《维护现行司法制度》等八十一件议案，提出质问书十六件。

许鼎霖顺利当选为省议会议长之后不久，就有一些议员主张罢免许鼎霖的议长职务，其理由是各大报纸竞相刊文抨击许鼎霖，言“以反对共和最力之人”，北方代表团的主要成员，竟然当选为议长等。4 月 4 日，江苏省议会召开第十二次会议，作为议长的许鼎霖以在青岛看病为由，向议会请假。这次会议按照规程，由副议长代行议长职权，主持了会议。该次会议的议题是审查赣榆县人民请议赣榆县知县王佐良纳贿违法案。

王佐良是清江西南赣镇总兵王德胜次子，以捐资为秀才、贡生，授江苏省候补道、资政院议员。曾在资政院为许鼎霖海丰面粉有限公司案件竭力辩护，力助许鼎霖摆脱滥杀无辜的指控，同时呼吁弹劾两江总督张人骏，在弹劾军机处的案件中也有积极表现。1911 年以后曾为赣榆的赈灾和剿匪事务立下汗马功劳。1912 年 3 月 11 日，在青口义成小学宣誓就职赣榆县民政长（即县长）。但王佐良出任赣榆县民政长后，不拘成法，办案处事随意性较大，甚至以安良除暴为借口随意杀人。据《赣榆县志》之《王佐良传略》记载：特别是王佐良为许鼎霖六弟许鼎年的一点小事就随意杀卫兵陈鸿玉，便遭到了赣榆人民的反对。王佐良的案件经省议会审查，认定其纳贿等违法行为有以下九条：沉迷嗜好，违抗法令，滥用淫刑，贿赂公行，阻止学务，蓄匪殃民，侵蚀公款，浮开蒙报，玩游溺职。于是，王佐良遭到省议会的定罪弹劾，使许鼎霖感觉当年推荐王佐良担任赣榆县民政长有用人失察之过错。

许鼎霖决计以退为进，以 4 月 10 日大总统袁世凯任命许鼎霖和柏文蔚为导淮会办为由，于 4 月 12 日向江苏省议会发出辞职信：“省议会副议长议员公鉴，前函续假七日，弟之臂病据西医云至速尚需调治一月方能痊可，否则恐致偏枯等语，省会关系极重未便旷厥，职惟有据实恳辞，敬乞俯允是幸。专此，顺请公安伏惟照亮。”为了表示其坚决辞职的诚意，许鼎霖于 4 月 18 日上午省议会召开的学务审查会议上，再次向省议会提交了辞呈：“日昨具函辞职，想邀台览，顷接京函，知大总统已任命弟会办导淮，此于桑梓水患极有关系，义不容却，更无兼充议长之理，谨再据实陈明，敬乞全体鉴谅，弟臂病稍痊即赴南通与季直先生面商导淮入手进行之法，此请大安。"许鼎霖的第二封信言其已接受袁世凯导淮的任命，根据议会议员的权力限制性规定，二者不可得兼。因此议会在接到第二封辞职信后，迅即于 4 月 28 日召开议会会议，经讨论一致通过准其辞去江苏省议会议长。许鼎霖此时以承大总统任命导淮会办为由，主动辞去江苏省议会议长职位是明智的，这是中华民国的民主政治的要义所在，也是许鼎霖始终追求的民主法治的实质所在。

第七章　未了心愿与英年早逝

一、淮河治理事业未了

自1913年4月10日，许鼎霖和柏文蔚被大总统袁世凯任命为导淮会办以后，许鼎霖对兴修苏北水利工程计划的实施充满着信心和憧憬，为此还辞去了江苏省议会议长的职位。

为了做好导淮工作，许鼎霖致电全国水利局副总裁兼导淮督办张謇，请张謇考虑同意他的苏北治水的方案。许鼎霖在给张謇的电报中提出了对淮河及沂河、泗水、沭河等主要支流的治理的初步设想，并向张謇提出用“以工代赈”的方式来进行施工。以工代赈是许鼎霖多年来关于赈灾及治理河流的主要思路和自以为生平最得意的民生规划，因为他认为以工代赈是解决贫困和水患的根本之策，也是他最重要的社会责任。张謇的复函如下：“淮、沂、泗、沭，必应分析以杀其势。赣之主河在蔷薇，以盐论，柘汪殆亦难于存在。目前应规诸水下游之要，未能及疏浚也。公急于乡里，亦敬共之义宜然。然论事当得中，办事当切实。白茆[1]今为吴、昆、镇三县水道，三县岁赋约二百数十万，治水用二十八万，殆十或九之一。且一总河耳，他支不预焉。江北徐淮海扬岁赋比之如何？方唯一之治白茆也，计之周，务之力，而不受给，条理秩然。而江北为鄙人所亲见者，高邮一处，已见其敷衍门面，其他则问之伯雨，浚之先，曾测量否？曾计划否？一切未遂，是直应谓之赈，不得谓之工。工自有工之程序，赈则必荒，而满目无荒状。曾问徐庶候，他县如何？云麦好。是所赈者乃兵灾，当名为抚矣。昨函韩省长，言之意，诚觉其名之不适于义。公必见是函也。以为误传，岂以鄙人为有妨于此工赈，将蒙不美

①白茆：隶属安徽省芜湖市鸠江区的镇，位于鸠江区西部，东与鸠江区汤沟镇相接，南与繁昌县、三山区隔江相望，西北与无为县相连。因境内“白茆洲”而得名。

之名，而故宥之邪？电令指示员司，乌得一一见所谓员司者？鄙人言于省长，不欲侵省长权限也。公语亦廓落[①]矣，公既归，正宜实地考求之，顷亦为伯雨言之，然伯雨何能遍及邪？以廿八万散之穷人而已，在地方情形，未尝不可，但以为不可使人相承以伪。徐君素未相识，武则有函，主淮、沂并出淮河口，此与其昔之言不甚合，意自别有在，而忘却矣。河之有盐场也，梅隐及他垣商皆虑之，正在研究。海之实业两厂坠矣，可说者止一盐可不保邪？"张謇在回函中对许鼎霖提出的导淮治水的观点不完全苟同，张謇认为许鼎霖所提的所谓"工赈"并不是最好的办法，并告诫许鼎霖急于乡里治水的心情是可以敬重和理解的，但是计划要适中，不要追求一劳永逸，办事要脚踏实地，不要夸大其词。虽然张謇的表述看似有道理，但他说许鼎霖的工赈不是真正的工赈而是抚恤，还听了他人一面之词认为苏北小麦丰收，不存在饥荒问题，如果强行工赈，则是把这二十八万工程款白白送给老百姓等，则是不符合事实的错误说法。张謇显然是误会了许鼎霖对苏北灾民的一片赤子之心。但是，二人之间信函所反映出的可贵之处在于相互间的开诚布公。

虽然张謇对许鼎霖的工赈计划不以为然，但是北洋政府对许鼎霖导淮和赈灾的功绩还是给予充分认可的。北洋政府修订的《陆海军勋章令》中设置了文虎勋章、嘉禾勋章，各又分一级到九级，分别授予有功劳于社会或有功绩于事业者。文虎勋章设于 1912 年 12 月，共分九等（后有变动），分别授予陆海军中有战功或劳绩者。嘉禾奖章设于 1912 年 7 月，共分九等（后有变动），分别授予那些有勋劳于国家或有功绩于学问、事业的人，授予等级按授予对象的功勋大小及职位高低酌定。北洋政府鉴于许鼎霖在赈灾、水利工程、铁路建设、苏北剿匪等一系列事务中的卓越表现，于 1914 年 5 月 31 日，授予三等嘉禾勋章。许鼎霖被授这枚勋章是当之无愧的，这枚勋章包含着许鼎霖几十年来锲而不舍的事业追求和为民辛劳的付出。

正当许鼎霖沉浸在个人得奖的喜悦中时，家中传来了噩耗，许鼎霖的发妻朱氏因病去世，享年五十八岁。许鼎霖一生娶妻妾三人，妻子朱氏（生长子廷琛），妾王氏（生次子廷琦）和高氏（生一女）。朱氏是贤妻良母，许

---

①廓落：指说空话。

鼎霖深深缅怀自己相濡以沫的妻子，思念至极致其染疾卧床。张謇闻听好友许鼎霖妻子朱氏病逝，且许鼎霖悼妻心切，染病卧床，于是发函电给许鼎霖对朱氏的去世深表哀悼，并劝慰许鼎霖节哀顺变。张謇的唁电如下："九公大人，惊悉尊夫人殂逝之耗，中年丧妻，事至不幸，怆怀旧戚，弥用怃然！公本强壮，而忽病下，得无忧抑之甚，致肝脾之伤。已逾五十始衰之年，幸勿过为奉倩[①]伤神之痛。"张謇发悼念朱氏唁电中，引用了三国魏国人荀奉倩痛悼亡妻，最终郁郁而死的典故来劝慰许鼎霖，由此可见张謇对许鼎霖和朱氏伉俪情深的深刻理解以及对许鼎霖健康状况的深深忧虑。

此时，海州地区又发生了水灾，让许鼎霖无法从容地在病床上休养。上海《申报》及全国各大报均刊登了这个消息，海州民众再次在《申报》等报纸上乞赈。据《赣榆县志》记载："民国3年5月25日，赣榆县冰雹，如拳如碗，入地尺余，禾稼被打入土中，屋宇多坏。7月龙河大水，9月10日，大石桥河大水，洪峰流量在200立方米每秒以上，厉庄南北一片汪洋……"然而《赣榆县志》记载的水灾仅为此次海州灾害之冰山一角，惨痛的教训说明，没有合理系统的河流整治，就不能保证一方人民的幸福。这又让许鼎霖想起了原来提出的被张謇否决了的工赈方案。倘若彼时许鼎霖和张謇能够心平气和地坐下来认真分析，兴利除弊，积极推行以工代赈方案，或可免今日之水患。然而时任水利局副总裁和导淮督办张謇的自以为是，耽误了许鼎霖所提的工赈计划的实施。

许鼎霖在病榻上得悉海州大水，不得不从病榻上起来，参与到对灾情的应对中。9月14日，经由海丰面粉公司转来的许鼎馨、周维埂、崔国铎等赣榆士绅发来的求赈电报送到了许鼎霖的手上，电报言："赣榆于阴历七月初八至初九淫雨不止，山水叠发，县南十数镇皆为泽国，河堤决口，粮草付诸东流，屋倒者十数八九，淹没人口牲畜，尸骨漂流，暂难数计，老弱垂毙者露宿嗷嗷，当此蝗灾正盛又遭数十年未有之奇灾，触目伤心，令人泣下，现正集款援救，奈力薄势难全活，设法广为劝捐，并请登报，请求仁人善士，

①奉倩：荀粲，字奉倩，三国魏国人，因妻病逝，痛悼不能已，每不哭而伤神，岁余亦死。

筹赐急赈，以拯灾黎，盼切。"海丰面粉公司转来的电报令病中的许鼎霖久久不能释怀，于是他给北洋政府发函，请求赈灾。9月26日，北洋政府任命丁宝铨、余诚格、许鼎霖三人督办江皖筹赈事宜。然而到了10月，丁宝铨和余诚格两人因病辞去江皖筹赈的职务，这样负责江苏和安徽赈灾的重任就落到了许鼎霖一个人的肩上。20日，袁世凯签署总统令，委任许鼎霖为江北苇荡营开发督办，徐启修为会办，两人负责江北苇荡的开发事宜。所谓的江北苇荡是指海州和阜宁两地滩涂上一望无际的芦苇，所产柴草往年用于黄河河堤的修缮加固，为了加强对所产柴草的管理和收获，清政府曾设专门的官吏负责芦苇的管理。随着黄河改道，柴草无所用，故将大片的苇荡承包给驻守这里的兵丁或转让给当地的百姓，久之便导致管理混乱。此番苏皖遇到灾荒，中央政府财政捉襟见肘，于是有关部门想到了这些一望无际的柴草资源，于是大总统袁世凯任命许鼎霖等为江北苇荡营垦务督办，希望通过开发这些资源来作为一种赈灾的渠道。

对于苏北芦苇荡的开发，许鼎霖和沈云沛、张謇早就想到过，他们还曾经试图通过邀请客商投资的方法来实现对海州苇荡的开发经营，但是当客商面对一望无际的沼泽地，就连著名徽商汪鲁门这样的大财主也是望而却步，知难而退。如今北洋政府重提开发苇荡营，显然是敷衍赈灾事务的，至少在短期内于赈事无补。为了解决燃眉之急，许鼎霖和沈云沛、杨杏城等在皖苏两省旅京官绅群体中组建筹赈事务组织，由杨杏城、沈云沛任督办。许鼎霖和王揖唐发起的皖苏两省旅京官绅筹赈事务会在北京安徽会馆召开，会上通报了苏皖两省灾情，会议公议明确了筹赈办法：通电各省机构募集捐款；向美公使商筹先借五百万，办理导淮事宜；仿慈善会办理募捐；拍卖海州食盐四百万包，可得四十万元；分寄捐册，到会诸君捐集十万五千余元。随后许鼎霖就向美借款事宜，即报告美国公使，其同意电商美国政府。

许鼎霖为了解决皖苏两省的赈灾问题，想出了一些富有创意的办法，其中设立筹赈彩票以及与江苏巡按使齐耀琳联合请款等很快得到了批复和落实。此后许鼎霖又为赈灾之事风餐露宿，夜不能寐，导致健康状况每况愈下，1915年5月26日，许鼎霖因病辞去苇荡营督办一职，启程去上海治病，离开了一生所钟情的赈灾工作，倍感遗憾。

二、海兰铁路工程未了

1914年1月13日，海兰铁路停工。许鼎霖被徐淮海旅京同乡会推举为代表，与杨公雨、徐庶候等面见省督办，申请海兰铁路开工。

海兰铁路，原名陇秦豫海铁路，即现在的陇海铁路，是甘肃兰州至江苏连云港（海州）的铁路干线。在苏路北线协理许鼎霖等人的共同努力下，邮传部于宣统二年（1910年）正月二十七日终于出台了《奏勘明开徐海清铁路及时兴办》意见书，其中规划的第一条铁路就是东陇海铁路，以开封为起点，自开商埠之海州为尾闾。宣统三年（1911年）年初在邮传部任职的海州人沈云沛还审时度势，否决了山东巡抚孙宝琦"建筑胶沂铁路及其展修沂青铁路"的上书，进一步阐明了建筑开海铁路的理由："本部上年奏筑开海铁路[①]兼营海州、海口，盖相度形势，由海之汴、之陕、之甘，实东西一大纬线，比诸青口尽收沂峄之利，实有径庭之别。"[②]但是，这使赣榆青口失去了与山东接轨的机会，迟滞了苏北鲁南地区的经济发展，也与许鼎霖的苏路北线计划的初衷有相悖之处。1912年9月，北洋政府与比利时签订修建1800千米的陇海铁路借款合同，以汴洛铁路为基础向东西方向展筑，两段工程于1913年5月同时开工。但是当时的政府国库空虚，对于这条横贯东西的大动脉，每年只能以38.1千米的速度缓慢地向东西方向延伸。到1914年，北洋政府突然宣布停建，这让期盼已久的国人尤其是苏北人民大失所望，也是让原苏北铁路协理许鼎霖感到非常痛苦的一件事情。2月6日，许鼎霖和杨公雨、徐庶候三人以淮徐海旅京同乡会代表的身份拜见交通部总长周自齐，敦促政府恢复对海兰铁路的施工，周自齐总长答应许鼎霖等代表："海兰铁路当月即可复工。"二十天后，许鼎霖收到了陇海（海兰）铁路局局长兼国内公债局董事、漕运局总办施肇曾发来的信函："九香老哥大人惠鉴，敝处东路终点海港问题亟须续行测勘，业已聘用法国水利专门人员可那纳君为海港测勘

---

①开海铁路：开封至海州的铁路。

②刘风光：《沈云沛传记》，中国文化出版社，2015年，第259页。

队队长，并派王汇谦为筹办东路港务特派员，呈由交通部函请海军部借拨军舰，酌派人员，定期会同在沪齐集，一并周历海门、海州两处，详细复勘。当在下月初间，届时军舰驶抵灌河口外，兼须登岸查阅，深恐该处未悉情形，敬祈便中函珂乡略述概群疑至保护洋员当并咨请地方大吏饬属办理矣，端请台安，弟肇曾顿首。"施肇曾的这封函电抬头所用的称谓颇耐人寻味，连续用了"九香""老哥""大人"这三个对许鼎霖的称谓，而且敬意层层递进。因为许鼎霖和施肇曾都是驻美日秘公使杨儒属下同时期的外交官，当时施肇曾在美国，许鼎霖在秘鲁，施肇曾既是出于对公业务的考虑，又是想表达二人之间深厚的友谊。此次施肇曾以海州港口地理比较复杂，勘测尚需时日的实际情况作为停工的理由，再加上施肇曾的诚恳，许鼎霖等代表只能等待法国工程师可那纳的测勘结论。

同时，许鼎霖又为东陇海铁路的港口选址问题而奔波。3月6日，许鼎霖致电段少沧："测量陇海口洋工程师不日到沪，先测海门，次测灌河，公推霞峰①君向导测勘，乞晤霞君得允电复，再补川资赴沪同行。"在得知法国工程师已经到达上海后，许鼎霖即电告段少沧，让他速派人接洽，并安排许健云随着测勘人员乘船到灌河口。在许鼎霖安排向导陪同勘测员开赴灌河口的当天，陇海（海兰）铁路局局长施肇曾给许鼎霖发来了函电，告诉其勘测员王霖已到，电示许鼎霖安排的武同举和许健云两位向导与王霖直接接洽即可。

遵照施肇曾的函示，许鼎霖次日给武同举发函要求做好相应的接待工作："陇海铁路已聘定法国河海工程师到京，准日内赴沪，顺测海门、海州两海口以定该路之终点，施省之督办特派员王益轩君精于法国语文，同往测勘，期得真实调查，王君霖已晤面，人极诚笃通达，到沪拟住虹口长发栈，并允到沪先至海丰账房探明执事住所以便接洽。施省之督办已嘱王君于执事到兵轮时招待食宿。此外，往来川资已电少沧先生垫付百元，不敷再另筹寄上，不误洋工师。欲得良好海口，必无私心，执事谐勘更可释然。上年德人测灌

①霞峰：武同举（1871—1944），字霞峰，海州南城人，江苏水利署主任，河海工科大学水利史教授。

河至响水口草图，健云处有一份，可携往备参考，如不在沪可电岛寓检寄到灌时务仔细指陈直抵响水口为要。霖已另函省长饬灌云县安为照料并函冯都督饬白统领妥为保护，执事到海门亦请留心测勘，以资比较为桑梓偏劳，容再面谢。”

从许鼎霖这封致武同举的函电来看，许鼎霖对于东陇海铁路东端起点港口到底是放置在海州合适还是放置在海门合适这一问题上是没有私心的。许鼎霖在信中所说的“欲得良好海口，必无私心”表明他认为东陇海铁路的起点要放置在一个更合适的地方，关键要以测勘结果来确定。法国工程师可那纳在详细勘察了海州和海门两地后得出了测勘结果：海州是东陇海铁路东起点港口的首选，海门不适合建港，而且海门与上海港对峙，如果两个如此相邻的港口同时营运必会彼此影响妨碍，从这个角度来考虑，海州当然也是首选。但是，两个港口都有先天不足的地方，理由是江岸容易塌方，而海港则容易淤塞。当许鼎霖听到可那纳的结论后，高兴地告诉可那纳：灌河口门的淤积是因为盐河筑坝造成的，这样的淤积是暂时的而且很容易清除，不必为此多虑。

在海兰铁路东方起点的选址定在海州之后，1915 年 5 月海兰铁路开封至徐州段建成，但直到许鼎霖去世时，海兰铁路徐州至海州段也没有开工建设。这成为许鼎霖一生又一个未了的心愿。

三、英年早逝与魂归故里

1915 年 10 月 15 日，赣榆县青口突降大雨，青口河堤决口，许多民房被毁，就在这滂沱大雨和青口河肆虐的洪水涤荡声中，积极推进君主立宪制和民主共和制以及实业救国和外交护国实践的著名政治家、外交家、实业家许鼎霖，在上海因脑痈[①]疾病，且拒绝医生手术的建议，致医治无效病逝，享年五十八岁。对于许鼎霖的英年早逝，社会各界始料未及，纷纷表达了深深的悼念。

---

①脑痈：俗称对口疮。

10月25日，许鼎霖生前诤友张謇亲自撰写挽联，以示悼念。张謇的挽联如下：“仕宦未崇，事农桑未终，所苦在毕生疲于津梁[①]，奈何天命；才辩得望，好议论得谤，乃复以贞疾[②]厄其年寿，是则可哀。”张謇的这副挽联的直译是：（许鼎霖）一辈子为官从政没有实现理想，从事赈灾水利也没有取得最终的成功，您一辈子都在苦苦地为普济众生而劳碌，这就是你的命啊；您因为善于辩论而获得声望，但是也因为好发表议论而得到不解之人的诽谤，您因为执着追求而积劳成疾导致短命，这是多么的令人感到悲哀啊。从表面上看，张謇的这副挽联似乎在挖苦许鼎霖，但了解真相并非如此，原来张謇在这副对联中用了先抑后扬的手法，先贬后褒，明贬暗褒，似贬实褒。上联说许鼎霖把普天下大众的生存问题当作自己一生最大的奋斗目标，这也是天命注定的事情。下联言许鼎霖为了固守追求自己的政治理想而拼命奋斗导致命运多舛，这是多么值得同情的呀！因此，该联又是对许鼎霖多么大的褒奖和颂扬啊！

《申报》1917年4月6日刊登同悼许鼎霖的佳联有：“云先生为大善人即今遍地哀鸿嗷嗷待哺；撒手竟长辞忍教百孤寒皖北江南齐下泪。”

除了社会各界悼念许鼎霖的挽联外，许鼎霖于病榻之上自知来日无多，为自己撰写了一副自挽联：“恨一事无成，徒流尽满腔热血；倘来生复活，切莫再恃强忘身。”许鼎霖的这副自挽联，虽然寥寥数字，但是可从中感受到他在生命将尽的时候，感到世界上还有许许多多自己要做的事情都还没有做好、做完，譬如实业、导淮、铁路、工赈、垦牧、家乡父老之福祉等。许鼎霖带着未竟之事业，遗憾地离开了人世，走完了短暂、坎坷和辉煌的一生。

许鼎霖逝世以后，遗体从上海经水路运抵赣榆县，埋葬在城南第二沟许氏山庄旁的坟地中，其考妣许恩普、乔氏先前皆葬于此。许氏山庄位于青口南六公里左右，占地面积十余亩，建于光绪九年（1883年）之后，是一个极富有田园风味的休闲场所。许鼎霖的坟茔坐西朝东和妻子朱氏合葬，其墓志铭由义宁陈三立所作、南通张謇手书。

---

①津梁：比喻济度众生。
②贞疾：指常病、痼疾。

1919 年，青口绅商农学各界为纪念许鼎霖，特立“清故光禄大夫奉天交涉使资政院议长乡谥荣惠许公纪念碑”一块。《许鼎霖传》记载碑文如下：“周礼有睦婣任恤之文，有子谓孝弟为仁之本，孟子言亲亲而仁民，自昔贤人君子，能宏敷惠泽于乡里族党者，频口口根本敦厚而推暨之，天下岂有无本之施哉？吾乡许孝惠九香先生，生而具绝人材，过人性，初入塾，读书拈笔，封翁子博公即以大吾门相期望，当弱冠前后，封翁以非罪羁，累室家荡析，先生内奉太夫人乔，抚诸弱弟，外奉封翁于江宁羁所，屡控诸大宪不得，直乃北上叩阍，孤身徒步，往返数千里，蒙犯风霜，饥困憔悴，百折而志不稍退，孝义感动于乡人，呜呼！此即后日爱遗当官惠溥乡里之所由来矣。先生于光绪辛巳补博士弟子员，旋魁于乡，以丁内艰，未赴礼部，至服阕，封翁亦事白旋里，蒸蒸色养，遂不屑于文字谋润身，而究心于经世济时学，自入都为中书，以至出洋返国，服官皖浙，由同知而府道，而交涉使，所在有循迹能名，去后，人思其详，见家传，而先生系吾邑人，思者尤不可以一二数，无口则举其大者，吾赣地瘠民贫，季谷少不登，则困难大歉，更不堪言，虽官为请赈，而款少又至不时，劝捐富室，亦等杯水车薪，难全济，自先生入仕后，数经歉岁，先生为民请命，皆迅拨巨款，平粜，施粥源源而来，虽遭大浸，人不知饥，又青口圩小南门外之河北岸，每逢春夏，河源水下，浩如江河，力逾万牛，拍岸冲突，几崩溃者，屡岸溃圩陷，载胥及溺矣，故镇人亦预事修筑，然不过为目前计，民国三季，先生督办苏皖赈务，特筹巨款，招南匠，用西法，建石堤焉，董是役者，先生弟楚芳、周君恺如。工竣，长数里，高数丈，坚固则铜墙铁壁，弥望如长城，从此人免其鱼患，数世永赖矣。呜呼！如先生推亲亲之仁，以救歉安澜，大福桑梓，诚不可不大书深刻，用昭示于不朽云。同里蒋梦元敬撰，龙树松敬书，李传曾、万维恺监刊，中华民国八年，岁次已未春吉，青口绅商农学各界全体公立。”

无论是陈三立撰写的墓志铭，还是江南通志局总纂冯煦所作的《许鼎霖传》，以及赣榆县青口各界所立之“许公纪念碑”“许鼎霖感戴碑”等，均系统介绍了许鼎霖一生的事迹和善举，并对许鼎霖的一生做了很高的评价。总督赵尔巽还将许鼎霖与安徽巡抚冯煦、江宁知府邓嘉缜一起誉为“江东三杰”。

下篇　许鼎霖的思想

许鼎霖的一生正处在中国风云激荡、中西文化冲突、面临社会大转型的时代前期，对许鼎霖的一生究竟怎么评价，盖棺者尚未定论。尤其是对许鼎霖的思想评价更可谓仁者见仁、智者见智，史学界对许鼎霖的评价有毁誉参半之说。诚然，作为一个历史人物一定有其历史的局限性，人们不能用一时一地之价值观去评说，而应从人类文明的进程中，分析作为中国著名政治家、外交家、实业家的许鼎霖言行所表达的思想观念是否与文明进程同向，是否弘扬了人性中的善良和仁爱。

第一章　许鼎霖的政治思想

一、立宪思想与共和思想并存

在中国近代史上，许鼎霖与沈云沛、梁启超、盛宣怀、张謇等，是著名的立宪派人物，他们都具有当时世界上先进的政治思想——君主立宪思想。在许鼎霖的政治生涯中，绝大多数时间主张国家实行君主立宪的政治体制。这种政体是相对于君主专制的一种国家体制，是在保留君主制的前提下，通过立宪，树立人民主权、限制君主权力、实现事务上的共和主义理想，但不采用共和政体。议会不仅是国家的最高立法机关，还是最高国家权力机关，由议会选举产生的政府首脑组织政府，是最高国家行政机关。内阁由议会产生，掌握行政权，受议会监督，对议会负责。君主无实权，是象征性的国家元首，其职责多是礼仪性的。君主权力的来源不再是神而是议会，确立了议会权力高于君权、司法权独立于君权的原则。这种政治体制将专制时代的君主和贵族与资产阶级的民主政治巧妙地结合起来。但是，这种新思想对许鼎霖的影响还是不彻底的，以至于在后来许鼎霖的履历中还可以看出其存在首尾两端、自相矛盾的思想存在并左右了其行动。

许鼎霖的立宪思想是由来已久的，可以说从光绪十九年（1893年）已开始萌芽，之后逐步确立形成，坚定推行，他比当时绝大多数官员认识要早得多。首先，出任秘鲁外交官时，许鼎霖途经广州，与其神交已久的驻日本外交官、中国近代史上非常著名的人物——郑孝胥相见交谈，郑孝胥的日本君主立宪体制和思想的介绍深深影响了许鼎霖，之后许鼎霖君主立宪思想在与外交官友人的长期交流中逐渐形成和确立。第二，许鼎霖三年半的外交生涯，使他逐渐认识到西方的民主制度与国内专制制度下的社会具有明显的差异，中日甲午战争的惨痛教训，给许鼎霖上了生动的一课，特别是许鼎霖在杨儒的引导下对日本明治维新后中日政治、经济、文化的比较研究，使许鼎霖认识到仅靠"师夷之长技以制夷"还是远远不够的，要振兴国运必须在政治体制上进行变革，才能达到兴利除弊之目的。第三，许鼎霖在任职安徽大通厘卡署理知府期间正是百日维新的末期、戊戌政变的前夜。此时许鼎霖虽然在安徽任职，远离朝廷的政治漩涡，但是他对戊戌变法的一系列新政是赞成的，他认为中国要走向复兴之路必须变法，实行西方的君主立宪制度。第四，父亲的厄运和冤狱使许鼎霖思考社会政治体制的原因，他认为晚清存在有理不申的根源在于专制吏治的腐朽，民生凋敝是由于旧的制度严重抑制了经济的发展。

当许鼎霖认识到清廷的"预备立宪"是故意拖延之后，光绪三十四年（1908年）与江苏及上海的立宪派人士发起成立预备请愿国会，并被选为预备请愿国会进京代表。五月十八日，许鼎霖作为预备请愿国会代表在进京代表团出发前发表演说。许鼎霖的演说涉及的内容及想向社会表达的思想如下：一是江苏谘议局成立和预备请愿国会行动之必然性和必要性。朝廷在光绪三十一年（1905年）颁谕"预备立宪"之后，至今未见实质性举措，光绪三十三年（1907年）两广总督岑春煊提出"速设资政院"的奏折之后未见回应，各省进入设立谘议局的流程之后也未见效果。因此，立宪人士的注意力要转移到谘议局的设立上，必须以预备请愿国会行动呼吁设立资政院，使其成为资产阶级立宪人士议政活动的重要舞台。二是江苏民营实业的发展，特别是官绅商一体化的发展模式，使江苏的士绅阶层有了一定的话语权以及这种话语权行使的重要性。现在江苏谘议局已具备了设立之前提条件，因为江苏资产阶级立宪人士已经具备了发起参与民主政治活动所必需的经济基础和社会地位。当时张謇、沈云沛等官僚、绅商创办许多企业，拥有雄厚的物质基础，同时又深受外国资产阶级和国内资产阶级民主革命思想的熏染，逐步控制了所在城市的话语权。他们在上海创建的第一个全国性的立宪团体——预备立宪公会的会员中，江苏籍人数一百零二人，占预备立宪公会会员总数的43.4%，他们发起了一系列要求立宪的活动，推动了全国立宪运动的发展。三是清政府的预备立宪过渡期太长，应立刻顺应民意，实行君主立宪政体。“今日时局，外忧内患，乘机并发，必有旋乾转坤之举，使举国人之心思皆受摄以归于一途，则忧患可以潜弭，富强可以徐图，……若限期太远，则中间之变态百出，万一为时势所阻，未能践行，是转因慎重而致杌陧，……決开国会，以二年为限。”“今我督帅陶斋尚书则因尝奉天子明命，周历欧美，考察政治，陈请立宪之伟人；方伯提学，今皆学识闳通，深明治乱安危，能造福于我父老子弟之君子，其必能破除行政衙门文牍胥吏一切迂滞之旧习，增速率于进行之机关。”四是敦促政府立刻实行君主立宪体制，变革政体，改良社会乃国人之责。立宪与国会的作用就是要“人民于参预政权之地，而使之共负国家之责任”，“而谋所以救亡”。请愿则是明确人民“进言之责”。预备请愿国会的目的就在于将民意上达于朝，下明于野，使国人皆以拥戴君主立宪为己任，现已联络全国各地团体代表将齐集北京请愿，以掀起立宪运动的第一次高潮。五是实行君主立宪是时代的潮流，不可阻挡。清廷颁布“预备立宪”上谕之后，江苏士绅就联合在沪的江苏教育总会、预备立宪公会、上海商务总会、宪政研究会等十二团体讨论立宪有关事宜，市民还主动成立江苏谘议局调查会，准备调查有关事宜。这是立宪人士向官方积极的呼吁和努力，也是历史潮流的大势所趋。许鼎霖这篇演说的宗旨就是要“兴大利，革大弊，保国权，维民气”。到达北京以后，代表们展开了一系列的请愿活动。许鼎霖和代表们大声呼吁，“国会者，人民与闻政治之所也。必人民得有公举代表与闻政治之权，国家乃能加以增重负担以纾国难之责”“期以一年之内召集国会”“此诚国家之至计，安危之所系”。这些观点是许鼎霖立宪思想的具体体现。

虽然江苏谘议局和清朝资政院成立后，作为负责人的许鼎霖以此为重要舞台，在颁发晓谕、宣传调查、制定规章、组织选举等方面以白话文的语言形式进行传播，通过了弹劾军机处案和责任内阁方案，大力践行君主立宪思想，推进了君主立宪制的逐步实施，促进了民主政治权力观念的传播，但是，在宣统三年（1911 年）清廷提出皇权内阁方案后，许鼎霖作为立宪派人士不得不赞同共和派提出的清廷“君主立宪”的欺骗性和虚伪性。

许鼎霖的政治思想在宣统三年（1911 年）清廷提出皇权内阁方案后，特别是在辛亥革命后，逐步由坚定的立宪派向成为共和派转变。1912 年年底许鼎霖已经成为一个共和派人士，他主张国家实行民主共和的政治体制。这种“共和政体”是指国家的权力机关和国家元首由选举产生并有一定任期的政权组织形式。民主共和政体区别于君主政体，而且是作为君主政体的相对面而存在的。议会共和制的国家，议会是代表国民的权力机关，政府由占多数席位的政党组阁，以总理为首脑的政府对议会负责，总统作为国家元首是礼仪性和象征性的。总统共和制的国家，总统既是国家元首又是政府首脑，总统由民选产生，政府由总统组织，行政机关与立法机关相互独立。但是，资产阶级在反对专制统治的过程中，确立了以普选制和议会制为中心的资产阶级民主政治制度。民主政治是奉行多数人统治的一种政治制度，与君主制和独裁制相对立。现代国家从神权迈向民主化过程中，有民主共和制与君主立宪制的两种选项。许鼎霖的政治思想最终应该是立宪思想与共和思想并存的，而且是立宪思想成分大于共和思想成分。

武昌起义爆发后，独立了的江苏都督程德全给尚任职大清资政院的许鼎霖写信，力邀许鼎霖南下，加入革命的行列。许鼎霖的回函如下：“昨辱承二三知己，涵招南旋，匆匆答复，未尽欲言。南省潮流趋于共和，急欲脱离专制之满政府，以谋四万万人民之幸福，霖虽不敏，敢不赞成。以四千数百年专制之中国，一跃而进于共和，国民程度能否一致，已不能不疑，且列强瓜分之说，已喧腾于十数年之前，一旦宣告共和，于未独立之行省领土能否保其完全无缺，更不能无虑。谨申前函之意，再质之诸君子。吾苏省独立，是否已协商独立之各省，有公同属意之总统？已否将公同属意之总统，协商与武昌军政府，而得其同意。若仅出于一时愤激之情，群思推翻满政府以为快，而未暇计及统一之总统，将来争攀总统，各不相下，必有甚于法国初次革命杀戮之惨者。法国革命流血成河，挥金如土，历十数年之久而后定。吾今日之国民纵有血可流，已无金可挥，况列强已跃跃欲试，决不容待我十数年之久也！吾恐列强至此必借口保卫各埠商务而实行其驻防之政策。此可虑者一。各省即或有统一之总统，列强纵能皆承认吾共和，而逾期未付之各国赔款与外债息金，实为第一问题。吾国民苟能如法败于普之后，激发忠义之气，立将赔款全数偿清，自可使各国惊服，以巩固共和之国体。否则民智未开，难筹内债，国体未定，难借外债，吾恐列强至此必借1：1赔款外债，抵押之关税厘金，地丁漕米，盐课铁路而实行其监督之政策。此可虑者二。武昌上海为中国最文明区域，故能维持秩序，保守安宁，他省能否皆然，已难预料。若内地州县土匪本多，苟揭竿而起，群思独立，恐独立之各省均不暇兼顾，若辈不悉敌国外患为何等，不知公理人道为何物，焚杀淫掠，皆意中事。吾恐列强至此必借口人道主义而实行其戡乱之政策，此可虑者三。以上三端，有一于此，皆足以亡国。如诸君子对于三者早已预为之计，可以有恃无恐，敢请详示筹备办法，霖当即日束装南下，纵不足为共和国效奔，亦深愿为共和国太平之国民。不然瓜分之惨即见于目前，是亡中国者虽在满政府，而所以速其亡者实在革命军与独立之各省也。革命军曾宣告，宗旨为政治革命，非种族革命。各省纵不为满人留余地，独不为中国留余地耶？霖之先君为地方办公益，触怒于满知县特秀，系狱七年，流寓上海，抑郁而逝。霖弃官七载，经营实业，被反对宪政顽固专制之江都张人骏破坏殆尽，霖何尝不痛心于满人，又何尝不痛恨于专制。特不能以一二人之故，而昧于投鼠忌器，不思保全吾黄帝以来四千数百年之中国耳。夫革命军与独立之各省均爱国者也，苟因此瓜分以亡国，使黄帝之子孙四万万同胞皆坠落为列强之奴隶，诸君子愿忍而出此哉？诸君尝谓中国力主共和，西人莫不赞美，是否新闻领事团之言？抑系出于少数洋商之口？南北隔绝，无从深悉，但证以霖所闻于北京公使团之语则异是。各使多称中国行省较多，领土亦广，向无组织，势难一致，骤言共和，必招内乱。又言民主、君主在实权，不在虚名，苟民主政体总统权重，又无国务裁判良法，往往在任期未满即起纷争，如南美、中美各国屡见流血之事，可为前车之鉴。倘君主政体君权轻，则君仅拥虚名而实权尽在国会，如英之宪法，实斟酌尽善，于中国现状尤最为合宜。此皆霖直接而闻于英、美、德、法、日、俄、奥各使者也，谨附述各使之言，以供诸君子参考。窃闻信条十九条虽存君主立宪之虚名，已握民主共和之实权，总理由国会公举，已与民主选举总统无异，朝廷又颁布而无否认，更与共和取决议院无异。是中国之君主立宪，视各国之民主共和，相去仅一间耳。或云独立之各省亦满意于信条，特虑朝廷反讦。故为此积极之主义，霖则以为绝不足虑，向惟偏听假立宪，致失民心，故一月之中独立十数省，苟再反讦真立宪，更失大信于天下，定见二十二行省势同时皆独立，朝廷又何至一误再误，激怒人民，由政治革命进而为种族革命也。近日秦晋叛兵借口革命，杀人放火，甚于拳匪。皖北、江北州县失陷，会匪私枭，焚杀尤烈。是各省甫倡民主共和之义，而人民已受生命财产之害。其因防乱避居租界者，所消耗之资财，已达二万万两，而商务之损失尤不可以数计。当亦非诸君子始念所及料也。传闻各使已以人道诘责外部，日使已言愿保东方大局，法使并因西安杀邮政洋员、滇南杀侨居法商，照情查办。是否属实，尚不可知，虽云此系中国内事，外人不得干涉，恐酿成大乱，必致自取瓜分，苟不速筹挽回之法，是坐视黄帝之后甘为亡国之奴，与诸君子爱国保种之初心，不亦大相剌谬耶？况一日不停战，一日必用兵，凡攻城而死者非他人，固吾黄帝之子孙也。陷阵而亡非他人，亦吾黄帝之子孙也。革命军固以黄帝纪元者，奈何于黄帝之子孙而不思变计以保全其身命也？窃愿诸君子协商武昌军政府，注意外交，立即停战，并联合各省公举代表来京，议定完全宪法。此实中国人民万世之计，其改革之功，当不在民主拿破仑、华盛顿之下。倘诸君子保采一隅之见闻，知己而不知彼，知进而不知退，吾敢一言以蔽之曰：不至亡国而不已。国民所以欢迎独立者，为其可以救亡也。苟不幸而因以速亡，则千秋历史必有定评。吾甚望诸君子勿以已成之铜像，而令与铜驼并见于荆棘中也。值此危机存亡之秋，不敢更作附和模棱之语。惟诸君子察之。知我罪我，弗暇计也。”

武昌起义后的许鼎霖，在思想上虽趋于赞同共和，但是在行动上尚处踌躇之中。因此，他在给时任江苏都督程德全的回函中表明他痛恨专制，希望走英日的立宪之路，避免走法国和南美的激进之路，同时毫无保留地写出了自己的担忧，即他担心的是民智未开，国民无施行民主共和的素养，而他最担心的则是长期的内乱和流血，尤其是列强趁乱插手中国内政，导致国家分裂。许鼎霖的这封长信所表达的关于国民素质低下、不足以支撑民主政体的观点，在当时的社会各阶层具有一定的代表性，而且这种观点一直到今天在一些人中仍然有市场。这种观点表面上是为国家领土主权的完整和全国人民的福祉着想，实则是对封建专制王朝的一种心理上的留恋。就如许鼎霖这些专制社会的士大夫，一路享受着大清的皇恩走过来，说是立即与大清王朝彻底割裂开来需要一个认识转变的过程。刚刚从清朝预备立宪机构如省谘议局和资政院初步尝到民主滋味的许鼎霖，此时还沉浸在改良主义的美好幻想中，对于迅速发展的革命形势和革命力量的强大，以及人民对于推翻专制帝制的渴望，还没有充分全面的认识，甚至多少是有所抵触的。因此，许鼎霖在给程德全回信中言其“敢不赞成”的无奈感，表示若有避免内乱甚至亡国的办法，他即“束装南下，为共和国效奔”。所以，当许鼎霖接到江苏都督程德全的邀请函后，对于民主共和的召唤，所表现出的疑虑担忧的思想和犹豫踌躇的心态是局外人难以理解的。这种疑虑和犹豫不是来自共和体制本身的善恶，而是担心由专制到自由的过渡期所带来的动荡，给社会造成的可预见和不可预见的、或然的和必然的危害。因此，许鼎霖用两害相权取其轻、两利相权取其重的思维，来思考民主共和的大趋势，显然是不合时宜的。

宣统三年（1911 年）十一月初十，许鼎霖致信东北总督赵尔巽，与之探讨南北议和事宜，信函写道：“昨谒袁总理，知国会解决君主、民生系两次召集。目前病在无饷，果能得饷，北军可操胜算。革命党甚畏北军，所以百计阻挠外债也。冯国璋、张勋皆为外人所重，南方报纸诋毁各事，均无影响，愚民竟为所惑，西人故曰一纸报胜于三千毛瑟[①]也。此次议和，实误于唐大臣过于胆怯。两次开议，皆存逆来顺受之心，是以革命党得步进步，不至共和不已。即以国会解决论，亦应仿照法国办法，由全国人民公决，苟能按照每县举一代表，到京开临时国会，则君主立宪犹有把握。彼要求唐大臣在上海开国会，每省举代表三人，限时齐集，是直派各省在沪之革命党会议耳，其为民主毫无疑议，又何必做此圈套以掩天下人耳目耶？霖曾以此驳之，竟难挽回，遂决计先归。今朝廷所定选举法，革命党能否承认，实不必可。袁总理亦言如果革命党仍不承认，只有再战。特饷源已竭，哗溃堪虞，甚惴惴也。各使会议时，日使曾面责庆邸不将存款助饷，并指出某人存某款若干。乃仍漠然无动于衷，

①毛瑟：指手枪、步枪，比喻军人。

或亦气运使然。革军饷亦不给，故有指人勒渎之举。黎、黄急欲和平解决，而下等冒充革党之徒，均存自私自利之心，不愿遽和，顿失权利。黎、黄亦无可如何。南省绅商莫不后悔独立，致遭浩劫。直隶、三省鉴于庚子、甲辰之乱，未为少数所动，始能保全。直隶已严办团练，为自卫之计。想三省绅商亦能深悉南省糜烂之惨，不至再为革党所煽动也。"

许鼎霖的这封信再次披露了他的思想，也就是他赞同结束专制，实行民主，但是依然停留在君主立宪的框架内，而不是革命党用暴力形式推翻清王朝，实现共和。当然对许鼎霖的这封信要进行辩证地客观分析：首先，这封信是写给其上司赵尔巽的汇报信，当时其身份是朝廷的议和谈判代表，当然要站在清廷的立场去说事，也是其自保的一种方法。其次，其所言的君主立宪政体也是许多西方民主国家所普遍认同和愿意采取的政体之一，并非一种完全不能采取的选项，只是清廷已经错失了君主立宪的最佳时机，在革命的风潮形成大势的环境下，此时再来坚持搞君主立宪政体，显然已经时过境迁，不合乎时宜了。第三，其观点核心仍然是竭力避免出现大的社会动荡和流血牺牲，希望借鉴法国全民公决的方式决定国家的政体走向。因此，有人以此指责许鼎霖为保皇派或顽固君主立宪派也是不对的，许鼎霖固然在头脑中有保皇的潜意识和君主立宪的情结，但是绝对不是沈云沛等顽固君主立宪派，更不是张勋之流的保皇派。要彻底改变许鼎霖的思想观点和主张需要假以时日，佐之以革命形势发展的切身体验。倘若许鼎霖没有思想转变的主客观基础，立即站在用革命暴力推翻清廷实现共和的立场上，那么许鼎霖就真正摆脱不了政治投机的嫌疑。所以，许鼎霖在辛亥革命前后的表现与其所处的位置和接受的思想理论体系是正相关的，其后来的思想转变也是符合人性和社会发展的。其与一直从商和投身社团的张謇身份完全不同，难以立即摆脱组织立场的牵扯和羁绊。

中华民国的正式成立和宣统皇帝宣布退位，许鼎霖最初追求的君主立宪制的目标没有实现，然而许鼎霖倾半生精力所致力的民主政治的另一种形式民主共和制却在中国生存下来，特别是他向往的民主宪政的思想并没有因此而消亡，反而是他的立宪思想和行动开启了民智，推动了四万万民众民主意识的觉醒，加速了清王朝的灭亡，终结了统治中国四千年的封建专制政体，因而具有划时代的伟大意义。

1912年4月15日许鼎霖在北京与袁世凯商讨苏北赈灾之后，为了推动东北三省归顺中华民国，推行共和，致电东三省总督赵尔巽，言："三省兵力既不足以反对共和，只有认真建设共和，以求国利民福。"因为许鼎霖担任过奉天交涉使，对东北问题有一定的话语权，许鼎霖的这句说词至少包含三层含义：一是规劝赵尔巽认清形势，在强大的共和风潮面前不要作无效之反抗，以免遭无谓之牺牲。二是本人之所以趋同共和也是时事所迫。三是一切以有利于国家的富强和民众的幸福为根本的宗旨。

许鼎霖在4月16日致赵尔巽的信函中进一步说明了自己的想法："大帅钧鉴，到京谒袁总统，知三省军界均已赞成共和，不愿帅去三省，恐地方秩序非他人所能维持也。南使蔡元培等到京后，仍以欢迎袁总统赴宁为词，并言政府可在北京，但需由国会公决。此时南方流血太多，必须总统先至南京接任，方足以慰各都督之企望，云云。此等小儿，要面子见识，乌足以成大事。各国驻使，须国会举定总统，各省秩序一律恢复，始能承认共和政府。国会召集须待半年，此半年中为无政府之国，外交非常危险。近来，江北、皖北、河南、山东无日无兵匪焚抢之案，将来不酿成大乱而不已。一旦大乱，必招瓜分，可虑孰甚。而热心共和之人，竟谓已治已安，吾谁欺？欺天乎？苟不能泯南北之争，化新旧之见，以为吾以炸弹得之，即可以炸弹治之，恐中国之亡而立而待也。共和政体南北既一致，即不应再有自由行动，占领州县驱逐官长之举动，苟有此等行为，必系地棍土匪借名扰乱，应即严刑惩办。"可见，许鼎霖致赵尔巽电函的目的是推动实现国家的统一，虽然许鼎霖承认实行共和政体南方与北方已经达成一致，而且也表示拥护共和，但令人感觉其中的个别措辞与时代的潮流有不合拍的地方，此时就不应该再对南方革命党之暴力革命说三道四，更不应该把南方革命党要求袁世凯到南京就任大总统这样深谋远虑的重大决策说成是为了面子。这说明许鼎霖对南方暴力革命的思想认识有时还会出现反复，并时而在一些场合表达出来。这些不恰当的言论为后来许鼎霖遭到社会上有些人的反对留下了口实。

许鼎霖的政治立场和思想与专制社会的皇族遗老遗少、抱残守缺的保皇派的立场和观点是截然不同的。虽然许鼎霖在致赵尔巽的信中说了一些诋毁革命军的话，此前还有谴责革命党在南方和天津的暴力的言论，然而，观其言行却发现许鼎霖始终没有明确反对和拒绝共和政体，而是赞同与拥护民主共和体制的，只是对施行共和过程中可能会发生的动乱与分裂表示担忧，这是可以理解的。因为许鼎霖不是革命党，没有接触过相关的暴力革命的正面理论，特别是在许鼎霖的童年和青少年时期，频发的匪患和捻军起义对其心理的伤害及家庭的破坏，是许鼎霖一生都挥之不去的梦魇。可以说，许鼎霖对于民主共和体制的优越性和清王朝专制体制的腐朽性是非常清楚的，他只是在实行民主共和政体的时机和实现的方式方法上与当时风起云涌的革命浪潮有些不甚合拍而已。后来的民主共和的实践和教育打消了许鼎霖在此方面的疑虑，1912 年许鼎霖加入了中国国民党，1913 年许鼎霖顺利当选中华民国江苏省议会议长，成为一个能够与时俱进的坚定的民主共和体制的推进者和维护者。

许鼎霖在中国近代史上的这场民主与专制的较量中，如一个勇猛的角斗士，在谘议局和资政院的现代民主阵地上往返冲杀，为中国近代民主政治体制的形成打出来一片珍贵的空间。同时，许鼎霖以其超人的智慧和勇气，团结了一大批智者加入民主宪政的阵营，这些志同道合者最后都成了中国专制体制的掘墓人。即使在辛亥革命前后的较短时间内，许鼎霖竭力维护改良主义，幻想通过君主立宪制来达到实行民主政治的目的，但是这并不能说是许鼎霖的过错，更不能以此把他看作逆历史潮流而动的反面人物。因为在世界的民主政体中，君主立宪体制同民主共和体制一样都是一种民主政体的选项。一个国家和民族所选择的政体形式是在当时的历史环境下做出的具有必然性和偶然性的选择。这是人类文明进程中的一个阶段，不能毕其功于一役，不能妄下结论，只能看社会发展的效果和民众的感受。因为人类文明演化是一个长期的历史过程，从世界经验来看，一个国家实现现代民主政治文明可能需要二百年甚至更长的时间，有时还可能会出现曲折甚至倒退。因此可以说许鼎霖在中国历史发展转型的前期，为推动中国民主政治发展所做出的贡献和发挥的作用是不朽的。

二、法治思想与人治思想并存

许鼎霖虽然是一名生长在皇权专制时代的官员，但是，由于他所面临的特殊环境和所经历的特殊人生，使他从年轻时就萌发和产生了法治思想，以致后来坚定了中国走君主立宪和民主宪政道路的思想。但是，许鼎霖的法治思想是不彻底的，毕竟他一直身处皇权专制社会，在头脑中是法治思想和人治思想并存的，经常出现彼此消长的思想状态。

第一，许鼎霖的父亲许恩普因为相信清官和法律公正，才多次状告违法的贪官，希望违法者受到法律的制裁，但结果是，不但违法者没有受到法律的制裁而逍遥法外，反而告状者变成了违法者被关进监狱。这种冤狱不仅造成了家族厄运，而且给许鼎霖的心灵和思想带来很大的冲击，使他思考法律的作用和国家治理的模式。他认为，晚清存在有理不申问题的根源是人治社会。人治就是个人或少数人因历史原因掌握了社会公共权力，以各种物质的与精神的手段，对占社会绝大多数的其他成员进行等级统治的社会体制。人治是儒家学说倡导的一种治国的理论，被封建统治者长期奉为正统思想。这种控权模式最大的弊端就在于缺乏平等的政治权力或利益集团的横向制约，从而滋生独裁与专制。

许恩普从同治年间指使周定鉌去京控周曰森利用建和安圩城墙贪污工程款一案迅速得到受理以来，就对京控案的程序进行了认真的研究。清朝特设的京控制度，是比较完善的赴京城上诉制度，其涉及范围相对宽泛，但京控的核心问题不在于法律的适用，而是事实的认定问题。江滨柳《清朝的京控》一文认为：清王朝上下都十分重视京控案件的处理，这是因为统治者能够通过京控这个窗口，了解社会真相和民情，掌握社会运行状态的丰富信息，发现国家秩序出现缺陷和征兆；通过京控案件的处理有助于维护社会的和谐、社会与自然的和谐，使天子得以向臣民彰显其代表着天意；通过对非法行为的惩治，保障无辜者的权益，可以对社会进行有效的示范和教化。一般情况下，京控案件的受理机构都尽可能地为案件当事人和全社会提供能够看得见的法律保障，让人们认识到法律正在“公平而合法”地执行着。

但是，许鼎霖认为赴京告状不可能有其父预想的结果，原因有三点：一是在专制社会越级上访是有非常严厉的规程的。根据《中国法制史》记述，历朝历代都对越级上访有非常严格的控制手段，防止乱讼缠讼行为扰乱各级政府衙门的日常工作。例如古代的肺石制度就是立案前考验诉讼者是否确有冤情的必经程序，告诉者如果要到州府一级上访，需要在衙门前的石头上站立三天三夜，不能进食饮水和睡眠，若果能坚持下来，说明确有冤情，衙门必须受理，如果是诬告他人，告诉者看见肺石必会知难而退，望石却步。至于清朝到刑部告状则要滚刀板，如果拦御驾告状则是九死一生。二是许鼎霖认为其父派周定鉌去京控，周定鉌则难以完成这样艰巨的任务。三是当时的社会动荡不安，各地农民起义风起云涌，像这样的数额较小而且证据不充分的官司，很少能引起有关部门的关注。结果许恩普这次派人京控就是以“各打五十大板”结案。这让许鼎霖看到了清朝有人治而没有真正法治的现实，从而促使他法治思想的萌芽。

对于父亲许恩普第二次状告知县贪污却被知县反告入狱的冤案，在许鼎霖经历了无数次的上访而无果的结局后，他此时反而站在父亲的思想立场上，把所有的希望都寄托在去京城京控上，他认为京控是替父申冤的“最后的青天”。这使许鼎霖又回到人治的思想上，希望出“青天”、有清官。于是许鼎霖顶风冒雪不惧千里，多次前往京城京控。

当一个人期望值越高的时候，那么他的失望值就会越大。京控制度是建立在政通人和、皇帝勤政、各行政机关高效运转和有清官的前提下的。当许鼎霖来到都察院的时候，京控的渠道已经是此一时彼一时了，当时中国内忧外患，官场腐败，整个国家机器如同一个奄奄一息的老人在那里等候着大限的到来，京控制度已经名存实亡了。许鼎霖把诉状递上去后，再也看不到下文，为父申冤，奔波多年，历经艰辛，“冤情终不得直”。此时的许鼎霖深感国家没有真正的法治，就没有公平正义，老百姓有理无处讲，有冤无处申，是何等的痛苦和愤怒。他认为这样长此以往，人民不能富裕幸福，国家不能富强繁荣。所以，必须寻找实现真正法治的途径和制度模式。此时，许鼎霖又回到向往法治的思想。他认为只有实现真正的法治，才能制裁违法者，保护守法者，而真正的法治，必须人人都受到法律的约束，因此必须改变专制的社会政治体制及吏治制度，这样才能消除晚清存在有理有冤不申的根源。

第二，许鼎霖任总理的海丰面粉公司发生焚抢案件，不但对公司财产造成重大损失，其苦心经营的面粉公司濒临倒闭，而且对许鼎霖的名誉和心理造成重大打击，使他不得不深入思考事件的社会根源和用法治解决问题的办法。海丰面粉公司枪击饥民案的血的事实给许鼎霖上了生动的一课，他对于当时的中国社会各阶层的分化，以及农民问题有了初步的思考，对于国家的政治体制改革的紧迫性有了进一步的认识。许鼎霖认为“中国之无序在于法治之缺失，若其倾力拯救的黎民为无知、无序，甚至参与暴动，为害一方者，则其赈又有何益？”所以，许鼎霖利用在资政院任职的民主政治的舞台，在宣统二年（1910年）十月初八召开的资政院第十五次会议上，提出修正法律条文的议案，并针对该议案做了演讲。许鼎霖的这篇“中国缺乏法治”的演讲稿慷慨悲壮，历数中国之积弊与丑陋，条陈救国救民之策。他在演讲中声明：本议员言论自由，如果我发言有错，各位议员尽可辩驳。从宏观上针对中国当时法律缺失，没有法治，造成督抚徇私、民不聊生的鞭挞，从微观上进一步阐明了海丰公司事件的发生是这种法治缺失导致的民怨充塞，一遇强梁便揭竿而起、群起响应的必然结果。这也是许鼎霖从理论上阐述海丰面粉公司焚抢案件发生的社会根源及其偶然性背后的必然性。由于许鼎霖的雄辩，他在资政院的演讲博得了议员们的掌声。

一个月以后的资政院举行第二十五次会议，审议江苏饥民焚抢海丰面粉公司案，并通过了两江总督张人骏侵权违法报告书。196号议员牟琳在审查报告中说：审查这个江苏面粉公司被饥民焚抢核议案，原案里头说两江总督违背法律之处，本股已经详为审查，两江总督为饥民抢劫面粉公司所上的奏折谓官绅设厂施粥，饥民聚集至数万人，难以遍给，以致群往公司要求，虽攀栅坏垣，不无强悍，而例以徒手爬抢，亦只于为首满徒等语。查现在法律，凡有不法之徒，如乘地方欠收，聚众抢夺，扰害善良，甚至挟制官长，或因赈贷稍迟，抢夺村市，喧闹公堂，皆照光棍例治罪。光棍例为首绞立决，为徒俱绞监侯。而该督不援此项相当之例，仅引十人以下饥民爬抢之条，那是该督违法的第一层。又该督折内称：有饥民二三百人逼近公司抛击砖石，该公司不慰以善言，率行开枪，伤毙九人，以为该公司难辞其咎，请即将海丰公司的经理人许鼎馨革职，并且还要勒交枪毙人命之犯等语。本股查现行法律所载，凡持杖拒捕，被捕者登时格杀，仍依律勿论。又光绪三十三年（1907年）前总督周馥电奏，土棍率饥民抢劫米店，倘敢拒捕，或聚众抢劫不服解散，准其格杀勿论。今该督说饥民徒手，是指为并未放枪而言，但就以抛击砖石这个事体而论，已符格杀之例，况且又毁其栅栏花墙与西北门，且在后门纵火，那是更为行凶，危险已极，这个海丰公司顿时抵格，更与这个例案相符合的。今该督竟说率行开枪，又拿这个海丰公司经理的人革职，这是违法的第二层。又该督原奏以为饥民非凶徒可比，又系爬抢未成，本股查现行法律，凡先定有强谋，执有军械，带有火光，公然直到事主的事，攻打门墙，是之谓已行。若是为事主所拒，或为邻人所援，事主的家虽毫无损失，而强盗之谋已行，则首、从皆当满流。而该督既谓毁其门墙，并且在后门焚烧麻袋，他们的强谋已行可知。事前已爬抢豆饼船，事后又爬抢麻袋，照此看来，什么可以说"爬抢未成"呢？这又是两江总督违法的第三层。又该督折内说有迭经官商借麦平粜，而该公司不肯慨允，所以酿成这个事体。当时该文武众寡不敌，不敢弹压，不能为救护不力等语，本股查公司的性质是营业的性质，何得因他们不肯慨允借麦，即咎其慳吝贾祸。查委员黎道经诰已经禀明，为首约十人，向弹压的兵丁叩求请勿放枪，闯进厂门烧机房，及至火起，兵丁皆拍手大笑而散，自此看来，什么可以说众寡不敌，实在是救护不力的证据。且照原案上说来，当永丰拾得棍徒订期焚抢揭帖之后，该公司即电求该督保护，而该督抚非但不派兵保护，反电饬该管官吏严行约束兵丁，不准轻率动手，所以一到闹事之后，该督不得不开脱文武保护不力，而归咎于该公司自酿其祸。该局说他不独纵容徒棍扰害地方，且大背朝廷振兴商务之至意，那是一点不差的。这是两江总督违法第四层。又饥民爬抢属于民政的事体，为巡抚的职掌，淮徐海又为江北提督的管辖地方，即由两江总督主稿，亦当与江苏巡抚、江北提督会同入奏才可，且我们恭读嘉庆八年（1803年）的上谕，例应会衔具奏的事件，总当先期知会商定，俟有回文，然后可以具奏。若是应行咨会的事而不咨会，或仅于事后谘会者，即着应行会衔之员据实参奏，交部议处。为什么要这样办法呢？因为要杜专擅之弊窦。本股查该督初奏此案，原是会同护理苏州巡抚陆钟琪具奏的，而此次竟敢单衔具奏，那是明明白白未能与苏州巡抚程德全、江北提督雷震春同意，遂敢违背会奏谕旨，这是该督违法的第五层。据此看来，两江总督违背法律，毫无疑义。将来上奏的时候，总要请议长照《院章》第二十四条办理，再请旨裁夺，本员所报告的就是如此。

接着116号议员孟昭常对海丰事件发言：这个江苏谘议局核案原件上有几句话，很有关系的，报告书没有载上如“饥民爬抢”等语这几句是很有关系的，并且是“十人以上”等语，报告书亦没有载上，似乎宜添上为是。94号议员王佐良也做了发言，他说道：江苏饥民焚抢公司的时候，本员正在海州城里，那时早已办平粜，已经设立粥厂了，在江督以为公司用麦过多有碍民食，不知海丰公司设立三年，两遇荒灾。头一年公司在外洋买来小麦到本地磨面出卖，这正是有公司的好处。当中一年公司只用三四万石麦，海州董事会于本年禀请出口，以三十万石为率，可见出口三十万不碍民食，三四万岂能碍民食乎？永丰公司设立才头一年尚未开机，更不得谓之有碍民食。还有一层，海州这时四五万饥民围困城池，情形已极危险，何况清江镇兵正在这时候意在谋叛，倘若不是公司开枪打退，海州城固不可保，淮以北必将扰乱。幸而海州地方官一面设法资遣，一面访拿匪类，竟能办得平平正正。不但海州人感激，就是山东交界的地方，亦受惠不少。海州州官不过以为不能仰体上意，致被参革，未免太冤，据本员意见，可把这一层列入奏稿。”55号议员崇芳在发言中说道：江苏饥民这案有一个区别，必要审查滋事的究竟是饥民，是棍徒？若是饥民，则法律无妨稍宽，若是棍徒借凶年滋事，那就非认真办理不可。这一层须要明白审查，咨询籍隶江苏的议员报告方好。听了崇芳的发言，王佐良认为已无必要再查闹事者是否为饥民身份，他辩驳道：这个公司被抢的时候，本员恰到海州目见，当时因为年岁不好，已经设立了粥厂，三四处放钱。这些饥民也可以吃饭，也可以领钱，焉有闹事之理？因为本地有煽惑的流氓，所以借端生事，可见并不尽是饥民。48号议员陈懋鼎从法律层面分析，认为：我们资政院核议此案，只有按照法律办理。法律上并无饥民可以从宽减刑的明文，现在张督所引是十人以下爬抢的律，至于聚众数百人持械抢劫，自有专条，何得任意引用轻律？所以，我们不必问他是否饥民，只要问清楚到底是十人以下，不是十人以下？既然查明不是十人以下，则张督之违法已无疑义。这是一层。还有一层，现在实业正在萌芽时代，据本员看海丰公司不但是正常营业，并且现在各处正是洋面充斥的时候，能够有个公司出来作这种营业，抵制洋面，收回多少利权！地方官应当如何保护的。今张督乃一味摧残，不知是何居心，此节大家更应注意。[①]

经由资政院众议员激辩后通过了案件定性为匪徒滋事、总督张人骏侵权违法的决议一事，即在社会上掀起了轩然大波。因为清朝末期，城乡凋敝，民不聊生，国库空虚，官逼民反是有着深刻社会根源的，也是备受社会关注的。这也说明预备立宪以后，资政院和谘议局的权力有所独立，议员针对具体的行政行为有了一定的评判话语权且表现出人格的独立。但是，专制社会的士大夫和官绅商阶层所谓的仁爱是建立在自身利益不受损失的基础上的。许鼎霖虽然以一代良吏和义绅著称，但也烙上了浓厚的阶级烙印，有其自身不可克服的历史和阶级的局限性。

第三，许鼎霖在资政院任股长之后，他充分利用这个民主政治的舞台，在审议湖南巡抚杨文鼎发行地方公债案和弹劾军机处案中，探索国家法治的途径，发挥了立法和监督的作用，体现了他的法治思想。

宣统二年（1910 年）七月发生的湖南巡抚杨文鼎发行地方公债案，仅仅因为杨文鼎没有把发行地方公债这件事提交谘议局通过，就被愤怒的湖南谘议局议员们告到了资政院。资政院分别召开第十二次会议和第十三次会议，连续对湖南谘议局提交的杨文鼎公债案进行审议表决，并决议上奏对杨文鼎给予相应处罚。由于军机大臣副署传来欲干预处理的谕旨，称此事属于“疏漏”，仍需“遵前旨办理”，在议员中引起了极大的反响。许鼎霖等议员清醒地意识到，如此结案，资政院或谘议局将会彻底地沦为摆设。于是议员在院会上纷纷指出，“立宪国精神全在法律，督抚违背法律而不予处分，则资政院可以不必设，谘议局亦可以不必办，宪亦可以不立”。又言，军机大臣副署谕旨是在企图“以命令变更法律”，“似此无法律可守，不如就请皇上解散资政院”。不久，议员们被军机处的无礼而激怒，他们通过了弹劾军机处案，要求立即废弃军机处，设立责任内阁。在内阁未成立之前，军机处必

①李启成点校：《资政院议场会议速记录：晚清预备国会论辩实录》，上海三联书店，2011 年，第 356 页。

须对资政院负责。在这场弹劾军机处的过程中，许鼎霖发挥了外交官的雄辩之才，在宣统二年（1910年）十月初八召开资政院第十五次会议上发表了关于“我们要再不好好保守法律，危亡就在旦夕”的主旨演讲，可谓振聋发聩，将资政院处理湖南巡抚杨文鼎案和弹劾军机处案推向了高潮。许鼎霖的演讲稿内容如下：“我们中国向来无有法律，所以才贫弱到如此。自皇上设立资政院、谘议局，方有个立法机关。我们要再不好好保守法律，危亡就在旦夕了。所以本院议员言辞激烈，并不是为一身一家之计，实为中国大局存亡之计。看中国历史所载，历代诸侯尾大不掉，都是不遵守法律之故，诚足为前车之鉴。这样看来，朝廷甚愿督抚遵守法律。现在我们中国民不聊生，全由督抚不遵守法律所致。只说两件事，一是命案。试问命案一出，哪一个州县是能为民申冤的？民冤不申，势必上控，而督抚仍批回州县。或控至都察院，都察院仍是咨回督抚，督抚无非交发审处审讯，发审处都是他的属员，对于上司的命令谁敢议驳？以至一百条命案，并无一条可以给百姓申冤。一是盗案。试问盗案一出，被盗之家报案要花钱，出差要花钱，购线要花钱，不知花费多少钱，方能将盗获捕，获之后由州县解送府道臬司，以至于督抚衙门处处均要花钱，所以州县不敢捕盗，以致盗贼横行，所谓养痈遗患，百姓有冤莫申，约一百条案，未报者十居八九，已报者总不到一二。迨至冤气充塞，一遇强梁之徒，揭竿而起，民皆响应，以至于不可收拾。就这个样子看来，实在可怕，这都是督抚不守法律，州县方敢如此，这个情形，朝廷且政府未必尽晓，现有资政院、谘议局可以稍达地方官职的情形，想政府也必很愿意听资政院、谘议局的话。但本员还有两句话，可以表示并不是一味调和，就如日本变法很快，因为他政府大臣全是由外国学习法律回来的，所以议院以法律责政府，政府无不乐行。中国政府未到过外国，不到会场演说，若必请军机大臣到院答辩，虽是正当要求，但该大臣等因强迫到院，恐其心必很不舒服。如果军机大臣今日到院，我们可以把督抚违法、百姓吃苦之处一一告诉该大臣，并请该大臣告诉皇上。万一他不能到院，本员也有各办法，可以再提出议案，请规定督抚违背法律侵夺权限应得如何处分，以昭炯戒，不得以疏漏二字了之。还有第二个办法，公债的事，本是中国之大害，本员已经说过，亦可以另外提出议案，自然可以取消。我国立宪是幼稚时代，所以本员陈说变通办理之法，固知此说不能人人满意，然按今日时势，不得不为此权宜之计，不知大家以为如何？"

许鼎霖的这篇演讲展现了他坚定实施法治的立场，激发了资政院广大议员将弹劾案进行到底的决心。议员们要求立即组织内阁，认为"军机大臣不负责任，受禄惟恐其后，受责惟恐其先，徒有参预国务之名，毫无辅弼行政之实"，而在内阁未成立之前，要明确军机大臣的权限，使得他们"无所诿卸"。面对资政院的步步紧逼，军机大臣们以退为进，试图以集体辞职来要挟清廷。面对资政院与军机处势不两立的斗争，这时，摄政王载沣出手连发两道朱谕，一边要挽留军机大臣，一边不让资政院过问此事，称："设官制禄及黜陟百司之权，为朝廷大权……非该院总裁等所得擅预，所请着毋庸议。"面对摄政王载沣的威胁，议员们被激发了更大的斗志。在第二天召开的院会中，许鼎霖等人批评"朱谕"不符合"立宪"精神，提出继续弹劾军机大臣，否则，就干脆解散资政院。议员们以鱼死网破的气概表现出背水一战的决心。这场弹劾案表面上是针对军机大臣，实质上是立宪与保皇之争，是民主与专制之争。如果资政院真的失败了，中国的立宪和民主之路，将会更加艰辛。

载沣察觉问题的严重性，希望资政院总裁溥伦能够说服议员，与军机处进行和解，同时惩处那些激进的议员。就是这个清宗室的时称"伦贝子"的溥伦面对许鼎霖等议员的慷慨陈词，也没有答应载沣的要求，不得不选择站在了议员一方表态："议员热心爱国且议会与政府冲突各国恒有，不足为病。"在资政院与军机大臣僵持不下的时候，各省谘议局给予了有力声援，宣称如果资政院被解散，谘议局也将同时解散。清廷最后让步了，命令宪政编查馆赶紧编订内阁官制，意即在完善内阁制后以内阁代军机处，于是这场剑拔弩张的弹劾军机处案得以平息。这让人们看到了中国民主政治的曙光，也为晚清政权敲响了丧钟。

许鼎霖在该案中发表关于"中国缺乏法治"的演讲和为坚守法律而做的奋争，以及其表现出来的政治智慧和勇气在中国法治史上是史无前例的。许鼎霖通过在资政院的履职和在弹劾军机处案的斗争中，更加体会到真正的法治对于中国富强的重要性，也更加深了对法治本质与内涵的认识。他已认识到，法治是根据法律治理国家，与"人治"是相对的。法治是人类社会进入现代文明的重要标志，是人类政治文明的重要成果，大到国家的政体，小到个人的言行，都需要在法治的范围内运行，违法要受到法律的制裁。他还深刻认识到，中国的官员缺乏法治意识，权力缺乏制约，必须学习日本向欧美学习的精神，通过改革才能实现法治。但是许鼎霖对中国法家的“法治论”与儒家的“人治论”在本质上都是“人治”还没有厘清。因为法家的“法治”是“君权至上”“国权至上”“法在王下”的法治，有的人不受法律约束，因此就会侵犯他人的合法权利而不受法律制裁。而真正的“法治”是“宪法至上”“民权至上”“王在法下”的法治，没有人不受法律约束，因为宪政赖以建立的权力基础，是社会上多元平等的政治权力或利益集团之间互相制约，没有不受制约的权力。

三、改良思想与革命思想并存

与君主立宪思想、法治思想和民主政治思想相适应，许鼎霖具有坚定的政治改良思想。改良主义也是立宪派人士政治发展的基本主张。改良主义者认为，要采取自上而下进行的方式，主张通过法令和立法途径实行社会改革，渐进、缓慢、局部地改变阻碍社会前进的政治制度、政权结构及其活动方式。改良是以非革命手段解决现有政治制度和政权结构的问题，缓和阶级矛盾与社会矛盾，对现有社会秩序不具有破坏性，在客观上对社会的进步具有一定的意义。政治改良不仅有较大的量的变化，而且包含着部分的质变，但是改良的局限表现为不彻底性。

许鼎霖从年轻时就产生了政治改良思想，这与他的家庭出身于商人、任职于官府的阶级立场以及所受的教育有关。首先，许鼎霖出身于商人家庭，虽然不是大富，但家里有不少土地和资金财富，只有在和平稳定的环境中，才有利于生产经营，而政治革命就会影响富人的财富，因此站在家庭的立场上，许鼎霖也是坚持改良思想的。其次，许鼎霖是清廷的命官，从七品官到一品官，可谓“人上之人”，只有在和平稳定的条件下，才能保持官位不受影响，而政治革命就是用暴力的手段推翻现存的政治统治和政治制度，许鼎霖站在官员的立场上，也是坚持改良思想的。第三，许鼎霖从小接受父亲及私塾和书院的教育，就是儒家的"仁爱""学而优则仕"等思想，必须有稳定的学习环境，才能考取功名做太平官，所以许鼎霖有改良的思想基因。第四，许鼎霖有做外交官的经历，使他接触了西方的改良主义思想，并亲眼看见了改良主义的成功实践，最终接受了西方的改良主义思想。

改良主义者基本上都反对用暴力革命的方式，来实现民主政治或民主共和的目标。因为政治革命是用暴力的手段彻底打碎现存的政治统治、政治制度以及整个政治体系，建立新的政治统治、政治制度以及整个政治体系，是政治发展过程中的质变。所以，暴力革命中存在激烈的社会震荡及打碎正常秩序和牺牲的成本。在许鼎霖的童年和青少年时期，频发的匪患和捻军起义对其心理的伤害及家庭的破坏很大，使许鼎霖从小就有畏惧暴力的情结，出现反对暴力革命的倾向。但是，为了实现他的结束专制、实现民主政治和民主共和的目标，在民主共和的历史潮流的影响下，他经历了一个认识上的艰难转变，认为政治改良和政治革命都是政治发展和政治变革的动力，最后选择了不反对革命甚至赞成和拥护革命的态度和立场。

宣统三年（1911 年）武昌起义后，江苏都督程德全致信给许鼎霖，邀请他南下，加入到共和革命的队伍里来。此时的许鼎霖虽趋于赞同共和，但是在行动上尚处踌躇之中，他最担心的是暴力革命不仅造成大量的中国人互相残杀的灾难，而且容易出现列强趁乱插手中国内政，导致国家分裂，同时他也担心民智未开，国民无施行民主共和的素养，导致内乱。因此，他在给程德全的回函中毫无保留地写出了自己的担忧。

许鼎霖的这封写给时任江苏都督程德全等人的私人信件，说明了许鼎霖害怕和担心暴力革命导致流血牺牲和国家内乱分裂的观点，这在当时的社会各阶层具有一定的代表性，而且这种观点一直延续到今天乃至可能会延伸到今后很长一段时间。许鼎霖这种观点虽然是为国家领土主权的完整和全国人民的福祉着想，但实际上也是害怕和担心暴力革命导致自己的利益和权力受到影响，究其原因，是对于酝酿已久的革命力量的强大，以及人民对于推翻帝制的渴望和呼吁没有充分全面的认识。因为刚刚从清朝预备立宪机构如省谘议局和清朝资政院初步尝到民主滋味的许鼎霖，此时还沉浸在实现改良主义的幻想中，作为立宪派人士的许鼎霖始终认为通过改良的方式实现民主政治是最佳的选项，对于迅速发展的革命形势多少是有所抵触的。这封信也可见许鼎霖的表态，如果革命党能够立即停战，和平建国，他愿意为共和国效劳。因此许鼎霖在给程德全回信中言其“敢不赞成”，说明此时他对共和体制的拥护带有“不得已而为之”的无奈感。

1912 年 5 月，许鼎霖毅然辞去北方政权给予的所有职务，南下上海，开始思考检讨他在辛亥革命之后言行的是非和得失。此时，许鼎霖与故知袁希洛在黄浦江相见，谈了各自对时局的看法。两位江苏同乡相见，便从共同面对的黄浦江水谈起。袁希洛提问：“九香先生，民国成立后，即不见君，今晨忽晤于浦江之浒，面对江水之浩汤，君有何感慨？”许鼎霖回答：“观浦江之水，吾叹君主立宪既废，如江之水，不复再来。吾慨革命之暴力若江之水，毁蚀力巨，诚人之力所不可控也。”袁希洛自答：“吾观浦江之水，若中山先生所言，世界潮流浩浩汤汤，顺之者昌逆之者亡；吾观浦江之水，融汇百水而成此之巨，摧枯拉朽，岂人力所可阻挡哉？”同样是面对浩浩汤汤的黄浦江，两个人对江水的解读却大相径庭，许鼎霖对江水的解读为“伤逝”，袁希洛对江水的解读为“潮流”。拥护革命党的袁希洛对于许鼎霖提出的南方革命党的问题，给予了善意的反驳，他条分缕析地阐述了辛亥革命以来许鼎霖的逆潮流而动言行的主客观因素，同时希望许鼎霖放弃先前对于南方革命党的成见和担忧，加入革命的行列。这场邂逅的辩论，对于改变许鼎霖的立场，促使其转向同情革命、拥护革命继而参加革命起着重要的作用。

6 月 1 日，袁希洛在上海《申报》刊登了一篇关于这场辩论的善后文章，文章写道：“九香先生大鉴，民国成立久不见公，今晨忽晤于沪上，高谈犹昔，钦佩、钦佩！先生在满清时绝对赞成君主立宪，此不足为先生责；迨武昌起义南方大半光复，先生在京尚为尊人，向满廷开复职卫，请给封典，谢恩之表其感激涕零之语，立宪党之最无耻者所不为，而先生公然于共和将成之时发布，此亦不足为先生责。唯忆先生在去岁，随议和专使南来时，曾致北京某大臣函，有革命无公理无人道之言，又云众怨沸腾必将自毙，又云张勋在省秋毫无犯，试检正月十七号之民报，此函赫然犹在。以先生一言致南北统一迁延累月，损失中华财产何止数千余万，而江北人民亦因此死亡载道，此皆先生之力也。今者时局略定，先生浩然南归，凡我民国国民感公之意行将开欢迎会于江淮之间，希洛敬当约集同志造寓，先容诸希清照。"当许鼎霖拜读袁希洛的这篇言辞犀利的文章时，其内心确是五味杂陈的。袁希洛对许鼎霖的批评和痛骂，点醒"梦中人"。但是把许鼎霖描绘成了一个阻碍革命的千古罪人显然是夸大其词了，不能把南北议和所遭遇的挫折算在许鼎霖的不当言论上，因为许鼎霖不是议和的决策者，只是受北方政权操纵的木偶，何来其"一言致南北统一迁延累月"的说法，也许是袁希洛想用矫枉过正的策略促使许鼎霖改变立场。此后的事实是，这篇文章一针见血的言语深深刺痛了许鼎霖的内心，刺激许鼎霖反思其既往的立场和言行，使其改弦更张。因此，可以说袁希洛对许鼎霖的过激言辞不仅是善意的，而且是有效的。

袁希洛在《申报》发表上文后的数日，许鼎霖拜访了同在上海的郑孝胥，虽然许鼎霖不谈政治，只谈种菜等生活爱好，但郑孝胥认为这本身就是许鼎霖不甘于寂寞图谋东山再起的表现，因为他从来不与之谈论稼穑之乐。许鼎霖去拜访诤友张謇的真实目的是问计，对于许鼎霖的政治抱负张謇已洞穿其肺腑，许鼎霖的深重的家国情怀岂能因袁希洛的一纸文稿而泯灭。正如张謇之所料，许鼎霖接下来从一个立宪派迅速转变成了一个革命派，实现了其政治态度的一个转变。

许鼎霖于1912年年底正式加入了中国国民党，表明了拥护并推进实行民主共和体制的态度和决心。1913年年初，在江苏省议会第一届会议上，许鼎霖顺利当选江苏省议会议长。许鼎霖在选举中胜出和正式加入了中国国民党，说明他推进民主共和制的政治取向，回应了别有用心之人的造谣蛊惑。其中的原因，张謇说得很清楚，那就是在共和的过程中，许鼎霖的不当言论让一部分人对他有了不好的看法，许鼎霖若即议长之职，势必给世人以政治投机者的印象，然而实质上这是许鼎霖从担忧革命到拥护革命的转向。

四、民本思想与官本思想并存

许鼎霖民本思想的产生深受其父许恩普写的《告赣榆人民书》这篇状告知县及声讨旧社会的檄文的影响，因为此文忤逆了统治者粉饰太平的功利需要，成为其父冤狱的罪证。从科举入仕之后，许鼎霖看到社会混乱，民不聊生，究其原因是政府无所作为的结果，逐步确立了民本思想。民本思想是相对于君本、官本而言的，指中国古代的明君、贤臣为维护和巩固其统治而提出的一种统治观，主要表现为重民、贵民、安民、恤民、爱民等。这是专制社会中的仁人志士据以对抗专制君主的重要思想武器，具有一定的历史进步性，可以看作是早期民主思想的启蒙。但是，许鼎霖的民本思想没有脱离自己的阶级利益，与现代民主相比，只强调了“为人民的统治”，就是君臣从政要以民为本，而非“人民的统治”，做人民公仆。实际上，许鼎霖是民本思想和官本思想并存的。官本思想是以官为本、以权为本的政治思想，官位是衡量人的社会价值的基本标准，权力是影响人的社会地位的决定性因素。

许鼎霖的民本思想集中体现在他高度重视赈灾、身体力行赈捐、千方百计工赈上。海赣地区水旱之灾常有发生，近代以来较大的灾情多发生在光绪年间，其中有两次大的自然灾害，造成了非常悲惨的后果。这是因为晚清政府统治能力渐弱，内忧外患导致国力衰微，水利年久失修，稍遇自然灾害，便会酿成大的人间惨剧。据《赣榆县志》记载：光绪二年（1876年）秋天发生在赣榆的水灾，因为雨水泛滥造成大饥荒，出现了易子而食的人间惨象。当时已经十九岁的许鼎霖目睹了那场因水利年久失修造成的灾荒的整个过程，并且与父亲许恩普以及青口的乡绅乡贤等积极参与了赈灾活动，为缓解难民的生活困难做出力所能及的贡献。许鼎霖和其父许恩普不但在市井中施粥放粮，而且购买海州沈云沛家的废闲地无偿供给灾民耕种，并采取减轻佃户的租金措施来缓解灾民的生活压力。那年的大饥荒给青年许鼎霖留下了终生难忘的印象，成了他一生中挥之不去的一段痛苦的回忆。纵观许鼎霖的一生，无论做官从政还是经商办实业，他心中都是以老百姓的利益为重的。特别是对灾情和救灾，许鼎霖的反应是非常敏感的，用郑板桥的诗句“一枝一叶总关情”来形容许鼎霖对待民间疾苦的心态是非常恰当的。

光绪三十二年（1906年）七月初，赣榆、海州和徐淮地区发生了大水灾。许鼎霖闻听灾讯于第一时间迅速做出了反应，他联络同乡沈云沛从上海风尘仆仆回到海州，在对海赣地区的灾情做出了详细的了解后，他们二人于七月初九在上海《申报》联合刊登了关于海赣徐淮地区灾情的说明以及请求社会各界对苏北灾情进行赈灾的函件。函件的内容如下：“敬启者，江苏徐海两属，地远涝偏，土田硗卤，在通省为瘠区，民俗朴僿[1]窳惰[2]，鲜工商之业，惟恃麦菽大产为生活长计。今年入夏以来，麦未登场，兼旬暴雨，下田已湮没无余，其附于陵麓者谓之上田，农所恃以树秫粟者，又于五月间风雨骤至，仆偃者半断，折者半毂，既不登已成饥岁，而贫民之自粪其田者向以蔬菜为大宗，番薯胡菔动盈畦亩，俗谓秋菜，为半年粮，倘得丰收尚可粪桑榆之补。云沛等近接家乡函报，知于前月十六日后，倾雨旬日，平地水深数尺，堤岸河渠汇为巨浸，蔬菜之属靡有孑遗，饥馑并臻，民天曷恃。统计灾区以海赣睢邳宿五属为甚，余州县次之，徐海两境牙错东豫间，常年且患盗况，值此异常灾歉，老弱转于沟壑则可悯，壮者散之四方则可虞。忆光绪念三四年，徐海连荒，重赖义赈诸君子热心拯救，全活者多。兹复由云沛等于地方筹赈，并吁求官赈外，面恳曾少卿、施子英、任逢辛、朱葆三诸大君子，协筹巨款，以纾眉急。第恐目前醵数无力，不敷剜补，素仰报界诸君子热心社会，轸念同胞，敬敢缕述灾情，广为布告，庶几中外仁善士垂[3]悯灾氓，共思援手，众擎既集全活非难，无任泥敏。谨启叚书云沈云沛、许鼎霖顿。”

许鼎霖和沈云沛联合刊发在《申报》上的这篇赈灾启事，着重分析了苏北频发水灾的原因，其中言老百姓懒惰是造成灾害的原因之一则是偏颇错误的说辞，而称经济缺乏工商业的支撑导致岁荒而成饥馑则是不争的事实。因此许鼎霖在起草该乞赈短文时，有意识地提到了造成饿殍遍地的原因之一为“鲜工商之业，惟恃麦菽大产为生活长计”。在许鼎霖看来，一个地方单纯依靠农业的丰收而缺乏工商业的支撑，则逢灾必成害。从许鼎霖起草该文的内容和词汇看，可见其对于家乡灾情的发生是心急如焚的。此后许鼎霖带头向徐海、淮安各属灾区捐银一万两，这个数目是非常大的，给企业带来不小的财务上的压力。仅从这一点看，许鼎霖对贫民大众的同情之心和民本情怀

①朴僿：朴陋而浅薄。
②窳惰：亦作“窳憧”，懒惰，出自《商君书·垦令》。
③垂：同“垂”。

是很强的。七月十七日，许鼎霖与沈云沛在视察家乡灾情后，又在《申报》刊登《本省大府徐海水灾节略》一文，对发生在徐海的水灾做了详细的阐明。

许鼎霖慷慨解囊、捐银一万两的善举以及在《申报》上发布赈灾启事的事迹被度支部[①]府衙写成奏折经军机处呈送给了光绪皇帝，光绪皇帝看到许鼎霖的赈灾事迹后，非常感动，并在军机处为安徽候补道许鼎霖捐助江北赈灾银请奖折片上行了“照准”的朱批。在许鼎霖和沈云沛的积极劝赈和个人赈灾义举行为的感召下，社会各界贤达纷纷开展了义赈活动。

光绪三十二年（1906年）初冬之淮扬大水，数万灾民求赈，当地官吏昏庸渎职，束手无策。杨文鼎被端方奏请朝廷任命为淮扬道员兼赈灾总务，许鼎霖被任命为发赈总理官。此时，“灾民已集数十万，加年饥，淮属十余县流亡者愈众，结棚栖地，绵延数里”。鉴于这样的严重局面，杨文鼎意识到仅靠民间劝赈的善款对如此大的饥荒是杯水车薪，难以解决问题，于是采纳许鼎霖宽筹赈费、确保赈济主张。杨文鼎听说江北提督荫昌慷慨豪爽，勇于担当，就与他商量动用库银数万两应急需，于是就向荫昌述说“将虞冻压以毙”“海州民悍多盗”“来岁春耕无望”“迨春疫疠之作”“伐木为炊不幸失慎”五个灾后极有可能发生的次生灾害来逼迫荫昌与其奏报清廷，获准动支库银赈灾。杨文鼎所言的五个次生灾害是有科学道理的，但是对于“海州民悍多盗”的描述则是对海赣地区饥民的一种偏见。对于海州民悍多盗现象，许鼎霖也有过与杨文鼎相同的看法，但是许鼎霖却能透过现象看本质，认为海赣民悍多盗是因为地瘠、鲜有工商之业造成的，因此许鼎霖想通过发展工商业，吸纳劳动力来改变这种现象，这是一个标本兼治的方法。但是，许鼎霖的海丰公司用枪炮来对付海赣悍民的焚抢事件，则反映出了许鼎霖言行相悖的矛盾的一面。这说明许鼎霖的民本思想和官本思想是并存的。

许鼎霖的官本思想也是由其所处的专制社会环境、官员地位及阶级立场所决定的。在官本主义社会中，拥有权力意味着拥有一切。纵观中国历史，

①度支部：官署名，清代掌管财政事务的机构。1906年改组部院各衙门，将户部更名为度支部，其原掌管的民政事划归民政部。

皇帝及整个官僚阶层作为一个整体一直占据着最多、最重要的社会财富。首先，中国传统社会的等级体系是完全建立在官本主义之上的。官职、官爵将整个社会纳入了权力体系构架的等级之中，任何人都被分为了三六九等，清代是相当完备的"九品十八阶"等。其次，中国古代的社会荣誉体系是官本位的。"官爵"是臣民最重要的"社会名分"。对于一般人来说，能够生前封爵、死后加谥便是人生的最高荣誉了。而爵位和谥号虽然并不直接与官职挂钩，但通常也只有拥有官职的人才有可能获得。第三，在官本位社会中，官爵直接决定了社会资源的分配。官员的官邸、官轿，既是不同层级间荣誉的划分，也是社会资源"按权分配"的结果。第四，中国传统社会还一直存在着官本位的礼仪体系和特权制度。不同级别官员的公文格式、朝会班次、衣服穿戴、外巡仪仗、祭祀规格等都各有一套明确的制度。

许鼎霖与江苏同乡、晚清君主立宪派的著名人物赵凤昌，光绪三十四年（1908 年）年底第一次在上海见面时的对话，反映出二人都有官本思想，但心里又有追求民本思想的要求。赵凤昌因想起张之洞曾经在他面前提及过的许鼎霖为父申冤的事情，便问许鼎霖："君可是当年江宁府为父申冤的许孝子乎？"许鼎霖惊而反问赵凤昌："君何以知之？"赵凤昌说："光绪十年吾曾于两广总督张大人[①]手下任文案，尝闻张大人提及此事。"许鼎霖说："光绪八年吾得中江南贡院，尝遗书于张大人言家父之冤，蒙张大人不弃，家父之冤得申，牢狱之灾得脱，每忆此事，常怀感激之心。"赵凤昌说："君若未高中亚元，令尊冤情可得申否？令尊之狱可得释乎？我大清官场积弊甚多，君之尊人冤尚不能得申，况于百姓乎？今我朝若不再效西制，则未知后人有多少若家父之冤者。"许鼎霖说："请言变革计将安出？"赵凤昌说："请先革吾之职，以除官制之弊？"许鼎霖说："君何出此言？"赵凤昌说："吾少时家贫，失学，入钱庄习贾。常暗中挂欠以充家用，被斥退。邻人朱某鉴吾可造，为吾纳资报捐杂职，分省广东候补。时年甫二十，旋入粤藩姚觐元署中，任书启。似这般邻人捐钱信手拈来以遗吾之官，吾竟亦能如今日这般

①张大人：张之洞。

混得风生水起，不亦羞煞世人乎？”许鼎霖闻听赵凤昌是这样起家的，也感觉大清官制甚为荒唐，但是出于礼貌，便劝慰说：“君之历、之雄才不正遂了定庵[①]先生：我劝天公重抖擞，不拘一格降人才之愿乎？”赵凤昌听许鼎霖如此解读自己的荒唐的官运，笑道：“万马齐喑之局不破，我能独抖擞至于何时耶？”于是许鼎霖和赵凤昌都心照不宣地大笑起来。

许鼎霖由于对革命党的主张和主义知之甚少，官本位的礼仪体系在头脑中尚难在短时间内彻底清除，因此在宣统三年（1911 年）南北和谈中曾对革命党中没有专制社会官职尊卑的称呼表示不解，对于上下级之间的官员互称先生提出了近乎幼稚的疑问，他曾就此戏问张謇：“阁下，若革命当中无尊卑之分，人不分上下老幼皆互称之为先生，北京城中石大人胡同、马大人胡同岂不都要改称石先生胡同、马先生胡同了吗？”许鼎霖这个笑话是因为这个时代大背景尚没有得到彻底逆转的局势所决定的，官本位的伦理纲常依然禁锢着许鼎霖等人的思想，资产阶级的人权观和道德伦理观尚不能很快被中国人接受。

五、清官思想与官商思想并存

许鼎霖从年轻时就树立了清官思想，一是许鼎霖从小就接受了私塾和书院的儒家思想教育，特别是儒商的父亲要求他将来做官，但要做清官。二是父亲许恩普由于痛恨贪官，并冒着生命的危险控告贪官而酿成冤狱，对许鼎霖的影响是深刻的，许鼎霖由此产生了对清官的向往和敬佩的情结。三是许鼎霖在江宁监狱旁居住为父冤狱喊冤上访并赴京申冤的过程中，亲眼看到冤狱冤民的痛苦和无助，看到贪官酷吏的淫威和残忍，下决心要当清官。清官即清廉自律、秉公为政之官。但是，清官思想的产生是与腐败有着紧密的联系，其植根于中国传统社会的特殊土壤中，是君主政治的派生物。许鼎霖虽然看到了清官有严于律己、上进为民的一面，但许鼎霖没有完全认识到清官思想不是真正的民主思想，最终要靠改革制度和法治建设来实现对官员的有效制约。

---

①定庵：龚自珍的字。

许鼎霖在出任地方官员之时就反复提醒自己：为官一任不能作福桑梓、解民众于水火倒悬之中即是愧对朝野，纵然名可驰声魏阙之下，身可终老庙堂之上，然而于国于民又有何益？关于许鼎霖廉政的例子很多，这里举出有代表性的例证，以资证明。

例证一：《民国赣榆县续志》记载，许鼎霖在任秘鲁正领事官期间，为华人维权，秘鲁华人感许鼎霖恩德，欲筹资为许鼎霖祝寿，许鼎霖坚辞不受。

例证二：《民国赣榆县续志》记载：光绪二十四年（1898 年），许鼎霖在包公祠"祷包孝肃祠以廉洁自誓"。为了宣示自己的为官之志，在署理庐州知府时被安排处理三河抢米案之前，许鼎霖专程去参拜了庐州的包公祠，包公祠堂是为纪念宋朝的清官包拯而设立的，除了供宗族之日祭祀外，还是民众和官员传承其廉政文化、接受廉政教育的一个必去的场所，《包氏家训》只有四个字——清廉家风。在庐州民间流传着诸如"铁面无丝（私）包河藕""箭杆黄鳝马蹄鳖"等故事，前者借以比喻包公一生正直无私，后者称道他在乡为官，为了减少朝廷对家乡特产贡品（黄鳝、鳖）的摊派，故意用不足分量者搪塞朝廷的感人事迹。包拯作为一个专制社会的良吏，其关注民生疾苦的形象通过这些朴实的民间故事和传说跃然于纸上、流芳于市井。许鼎霖在包公祠"祷包孝肃祠以廉洁自誓"的举止受到了庐州地方百姓的赞许。虽然在《民国赣榆县续志》中此举被称为许鼎霖以誓言廉洁为官为信条，但是他参拜包公祠的目的不止于此，还有暗示自己处理三河抢米案要像包拯那样善断狱讼、铁面无私、为民做主等意思。这次许鼎霖向外人宣誓以民为本和秉公断案的思想和理念，成为他处理三河抢米案和其他案件以及各种公务的指导思想和原则。

例证三：光绪二十七年（1901 年）四月，安徽安庆由程建勋倡导筹建的皖省藏书楼，因款资不济，陷入困顿。许鼎霖以提调身份与安庆知府等人捐资四千元，才使藏书楼继续修建。

例证四：《申报》记载：光绪二十七年（1901 年）六月下旬，许鼎霖因居住的公馆地势低洼，屡遭水淹，暂时搬到广东会馆借住。一个知府级从四品官员居然住着低矮破陋的房屋，这正体现了许鼎霖无私无畏的性格和廉洁的品德。

但是，许鼎霖的清官思想是与官商思想并存的。官商思想是由官而商、亦官亦商、官商联盟的价值观，即权力与财富一体化的思想。官商就是亦官亦商，官商一体；商就是官，官也是商。官商不是官与商的关系，更不等于官商勾结。如春秋时期的范蠡、晚清的红顶商人胡雪岩、国民政府行政院院长兼银行家孔祥熙等就是官商。因为晚清政府极度缺银子，卖官就成了来钱最快最直接的办法，所以大量卖官，且卖官是没有上限的。绝大多数的商人，在当了官之后也还是商人，买官的钱是要靠做官赚回来的，而且要赚更多。而原本靠着科举和军功做了官的人，有了点权力就要去经商，有权不用过期作废。所以商人做了官，官也做了商人。官商直接导致社会的不公平竞争，所以贫富差距就越来越大，于是就出现了国家很穷、老百姓也很穷的局面，社会矛盾就越来越激化，社会动荡也越来越强烈，导致王朝的更迭。即使到了中华民国时期还允许官商存在，如袁世凯除了做官，还在全国开了一百多家买卖，涉及农业、矿产、金融等多个领域。在官与商的关系中，官方利益始终处于中心地位，政府的政策是“有利即用，无利即抑”的机会主义。其弊端：一是加剧了商业风险之外的不确定性；二是公平的缺失削弱了商人的商业能力；三是造成商人内部自治规则的缺失。清末的实业救国也是以保全政权为前提的。许鼎霖的官商思想就是在中国这种传统的专制社会中形成的，具有深刻的社会历史原因。这种官商思想虽然在解决专制社会的经济发展、延缓君主制的灭亡中发挥了一定的作用，但是，官商解决不了一个社会经济发展的长远问题，更阻止不了君主制和专制政权的灭亡命运。这是人类文明发展的趋势和规律。

然而在西方现代国家中，没有清官这个概念，因为纳税人是主人，政府公务员是仆人。但在传统专制国家，存在“溥天之下莫非王土、率土之滨莫非王臣”、官员是“父母官”的传统价值观。因此，摒弃传统的清官文化，建设新型的服务型政府，是实现现代化的必然要求。

第二章　许鼎霖的外交思想

一、主权国家外交对等原则

许鼎霖于光绪十九年（1893 年）出任中国驻秘鲁正领事官，是中国第一批外交官。他在秘鲁任职三年多，全力维护中国和侨民的尊严和权益，体现了主权国家外交对等的思想。外交最基本的原则是对等，否则，无以维护自己国家民族的尊严和权益。外交不对等，必然是一方受益，另一方受屈辱，这样的外交不能称之为外交，实在是外交名义下的投降。所谓的"弱国无外交"往往是"软蛋"们屈膝投降的遁词。晚清时期李鸿章主管外交，他奉行"和戎"的外交思维，签订了一系列丧权辱国的不平等条约，这就是受"弱国无外交"认知影响的结果。对等是在国际关系中早已形成的一个国际法原则，也称互惠。对等或互惠的主要含义是一方给另一方以某种优遇，另一方即给以相对称的回报。对等所包含的最重要的观念是平衡对称。在以主权平等为基础的国际关系中，对等成为指导双边关系的重要原则，一切双边条约都包含对待原则。但是，对等不等于平等，外交上的对等与国家的国情、国力以及利益是密不可分的，有时完全没有必要在自己利益受损的情况下，采取与对方一样的措施。

当许鼎霖光绪十九年（1893 年）南下赴秘鲁途中遇到驻日本外交官郑孝胥时，就谈到了中日战争的迫近及其对等外交这个问题。郑孝胥在中日甲午战争前夕，已经清醒认识到中日之间的差距和所谓《中日修好条规》[①]的虚伪性和欺诈性。中日面对欧美现代化的冲击走了不同的道路。同治七年（1868 年），日本明治天皇通过明治维新，"脱亚入欧"，开始走上西方资本主义道路，国力日渐强盛。当时的日本，正交叉进行两次工业革命，光绪十四年（1888 年），

①《中日修好条规》：1871 年清政府和日本政府签订的友好条约。

日本产业革命出现高潮，急需对外输出商品和资本。因此以天皇为首的日本统治集团急于从对外扩张中寻求出路。当时中国从19世纪六七十年代起，清朝统治集团中的洋务派掀起了一场以“自强”“求富”为口号的洋务运动。然而，洋务运动只在科学技术方面向欧美看齐，虽然于光绪十四年（1888年）建立的北洋水师成为亚洲一个强大的海军力量，但清朝并未像日本那样变革国家制度，因此洋务运动并未能使中国走上富国强兵的道路。19世纪末的东亚地区，一个是回光返照的老大帝国，一个是喷薄欲出的近代国家，在这种情况下，中国和日本能和平共处吗？

郑孝胥引用同治六年（1867年）明治天皇睦仁在《天皇御笔信》中宣称“开拓万里波涛，宣布国威于四方”的强势外交政策，向许鼎霖阐述他已经深谙的日本蓄意向海外扩张的基本国策，据此他在初次相识的许鼎霖面前就大胆预言中日近期必有一战。正因为郑孝胥看透了日本人的德行，他在日本担任外交官期间对日本国组织外交使团参加的一些活动时是有抵触之心的，例如光绪十七年（1891年）十月初二，是日本国的天长节，该节是一个庆祝日本天皇生日的国家节庆活动，各国使臣皆入宫庆贺，日本天皇出宫举行盛大的阅兵活动，并遍宴各国使节，他认为这是天皇对华展示肌肉，拒不出席天皇的活动。[①]同月十三日，日本官员冈千仞在一个公开的场合用言语和文字讥讽中国，他欲上前质问冈千仞，同行的清外交官右丞怕郑孝胥惹出外交事端，于是迅疾赶来与冈千仞叙谈，巧妙地避开了这场外交风波。[②]因此，当时的郑孝胥是有强烈的民族尊严的。

作为一个成熟的外交官，郑孝胥居然能在一个素昧平生的人面前直言不讳自己的研判，可见他长期以来处于一种极度焦虑不安的心态。也许郑孝胥事后觉得失言，因此他在其日记中对此次会晤许鼎霖的事只字不提，而《清末民初宋诗派文人群体活动年表》对此次会晤却又有明确的记载：“光绪十九年六月十四日，郑孝胥初晤许鼎霖。”[③]从《郑孝胥日记》之《辛卯东行记》

---

①《郑孝胥日记》第一卷，中华书局，1993年，第246页。
②《郑孝胥日记》第一卷，中华书局，1993年，第249页。
③杨萌芽：《清末民初宋诗派文人群体活动年表》，河南大学出版社，2008年，第103页。

的有关活动记录及言行来分析，其与许鼎霖会晤所言内容为其必谈之事。《郑孝胥日记》中记载其在日本所览之书有《外交余势断肠记》《明治时势史》《明治开化史》等，并托友人购买有关日本的图史资料，以编纪其事。[①]另外，当时的驻日本大使杨儒特地嘱咐其注意收集研究日本的内政外交政策及动向，因此郑孝胥在日本的几年内对日本人图谋侵华的野心是明察秋毫的，对中国在未来的中日战争中可能出现的结局是忧心如焚的，这些担忧使他寝食难安。以致郑孝胥于光绪十七年（1891年）六月初二在日本同友人游乐，面对日本妓女百般挑逗，其他人都"拖拽滚跌，叫笑倒地，放浪形骸，仪观尽失"[②]，只有郑孝胥正襟危坐，面带愠色，令"诸妓睨视皆不敢近"[③]，可见其先天下之忧而忧后天下之乐而乐的心态。他在日本为日本人写的一首《长冈护美诗》中写道："木性含仁包佶词，扶桑郁岛说王维。哪知光绪承平日，裙屐风流同赋诗。"[④]这首诗最能代表郑孝胥在日本期间忧国忧民的心情了，他在诗中第二句突然提到了唐朝边塞诗人王维，即令人联想到战争，那种金戈铁马的场景令人惊心动魄；第三句又笔锋一转，写出了"哪知光绪承平日"这一令人心惊肉跳的句子，使读者瞬间联想到林升[⑤]"直把杭州作汴州"的诗句，这实际是暗讽国人在歌舞升平之中全然忘记了"忘战必危"的古训。在《郑孝胥日记》中有一段关于光绪十七年（1891年）六月初六的文字记录颇让人痛心，当时大清国北洋水师"镇远"舰正在日本横滨访问，清钦差已约德国公使登舰船参观，但是当清钦差先行登舰准备迎接德国公使之时，竟发现"镇远"舰卫生状况非常糟糕，于是急忙命令舰上官兵洒扫以待宾客，同时差人速往德国驻日大使馆通知德国公使把登舰时间推迟到十点，但是此时德国公使已经出发前往"镇远"舰，弄得宾主双方都非常尴尬。这个事件对郑孝胥的刺激是很大的，"镇远"舰在日访问期间连小小的卫生都搞不好，这样的军容军纪怎么能适应战争的需要呢？可想而知当时大清国武备状况是

---

①《郑孝胥日记》第一卷，中华书局，1993年，第210页。
②《郑孝胥日记》第一卷，中华书局，1993年，第215页。
③《郑孝胥日记》第一卷，中华书局，1993年，第215页。
④《郑孝胥日记》第一卷，中华书局，1993年，第214页。
⑤林升：南宋诗人，其作品《题临安邸》：山外青山楼外楼，西湖歌舞几时休？暖风熏得游人醉，直把杭州作汴州。

何等的不堪。最后，许鼎霖和郑孝胥达成了一致的看法：大清要想在这场无法避免的中日战争中胜出，必须走日本明治维新的变革之路。

光绪十七年（1891年）十月二十七日，郑孝胥同领事馆的同事翰生在车中有一段耐人寻味的对话，翰生对郑孝胥说："中国国家好自尊大，外国人笑之久矣！"郑孝胥于是问翰生："中国能改为民主乎？"翰生回答说："不能，君臣上下乃上千年相承之礼，中国以亿兆人而奉一人，皇帝之贵，不亦宜乎？"[①]这段对话中，郑孝胥没有过多的语言，直截了当地问友人在大清国能不能实行西方式的民主制度，可见其是希望中国走西方的民主道路的。翰生的回答其实不是其本意，是不宜而非宜，他害怕授人以柄。通过上述对郑孝胥在日本神户、大阪领事馆期间日记的分析，可知郑孝胥与许鼎霖交谈的内容如前文所述，并非空穴来风。其实他们二人交流一下外交方面的想法属于分内的事情，也非大忌。郑孝胥的这种思想和行为特别是国家外交对等的思想也深深地影响了许鼎霖的思想。

许鼎霖到达秘鲁以后，坚持维护国家和侨民权益的原则，迅即开展了对华人劳工在秘鲁生产和生活状况之调查，掌握秘鲁违背《中秘通商条约》的事实。在与秘鲁政府交涉的过程中，许鼎霖坚持主权国家外交对等的原则立场，以雄辩的事实和口才与秘鲁外交官进行直面交锋，最后秘鲁政府在许鼎霖展示的确凿的事实和无与伦比的雄辩面前不得不承认其违反《中秘通商条约》的行为，并依据国民待遇原则退回多征收的华人税款。同时，陈述维护在秘华人劳工权益的多条措施和意见，据理力争，要求秘鲁方面修改原与清政府签订的《中秘通商条约》中不合理、不对等的条款，最终促成了该条约相关不合理、不对等条款的修订，从而实现了许鼎霖在秘鲁维护国家和侨民权益的外交思想。

二、加强海防与合纵连横并重原则

许鼎霖从小就受其父许恩普京控贪官时提出的"合纵连横"思想的影响，

---

①《郑孝胥日记》第一卷，中华书局，1993年，第252页。

同时又受其父许恩普为了抵御土匪和海盗提出的加强海防思想的影响。"合纵连横"是战国时期纵横家所宣扬并推行的一种外交和军事政策。所谓"合纵"，就是"合众弱以攻一强"，即许多弱国联合起来抵抗一个强国；所谓"连横"，即弱国联合强国去进攻另外的弱国。各国外交政策是纵是横，往往根据时局变化无常，即所谓"邦无定交"。

在许鼎霖出任秘鲁外交官后，他结合海权论鼻祖马汉提出的"得海权者得天下，谁控制了海洋，谁就控制了世界"的海权思想，以及魏源提出的"海国"理念和攻夷二策的外交策略，就形成了他独有的加强海防与合纵连横并重原则的思想。魏源早就提出了攻夷二策——"调夷之仇国以攻夷，师夷之长技以制夷"，此后成为晚清政府推行的"以夷制夷"的外交政策和策略。这个政策是中国传统的合纵连横理论与西方的均势思想相结合的产物，是清朝统治者对外国侵略者的态度从疑忌转向依赖的发展过程中的产物。其本质内涵就是弱国利用国家关系中的矛盾，联合、利用或依附某国来对抗另外的国家，谋取实现本国的外交目的。但是，"以夷制夷"外交政策和策略却被李鸿章改为"和戎"的外交思维，最后导致外交失败的结果。

面对中日甲午海战前那种山雨欲来的局势，当时驻美日秘公使杨儒、驻秘鲁的外交官许鼎霖和驻日本的外交官郑孝胥等有着同样的焦虑和预判，都看得很清楚了。当时许鼎霖认为，清政府虽然有号称"亚洲第一"的铁甲舰队，但是多年来清政府战备松弛，海军预算没有保障，新海防捐没有用于海军建设，再加上国力孱弱、体制落后、思想腐朽，要想在中日战争中胜出是非常困难的。因此，在甲午海战前，中国必须坚持加强海防与合纵连横并重的原则，采取合纵连横或"以夷制夷"的外交政策和策略。当下中美关系至关重要，若中日开战，美国的态度就是决定中日交战双方胜负的重要因素。许鼎霖认为要说服美国，仅靠外交官之间的私交人情和人格魅力是不够的，国家之间的利益才是决定外交走向的关键导向。后来的结果证明许鼎霖的观点无疑是正确的。

中国自秦至清，治理边疆而非治理海洋，构成了中国历史上地缘政治经济战略的主旋律。直至工业革命浪潮席卷全球，率先进入"蒸汽时代"的海洋强国英国，凭借其坚船利炮，于道光二十年（1840年）打开中国大门，才激发起中国少数士人的海权意识，如魏源在《海国图志》中提出了"海国"

理念及其逻辑主线“海运—海商—海军—海权”。但这一时期士大夫和清朝统治者仍无法摆脱陆权帝国“重陆轻海”理念的束缚。咸丰十年（1860 年），清政府再败于英法等海洋强国，强化海防开始成为朝野有识之士的共识，“师夷长技以自强”的洋务运动应运而生。在创办洋务过程中，洋务派领袖左宗棠冲破重重阻力，为加强东南海防建设做出了重要贡献。但是，晚清的海防建设由于腐朽的专制制度和官员军人的腐败无为，注定以失败告终。

甲午海战中国失败后，光绪二十一年（1895 年）二月，日本的炮舰开到了许鼎霖的家乡青口和海州以东的黄海海面并对天鸣炮，以宣示其淫威，恫吓民众。对此，身在秘鲁的许鼎霖感到了从未有过的耻辱，许鼎霖电告老父许恩普务必资助团练，以抗日寇。许鼎霖在给其父亲许恩普的信中提到了全民御侮的海防观念，并要求父亲倾其所有也要支援地方团练的筹办。许恩普接到儿子从国外发来的信函，想起过去他曾经以训练团练助剿东捻被朝廷授予了荣耀，于是全力以赴，为国出力。这是许恩普父子加强海防建设思想的一种生动的体现。

由于许鼎霖当时的官方地位不能发表与朝廷不同的意见，故巧妙地通过父亲许恩普之口表达出他对当时全国的最紧迫的关切。光绪二十五年（1899 年）五月初四，许恩普按照许鼎霖对时局的见解和要求致函《时报》，就外国武装力量侵扰我国，全面阐述了一个普通百姓对此事的看法和应对之策。其主要内容为：一是扩充海军，加强对沿海海域之巡逻与警戒；二是增强岸防军力，改善岸防一切必要之设施；三是充实地方团练为国家正规防务之补充；四是外交上要引古人合纵连横之法，与利益攸关的国家结成利益集团，对那些觊觎中华主权利益者施以掣肘；五是大力发展经济，提高国家综合实力，使列强不敢小觑我中华大国。这篇条陈措施中的观点就是许鼎霖对朝廷加强海防的见解和思考。

许鼎霖在宣统三年（1911）年担任奉天交涉使时，曾与美国、德国的外交官密谋，建立中、美、德同盟，以抵制日本、俄国在东北的扩张，这正体现了他的合纵连横的外交思想。

三、坚守底线与善于变通相结合原则

许鼎霖认为，作为一个外交官，既要有原则有底线，同时也要懂得变通，这是外交工作的基本原则。其基本内涵是，除了坚持和平、对等、主权、互利等外交的基本原则，国家在外交政策上同时要保持应有的灵活性，会根据国际环境和地缘政治的变化做一些不违背基本原则的调整和变通。变通告诉我们做事不能死脑筋、认死理，而是要基于目标调整自己的方式方法。变通是“方而不刚”，有原则而不拘泥于形式，在坚守原则的前提下懂得结合实际灵活地解决问题。变通是“圆而不滑”，是灵活而不违背原则，变通是一种能力和智慧，而圆滑是一种习性或态度。圆滑的人做人做事没有原则和底线，变通的人是基于原则去调整自己达成结果的方式方法。这是一种内方外圆的哲学思想，也是一种管理从政的智慧。既要修炼坚守原则的能力，也要不断提升灵活变通的智慧。坚守可以让我们有自己的方向和目标，增强自信和毅力；变通则可以提高我们的适应性和创造性，规避风险和避免陷入僵局。许鼎霖在秘鲁任外交官时，为了修订《中秘通商条约》与该国外交官的谈判中就体现了这一原则思想。

许鼎霖后来在处理各种复杂政务和涉外教案中，都表现出坚守底线与善于变通相结合原则的思想。坚守原则让许鼎霖立得住，懂得变通让许鼎霖能成事。许鼎霖为官断案是有底线的：一是凡涉及民众生存问题的案件，许鼎霖从人民群众的生存权角度考虑，多是变通处理的。二是涉及外国侨民或团体同国人之间的矛盾案件的处理，许鼎霖是旗帜鲜明地维护国家和民众的尊严和权益的。三是涉及国内涉匪案件的处理，许鼎霖是秉公执法的，因为许鼎霖对这些少数人危害多数人的行为是痛恨的，他从小的时候就是在匪患的不断袭扰中度过的。但是许鼎霖眼中的所谓匪与农民起义军的众的概念界限是模糊的。从其当时的阶级立场和历史认识的局限性来看，这种模糊的界限在他本人的认知和当时的历史大环境背景下也是难以厘清的。这种历史的局限性在历史人物身上往往是难以避免的。

第三章　许鼎霖的经济思想

一、实业救国论

许鼎霖的实业救国思想是受他的徽商家族经商致富传统思想的影响和当时国弱民穷的社会现实的需要，以及洋务运动的风潮等方面共同作用而形成的。许鼎霖的父亲许恩普是一个聪明好学、满腹经纶、疾恶如仇、极富正义感的典型。作为一个成功的徽商的后人，许恩普的少年接受过良好的教育，他晚年曾将一生悬壶济世的实践的典型案例，编纂成为医学专著《许氏医案》流传后世。据《赣榆县志》载："许恩普，字子博，幼博闻强记，读书务达大义，不屑为章句之学，熟知国法与历朝典故。"[①]正因为许家良好的书香家风，形成了许家后世亦商亦儒的特征。这种家风不但体现在许恩普身上，而且深深影响到了他的六个儿子，尤其他的长子许鼎霖在获取功名和从政后仍然钟情于祖先徽商的经商传统，与张謇和沈云沛一起在中国掀起了轰轰烈烈的"实业救国"的运动和实践。许鼎霖这种理念和实践无疑也是深受徽商家庭基因的影响的。

实业救国论是中国近代民族资产阶级一些代表人物所宣扬的以发展资本主义工商业（即实业）为救国救民主要途径的一种思想。实业救国思潮起于鸦片战争，兴于甲午战争之后。鸦片战争的失败让清朝官员开始寻找西强中弱的原因，工商兴盛和船坚炮利是当时中国与西方两个最明显的差异，于是，富国和强兵就成了地主阶级改良主义者推动的洋务运动的两大目标。在洋务运动时期，郑观应兴办实业，提倡"商战"，他认为发展商业能够富国，富国就能御侮，从而达到救国的目的。张之洞虽然主张"旧学为体，新学为用"，但认为发展实业可以强国强民，他积极地创办铁厂、兵工厂，并筹办铁路。

①赣榆县志编纂委员会：《赣榆县志》，中华书局，1997年，第1017页。

但此时中国重农抑商的专制传统依旧强大，开办实业的想法和举动零星出现，还未形成群体意识。甲午战争之后，实业救国思潮逐步兴盛。陈炽在《续富国策》之《劝工强国说》中宣称：今后中国的存亡兴废，“皆以劝工一言为旋转乾坤之枢纽”。这可说是中国近代实业救国论的滥觞。深重的民族危机给实业救国思潮兴起提供了外部压力，清政府对实业发展的支持给实业救国思潮提供了侧面支持，逐渐发展的民族资产阶级及其知识分子群体则给实业救国思潮的兴起提供了阶级基础。此后，民族资本家和爱国人士纷纷设厂救国。张謇创办有纱厂、面粉厂等多种企业，兴办学校，企图实现以实业所得来资助教育，用教育来改进实业，凭实业发展而救国的目标。张謇极力宣扬实业救国论，在《张季子九录》之《政闻录·对于储金救国之感言》中认为，实业和教育是国家“富强之大本”“救国为目前之急……譬之树然，教育犹花，海陆军犹果也，而其根本则在实业”。辛亥革命时期，报刊竞相宣传实业救国，提出国家振兴实业“要道”：改良各种行政机关、调整和统一度量货币、疏通货物流通渠道、收集才智之民归实业界、制定特别保护奖励法规；并提出要扩大出口贸易、实行关税保护政策等具体办法，从而形成了比较完整的实业救国论。这些实业救国的思潮和运动深深影响了许鼎霖的思想。

许鼎霖的实业救国思想在其年轻时就产生了。光绪十四年（1888年）三月，张謇受赣榆知县陈廷璐之邀到赣榆县青口镇出任选青书院山长。陈廷璐为了突出他礼贤的诚意，由许鼎霖陪同先到青口天后宫焚香，然后才去拜会张謇。当他们谈到苏北的经济落后、民不聊生的困境时，张謇拿出了他旅途中写的一首诗给许鼎霖和陈廷璐观看，当看到“不蚕不织不晨梳，村妇村娃日坐娱。谁复长官林大埔，木棉种绝女桑枯”等诗句时，陈廷璐认为苏北农村凋敝的主要原因在于农民的懒惰，农妇不蚕不织，甚至连脸都不洗，整天在屋外晒太阳，人惰性如此，焉能不穷困。而许鼎霖则认为该诗的重点和主旨在于第三句“谁复长官林大埔”，林大埔是过去海州直隶州的知州，为海州地区兴修水利、铺设道路、改善民生做出了非常大的贡献。许鼎霖认为老百姓兴业要靠官府的引导和扶持，要改善农业基础设施，发展工商贸业，才能提高农民务于农耕桑麻的积极性，这才是解决农村和农民问题的根本之道。最后许鼎霖还提到了早在战国时期齐相管仲实行“轻重山海”的经济政策，极大改善了民生，提高了齐国的综合国力，因此民妇的不蚕不织非源于惰性，而是长期以来虽蚕织也不能改善其生存窘境的现实造就了这一群体的惰性性格。对于许鼎霖坦率的解读，张謇是非常赞赏的，因为许鼎霖的这种思想与他的实业救国的理念和设想是不谋而合的。

许鼎霖的实业救国思想在经历了困难与挫折的考验后而愈加坚定。宣统二年（1910 年）五月十三日，在海丰面粉公司焚抢事件发生后，海丰面粉公司、赣丰饼油公司及宿迁永丰公司在上海商学公会召开股东大会，商量应对海丰事件的策略和办法，全体股东公推许鼎霖为临时主席。为了说明问题，阐述立场，许鼎霖在会上报告由他撰写的《关于海丰面粉公司被焚抢的说略》。该说略如下："外洋以重商而富强，中国以轻商而贫弱，朝廷特立商部振兴商业，盖已深知非通商不足以立国，非保商不足以救己。鄙人不自量力，追随张季直之后，同时创立耀徐、海丰、赣丰三公司，为江北大局计，无自私自利之心也。不料，海州董事嫉妒海丰，主使党羽秉请停机，而匪徒即有此煽惑饥民，以至酿成焚抢之祸。所有酿乱情形，历经呈奉督宪批饬督办赈务，洪道会同前州谢牧查办，乃竟不查不办不复，致使匪徒肆无忌惮，卒有今日之结果。谨将切要文件，排印成本，以备诸君讨论。自去冬董事抵制海丰以来，谣言时起，风鹤频惊，至本年二月二十三日，即有男妇六七百人向海丰滋闹，经新州施牧弹压遣散，厥后遍贴广告，先抢公司，后抢富户，声势益紧，至十三日黎明，忽有一二万人围攻海丰，不遵驻防巡兵开导，竟将厂墙拆毁三段，厂门捣穿一洞，并纵火焚烧后门，更开枪击伤门勇，当此危机存亡之际，洋匠身命、股东资本关系均重，开枪恐吓，势必出此，格毙九人，众始逃去。次日，匪徒来益众，幸施牧早到，未敢直扑公司，竟将公司运到麻袋机器焚抢一空，当获三犯，众又星散。此二日中，东南积匪，已预备接应，俟焚抢公司得手，即可揭竿起事，幸施牧恩威并用，弥患无穷，否则海州城糜烂，大局也不堪设想。嗣奉督宪札委黎道前往访查，孰知黎道并不博采舆论，仅凭董事牙行之言，轻率秉复，黎道误禀各节，已经董事局逐条驳正，预备依法诉讼，无俟鄙人赘述，惟督批饬令公司交出放枪凶犯，系凭黎道一面之词，似应秉请改派大员复查，当可水落石出，不至是非颠倒，终不得白。公司已被焚抢麻袋机器及防御各费，值银一万三千两，停机一日亏耗官利、工人、火费约值银一百六十两，又少获余利四百十余两，是每日共受亏五百七十余两。目前淮北麦已登场，尚称丰稔，而匪徒自黎道误禀后又贴告白，铲平公司，似宜禀请督宪严拿焚抢公司之犯，重办煽惑饥民之人，否则，不但海丰公司暂难开机，更恐内地公司亦难保存，关系大局，实非浅鲜。"许鼎霖这份自我辩白的说略，一方面，从正面说明了焚抢海丰公司事件给公司造成了巨大的损失，但非饥民自发，而是有不法之徒煽惑灾民哄抢，必须严惩煽惑饥民的匪徒，任何指责海丰公司枪杀饥民的舆论都是偏听偏信的；另一方面，从侧面反映出许鼎霖的实业救国思想以及只有大办企业才能最终解决饥民问题的理念的必要性和正确性，而许鼎霖从兴办实业的困难和艰辛的磨砺中更加坚定了实业救国的理想和决心。

许鼎霖、张謇和沈云沛都从年轻时目睹了农业不举所造成的惨绝人寰的灾难，深感农业担负着群众的温饱和死生之重任，不能只重商贸而轻农耕。尤其是许鼎霖和沈云沛在早年都受惠于农业，许鼎霖少年时期许家便购买农田供无地的农民耕种，沈云沛更是在此前已经设立了数个大小不等的农业企业，如鸿门果园等。所以他们都有在地方经济发展中农业优先的观点，并且已经体现在实业救国的思想之中。例如他们三人正是基于这种对农业重要地位的认识和考虑，共同酝酿设立了以农业生产为主的企业——海赣垦牧公司和通海垦牧公司，将工业化生产和传统的农业结合起来，实行农工贸一体化的经营模式，即对传统的农业生产注入工业化、企业化的生产模式，实现了农业生产模式的转变。许鼎霖负责海州湾北部的开发，沈云沛负责海州湾南部的开发，张謇负责南通及北部的开发，使沿海滩涂开发利用取得了很大的成效，也改善了当地民众的生活水平。有学者评价，海赣垦牧公司是"资本主义生产方式在旧制度赖以生存的最顽强的根基——中国农村和旧式农业中打开的一个新缺口"①，是传统农业向近代化农业的迈进，实际上具备了资本主义农场的性质和规模，标志着中国农业资本主义的新发展。无疑，这是许鼎霖、沈云沛、张謇等中国实业家在中国国情的基础上，有选择性地采用农垦公司这样的方式发展现代农业经济

①黄逸平：《近代中国经济变迁》之《近代早期农业垦殖公司》，上海人民出版社，1992年，第407页。

的一种非凡而有益的尝试。

但是，许鼎霖等人的实业救国思潮从根本上来说，是带有唯生产力论色彩的，忽视甚至无视了上层建筑对经济基础的巨大作用。尤其是张謇极力推崇实业救国主张，他认为只要从发展实业出发，就能逐步解决诸如政治制度、国民教育、法律建构等一揽子问题，可看出明显混淆了当时社会发展的次要矛盾和主要矛盾。洋务派和实业救国论者以“中学为体，西学为用”为指导思想，试图通过学习西方的先进技术来维护专制统治，注定了其破产的命运。

二、贸易富强论

大清自称地大物博、人口众多，不肯与英国通商贸易，一切商品都要由自己生产，还把外来的工业制品鄙视为“奇技淫巧”。清政府强行干涉市场的运行规律，设置了各种贸易壁垒，结果导致本国生产力水平长期停滞，落后于世界。然而，鸦片战争打开了中国的大门，此时，一些有识之士开始“睁眼看世界”。由于近代资本主义工商业在帝国主义和封建主义的夹缝中艰难探索，晚清政府也不得不被动地扩大开放，不断调整对外贸易政策，使晚清对外贸易有了一定的发展，如劳力贸易、保护侨民、自开商埠、扩大贸易、鼓励投资、建立海关制度和提高出口商品质量等措施，具有积极的意义。因此，杜绝闭关自守，必须参与世界贸易，则是一个被历史检验的真理。

许鼎霖的贸易富强论的产生和发展是由多种因素导致的。

第一，徽商开放贸易思想的熏陶。许鼎霖祖籍的发源地无论是江浙系还是荆桂堂许姓均在安徽歙县许村。安徽歙县在元明清三朝形成了著名的徽商群体，这个群体的趋利特点决定了其以市场为导向的流动性特征，这种趋利特征是许氏家族部分成员流向江浙以及流向赣榆县青口镇的最直接的动机。在中国历史上，徽商是非常有名的，许家作为赣榆境内较早的一批徽商来到青口，凭借着勤劳和精明很快就发展了起来，形成了青口镇著名的“财大势大”的富贵家族之一，经济实力远远超过了青口地籍的商人。以至于许恩普有闲钱去山东捐了一个没有什么实质意义的县丞的头衔，并修建了许公馆、许家花园和许氏山庄等处房地产，捐资修建和安圩、选青书院、出任青口镇董等，这些都佐证了青口许家在经济上的辉煌。[①]

第二，青口这个开放贸易港口的环境影响。由于明清时期，中国大部分时间是实行海禁政策的，只有少数几个港口获准开放贸易，乾隆年间的中国只有广州一处获准对外通商，而青口早在乾隆五年（1740年）即因朝廷"特恩"而开港。所谓特恩开港就是当时皇帝直接御批的对外开放的港口，相当于今天的"特区"。这种享受御批和特惠的港口为那些精明的商人带去了可以想象的逐利空间。作为国内为数不多的可以对外进行贸易的港口，青口镇吸引了来自山西、山东、安徽、浙江等地的客商，那些满怀着憧憬的商人背井离乡陆续来到青口开行设铺[②]，青口港开港后最繁荣时有商行二百四十家，商船三百余艘，并配备护航跑船两艘，年出口植物油二十万篓[③]、豆饼十八万石，仅次于牛庄[④]，居全国各港口的第二位。到了清末民初，青口镇已经成为苏北鲁南的商品集散地，定居人口已经达到了五万。

第三，晚清有识之士外贸思想的教育。魏源于道光二十二年（1842年）提出对外通商可"自修自强"，使"西洋之长技，尽成中国之长技"的思想。王韬提出的"以通商为国本"，中国应积极开展海外贸易的思想。钟天纬关于国际贸易互通有无，"深闭固拒不与世通"，难免要"犯众人之怒"的观点。马建忠有"欲中国之富，莫若使出口货多，进口货少"，"通商而出口货等于进口货亦利"的观点等。这些观点都使许鼎霖深受教育，从而树立并坚定了贸易富强的思想。

第四，许鼎霖出使秘鲁的见闻亲历。许鼎霖到秘鲁上任后不久，接到智利国华商会购置的智利制造的商船"呃斯美拉"开航的通知，许鼎霖知道此事深有感触，一个南美国家已经有能力制造这样大的商船，可是堂堂的天朝大国却无此能力。几个月后，许鼎霖看到了在社会上流传很广的《条陈立国自强疏》，读罢心潮起伏，许鼎霖从智利的"呃斯美拉"到《条陈立国自强疏》，

①赣榆县志编纂委员会：《赣榆县志》，中华书局，1997年，第1017页。
②赣榆县志编纂委员会：《赣榆县志》，中华书局，1997年，第146页。
③篓：一篓净重老秤180斤。
④牛庄：今辽宁营口。

再深入思考华工在秘鲁打工与“劳工贸易”的问题，从而更加坚定了实行“贸易富强”、救亡图存的思想的决心。

第五，国际性博览会南洋劝业会的启示。宣统元年（1909年）九月初四，南洋劝业会事务所召开谘议局徐海籍议员座谈会，许鼎霖作为徐海地区最大的集“官商绅”为一身的议员兼江苏谘议局总会办，应邀参加了此次会议并做了表态发言。南洋劝业会是中国历史上首次以官方名义主办的国际性博览会，它借鉴了美国万国博览会、比利时博览会、意大利米兰博览会的成功经验，积极吸引了各国家和地区前来设馆参展。许鼎霖在发言时高度评价了这次官民合作筹备的博览会，称赞之为“我中国五千年未有之盛举”，称劝业会的成功举办将会是“全国之大钟表也，商人之大实业学校也，产品之大广告场也，输送本国货以向外国之轮船、铁道也”。许鼎霖希望徐海地区社会各界能够认识到这次劝业会的重要性，积极参与展示徐海地区的物产，借此宣传和推介自己，通过国际贸易达到振兴实业、改善民生之目的。许鼎霖旗帜鲜明地支持这次即将在南京举办的劝业会，并带头捐资给劝业会，以资会务之需，同时许鼎霖呼吁徐海地区商民认购劝业会股票以获利。在许鼎霖的带领下，徐海士绅充分认识到了劝业会的历史性作用，纷纷解囊出资，并积极筹备参加劝业会。这是许鼎霖践行“贸易富强论”的又一体现。

三、以工代赈论

许鼎霖以工代赈的思想，显然是在汲取了光绪四年（1878年）其父许恩普的发钱与赣榆知县特秀的工赈之争的经验教训，同时又吸纳了时任海州知州林达泉以工代赈发展社会基础事业的成功经验的基础上形成的。以工代赈就是“以务工代替赈济”，是指国家以实物折款或现金形式投入受赈济地区实施基础设施建设，特别是建设农村小型基础设施等工程，让受赈济地区的困难群众参加劳动并获得报酬，从而取代直接赈济的一种扶持方式。以工代赈有建设和赈济两个基本职能。以工代赈资金的投放，一方面，通过以工代赈工程建设，形成“硬件”，以工程设施的形态实施投资回报；另一方面，通过组织困难群众参加工程建设，并以发放劳务报酬实现赈济。从扶持效果看，既包括工程扶持，又包括就业和发放实物、现金扶持。

许鼎霖以工代赈的思想形成后，经历了一个从水利工赈到铁路工赈再到物赈的不断完善的发展过程。光绪三十二年（1906年）十一月十九日，两江总督端方致电军机处，因江苏苏北水灾要求委派杨文鼎署任淮扬道兼赈灾总务，同时派安徽候补道许鼎霖总理官发冬赈。十二月初四，许鼎霖致端方的专题汇报清江浦救灾的电文中提出倡导"办目前之工赈，除日后之水患"的新型赈灾模式。为了支持实现许鼎霖倡导的赈灾模式理想，杨文鼎于十二月初四致电海州知府汪树棠，与之商讨海赣河工事宜。电文原文如下："汪太守，六塘河自宿迁至海州灌河入海，蔷薇河自沭阳至临洪口入海，乌龙河为赣榆南条，朱稽河为下游北条。现与许九香观察商酌，大加疏浚，以工代赈。望即转至沭、赣两县，派绅会同妥筹议办。"按照许鼎霖与杨文鼎达成的共识，以工代赈不失为一箭双雕的好办法，而且海州原知州林达泉就是靠这种方法在海州辖区办成了不少的水利工程和道路设施。这次杨文鼎把这种建议电告海州知府汪树棠，建议开挖海赣多条河流的宏大计划，若能实现这个计划，不但可以使饥民渡过饥荒，而且可使海赣之地有效避免今后因水灾导致的饥荒发生，是一个既治标又治本的赈灾方法。

从总体上看，杨文鼎和许鼎霖的赈灾成绩是巨大的，当时在清江浦聚集的数十万饥民在杨文鼎和许鼎霖等努力下，不但饥民鲜有饿死，而且难民营中的妇女居然产下了三千多婴儿，人口净增二千余人，这也算古代难民营中并不多见的奇迹。

光绪三十三年（1907年）年初，许鼎霖鉴于端方要求他们两人重新议论新的赈灾方式方法，便商拟了一则电文，发给了端方："现与杨道面商，各属遣归丁壮，尽令挑河，办目前工赈，除日后水患。老幼妇女另议振扶；清江饥民尽遣，非杨道信惠及民，曷克臻此？愈服公知人善任，然必预筹春赈、工赈，庶免复聚。吕、盛两公仅筹冬赈，其春赈、工赈须官全筹，乞公预备。"该电文中对端方致力于赈灾的功绩予以极大的赞扬，并再次重申工赈的必要性和急迫性，这封电文也反映了许鼎霖对赈灾的执着精神，虽然前电惹得端方不快，但是后电仍不改初衷，这在当时的官场上是难能可贵的。

也许是许鼎霖的执着感动了端方，于是端方改变了此前的立场知会杨文鼎，让杨道告知赣榆县令愃龄[①]，同意在赣榆开挖河道进行工赈，杨文鼎指示愃龄的电文：（赣榆）“应办河工按照九香所议，迅速勘估，预备办法，禀准拨款，即行开办，勿稍迟误至要。”愃龄接到电报后，即刻通知许鼎霖，许鼎霖对于端方的支持，心中是感激的，并迅速落实工赈的流域和具体工段。许鼎霖经与赣榆县知县愃龄协商，并知会赣榆士绅，在达成一致性的工赈意见后，着手进行青口河堤的修缮、朱稽河与范河流域之间的第一至第五道沟工程以及大沙河下游闵家河的治理。许鼎霖主持的这次工赈，对于缓解赣榆南部水患、减少自然灾害的发生、改善农业生产环境无疑发挥了很大的作用。当地的百姓为了纪念许鼎霖这次以工代赈进行的水利整理工程，专门在赣榆县宋庄镇范店村北，立“修浚赣邑河渠堤碑记”碑一块，以纪念许鼎霖这次以工代赈、兴修水利、造福百姓的善举。1919 年，青口镇河南村村民立“许鼎霖感戴碑”一块，以纪念许鼎霖加固青口河堤坝、造福百姓的善举；青口绅商农学各界立“许鼎霖纪念碑”一块，以纪念许鼎霖对于家乡的赈灾和兴修水利所做的杰出贡献。

为了江北灾民的生存能够得到进一步的保障，同时促进社会公益事业的进一步发展，此后许鼎霖把工赈的渠道和载体从河道的整治指向了苏北铁路建设。因为苏路北线工程一旦实施，工程浩大，灾民可从中获得更大的收益。于是他联合张謇和王同愈于光绪三十三年（1907 年）二月初致电端方，坦言为了江北赈灾，希望在铁路施工中，大量用灾民，以工代赈。为了引起端方对此方案的高度重视，许鼎霖稍后又致电端方，声称接勘路技术人员报告，在铁路沿线发现有饥民吃婴儿的事情发生，鉴于灾情如此紧急，如果不谋求以路工代赈，则不能够解决饥民的春季生活问题。苏路的北线已勘定完毕，以沭阳或宿迁为中心点，西接徐州，东接海州，南接清江浦，而这些地方都是饥荒的灾重之区。铁路购地垫土所需款项巨大，若等待各路集股完成，则缓不济急，远水不解近渴，灾民盼望得救，心急如焚，其迫切的心情非常人能够理解。

---

①愃龄：字蘼生，满洲人，正蓝旗，时任赣榆知县。

许鼎霖等给端方的关于利用苏北铁路修建的机会进行工赈的方案是可行的，但前提是苏北铁路必须如期施工。为了确定苏路北线工程的实施日期，还需要分管铁路建设的农工商部和邮传部等有关部门批准并行文。许鼎霖同日分别给时任农工商部右丞的沈云沛，以及邮传部的吕海寰和盛宣怀发电，声称刚刚接到苏路公司调查员报告，饥民已经把能吃的草根都吃完了，在距离淮河十里的地方有宰杀小孩充饥的现象发生，其情形非常的凄惨。考虑到距离麦收时间还很遥远，目前只有谋求使用铁路用工的办法进行以工代赈，否则就不能有效解决饥民的春赈问题。许鼎霖在阐述加快苏北铁路建设的必要性和紧迫性后，又从技术环节对路工代赈的具体方法进行了阐述：通过借钱局借给饥民使用，考虑到主观动机虽然很好，然而方法不一定可行，担心饥民最终不一定有能力偿还。路工既已代赈，可保全无数饥民的生命，借债可以通过苏路公司还钱，不至于出现过多的呆账坏账。由苏路公司出具借条作为借款凭证，饥民所借钱款，凡参与路工代赈的一律由苏路公司从路工的工资中代扣偿还。但是许鼎霖等这篇言辞泣血的电文并没有有效软化朝廷，邮传部非但没有同意拨款修路的请求，反而对许鼎霖等人的请求大加斥责。这不仅是因为朝廷财政捉襟见肘，入不敷出，关键是电文中说出了灾民"割婴而食"的实情，抹黑了当朝官员的作为和颜面。

许鼎霖只得再度求救于端方，促成此事，并于二月初六在《申报》刊登了海州平粜局发来的电报，电报的内容为："海州粜局章鉴致季公函：饥民食饼二斤立死，惨极，山西大饥多死于此。凡饿至三日，须先饮米汤，然后少食，可免死。务传示饥民为叩。公议捐廉添粥厂，季公允拨二千元，弟筹三千元，曾少翁允拨三千两，弟再求吕盛大臣，必有济，请早开办。鼎霖。"许鼎霖这封刊登在《申报》上的劝告饥民饮食注意事项的文章看似闲笔，实则用意颇深。它至少给世人的感觉是许鼎霖爱民如子，度事周密，世之宦绅当观而型之。若有司亦能观型，则赈务之事当可无忧。对于许鼎霖一直主张的开挖河渠以工代赈的方案，端方也意识到如果不搞工赈，那些强壮饥民坐食赈灾款物，由此所造成的人力资源浪费，是非常可惜的，因此基本赞成许鼎霖的工赈意见。但是，从端方三十日发来的电文分析，无论端方还是邮传部的吕海寰、盛宣怀等担心工赈出现操作上的不公允现象，如各地纷纷效仿以工赈套取国库钱款，所申请的工赈钱款未必都会用到水利建设上，造成工赈流于形式等方面的问题。但是许鼎霖认为河工工赈不能因噎废食，只要决策者统筹兼顾，实施者监督到位，都是可以妥善化解的问题。

光绪三十四年（1908年）十一月五日，许鼎霖从江宁到通州张謇处，帮助张謇拟写《复淮浚河标本兼治议》《复淮浚河标本兼治议后》《淮北工赈请拨镑余疏》。[①]许鼎霖在帮助张謇制定淮河治理方案的时候，采用了工赈的方法，并在此基础上采用了工赈与物赈并行的两条腿走路的方法来进行赈灾，这种新的方法既解决了壮年的吃饭问题，又兼顾了老弱病残者的生存问题，不失为一种统筹兼顾的方法。这种方法后来被许鼎霖用于苏路北线的建设和水利工程建设等项目中，都是被验证为行之有效的。许鼎霖的工赈与物赈并行的思想，既是扶贫助困的方法，又是发展经济的对策。这为解决皖苏两省的赈灾和发展问题，做出了富有创意的积极贡献。

①庄安正：《张謇年谱》（晚清篇），上海交通大学出版社，2018年，第263页。

第四章　许鼎霖的教育与文化思想

一、西方近代教育观

许鼎霖在青年时期就深受西方近代科学文化思想的影响，萌发了"教育救国"的理念，形成了西方近代教育观。西方近代教育思想是指18世纪以来西方国家在教育领域中涌现的一系列理论与理念。它经历了从教育的普及与平等，到以学生为中心、个体的发展、实用主义，再到成为社会工程和多元文化主义的转变。西方学校教育制度的主要特点包括统一课程、分级管理、科学评估等方面，实现培养实用技能人才、尊重和包容不同文化、促进社会进步的目的。

光绪十四年（1888年）三月二十四日，张謇受赣榆知县陈廷璐之邀到赣榆青口出任选青书院院长之时，许鼎霖与赣榆县学界名流、选青书院的院董徐彦卿、汪元恺、许恩普和在县城的怀仁书院院董郑炳垣等人一起来拜会张謇。文人相见，便引经据典高谈阔论，当谈论起兴办教育的重要性和如何办好选青书院时，张謇面对着这些学问家和教育家，亮明了自己的观点和治学理念，张謇认为"救亡之策莫急于教育""欲雪国耻而不讲求学问则无资，欲求学问而不求普及国民之教育则无与，欲教育普及国民而不求师则无导"，在国家有了教育之策，民众有了教育之普及，学子有了导师的前提下，他提出了八个字的育人理念："诚以做人，恒以学问。"后来这八个字成了选青书院的校训。在谈到国家复兴之路的时候，张謇提出了"父教育，母实业"的理念。张謇的一席言论，博得了众人的认同和赞许，许鼎霖甚至把张謇与众人的对话，提升到了东汉年间诸葛亮的《隆中对》这样的高度。这也是许鼎霖长期对于国家如何实现长治久安和国强民富的思考的共鸣。正是由于这种思想上的共鸣和理想的一致，许鼎霖在张謇来赣榆后的若干日子里，每天都伴随在其身边，互相探讨和交流国家的前途和富强之路，许鼎霖在此时已经形成了“教育救国”的思想。

光绪二十四年（1898年）年初许鼎霖署理庐州知府伊始，便是前去验收求是学堂工程。许鼎霖虽然是旧式学堂培养出来的通过科举获取功名及官职的人员，但是，西学东渐的思潮早就在他的思想中留下了深刻的印记，特别是外交官生涯使他充分认识到西方近代教育思想的先进性。许鼎霖对八股取士那一套陈腐的东西早有不同的看法，他就没有像张謇、沈云沛一样锲而不舍的考取进士，加上清末政治经济文化同西方的明显差异，使他对教育救国理念早就有了有别于旧式教育的宏观设想和微观创意。此时受托前来验收求是学堂，对许鼎霖来说也是个难能可贵的学习和解放思想的机会，他对于新式求是学堂所开设的西学内容颇为赞许，认为中国要实现复兴唯有引进西学，培养人才才是教育的正途。他在给诤友张謇的信中毫不掩饰对求是学堂的推崇，认为废除八股取士制度是科举制度变革的当务之急。许鼎霖的意见也使张謇认真思考酝酿如何从微观上来践行这一思想，因为张謇是一个非常热衷于教育的人，他所任职的旧式书院只会谈四书五经，培养的人才都是旧式人才，与社会经济的发展和国家的需要基本脱节，因此他打算在家乡南通建设一所以教授西学为主要内容的师范学校，为社会培养新式的教育人才。就在许鼎霖和张謇几乎是抵足探讨兴办新式教育的时候，中国思想界和政治界一大批仁人志士也在酝酿一场更大规模的变革，这其中就包含着倡导学习西方，提倡科学文化，改革政治、教育制度，发展工商业的资产阶级改良运动，并最终导致了光绪皇帝发动戊戌变法运动和百日维新新政的推行。因此，许鼎霖的西方近代教育思想和政治思想的产生是有着深刻的社会根源的，是自身社会实践和对社会发展思考的必然结果，他是当时社会的先进思想的探索者和引领者。

光绪三十三年（1907年）年初，许鼎霖来到由张謇创办的通州民立师范学校参观。光绪二十八年（1902年）创建的通州民立师范学校，是中国师范三大源头之一，是张謇等秉持的“教育救国”论的实践产物。在此前，以“自强”“求富”为目标的洋务派，曾积极尝试创办了包括“同文馆、广方言馆、水师学堂、武备学堂、自强学堂、实学馆”等在内的众多新式学堂。当张謇等先进士绅群体在“念国势之艰危，痛感教育之亟”时，选择了坦诚反思传统中国教育，确认“不足与于列国竞争之会……不足救我国时局之危”的残酷事实，并由此提出，中国最亟须之教育，是救亡图强之教育，而师范教育正属于此列。如果说当时的张謇还尚且无力变革梁氏所提“制度”的话，那他趁官方“无暇”“不肯”之际，以个人实力与能力去按照现代意义标准，建立通州民立师范学校时，就是从“学校”机构、“专业”体系上实现对“教育救国”理念的转化。许鼎霖在学校中所到之班级，所遇之学生皆能就西学和西方宪政体制谈出所以然来，这令许鼎霖深感中国之希望正在于教育之振兴，中国之宪政也在于教育之普及。许鼎霖则通过参观学校，感悟到国人要实现变革图强，则国民的素质教育是必备的实质要件，通州民立师范学校则是实现国民素质和知识结构变革的主要阵地之一。

许鼎霖认为，中国废旧学设新学也是今后预备立宪的一项重要的教育国策。创办新学的历程就是预备立宪思想逐步树立的过程，为清朝的君主立宪体制提供了国民的思想基础。预备立宪公会的成立对国人的思想产生很大反响，其中教育家缪荃孙闻听此事彻夜未眠，于光绪三十二年（1906年）十一月十九日专程在上海宴请许鼎霖、沈曾植、张謇、蒯光典、陈伯陶等热衷预备立宪的人士。席间，缪荃孙谈了西方的教育体制和模式，谈了他任南菁书院山长，掌泺源书院、南京钟山书院山长兼掌常州龙城书院、江南高等学堂监督等办学历程。还谈了他在癸卯新学制实施后，废古江宁府学，筹建江南最高学府三江师范学堂，仿日本东京大学，在南京国子监旧址建设南京高师等办学体会，着重介绍了与徐乃昌、柳诒徵等七教席赴东洋考察学务的感悟，对于许鼎霖等人创办预备立宪公会表现的敢为天下先的政治智慧和勇气表达了由衷的敬佩。

许鼎霖还认为，西方文化和学术是解决中国落后的基础和关键。光绪三十二年（1906年）十一月二十日，郑孝胥在参加程先甲、胡光国召集的宴会时，遇到了初次谋面的王孝禹，王孝禹看到郑孝胥颌下无须，以为郑孝胥年轻，便对郑孝胥说：“平生所闻郑苏堪，以为老师宿儒，今见之，犹在盛年，使人惊怪不已。”郑孝胥笑道：“仆似西人老而剃须者，宜君之见讶也！”[①]

①《郑孝胥日记》第二卷，中华书局，1993年，第1071页。

许鼎霖闻听此事，感慨地说道："国人果能皆如郑孝胥仿效西人，老而剃须，则西学之风盛矣，西人之制备矣。"许鼎霖从郑孝胥剃胡须这件小事看到了其学习西方文化，励志变革的决心和意志。

二、儒家的忠孝观

许鼎霖从小就深受儒家忠孝观的影响，一生坚守自己的忠孝观念来为人从政。虽然在晚年受到了西方自由民主平等思想的影响，出现了新旧思想的冲突，但忠孝观念还是占主导的。忠孝观念联结的是国与家，构成了儒家的核心价值理念。在中国传统文化中，忠孝被视为道德的基石。忠是对国家的忠诚，对上级领导的尊敬与服从，以及对职责的履行；孝是对父母的孝顺、尊重和照顾，对家庭的责任和义务。在专制社会，忠孝被视为君主和臣民之间的关系，以及子女和父母之间的基本原则。客观地讲，一方面，忠孝观念对于稳定封建专制社会秩序与人伦秩序，功莫大焉；另一方面，由于其极度压抑个性与人权，造成了历史上许多的人被愚弄，甚至残害生命，由此导致社会丧失生机活力与创造力，罪莫大焉。忠孝观念对中国社会的影响很深。直至今日，由于文化惯性，忠孝观念对于中国人的日常生活还有着潜移默化的影响，虽然这一影响在不断弱化。当前，我们仍然需要对忠孝观念进行厘清反思及创造性转化，以期疏通与现代社会不契合之处，甚至还可以生发出更多的现代意义。荀子曾提出"从义不从父，从道不从君"的解决方法。义与道的标准的提出，为解决这一难题带来了希望。无论是君臣，还是父子，二者人格的平等、地位的对等、感情的互动是解决忠孝问题的基础。人是感情的动物，在任何关系中如果一味地付出，最后必然达到峰值而导致崩溃的后果。

许鼎霖认识到，清末国家已经到了最危险的边缘，国若危亡，则民颜何存？为人臣为人子，需要先为国尽忠，然后才能谈论尽孝，对国家之忠就是对父母之孝。古人虽然常说忠孝不能两全，但是在许鼎霖看来，自古忠孝是一体的，是不能割裂的一个问题的两个方面。忠是高于孝的，不得不放弃孝而尽忠也是一种孝。许鼎霖这种忠孝一体论的理念一直指导他一生执政为人的行为，他的执政理念和行为都体现出在微观为孝、在宏观为忠的辩证的忠孝观。

许鼎霖的忠孝观表现在从孝到忠上。由于其父许恩普控告赣榆知县特秀贪污反而被冤入狱，先后被抓进海州和江宁监狱坐牢七八年，当时只有二十岁左右的许鼎霖不仅数次去京城为父冤狱申冤，长途跋涉、风餐露宿，吃尽苦头，而且自己搬到其父坐牢的江宁监狱旁居住为父申冤，最终苦读中举，才救父出狱。对于许鼎霖的感人孝行，被当时的人们传颂为"许孝子"，且名扬官场和乡里。光绪二十九年（1903 年）正当许鼎霖在地方官场大展宏图之时，父亲许恩普在上海去世。根据封建社会的礼教，父母去世后，有功名和身份的儿子要为其进行为期三年的守孝期，这在古代称为"丁忧"。在丁忧期间，无论有没有官职、有没有工作都得停下来进行守孝。所谓"百善孝为先"的儒家思想，成了不知道多少官员和学子的道德枷锁。当年许鼎霖的母亲去世后，由于他无官在身，足足在家守了漫长的三年丁忧期。但是，由于其父去世时，许鼎霖在安徽做官工作千头万绪，无人可以在短时间内接手，且国家内忧外患，很多问题急需许鼎霖出面解决。一方面，丁忧制度是祖宗的成制，违之不恭；另一方面，如果许鼎霖真的在家丁忧三年，而朝廷正值用人之际，许鼎霖的缺席对国家是一种无形的损失。当许鼎霖以芜湖商务总办的身份向安徽巡抚聂缉椝提出要请假在家丁忧的时候，着实让聂巡抚犯了难。于是聪明的聂巡抚巧妙地打起了民意牌。有了芜湖十三帮总董的民意书，聂巡抚便以商情难却为由命许鼎霖在丧葬事毕后速回原职。自古忠孝不能两全，聂巡抚把许鼎霖丁忧期由三年改为百天，既照顾到了清官员的丁忧制度和许鼎霖维护其孝义声誉的需要，同时也兼顾了许鼎霖安徽的工作，可谓一举两得。通过报批，朝廷同意许鼎霖守孝时间由三年改为百日，但是，批文任命许鼎霖以丁艰候补道身份到江苏，下乡查勘湖场。这样可以向世人说明许鼎霖仍然在家丁父忧，没有违背大清的法律和制度。此后不久，许鼎霖突然接到让其到浙江任职的任命，许鼎霖不得不放弃在江苏丁忧的身份前往浙江，处理"宁海教案"，从而受到朝廷的表彰和重用。此后留许鼎霖于浙江办理洋务，丁忧之事不复提及。

当年许鼎霖对父母的纯孝和衣带渐宽终不悔的顽强精神也深深感染了沈

云沛，以至于他经常在儒林中谈论起青口许鼎霖的相关故事，一是表示自己对许鼎霖的孝义精神的钦佩，二是想借此激发莘莘学子的奋斗精神。

许鼎霖的忠孝观还体现在从忠到孝上。光绪二十三年（1897 年）六月十六日，礼部带着即将上任的许鼎霖面见光绪皇帝，由皇帝宣布其新的职务。光绪帝当时基本采纳了杨儒的推荐意见，以知府加盐运使衔发往安徽。在受到光绪皇帝接见的两日后，许鼎霖照例给光绪皇帝上了一封谢恩的奏折。内容如下："盐运使衔、分发安徽候补知府、臣许鼎霖跪奏，为恭谢折天恩仰祈圣鉴事，本月十六日，礼部以臣带领引见，奉旨照例发往，钦此。窃臣江南下士，知识庸愚，珥笔紫薇，曾忝分司之任，乘槎墨海，愧无专对之才，乃以微劳，渥邀懋赏，自天闻命，俯地增愧，伏念安徽为繁要之区，知府有表率之责，任臣梼昧，惧弗克胜，唯有吁求宸训，敬谨遵循，俾到省后，于一切差委事宜，矢慎矢勤，以期仰答，高厚鸿慈于万一所有，微臣感激下，忱谨缮折，叩谢天恩，伏乞皇上圣鉴，奏，光绪二十三年六月十八日。"①尽管这份奏折是礼节性的文件，但是其中有些话还是许鼎霖的肺腑心声，如"知府有表率之责""矢慎矢勤，以期仰答"等都是他勤政廉政的为官信条，同时也说明了许鼎霖对皇帝的忠诚。然而，宣统三年（1911 年）时许鼎霖已明白大清气数已尽，已经走向末路，但许鼎霖心中有一块几十年尚没有解开的心结，那就是他的先父许恩普于光绪年间在江宁所遭受的冤狱没有昭雪。当时许鼎霖千方百计将父亲营救出狱，方法和理由只是保外就医，没有宣布许恩普为无罪释放。这些年在清廷为官的许鼎霖因为害怕提出为父亲昭雪而开罪那些涉案的官员，所以此事一直摆到现在。如今，为父昭雪的条件已经成熟，于是许鼎霖要求恢复先父许恩普原来的州同衔山东县丞的名誉。此前，许家三代先人被朝廷追封光禄大夫，其母亲乔氏也被追赠为一品夫人，因此许恩普的名誉恢复问题也就是顺理成章的事情了，果然，许鼎霖要求恢复先父许恩普原职原衔的奏折得到了批准。内阁的批发原文为："奉天交涉使许鼎霖之故父已革州同衔山东县丞许恩普，吁恳着加恩开复原官原衔，获准。"

从许鼎霖在清朝最后的岁月为先父许恩普奏请恢复名誉和追封的事情来

①中国第一历史档案馆：《光绪朝朱批奏折》，中华书局，1996 年，第 452 页。

看，许鼎霖的思想中还是有一些专制社会的残余成分，这其中既有许鼎霖把为父的冤狱平反言之的"纯孝也"，又有把为父母死后的追封看成是维护和保持专制社会官员等级而对皇权的忠诚。然而，中华民国之后，许鼎霖已经感到在这场轰轰烈烈的中国社会大转型面前，那个曾经叱咤风云、高谈阔论的"许孝子"已经落伍了，必须改弦更张了。

三、道家的哲学观

许鼎霖的道家的哲学观是从小受父亲许恩普的熏陶，长大后自己亲身感悟而逐步形成的。许鼎霖在童年时经常随父亲朗诵《道德经》，对老庄的哲学思想有了朦胧的理解和感悟。道家思想的核心是"道"，认为"道"是宇宙的本源，也是统治宇宙中一切运动的法则。老子曾在他的著作中说："有物混成，先天地生，寂兮寥兮，独立而不改，周行而不殆，可以为天地母。吾不知其名，字之曰道。"[①]正因为启蒙时期的许鼎霖对所谓的"道"有了朦胧的认识和属于自己的理解，所以对"道"的追求，充满了许鼎霖短暂而辉煌的一生。

许鼎霖在学生时代就以敢于提出与老师不同的观点而著称。因为道家哲学首先摆脱儒家社会哲学的进路，直接从天道运行的原理侧面切入，开展了以自然义、中性义为主的"道"的哲学。天道运行有其自然而然的原理在，道的哲学是在解明这一原理性内涵，从而提出了一个活泼自在的世界空间。透过对世界运行秩序之无定限、无执着的认识，道家哲学发展出迥然不同于儒家的社会哲学，社会只是一方存在的客体，在其中生存的人们，应有其独立自存的自由性，而不受任何意识形态的束缚。

据说在许鼎霖入学不久，当私塾先生讲到"盘古开天地"的掌故时，许鼎霖突然向先生提出"盘古的爸爸是谁？"这样一个刁钻的问题。私塾先生思考良久，说道："盘古之父为混沌或曰帝江。"许鼎霖又问："那混沌之父是谁？"许鼎霖这一问，确实难倒了先生。先生只知道《庄子·应帝王》

①老子：《道德经》，中华书局，2022年，第99页。

中记载，盘古就是混沌死后腹中所生，但帝江为谁所生，却是任何典籍没有提及之事。于是先生引用《史记》中《孟子荀卿列传》关于对驺衍学术的评价，来搪塞许鼎霖的问题：“太史公言，……推而远之，至天地之未生，窈冥不可考而原也。”正当老师为自己高超的回答而沾沾自喜的时候，许鼎霖大声说道：“帝江有父。”听了许鼎霖非常自信的言论，老师一时语塞，后又好奇地问许鼎霖：“你认为帝江的父亲是谁呢？”许鼎霖回答说：“帝江的父亲是道，道生一，一生二，二生三，三生万物”。因为童年的许鼎霖经常随父亲朗诵《道德经》，对老庄的哲学思想有了朦胧的理解和深刻的印象。

许鼎霖家的后花园就充分体现了道家的哲学观。道家重视人性的自由与解放，一方面是人的知识能力的解放，另一方面是人的生活心境的解放。道家的社会哲学认为社会只是天道的过程，而不是目的本身，但绝对不是消极的。道家认为儒家不需要提出一套决定性的社会理想，因为天道变化，更多的是在社会中生存的智慧原理，是能在任何历史情境的社会中都行之有效的生存之道。道家的社会哲学强调应对的智慧，有利于人们休养生息的需求，同时也安定了千百年来中国士大夫失意于儒家本位的官场文化之后，也能有一广大的心性世界以顺遂人生。

许鼎霖家后花园位于和安圩的北门之内东面，园林曲径通幽，格调布局的创意独具风格。当年建圩的时候，许恩普在此处购得土地，引护城河水入内建成湖泊，种上莲花，又建了楼阁厅堂，成了许家的一处休闲之地。对于许恩普在此购买土地建园的原因和动机，青口市井最流行的说法是许恩普根据自己和长子许鼎霖的八卦命理的需要。因为许恩普命理在八卦中为巽，巽为风为木，根据五行相生原理，水生木，而北方在五行为水，当时许恩普看中和安圩北门内的这块地方正处于北方肾水的方位，而且有曲水流入，此地为许恩普命理中的吉地。同时，长子许鼎霖命理为艮，根据后天八卦的方位，东北方向正是艮所在的方位，综合许恩普父子的命理，东北方的艮位对命理为巽的许恩普有相助相生的重要意义在其中，后来许鼎霖千里救父也应验了这一说法。因此许家在和安圩东北方向所建的花园无论根据先天八卦排列，还是根据后天八卦排列，对许家父子都有着重要的意义。许恩普和许鼎霖都属蛇，蛇在民间被称为小龙，古人有“尺水兴龙”之说，此地有一汪活水，认为是许家将来龙见于野、一飞冲天的渊源所系。所以许恩普就把该宗地块购买下来，建成园林，供其休闲宴客以及子女读书之用。到了光绪三十年（1904年）至光绪三十一年（1905年）间，许鼎霖对该园林又进行了大规模的补建、改建和扩建，才最终定型，形成了占地数十余亩的一座完善的私家花园。据考，经过许鼎霖改扩建的许家花园，南临"马号街"北至和安圩城墙，园内因洼疏池，构石为山，楼榭错落，奇花异卉，鸟语花香。

许家花园入园的门头匾额，上书"潜园"二字，乃出自许鼎霖的创意。当时，许恩普召集了许多赣榆籍的名人雅士，共同为该园林命名，但是议了半天，没有一个名称让许恩普满意。当时年幼的许鼎霖提出把该园林命名为"潜园"，让满座嘉宾无不称贺。因为许鼎霖为该园林起名"潜园"是取《易经》之《乾卦》"初九"爻的"潜龙勿用"的寓意。潜，隐也。龙下隐地，潜德不彰，是以君子韬光待时，未成其行，故曰"勿用"。许鼎霖为自己家的花园命名"潜园"的第二个内涵是许鼎霖字九香，命理为艮，九阳在上，有"亢龙有悔"的成分在其中，许鼎霖用"潜"字其实是意在时刻提醒自己韬光养晦，低调行事，潜龙勿用。该园命名为"潜园"的第三个含义是"潜有多鱼"，这是《诗经》之周颂《潜》中的一句话，直言鱼儿很多，暗指许家将会"连年有余"。更为精妙的是，许恩普看中这块地的原因在于其五行之水的方位与命理相生，潜龙正好在此有相应之渊，因此许鼎霖用"潜园"命名此园，正合父亲之意。因此，许家花园"潜园"，虽无高大雄伟的建筑以及交相掩映的亭台楼阁，但是杨柳依依，荷叶田田，美丽清纯而不张扬，处处体现出收敛和潜龙勿用的哲学理念。

ZHUAN XING DE
TUI DONG ZHE

第二部

张謇评传

上篇　张謇的一生

第一章 家世与慈禧恩科状元

一、张謇的家世

张謇（1853.7.1—1926.8.24），字季直，号啬庵，汉族，咸丰三年（1853年）生于江苏海门县长乐镇。其父张彭年，其生母金氏。因张謇祖父入赘吴家，张彭年为其取名吴起元。张謇小名长泰，排行第四。二十四岁定名为謇，字季直。五十岁后，以啬庵为号，又称为张季子，晚年自号啬翁。

张謇祖籍江苏常熟。元朝末年，为躲避战乱，张謇的祖先从常熟土竹山渡江迁移到通州金沙场定居，世代务农。张謇祖父张朝彦十六岁前父母皆亡。张朝彦因误入赌场而输光了家产，被在金沙场开瓷器店的吴圣揆招赘为婿。嘉庆中叶，张朝彦携子张彭年迁往西亭镇。道光年间，张彭年娶东台拼茶金氏为二房，后定居长乐镇，兼营商业、手工业作坊。张謇有三个哥哥：誉、謩、詧，一个弟弟：警。张謇正妻徐端，光绪元年（1875年）十一月完婚时十九岁。徐端分别于光绪十年（1884年）、光绪十八年（1892年）、光绪二十三年（1897年）为张謇纳妾陈氏（病卒）、管氏（出家）、吴道愔（生子张孝若被扶正）和梁曼容（离婚）。张孝若娶妻陈开成、妾佘学慈、李复初，生子：融武、绪武、范武，生女：非武、柔武、粲武、聪武。

二、好学的少年

在张謇幼时，其父张彭年就教读《千字文》，后随三个兄长入私塾，从海门邱大璋先生读书。张謇读书认真，先后读完《三字经》《百家姓》《诗经》《论语》《中庸》《大学》《孟子》《孝经》《尔雅》《周易》等一些传统文化书籍，曾以“日悬天上”，对师所出“月沉水底”句，让邱大璋先生惊叹不已。其父也听闻大喜，众人都夸赞张謇聪慧，可走读书做官之路。

十一岁时，父亲张彭年自辟家塾，延请老家西亭镇宋效祁先生教授。一次，宋老先生见一武官骑马从门前经过，即兴说了一句上联"人骑白马门前去"，张謇应声回应道"我踏金鳌海上来"，尽显聪慧灵秀之气。张謇兄弟四人一边学习，一边参加田间劳作。十四岁时，因宋效祁先生病故，父亲安排他前往西亭，从宋效祁的从子宋璞斋读书。

三、坎坷的科举之路

张謇手不释卷，加之天资聪慧，走科举之路博取功名似乎水到渠成。但是张謇要参加科举考试，面临着张謇家族的"冷籍"问题。所谓"冷籍"，就是三代没有做过官，或三代以内不曾有人中过秀才、举人之类的家族。而"冷籍"的后人一般不准参加科举考试。如果"冷籍"的后人一定要参加科举考试，也可由学官或者廪膳生"保结"，但往往受到学官或者廪膳生的勒索。为了取得科举考试资格，张謇之父张彭年在张謇老师的牵线搭桥之下，结识了没有"冷籍"问题的邻近如皋县张家。如皋县张驹同意张謇冒充自家孙子参加科举考试，也就是所谓的"冒籍"。于是张謇改名为张育才，如愿参加了科举考试。初试的张謇考场发挥失常，位列百名之外。老师宋璞斋当众怒斥张謇："假使有一千人去应试，要取九百九十九人，唯一不取的必定是你！"张謇扪心自责，在书房窗户和帐顶上等处写上"九百九十九"五个醒目大字，时时提醒、激励和鞭策自己。张謇还在枕边放了两根短竹板，睡时夹住辫子，稍一转头或侧身就会被扯痛而醒，醒来后就立刻起身苦读，一直读到晨光刚露，"夜必尽油二盏，见五字即泣，不觉疲也"。功夫不负有心人，十六岁时张謇应县、州、院试皆中榜，取附学生员，考取了秀才。秀才是读书人走上仕途的第一步，许多读书人穷其一生都未能考取秀才。虽然张謇考中秀才，但是他的"冒籍"应试为非法之举，若是东窗事发，不但革除秀才名分，还将面临囹圄之灾。如皋县张氏家族以及相关知情者以不泄露张謇"冒籍"秘密为由，乘机敲诈勒索张謇一家，张謇一家从此家无宁日，几乎被勒索得倾家荡产。"冒籍"敲诈勒索历时五年之久，他"时在海门，时至如皋，时至通州，怠无宁日"。如皋县张家不仅索要钱物，还将张謇告上公堂，说："张育才忤逆不孝”，要求革去他的秀才名分，并被下狱问罪。其父张彭年多方借贷，又贿赂百余银两，张謇才暂时被释放出来。看到因冒籍之事家庭败落，父亲心力交瘁，母亲伤心流泪，万般无奈之下的张謇只得自行检举，向恰逢到通州的江苏学政彭久余递禀，主动要求革去功名，归通州原籍。张謇原禀写道：“窃生世居通州之西亭，家世业农，生父彭年，亦时行商于外，命生读书于通城宋宅，因得识住通考如之张镕。谓生虽世居通州，而祖父无应试者，是为冷籍，应考必有阻挠，莫若作为一家，随同考如皋为便。时同治七年，生年甫十五。一心但求能考，至考中情弊应属茫然。遂任敢张镕填写三代亲供，所填生父张铨，即张镕已故之堂弟也。是年即蒙前学宪童拔入如庠，此填大结，即欲更正，张镕告以有碍功名，生因未敢造次，反感其关垂，优为酬谢，初不知张镕之意，留为将来索诈地也。伏思木本水源，岂容假借，今甫博一衿，而反为他人父，自问何以为人？再四思维，惟有检举求正，以端大本……不敢再事因循，据实直陈，仰求更正。”在详细了解事情的原委后，学政彭久余对张謇的个人遭遇深表同情，并安排通州知州孙云锦深入调查。孙云锦十分爱惜张謇的才华，欣赏张謇的人品，在孙云锦的努力协调下，同治十二年（1873年）仲夏，礼部核准张謇改籍通州，算是通州秀才。同治十三年（1874年），岁试，取一等四名，经古五名，补增广生。光绪二年（1876年），岁试，经古制艺正复四场皆第一，补廪膳生。

但是，从同治八年（1869年）十六岁的张謇被录取秀才起，先后五次参加江南乡试，结果都名落孙山。光绪十一年（1885年），张謇转赴京城参加顺天乡试，考中举人，录取为第二名，时称“南元”。

张謇从三十二岁中举人，到四十二岁才在特设恩科会试中状元，先后五次进京应试，又一直考了十年，可谓科举之路坎坷，他心中滋味只有自知。光绪二十年（1894年），慈禧太后六十大寿，特设恩科会试，张謇被取中第六十名贡士。礼部复试时中一等第十名。殿试策问河渠、经济、选举、盐铁四策，由于张謇谙熟朱子学问，是以全引朱子学说策对，道统相承，条理清晰。殿试时，考官翁同龢是张謇的同乡，评阅张謇试卷“文气甚古，字亦雅，非常手也”，力主将该卷定为一甲第一名，得到光绪帝首肯。张謇中状元后，被授以六品的翰林院修撰官职。

张謇考上状元后衣锦还乡，乡亲们尊称他为“大人”“老爷”。张謇说，你们这样称呼就生疏了，还是叫原来称呼吧。后来，大家亲切地称呼他为“张四先生”。

第二章　幕僚生涯和地方书院的主持

一、幕僚生涯

由于在“冒籍”之事上，张謇一家花费颇多，家庭每况愈下，越发不支，张謇兄弟因此析产分居。因冒籍而背负的千余银两债务，由张謇和张詧负责归还。同治十三年（1874 年），孙云锦调往江宁发审局，考虑到张謇的才学和家境的困顿，约请张謇到江宁发审局去当书记，参与案件审理。为报知遇之恩，张謇抵江宁“执弟子礼”，开始了长达十三年的幕僚生涯。江宁时为东南文化中心，人才荟萃。张謇结识不少名士，扩大了社交圈，先后报考钟山书院、惜阴书院，并向桐城派大师张裕钊叩习古文法，感悟“治经读史为诗文之法”的文理。是年腊月，张謇回家迎娶海门徐端为夫人。孙云锦对张謇的生活很是关照。张謇母亲曾感慨地说，孙云锦支付给张謇的工资，通海地区有名的私塾教师终年所得也不过如此呀。在孙云锦的尽力扶持下，张謇在经济上解了燃眉之急，而且孙云锦对张謇在读书上也提供了很大的帮助，为张謇日后的事业发展奠定了初始的基础。

光绪二年（1876 年），由于江宁发审局人事复杂，张謇处境艰难，常常受到排挤打压，苦不能为，于是应淮军庆字营统领吴长庆邀请，前往浦口成为吴长庆的淮军幕僚，参与庆字营的机要文书、重要决策和军事行动。之后袁世凯也成为吴长庆的淮军幕僚。光绪五年（1879 年），协助吴长庆督兵开朱家山河。光绪六年（1880 年）春，吴长庆升授浙江提督，奉命入京陛见，张謇随同前往。同年冬，吴长庆奉命帮办山东防务，张謇随庆军移驻登州黄县。光绪七年（1881 年），随吴长庆至济南，与巡抚商海防事。同年，应吴长庆将军请求，辅导比自己小六岁的袁世凯读书，因此，张謇在某种程度上可以说是袁世凯的老师，后来为袁世凯出谋划策，成为故交。不久，袁世凯被破格任命为帮办营务处。光绪八年（1882 年），朝鲜爆发了东学党领导的“壬午兵变"，张謇和袁世凯作为一文一武幕僚，随吴长庆赴朝鲜平定。"壬午兵变"起因于朝鲜原国王李昇膝下无子，去世后由他弟弟李是应的儿子李熙继位。李熙因年幼由其父李是应摄政。及李熙成年执掌朝政后，王妃闵氏擅权。闵妃集团效仿清朝"洋务运动"，以对外开放标榜，同日本签订《江华条约》，又同美国缔结修好通商条约，对内按照清朝总理衙门的模式设立了统理机务衙门，对外分别派使团赴中国和日本访问和学习。日本商人利用《江华条约》大肆在朝鲜廉价掠夺粮食，导致本就困顿不堪的朝鲜人民生活更是雪上加霜。李是应不想皇权落入王妃闵氏之手，乘机与王妃闵氏争权，派人联络东学党推翻国王。东学党率军攻入王宫，掳掠王妃闵氏，攻击日本驻韩公使馆。觊觎朝鲜已久的日本借此机会，出兵进攻仁川，胁迫朝鲜赔款、签订不平等条约。朝鲜国王请求清朝出兵救援。清朝军队入朝不久，庆军成功诱捕李是应，进驻汉城，为李熙王权"正名"，迎接闵妃回宫，迅速平定了朝鲜内乱。在战斗中，袁世凯率领一支清军带头冲在最前面，以坚毅勇敢著称，报以首功。随后，袁世凯以帮办朝鲜军务身份驻藩属国朝鲜，开启练兵的先河。张謇在这次赴朝东征中，积极筹划军政大事，"理画前敌军事"，展示出很高的军事智慧。吴长庆对张謇评价颇高，亲笔致函张树声为其请功，称："赴机敏决，运筹帷幄，折冲樽俎，其功自在野战攻城之上……张君在军中将近十年，淡于功利，况处置如此大事，举重若轻，何等识力器量。"

回国后，鉴于张謇的不俗表现，李鸿章、张树声、吴长庆联合为其保荐。但是张謇不愿意走"旁门左道"，坚决辞谢。张謇不愿让"道不同不相与谋"的李鸿章为其保举之人，可见其铮铮铁骨。究其原因是他与李鸿章的政见不同。张謇撰写的《朝鲜善后六策》，提出处理朝鲜问题的策略，但李鸿章对张謇的提议置之不理，不愿采信。光绪十年（1884 年），随吴长庆调防奉天金州。不久吴长庆病故，张謇落寞地离开庆军回乡。

光绪十三年（1887 年），孙云锦调任开封知府，再次邀张謇入幕随往。黄河在郑州附近决口，张謇奉命勘察水势，并应河南巡抚之邀，代为拟订治河方案，提出"乘全河夺流，大治正河，复禹故道""以切滩取直法治河南险工之河"等主张，后痛感"河患终无衰止之日"辞职回乡，回乡后一度从事农桑，更多的是致力于教书与著述。

二、书院的主持与编修地方志

书院是中国传统社会特有的教育组织和学术研究机构，由社会资本办学，延聘优秀学者任教，其目的是“为往圣继绝学，为万世开太平”。张謇先后任赣榆选青书院、太仓娄江书院、崇明瀛洲书院、江宁文正书院、安庆经古书院等书院山长。张謇认为，中国地大物博，人口众多，但是贫弱不堪，任受他国宰割，根源在于政府腐败，民智未醒，兴国必先醒人，醒人必先兴教，以知识唤醒民众，以知识改造中国，以教为先乃千秋大业。

光绪十四年（1888 年）三月九日，张謇受太仓知府莫祥芝聘请编修《光绪太仓直隶州志》，执掌太仓娄江书院。为修志，张謇查阅前代《临安志》《朝邑志》《武功志》《云闲志》等典籍文献而成书。

光绪十七年（1891 年）四月二十七日，张謇得东台知县、浙江海盐人王豫熙（字欣甫）的函，邀其“校县试卷，修县志”。七月十六日，王豫熙送来编修《光绪东台县志》的聘书。八月三十日，张謇启程赴东台修志，因河水浅阻，船不能行而折回。九月四日，再赴东台，与夏寅官等商议编修之事，并订修志凡例十款。之后，因得知其父痢疾而南归。

光绪十七年（1891 年）一月二十二日，张謇因海门厅同知刘文澈邀请参与修订《光绪海门厅志》。光绪十八年（1892 年）八月一日，张謇到海门茅家镇，商议关于志书的修订及舆图等事宜。是年，崇明瀛洲书院山长郑季申行将复官离院，尚书翁同龢推荐张謇担任瀛洲书院山长，崇明知县黄仲苏聘请张謇主持瀛洲书院。光绪十九年（1893 年）十二月二十六日，张謇主持瀛洲书院，注重考课，对考课认真负责，殚精竭虑，确保教育的质量，仅五六月间，所校阅的课卷就达二千本，正如他日记中所写：“生平校阅之苦无过于此。”同时，注重教育方式创新，培育学生思辨能力。张謇任职三年，治学严谨，治院有方，师生无不折服赞叹。

江宁文正书院由江宁布政使许振祎于光绪十五年（1889 年）在八府塘建立。据张謇记述，“自布政使奉新许公以湘乡曾文正公再造江南，而在江宁尤久，建立书院，俾邦人士永无穷之讴思，于是江宁有文正书院”。文正书院虽然建立较晚，但在光绪二十三年（1897 年）张謇执掌文正书院后，吸引了不少士人前来就学，文正书院名震一时。张謇还应安徽巡抚沈仲复（秉成）之聘，兼任安庆经古书院山长，沈仲复曾以安徽巡抚署理两江总督。文正书院的课艺“以一制艺、一律赋及七言十二韵长律诗为格”。张謇为革新书院教育，在文正书院新设西学堂，在汉文之外，增设英文、翻译、算学三门课程。文正书院也逐渐拓宽课程范围，“至每次课题，分时务、算学、兵、农、矿、化各学”。光绪二十七年（1901 年），诏令各省书院改为大学堂，各府、厅、直隶州的书院改为中学堂，各州县的书院改为小学堂。江宁文正书院则改为中学堂，张謇辞任文正书院山长回乡。

1920 年 6 月，张謇着手主持续修《南通县志》，撰写《南通县图志》赋税志田赋序和杂税序两篇。1921 年，张謇主持续修的《南通县图志》，增加记述清末民初南通实行地方自治的各项业绩，编纂体例有了很大的创新，摆脱了旧志的窠臼，记述内容则“贵重实事，利赖于人生”。

三、主持赣榆选青书院兼编修《光绪赣榆县志》

光绪十四年（1888 年）年初，赣榆前任知县王豫熙推荐，张謇到赣榆，执掌选青书院，兼编修《光绪赣榆县志》。赣榆选青书院，为道光二十六年（1846 年）青口举人汪元恺始倡募建，院址设在青口镇前宫西侧。《张謇全集·日记》："二月二十三日，叔兄往江宁诣欣甫，询北上事”“二月二十九日，叔兄还。欣甫许借三百金”。又，“三月四日，得独山（太仓知县）复讯，慨然见许借五百金焉”。自三月八日启行，舟车数易，至二十二日方始到达赣榆。有《清河至赣榆道中十首》诗作。其一、二、六、八首云：“三载三经公浦路，东西南北镇劳人。无端磊落嵚崎客，又向荒凉寂寞滨。”“舟车再易大匆匆，中运河干载短篷。尽有春愁消不尽，船头听雨又听风。”“上市葫苗正及鲜，贩鱼车子更田田。今年海上真丰稔，日日微阴小雨天。”“不蚕不织不晨梳，村妇村娃日坐娱。谁复长官林大浦，木棉种绝女桑枯。”

张謇在课徒阅卷之余，还抽空拜访赣榆地方名人故旧，到赣榆县城（赣马镇驻地城里村）晤会怀仁书院山长郑丽堂，访布衣画家宋贞甫等。五月十日，张謇因家里有事离赣返通。经板浦、灌云张店至淮阴，易舟经宝应界首、江都邵伯，改易小舟东行，过泰州、姜堰、海安、如皋，五月二十二日抵家，在路凡十二天。张謇在五月十六日的日记中记载："行抵界首。作僧亲王祠联、选青书院联。"

张謇在主讲选青书院时，知县陈玉泉还以赣榆修志一事相属。《光绪赣榆县志》始由光绪十二年（1886 年）知县、旗人特秀主修，未能完成。继任王豫熙，再继任陈玉泉（字延璐）续修。该县志由王文炳总纂。张謇接任县志编纂后，一边课徒，一边"索宋、明、清名志读之，殆十之六七，乃从事修志"。其间阅订体例，勘察舆地，研析沿革，在他的日记和自订年谱中多处记述。及至志稿审定，已是光绪十四年（1888 年）八月间的事。至十二月志稿由再任知县王豫熙斥资付梓刊印，前后阅时近两年。这部志书，不唯其体例之精当，考辨之严谨，结篇之缜密，卓立于志书之林。即对于"赣榆"何以名县这一千古未解之谜，张謇也研磨经年，著文专论。有《赣榆释》一篇，由张謇生前收入自行辑订的《张季子九录》之中。①

张謇在赣榆选青书院的五年多时间，与在家丁母忧和候任的举人许鼎霖经常交谈政事及学问，并结为诤友。

①王铜起：《今古名人》，江苏人民出版社，2008 年，第 306–311 页。

第三章 清末民初的政府官员

一、从翰林院修撰到江苏谘议局议长

“万般皆下品，惟有读书高”。通过读书做官来光耀门庭，改变个人乃至整个家族的命运，是封建文人孜孜以求的人生理想。底层书生张謇也概莫能外。张謇最终在光绪二十年（1894 年）任翰林院修撰，授六品衔。翰林院修撰主要职责为掌修实录，主要记载皇帝言行、进讲经史、草拟典礼文稿等。翰林院修撰虽无实权，但为皇宫中的官员，社会地位很高。

光绪二十四年（1898 年）闰三月，张謇因丁忧三年期满回京，协助“清流派”首领翁同龢上了不少敦促朝廷调整政策的奏议。不久翁同龢被慈禧罢官，张謇便辞官南归，专门经商办学。

光绪二十九年（1903 年），清廷设立商部。光绪三十年（1904 年），清廷发布上谕，加赏张謇三品衔，任商部头等顾问官。

宣统元年（1909 年）八月，张謇被选为江苏谘议局临时议长、议长。宣统三年（1911 年）五月十一日，在清廷君主立宪的背景下，张謇绕道彰德与斥退在家的袁世凯共商大计，以挚友的感情力劝袁世凯出山。二人谈了七个小时后，张謇对随行的人员说：“慰亭毕竟不错，不枉老夫此行也。”由此可见，张謇对组成以袁世凯为总理的清廷内阁来主持大局是寄予期望的。

二、中华民国临时政府实业部总长和北洋政府农商部总长

1912 年 1 月，中华民国临时政府成立，张謇在农历春节大年初一“家庙行礼”，特意拟春联“民时夏正月，国纪汉元年”，联嵌“民国”二字。由于张謇具有很高的社会影响力，遂担任了中华民国临时政府实业部总长兼两淮盐政总理。此时，张謇等积极促使南北和谈和解，以避免或减轻暴力带来

的内乱及危害，促成了袁世凯就任中华民国临时大总统。袁世凯任大总统后，安排张謇为北洋政府工商部（1913 年改为农商部）总长，兼水利局总裁。

在两淮盐政总理任上，张謇向袁世凯政府提交《改革全国盐法意见书》《改革全国盐政计划书》，多次呈请盐政改革，改革盐务为就场收费或由官方专卖。10 月 27 日，张謇请辞两淮盐政总理。11 月 22 日，张謇致电沈德全，国务院批准请辞两淮盐政总理，11 月 24 日离任。

1913 年，袁世凯摄于民主革命的影响，不敢实行独裁统治，在高唱“共和之精神”的高调下，推行“统一国权”“统一军令”“统一政令”，大力扩充北洋武装。宋教仁以“议员政治”“政党内阁”为武器，企图在宪政范围内，通过国民党的责任内阁，以分去袁世凯的政治权力。2 月，第一届国会在北京召开，国民党以压倒性的优势取得多数议席。3 月 20 日，当宋教仁于国会选举胜利后去北京，被暗杀于上海车站。有人认为是袁世凯所为，也有人研究提出不同观点。宋案发生后，全国人声鼎沸。张謇对南北矛盾深感忧虑，从社会稳定的角度致函袁世凯，“国事已处万险，不可再冒险。……内阁涉嫌，亦应解职受审……”并希望南北双方彼此相谅，各让一步。

袁世凯早就准备取消国民党。4 月 7 日下达备战动员令。4 月 26 日同英、法、德、日、俄五国银行团签订二千五百万英镑的“善后大借款”，用以购买武器装备。6 月，下令罢免身为国民党人的江西都督李烈钧、广东都督胡汉民和安徽都督柏文蔚，并命令军队南下“讨伐”。7 月 12 日，李烈钧接受孙中山命令，从上海到江西湖口，组成讨袁军总司令部，发表讨袁通电，宣布江西独立。7 月 15 日，黄兴在南京组织江苏讨袁军，誓师讨袁，并迫使程德全宣布江苏独立。7 月 17 日，柏文蔚宣布安徽独立，组织安徽讨袁军。接着上海、广东、福建、湖南、四川等省，也宣布独立。这就是国民党发动的“二次革命”。“二次革命”是以孙中山为首的资产阶级革命派为反对封建专制、保卫民主共和而进行的一次大规模的反击战。斗争持续两个月之久，地区波及八省区。但由于北洋军阀在军事上处于绝对优势，革命党人没有一个坚强统一的领导核心，“二次革命”最终失败。

袁世凯镇压“二次革命”后，因需要利用国会使他“合法”地由临时大总统转为正式大总统，并未马上取消国民党议员占多数的国会。5 月，在袁世凯的授意下，民主党、共和党、统一党合并组成进步党，以对抗国民党的议会多数。7月，袁世凯任命进步党首领熊希龄为内阁总理。袁世凯还指派他人收买、恫吓议员。10月6日，袁世凯亲信梁士诒高价收买百余名议员组成的御用公民党积极拉票、活动。议员们从早上到晚上，忍饥挨饿连续投票三次，最后被迫选出袁世凯为大总统。

袁世凯上台后，推荐张謇任北洋政府工商部总长，兼任水利局总裁之职。10月21日，出任工商部总长。任职之初，张謇明确表示，要将自己创办实业的成败得失、体会思考融入全国农商事业之中。张謇就任总长后，连续发表《对于工商部的政见》《实业政见宣言书》《宣布就任时之政策》等文章，大力鼓励民间资本发展，指出国家只需要经营一些关乎国计民生而老百姓又没有能力经营的企业，积极引进外国资本，优先发展钢铁业和棉花业，大力开放市场，引进外国的资金、设备和技术。此后，农商部在张謇的主持下，先后出台《公司条例》《商人通例施行细则》《商会法》《矿业条例》《森林法》《典当业务法》《证券交易所法》等二十余部文件，涉及金融、商业、农林牧副渔等诸多农商领域，为中国农商市场法制化建设开拓了道路。为了振兴农商经济，张謇还延请专家开办棉糖林牧试验场，总结经验并向全国推广。张謇曾总结任职农商部总长的业绩，指出“首订法律，次事查勘，次设劝业银行”“默计部绩，内不过条例，外不过验厂”。

袁世凯当上了“合法”大总统，借口国民党议员与讨袁军有联系，于11月4日下令解散国民党，取消国民党议员的资格，使国会不足法定人数，无法开会。12月，袁世凯又召开由各省官僚代表组织的“政治会议”，代替参、众两院职权。

1914年1月，袁世凯下令解散国会，又下令停办各省地方自治，解散省议会。张謇致函袁世凯，对袁世凯的倒行逆施提出自己的看法：“乱党散布南洋及欧美各国，到处演说，以解散国会，改总统制、祀天用衮冕，为帝制复活之渐，据为口实，腾其簧鼓。……当明白宣布，以释群疑。……东坡云：‘操网而临渊，自明为不取鱼，不如释网而人自明也’。”张謇希望“当预定大政方针时，余当力主注重实业助长行政，以求人民物质经济之发达”。

2月，张謇“奉省电转奉大总统令，停办自治，以三月底为限，凡自治机关一律撤销，归县知事接收办理”，南通县地方自治遂告停顿。

3月，袁记“政治会议”召开“约法会议”，张謇参加“约法会议选举会”。5月1日，袁世凯公布《中华民国约法》，废止《中华民国临时约法》，又废止国务院官制，以大总统为首长，特于大总统府设政事堂，改责任内阁制为总统制，把总统的权力扩大到和封建帝王一样。6月，张謇拜访袁世凯，袁世凯表述将规复自治，对南通自治事业十分感兴趣，颇有以南通为各县自治模范之意，嘱意编订南通手册。张謇答复各县人力、财力，风俗习惯各有不同，未可据为蓝本直抄。张謇建议“必省设一植棉试验场，以为推广改良之范”。张謇并致函张怡祖：“顷北京警厅调查……谋事人有十七万之多。此十七万人，设家有五口，即八十五万人皆不耕而食，不织而衣者，皆上中级游民也。国安得不穷？安得不乱？政界倾轧排挤之风，即由此盛，闻之可丑，睹之可羞，思之可痛。父在京是以日日劝人归田也。”建议劝说在城市里无事可做之人回乡种田种棉，为社会创造财富。

7月，袁世凯颁布《文官官秩令》，张謇等位列中卿。7月28日，第一次世界大战爆发，这是帝国主义国家为重新瓜分世界、争夺殖民地和划分势力范围的战争，主要是同盟国和协约国之间的战斗，同盟国阵营包括德国、奥匈帝国、土耳其、保加利亚等国，协约国阵营包括英国、法国、日本、俄国、意大利、中国等国家。8月1日，张謇往总统府参加会议，“知欧洲奥、塞战事起，德助奥而图自展”。对于第一次世界大战对中国经济、社会的负面影响，张謇致函张怡祖：“欧祸行将及亚，我国如婴儿、如破船，何堪当暴夫人漩涡也，思之辄悸。”张謇并拟文呈袁世凯：卜夏、萨科孟函请中法劝业地产银行草约事“暂缓进行，候欧战事定续议”。闻日、英两国将攻青岛，张謇认为“中国中立益无可幸”。在致张怡祖的信中，张謇说：“欧洲战祸方亟，而日又图危青岛，其祸必中国受之然亦无法。……十年内中国日在存亡呼吸之顷，而父所忧则主权者喜智术，行政人无常识，大危象也。”“欧祸及亚，殆无宁岁矣，中因财政将益陷于困难。社会无经济之源，实业从何发生？然人舍实业，尤无生路我观浩浩人海，将来沟中之瘠，不知凡几也。……（濠南）别业势不能中止，而意窃悔之，为来日之艰也。家中可告汝母，刻意节俭。……父现于义不可引退。青岛事设有眉目，便思辞部而就局，作一周折。"张謇等拟文建议汉冶萍公司因债累已深，应考虑当前国难，惟有以官商合办为此时过渡办法解决；将铁、铝、金、银、铜、镍六种矿产，定为可以官营之业；为军国前途计，拟就龙门县筹设国家第一铁厂，专供枪炮之材：就秣陵关设国家第二铁厂，专供舟车之材。

9月，张謇偕管石臣、许德润、薛弢往孔庙，观袁世凯组织祭孔祀礼演习，"公府特定祭服"，并随袁世凯往孔庙行礼，"卯正随班分献行礼"。

10月，张謇致函赵凤昌："欧事未定，一切无可言。走以假回旋，暂离烦恼，竟能脱否，尚不可知。然终拟任局而辞谢部也。"拟文呈袁世凯：离京曾奉命"特任周学熙代理农商总长"，但周尚未就职，拟"所有部中事务，暂由本部次长周家彦代拆代行"。11月，张謇拟文呈袁世凯请解除农商总长职，专任全国水利局总裁："謇就职时之设计已穷，日在官署画诺纸尾。所从事者，簿书期会之无聊，府吏胥徒所可了。其于国民实业前途，茫无方向。"袁世凯批令"温语慰留"，所辞农商部总长职未予允准。12月，张謇拜访袁世凯，并答应袁世凯"暂且任（农商部总长）事"。是月，北洋政府出台"修正总统选举法"，规定总统可以无限期连任，并有权推荐总统继承人。这样袁世凯不仅成了"终身总统"，还可以由袁氏子孙世袭总统职位。

1915年1月18日，日本以支持袁世凯称帝为条件，提出灭亡中国的"二十一条"（共五号），并请绝对保密。5月9日，北洋政府外交部照会日本驻华公使日置益，除第五号容后协商外，"二十一条"其余内客，即行应诺。8月20日，张謇离京南返，向袁世凯辞行"劝他做中国第一人的华盛顿，不要效法法国上断头台的路易，他一味不承认，并且说他自己怎样也不愿意做皇帝""结果看他不得醒悟，无可救药"。8月23日，杨度、孙毓筠、严夏、刘师培、李燮和、胡瑛等成立"筹安会"，公开鼓吹帝制。12月12日，袁世凯宣布接受帝位，旋改国号为"中华帝国"。12月25日，蔡锷、唐继尧等通电各省，宣告云南独立、维护共和，反对帝制，并组织护国军，讨伐袁世凯，护国运动开始。

三、北洋政府水利局总裁和参政院参政

1915年，张謇先后任参政院参政、江苏省教育会会长、（全国）生计（委员）

会委员，主持制定《权度法》《权度营业特许法》《证券交易所法施行细则》等文件。张謇专任水利局总裁，提出振兴糖业、洪水防治等主张，“诚为目前刻不容缓之图”；“治水必先下游，邻国不可为壑。洪湖乃纳淮出海之巨枢”，如安徽诸水共注于淮，“湖但纳而不能出，其泛滥必也”；浙江海塘工程“现分临时、平时之期间，以剂治本、治标之缓急，实系正当办法”；“鲁、皖、苏流量测量”必三省通力合作。张謇四次辞职全国水利局总裁并（参政院）参政，辞职皇子（袁克定等）“师父”。对于辞职全国水利局总裁的理由，张謇认为“若并无事办，徒设机关，坐养冗员，以饰观听。在政府掷金虚牝，宁非失策之尤；在謇伐檀素餐，亦负神明之谴”“夫行政必有统系，若一部局举行一政事，即令各自设法，成何财政？謇虽至愚，岂能为此。而款无着测绘科即不能成立，测绘无人，水利局亦等于虚名，……此请辞职之缘由也”。虽然四次申请辞职，但是“呈是请并局辞职，尚未抵奉明令。惟謇一日在职，则一日不敢废事”。张謇视察庙港江岸保坍工程、天生港“通靖”趸船码头维修工程，派人视察江北一带水利，对贯串南通、如皋、东台、兴化、盐城、阜宁六县之串场河进行详测，筹施通崇海中心河道工程。

1916年，中华民国护国军政府于云南成立，唐继尧任都督，发布讨袁檄文。张謇与他人致函黄兴，望尽早回国，“调和南北”；望于南京成立中央政府，舍弃袁世凯以恢复全国“统一”与“秩序”。张謇致函徐世昌：“自帝制告成，而洹上之信用落；帝制取消，而洹上之威望坠。无威无信，凭何自立？”“为国计，免外人之干涉；为民计，免军人之荼毒；为洹上计，上不失为日月更食之君子，次不失为与时屈伸之英雄。”“洹上倘深思鄙言，急流勇退，则下走近所经营江上之五山，与洹上之村，公之百泉，俱可为联袂偕游之地。”

由于袁世凯妄图复辟帝制，取消内阁，张謇对其深感失望和强烈不满，经多次辞请后，张謇“得政事堂电，许解（全国水利局）局职并（参政院）参政，可喜也”。张謇在致函赵凤昌的信中，表达了自己辞职后的喜悦心情：“尘网幸已摆脱，惟有仍致力于村落主义，求自治之进步。”从此，张謇不再涉足政坛。

第四章　清末民初实业家的楷模

清末民初社会急剧动荡，伴随着鸦片战争、中日甲午战争、八国联军侵略战争等，西方列强利用中国广阔的原料市场、低廉的劳动力市场、豁免的关税特权，在中国开设各种工厂谋取资本利润，掠夺中华大地的物产资源，导致中国国势危殆、国力衰微。以纺织业为例，谭勤余在《民国以来之纺织染工程》一文中指出："民三（1914 年）欧战爆发，外货来源断绝，我国纺织界遂得发展良机；同时，外人利用我国原料丰富，工资低廉，挟其不平等条约，亦在我国内广设纱厂。自民三至十四年（1914—1925）间，全国纱厂共计：由华商设立者五十三厂，由日商设立者三十三厂，由英商设立者仅一厂。""中学为体、西学为用"的洋务运动创办了一批民用工业，张謇直接参与了洋务运动。辞官返乡后的张謇兴农垦、办实业、举教育，开文化事业，开启实践他的强国之梦。张謇根据南通的自然条件，因地制宜，转入"实业救国"的实践之中，先后在南通等地兴办了 60 多个各类企业。民国政府嘉其所行，授勋一等嘉禾勋章。

一、"实业救国"实践的第一个十年（1894—1904）

光绪二十年（1894 年）甲午中日战争的失败与《马关条约》的签订，使整个民族蒙受空前的奇耻大辱。《马关条约》允许外资在内地设厂。张謇深感忧虑，认为这将会导致"尽撤藩篱""喧宾夺主"的恶果。

光绪二十一年（1895 年），署理两江总督张之洞奏派张謇举办通海团练，以防御日本海军随时可能对长江下游的侵犯，但由于清政府在中日甲午战争中落败并签订了《马关条约》，通海团练半途而废。张謇为两江总督张之洞起草《代鄂督条陈立国自强疏》中，明确主张实行"商办官助"的方针，尽速讲求商务、工艺，采取保护政策，各省设立商务局、工政局，提倡招商设局，建立公司，以谋抵制洋货倾销。为了“开风气而保利权”，张之洞委任张謇经理通海一带商务，要求他招集商股，兴办纱厂。张謇认定“中国须振兴实业，其责任须在士大夫”，慨然应允。

光绪二十二年（1896年），张謇选定水陆交通方便的唐家闸为厂址筹建纱厂，起初张謇计划筹款六十万两。其中，沪股四十万两、通股二十万两。沪股用于购买机器设备，通股用于在南通购买地基和原料、兴建厂房。相应设立沪通董事各三人，由通州董事先付款购买土地施工建厂。然而沪董的股款一直未到，工程只好停滞。为了筹款，张謇奔走于南京、湖北、上海、通海各地，心力交瘁。无奈之下，由两江总督刘坤一做主，将之前张之洞用官款购买、搁置在上海码头三年的美国纱机作价五十万两入股，这样大生纱厂便由商办改为官商合办。经过多次协商沟通，上海织布局总办盛宣怀和张謇均分官机，作价二十五万两，官股只是“按年取息，不问盈亏”，是为“绅领商办”。盛宣怀答应代筹二十五万两营运资金。但盛宣怀代筹款不过是一句空言，最后盛宣怀退出大生纱厂，张謇将分得一半的纱机运回南通。经过四年的筹建，光绪二十五年（1899年），大生纱厂建成投产。开车试生产时，运营资金仅有数万两，甚至没有资金购买棉花当原料。张謇情急之下以高利向钱庄借贷，向股东告急，但是都无人理睬，最后打算将厂房出租却又遭到恶意杀价。在走投无路之际，张謇接受商董沈敬夫的建议，用棉纱收入来购买棉花，维持运转。幸而随后几个月里，棉纱行情看好，有效解决了纱厂的资金难题，又因大生纱厂棉纱产品使用“魁星”商标，迎合了民众的消费心理，产销两旺，大生纱厂终于生存了下来。

张謇在创办大生纱厂时，就考虑到棉花这一原材料的问题，如果风调雨顺，那么纱厂原料丰足，但如果遇上灾年，或者遇到恶意收购，原料就没有了保障，棉花价格上涨，纱厂成本也会上升，或者无棉花可收，纱厂也就难以为继。所以要“广植棉产，以厚纱厂自助之力”。张謇在调查中发现，通海沿海广袤而荒芜的沙滩，土质疏松，透气性好，特别适合植棉。而苏北也有大量的廉价劳动力，通过开垦沙滩可以解决棉花生产的问题。于是，在大生纱厂创建后，张謇便决定创建垦牧公司。虽然开垦海滩种棉是一项费力大而见效慢的工程，“垦无捷利”；同时又面临着荒滩的权属问题，“按地求之，有官、有营、有民、有灶、又有坍户、酬户、批户，官又有为民买含糊之地，营又有苏狼纠葛之地，民有违章占买灶业之地，灶有照案未分给之地，甚至民业错介于兵田之内，海民报地于通界之中，几无一寸无主，亦无一丝不纷，非本地人无由知其披却导窾之处"。尽管困难重重，但是张謇毫不退却，迎难而上，开始正式创办通海垦牧公司，通海垦牧公司围垦造田近十万亩用来种植棉花，为大生纱厂棉花原料的提供发挥了重要的作用。

光绪二十七年（1901年），在两江总督刘坤一的支持下，张謇在吕泗、海门交界处围垦沿海荒滩，建成了纱厂原棉基地——拥有十多万亩耕地的通海垦牧公司。随着资本的不断积累，张謇又在唐家闸创办广生油厂、复新面粉厂、资生冶厂等，逐渐形成唐闸镇工业区。同时，为了便于器材、机器和货物的运输，他还在唐闸西面沿江兴建了港口——天生港，又在天生港兴建了发电厂，在城镇之间、镇镇之间开通了公路，使天生港逐步成为当时南通的主要长江港口。

光绪二十八年（1902年），张謇正式创办广生油厂，主要利用工厂棉籽进行榨油；创办大隆皂厂，主要利用油厂下脚油脂制造皂烛。

光绪二十九年（1903年），张謇应邀参观日本第五次国内劝业博览会，详尽考察了实业、教育，他对明治维新的效果赞叹有加。此后筹建吕四盐业公司、吕四渔业公司，设立大达内河轮船公司。张謇又集资创办同仁泰盐业公司，为中国第一家盐业改革试点，对推动近代盐业发展起了积极作用。

张謇在创办通海垦牧公司之后，先后又创办了二十家垦殖公司，即：大有晋盐垦公司、大赉盐垦公司、大纲盐垦公司、大豫盐垦公司、大丰盐垦公司、阜余垦牧公司、华成盐垦公司、大祐盐垦公司、新通垦殖公司、通遂盐垦公司、泰和盐垦公司、合德垦殖公司、耦耕垦殖公司、泰源垦殖公司、遂济盐垦公司、合顺垦殖公司、新南垦殖公司、中孚盐垦公司、裕华垦殖公司等。这些垦殖公司不仅是大生的原棉供应地，而且还多种经营、农林牧副渔共同发展，拓展了企业与佃农们双赢的生存发展的机遇和空间。张謇目睹垦区后动情地说："今各股东所见各堤之内，栖人有屋，待客有堂，储物有仓，种蔬有圃，佃有庐舍，商有廛市，行有涂梁，若成一小世界矣；而十年以前，地或并草不生，人亦鸡栖蜷息，种种艰苦之状，未之见也。"在经营大兴垦殖公司的过程中，张謇又进行盐垦改革，改进生产技术，推行优质的出盐方法。盐业改革不仅提高了盐产量，而且还能将更多的草地用来植棉种粮。张謇进行的沿海荒地大开发为今天国家沿海大开发战略提供了诸多的启迪和借鉴。

二、“实业救国”实践的第二个十年（1904—1914）

光绪三十年（1904 年）至光绪三十四年（1908 年），张謇创办南通大达轮步，购崇明外沙地筹建大生分厂，又称大生二厂。在崇明久隆镇创办大生二厂之后，开辟外江航线。大生纱厂增加资本六十三万两，纱锭二万余枚。光绪三十年（1904 年），张謇创办翰墨林印书局以及同时期的机械印刷工场，主要为工厂印刷商标、账册、簿籍及为学校印制书本、讲义等，翰墨林印书局是中国近代早期正式印刷出版机构之一。光绪三十四年（1908 年），张謇创办大昌纸厂，主要利用大生纱厂下脚飞花等，为纱厂生产、提供包装用纸等。

宣统元年（1909 年）至宣统三年（1911 年），张謇创办南通电灯厂，南通市区开始用电灯照明。到宣统三年（1911 年），“张謇直接创办与参加投资的企业达二十七个，范围涉及地区延伸到上海、徐州、海州、镇江等地，经济实力令人瞩目”①。其中，张謇参与投资的外地企业有以下二十家：上海大生轮船公司、镇江大照电灯厂、徐州耀徐玻璃厂（宿迁玻璃公司）、镇江开成铅笔厂（镇江开成笔铅罐厂）、吴淞江浙渔业公司、海州海赣垦牧公司、海州赣丰饼油公司、景德镇江西瓷业公司、苏省铁路公司、大维公司、中国铁工股份有限公司、中国纺织机器制造特种股份公司、怡太产物保险公司、民享企业公司、上海国民出版社股份有限公司、江苏实业股份有限公司、江苏产物保险股份有限公司、上海市工厂员工消费合作社联合社、江苏文化股份有限公司、中心制药厂股份有限公司。

1912 年，张謇商洽大维股份有限公司承租四局重新开工事宜，勘察长江江岸与天生港保坍工程，参加汉冶萍公司董事会，商议向四国银行借款，筹建南通养老院、清丈传习所、残废院与聋哑学校，商议南通设江苏分银行。

①章开沅：《辛亥革命与近代社会》，天津人民出版社，1985 年，第 95 页。

处理大生一厂、二厂、海通垦牧公司、同仁泰盐业公司、复新机器面粉厂等厂务，建南通初、中两等农业学校西教室、宿舍楼等，建乙等商业学校。

1913 年，张謇建立大聪电话公司，创办南通城乡邮政，筹划张徐女子初等小学校址，筹建南通贫民工厂、镀镍传习所、南吊桥路等。在南通创办惠通公栈，后来各地都设有大公栈。

从 1904 年 6 月起，为了办大生分厂，张謇兄弟、沪账房林兰荪等就开始向社会集股，并在崇明买下一百六十五亩地。到 1906 年春，就集新股六十多万两，加上大生商股余利十九万两，共八十万两，三十三个月就建厂成功。1907 年，有二万六千纱锭的大生分厂开机。随后成立大生纺织股份有限公司，统一管理正厂、分厂，张謇在呈请商部注册时，大生获准专利二十年，百里内不准别家办纱厂，在南通一带取得名正言顺的垄断地位。同年，在第一次股东会上，张謇被推为总理，实际事务交哥哥负责。大生二厂的成功，让张謇雄心勃勃，1913 年，在海门办三厂，是张謇的兄弟个人投资。大生在技术上仰仗外国人，要出高额的报酬聘请外国技术员，外国技术员一般每月只到厂三四天。还建专门的小洋楼，聘请西餐厨师，为洋人服务。

三、“实业救国”实践的第三个十年（1914—1924）

1914 年，张謇凭借北洋政府农商部总长的身份，制定公司、矿业、商人、国有荒地承垦等一系列实业振兴的法律法规，保护、促进实业发展。对于汉冶萍公司，张謇认为以官商合办为过渡办法，认为“我国所经营之煤铁业，不过汉冶萍一公司耳”。但公司现“专以借贷日款为救急之计”，“尤恐折人日人之手，噬脐之悔，其将何及”？“今拟定为官商合办之股份公司……即由政府派员接办，仍许商股酌举董事”。张謇还积极倡导植树造林、奖励植棉制糖牧羊、扩充制糖原料耕地、扩充改良植棉地等具体的发展实业举措。张謇积极利用外资发展民族工业，借外资筹建衡器制造所，签订《中美合资开采陕西延长等处石油矿合同》，与芮恩施签中华民国政府与美国红十字会《导淮借款草合同》等。张謇还筹建甲种商业学校、张徐私立女子初等小学校、第二棉业试验场等，兴办南通贫民工场、南通物产会、斐旅馆、农事试验场等民生事业。

1915年，张謇主持制定证券交易、公海渔业奖励办法，提出振兴糖业的建议，推进计量事业发展，视察江岸保坍工程，筹建大赉盐垦公司、博物苑壶外亭、盲哑师范传习所，大生一厂原“北厂”与“南厂”合称第一工场。建大生织物公司，嘱资生铁冶厂仿造英、日织布机、开棉机、经纱机、络纱机、浆缸锡林等设备，其中仿造织布机一千余台，半数售给大生一、二厂。

1916年，张謇兴建大纲盐垦公司、南通残废院、狼山盲哑学校等实业和社会事业，筹建三合口与遥望港水道疏浚工程、华成盐垦公司、皋明电厂等，筹备开军山、剑山河道等事务。

1917年，张謇到黄泥山、马鞍山、军山督查河道工程，督查西山村庐动工，在甲种农业学校举办露天棉作展览会，推行植树造林，复议扩展城港路等计划，三合港东港开浚，洽谈垦务，建阜通盐垦公司，创办南通遂生药堂，建小剧场，所建五公园落成，订《南通大生纺织公司第十九届说略并账略》《崇明大生纺织分厂第十一届说略并账略》《海通垦牧公司第十六届说略并账略》等相关公司文件。张謇创办通明电气公司，并经多次增资扩建，逐步照亮了通城。

1918年，张謇筹建淮海实业银行、上海大储堆栈股份有限公司，建大达趸步公司、大陆制铁公司等公司，兴建吕东头总双门涵闸、如皋县李家桥龙潭坝利民闸等水利工程，创办大同钱庄，协建新通垦殖公司、阜余垦殖公司、合德垦殖公司等一批垦殖公司，视察东、西林工程。

1919年，张謇主持编订《江淮水利施工计画书》，并发表《告诫实业同仁书》，告诫同仁要“居安思危，持盈保泰”“坚定守分”，这是实业的“久长之道”。张謇拟《〈中国关税问题〉序》，指出关税研究的重要作用。张謇兴建通遂盐垦公司、通燧火柴公司、遂济盐垦公司，协建泰和盐垦公司、通济盐垦公司、华泰盐垦公司等，筹建大生六厂、大生八厂、会云闸工程、吕四廿九总闸，筹办上海影业制片股份有限公司、南通农科学校、女子蚕桑讲习所和桑园，还扩张南通医院，建英化职业学校。张謇还注重乡村民用水利设施的建设，筹建小漾港闸工程，改建唐家闸，并实施大生三厂至茅家镇河道工程，青龙港河道工程开浚。

1920年，张謇筹建伶工学社校舍、俱乐部宾馆、南通骑岸镇闸、南通与崇明交界的合中闸；建濠河跃龙桥，资助海门县设立游民习艺所，拟《规画县路请公议即日兴修案》，提出"地方实业、教育，官厅之民政、军事，机纽全在交通"，要大力修建县路。张謇面对南城行旅众多，"因人力车夫均停在马路口，殊于交通有碍"，在城南建人力车站；集资铺设海门三厂镇至青龙港间轻便铁路，创办唐闸大生汽车公司；建成上海南通大厦，该大厦为南通实业在上海采办物料、融通资金、对外贸易的重要场所；建南通农科学校产业处、中孚盐垦公司、淮丰盐垦公司、大阜盐垦公司等；筹建大生八厂，1924年建成，因国内棉纺织业萧条，导致大生八厂集股困难，只得将厂房出租给永丰公司，1926年大生一厂收回自办，更名为大生第一纺织公司副厂，新中国成立后更名为南通第二棉纺织厂。

1921年，张謇创办狼山女子蚕桑讲习所、桃之华旅馆新馆，兴建通如海长途汽车公司、南通通崇海泰商务总会大厦，拟建南通电气厂，筹办南通商科学校，筹建海外航业股份有限公司，开工建筑大生八厂厂房，在上海南通大厦设南通房产公司。天生港续建发电厂。大生三厂投产，"试一百锭车"，棉纱商标"三星"。张謇认为"三星"优于一厂"魁星"，堪与上海"九狮"棉纱媲美。投产之日，附近"市场各店铺均悬旗志庆，乡人来观者达万人以上，就中售花衣子花者一千余人"。大生三厂购置的是英国纺织设备，均由南通纺织专门学校毕业生安装。

张謇是近代中国著名实业家、世界有名的企业家。"他投身实业20多年，在江海一隅的南通，创办了4家纱厂、20多家垦牧公司，以及其他40多个企业，资本总额达2800多万元。他兴办了一大批社会事业，把自己的家乡南通县办成了全国闻名的模范县，为国内和海外广大人士所称道。"[①]其中，张謇创办的工业企业共二十七家，即：通州大生纱厂、崇明大生分厂（大生二厂）、海门大生第三纺织厂、大生第八纺织股份有限公司（大生第一纺织公司副厂）、大生六厂、大生淞厂、大生第一纺织公司电厂、大生沪事务所、大生织物公司、

①陆仰渊：《近代中国第一个大实业家张謇的艰苦创业》，刘末鸣、詹红旗主编：《张謇兼怀天下》，中国文史出版社，2009年，第3页。

新农纱厂、通州大兴机器磨面厂（复兴机器面粉有限公司）、大隆皂厂、翰墨林印书局股份有限公司、广生榨油股份有限公司、阜生蚕桑染织公司、颐生酿造公司（颐生酒厂）、通州资生冶厂股份有限公司、资生铁厂、颐生罐诘公司、大昌纸厂、大达公电机碾米公司、南通大聪电话有限公司、皋明电厂、南通通明电气公司、通燧火柴公司、大生苏工染厂、大陆制铁公司。

1923 年，《密勒氏评论报》评选“中国现时生存最伟大人物十二人”，张謇位列其间。评选结果按票数依次为孙中山、冯玉祥、顾维钧、王宠惠、吴佩孚、蔡元培、王正廷、张謇、阎锡山、余日章、黎元洪、胡适。这是对张謇在创办实业和教育方面贡献的充分肯定。

第五章　近代教育和社会公共事业的创办者

一、创办新式学校与任中央教育会会长

张謇是中国近代史上实绩显著的教育家，他秉承着"教育兴国"的思想，积极投身教育发展之中，大力创办各类学校，主张全新教育方式，创新教育制度，为教育近代化发展提供极其丰富的实践支撑。在张謇创办新学的影响下，中国师范教育、职业教育、普通中小学教育等都得到了进一步发展。

光绪二十一年（1895年），张謇为张之洞起草《代鄂督条陈立国自强书》，就提出广开学堂的意见，对兴办教育有了很深的思考。光绪二十七年（1901年），张謇在《变法平议》奏章中提出了普兴学校教育的一系列意见。

光绪二十八年（1902年），张謇用垦牧公司的三万一千六百元基产租息，开办通海垦牧公司附属小学，此为张謇兴办小学的开始。同年，张謇筹资开办通州民立师范学校，确定学校地址为城东南濠千佛寺故址。经费则是张謇经营纱厂五年所得的资金。光绪二十九年（1903年）三月，历经一年多筹划的通州民立师范学校正式成立。这是中国第一所私立师范学校，学校设有本科、讲习科两个学科。是年，张謇撰写《学制宜仿成周教法师孔子说》，阐释他对学制和教育内容的看法。

光绪三十年（1904年），张謇新增通州五属学务处，宣传推广新式教育，兴办第一初等小学，在常乐镇东市创办常乐第一小学，自任校长，并谱写校歌。

光绪三十一年（1905年），张謇创建淮属师范学校、通州女子师范学校、龙门师范学校；筹资创办通州五属中学，并于次年正式开学；创办工人艺徒予教学校。是年，张謇应徐家汇教会震旦学院之请，任该院校董。十一月，在上海召开的江苏教育总会成立大会上被选为会长。

光绪三十二年（1906年），张謇创办城厢初等小学、张徐私立常乐第三小学、法政讲习所、农业专门学校、铁路学校、商船学校。在扬州筹设两淮

两等自立小学、中学、师范，并在上海吴淞组设商船学校；在吴县设立铁路学校。为解决办学经费问题，张謇提议政府应当新增教育附加捐，建议政府根据田亩数量征税，该部分款项仅能用于教育方面，随用随取。时任两江总督的端方咨询张謇创办南洋大学的建议，张謇认为应该讲求办学的秩序，要先有中学，再发展高等专科学校，高等专科学校发展成熟后才能兴办大学。他建议在创办南洋大学之前，宜发展好高等专科学校，再筹建南洋大学。

光绪三十三年（1907 年）至宣统三年（1911 年），张謇与友人于吴淞合创中国公学，创办私立张徐女子初等小学；与地方人士范当世等倡议筹款，创办了海通五属公立中学，该中学为首个苏北普通中学；创办垦牧初等小学、银行专修科等。宣统三年（1911 年）八月，张謇在北京召开的中央教育会会议上致辞，并被选为会长。

1912 年至 1913 年，张謇创办新育婴堂第一幼儿园、幼儿园传习所、私立南通医学专门学校、警察长尉教练所、南通纺织专门学校、镀镍传习所等；创办唐闸纺织校，后发展为纺织专门院。

1914 年至 1916 年，张謇助成南京高等师范，后扩展为东南大学；借省议会地址开设河海工科专门学校；在女师中设立幼稚、商业学校、女红传习所；在南通建立狼山盲哑学校，这是中国人自办的第一所盲哑学校。

1917 年 5 月 6 日，黄炎培、张謇、蔡元培、宋汉章以及梁启超等共同创建中华职业教育社，宣传推广职业教育，这是中国近现代历史上首次出现职业教育；是年，建成第二幼稚园并正式开学。

1918 年—1924 年，张謇在东台县创建私立师范学校，学校持续创办了九年；创办伶工学社、工商补习学校、蚕桑讲习所、马家巷第三所幼稚园、垦牧高等小学、盲哑师范传习所等；将纺、医、农三所专门学院合并为南通大学，成为南通的最高学府；将张徐私立常乐第三小学、私立张徐女子初等小学合并，更名为私立张徐女子小学，成为海门第一所女子高等小学。

张謇一生创办包括新式小学、中学、职业学校、特殊学校、专科学校等各类学校，形成了一个系统的新式教育体系，极大提升了社会整体教育程度和文明水平。据统计，张謇创办各类学校共有以下三十三所：南通农业学校、私立南通医学专门学校、南通纺织专门学校、河海工程专门学校、私立南通学院（南通大学）、通海五属学务处和通海五属公立中学、私立实业敬孺中学、南通师范学校、南通女子师范学校、土木工科测绘特班、镀镍传习所、女红传习所、南通私立甲种商业学校、盲哑学校师范科、伶工学社、女子蚕桑讲习所与发网传习班、通州公立第一高等小学、长乐镇国民初等小学、唐闸私立实业小学（唐闸实业公立艺徒预教学校）、张氏私立初等小学、张徐私立长乐第三初等小学、通州民立师范学校附属小学、南通女子师范附属小学、张徐私立女子小学、张邵高等小学校、女子师范纪念小学、大生副厂职工教育社（大生副厂职工子弟小学）、私立唐闸工人子弟小学、大生纪念小学、南通私立第一幼稚园、女师附属幼稚园、张杨私立第二幼稚园、张吴私立第三幼稚园。参与投资的学校有六所：震旦学院、复旦公学、南京高等师范学堂、中华职业学校、吴淞商船学校、淮属师范学校。共计三十九所。有学者称："南通一隅，人其乡，则道路治焉，地力尽焉，百工勤焉，学校备焉。"[①]由于张謇创办新式学校的推动，南通由一百多年前教育文化落后的江北小城，一跃成为人文荟萃、人杰地灵之地。

二、创办近代文化事业

一是创办南通博物苑。同治七年（1868 年），法国传教士韩伯禄创办徐家汇博物院。同治十年（1871 年），英国皇家亚洲文会北中国支会创立上海博物院。光绪二十九年（1903 年），张謇前往日本考察，侧重了解了日本的实业和教育两个领域。张謇在日本参观了数座博物馆，并且在博览会上深受启发。归国之后的张謇先后两次上奏清政府，《上南皮相国请京师建设帝室博览馆议》和《上学部请设博览馆议》都体现了张謇修建博物馆的迫切心愿。一直到光绪三十一年（1905 年），张謇自费创建了中国第一座现代公共博物馆——南通博物苑。张謇以通州师范学校修建的公共植物园为基础，开始修建南通博物苑，而张謇便是这座博物馆的苑总理。张謇为修博物馆，购并地二十九家，迁移荒冢三千余座，平土筑垣。

①瞿立鹤：《张謇的教育思想》，台湾学生书局，1967 年，第 289 页。

二是创办南通图书馆。张謇兴办图书馆想法的产生主要是受到两个方面的影响：其一，受绍兴徐树兰所建古越藏书楼的影响。光绪二十六年（1900年），绍兴士绅徐树兰创办了具有现代图书馆性质的古越藏书楼，张謇在考察古越藏书楼之后作了一篇题为《古越藏书楼记》的文章，文章中盛赞徐树兰“举其累世之藏书，楼以庋之，公于一郡，凡其书一若郡人之书”，“楼成，其乡之人大欢”，并称“亦欲效先生之所为，而亦欲海内藏书家皆仿先生之所为也”。其二，受西方先进思潮以及示范效应的影响。光绪二十九年(1903年)，张謇东渡日本进行了七十天的实地考察，行程中的一项重要内容就是参观博物馆、图书馆。张謇于光绪三十一年（1905年）开始多次向朝廷上书。在《上学部请设博物馆议》奏折中，针对西方各国包括博物馆、图书馆在内的公共教育设施的先进，张謇列數了旧式藏书楼的弊端：“(官家)则以藏庋宝于中秘，推行囿于一隅。其他海内收藏之家，扃鐍相私，更无论矣。”提出“今为我国计，不如采用博物馆图书馆二馆之制，合为博览馆”，如此则“上可以保存国学，下可以嘉惠士林”。在《上南皮相国请京师建设帝室博物馆议》奏折中，则进一步提出了建设以“国家图书馆”为龙头，带动各省各地的图书馆建设，形成全国性的图书馆网络，以使“文物典章，粲然具备”，更使“莘莘学子得有所观摩研究以辅益于学校”。在人员选配上提出“必得通东西洋语言文字二三员，以便外宾来观，有可咨询”。在图书采集方面，则建议以当年编纂《四库全书》为范，对献书者“请旨给赏”。同时，张謇在南通创建的博物苑，实际上具备了图书馆的大致功能。他“辟地四十亩，杂采植物实之。中建三楼为馆，以储三部之物。而以教育品附焉”。其中的三部为天然部、历史部、美术部。美术部中有“经史词章之集，方技书画之遣”。辛亥革命让张謇最终实现了图书馆之梦，按照张謇自己的记述：“民国元年，里少年尽毁诸神祠。謇于是谋诸兄谋耆老……因岳庙为图书馆。”图书馆“计有图书楼两幢二十间，曝书台五间，厢楼上下十二间，阅览楼上下八间，两廊办事室十间，道故斋上下六间，燕息亭三间，庶务室、门房、厨房、厕所十三间，共六十七间，计用银万二千元。书橱二百架，计用银一千二百六十元，图书十三万千百卷，他人赠者五万卷弱，謇赠者八万卷强。职员六人：馆长一，馆务主任一，编辑及保管二，庶务一，收发一。规定每年馆用一千六百元，增购图书二千元，校对、装订费用四百元，共四千元。其预筹而未设者：儿童阅览室、妇女阅览室，并置巡回书库"。这样，张謇终于实现了建立一所真正意义上的、颇具规模的图书馆之夙愿。

三是创办南通第一张报纸。光绪三十三年（1907年）八月，张謇创办了南通历史上的第一张报纸——《星报》。宣统三年（1911年）辛亥革命后，时局剧变，《星报》于1912年1月终刊。但以《星报》为基础，张氏家族又于1912年创办了《通报》，之后分别更名为《新通报》（1914）、《南通新报》（1918）、《南通报》（1919），开一代报业的先河。

四是创办南通剧场和体育场。1916年建成更俗剧场。1919年筹建中国影戏制造有限公司。1918年建成第一公共体育场，面积约十五亩。1922年建成第二公共体育场。

三、改造和创办公益慈善机构

张謇把慈善事业看作其实业救国、教育救国理想的重要补充。他说："窃謇以国家之强，本于自治。自治之本，在实业教育，而弥缝其不及时，惟赖慈善。"于是，张謇倾尽财力心血，举办了许多慈善公益事业，内容包括育婴院、养老院、义园、贫民工场、济良所、残废院、栖流所等诸多方面，覆盖当地社会贫困阶层，形成近代较为完善的地方慈善体系。

张謇早年的慈善活动主要是举办义庄、社仓等传统赈济方式。在光绪二十九年（1903年）考察日本后，随着地方自治的思想形成，张謇开始创办具有近代形式的慈善事业。这些慈善事业大致可以分为三类：其一，张謇对南通传统慈善机构进行的改造，包括育婴堂、义园、栖流所。这些传统慈善机构或年久失修，或管理不善，张謇在继承其前制的基础上，一方面或搬迁新地，或增建房舍，一方面加强管理，合理规划，使它们重新恢复功用。其二，张謇大量借鉴国外经验而创办的近代意义上的慈善机构，包括养老院、贫民工场、济良所、残废院、聋哑学校等。比如，1913年，张謇就将他在六十岁寿辰时亲戚朋友的贺礼馈赠拿出来，在南通城南建造了一所养老院，以收容无依无靠的孤寡老人。正是这些机构的创立，标志着南通慈善事业由传统向近代的转型。其三，服务特殊对象的慈善机构，如残废院、盲哑学校等。比如，鉴于盲哑儿童不能接受教育、不能自立的状况，张謇于 1916 年在狼山北麓开办了狼山盲哑学校，设盲、哑两科，以“培养盲哑师资，造就盲哑使其有独立自存之能力”为宗旨。

兴办慈善事业需要大笔资金，张謇除将其每年盈利拨出相当部分作为慈善专项基金，还在百忙之中，卖字筹资。育婴堂、残废院、盲哑学校等机构的运作资金中，有很多一部分就来自张謇鬻字而来的筹资。此外，张謇还利用自身影响力，号召政府拨款资助慈善事业。同时，他还注意慈善机构改革，教养结合，让弱势群体自力更生、丰衣足食。

据统计，张謇主持改造和创办公益慈善机构有：南通育婴堂、南通养老院、贫民工场、南通济良所、狼山盲哑学校、南通栖留所、南通军山气象台、南通医学专门学校附属医院、南通五公园、南通县劳工医院等十余家。

第六章　从君主立宪制的推动者到民主共和制的支持者

一、参加君主立宪运动

中国封建社会皇权至高无上，特别是到了清朝，高度集权的皇权专制严重阻碍着社会的发展。道光二十年（1840年）至道光二十二年（1842年）英国发动侵略中国的战争，史称第一次鸦片战争。清政府被迫签订了近代中国第一个不平等条约中英《南京条约》。条约规定中国开放广州、福州、厦门、宁波、上海五个通商口岸、割让香港岛、向英国赔款二千一百万银圆。咸丰六年（1856年）至咸丰十年（1860年），英、法两国在美、俄支持下联合发动了第二次鸦片战争，战争仍以中国失败而告终，清政府分别与英、法、美、俄签订《天津条约》，并订立中英《北京条约》、中法《北京条约》，作为《天津条约》的补充。这些不平等条约的签订，中国损失了更多的主权和领土，外国侵略势力扩张到中国沿海各省，并伸向中国内地。清朝一部分官僚痛定思痛，开始认识到西方坚船利炮的威力，决定"师夷长技以制夷"，吸收、引进西方科学和技术，开始了"中学为体，西学为用"的洋务运动。洋务派主张学习西方的声、光、电、化、轮船、火车、机器、枪炮、报刊、学校等，达到自强目的。中日甲午战争，洋务派经营多年的北洋海军全军覆没，标志着洋务运动的失败。中日甲午战争让中国有识之士不愿接受又不得不接受了一个残酷事实，就是大清王朝竟败于昔日学习中国文化的日本小国，而且败得如此惨烈。张謇等认为，日本强盛的主要原因是君主立宪，要使中国走上自强之路，唯一的办法是反过来向日本学习，实行君主立宪。为此，立宪派强烈主张用君主立宪来取代君主专制，自上而下地实行宪政，切实改革弊政，通过立宪使中国逐步走上自强之路。

光绪二十七年（1901年），清朝在内忧外患的重重压力下，开始了一场自上而下的经济和政治体制改革运动，停止武科科举考试，筹建武备学堂，编练新军，书院改为学堂。张謇向朝廷递交《变法平议》奏章，建议置议政院，他认为“日本明治初，维新之始，置公议所，旋废。置集议院后设元老院。凡制定新法，改正旧章，上有所建，交议院行。下有所陈，由议院达。故下无不通之情，上无不行之法”。同时，张謇建议设府县议会，他指出：“变官之法略具矣。然国有兴革，何以使民不疑？国有征敛，何以使民不怨？兴革视民之裕，何以杜其疑而使之和？征敛视民之力，何以平其怨而使之服？权衡枢纽，必在议会。”光绪二十九年（1903 年），张謇从日本游历考察回来，深受日本宪政鼓舞，更热衷立宪问题，“见到官员友人，遇到谈论通信，没有不劝解磋磨各种立宪的问题”。

光绪三十年（1904 年），清廷在坚决反对封建皇权革命的同时，加紧对绅商上层的拉拢和软化，颁发上谕，“张謇着赏加三品衔作为头等顾问官”，但这并未缓减张謇主张君主立宪的决心。张謇积极联络张之洞、魏光焘和其他各省督抚，希望他们共同敦促清廷实行君主立宪，与他人为两江总督魏光焘、湖广总督张之洞起草《拟请立宪奏稿》，还和赵凤昌刻印的《大日本帝国宪法》十二册“径达内廷”。

光绪三十一年（1905 年），日本与沙皇俄国为了侵占中国东北和朝鲜，在中国东北进行了一场帝国主义战争。清政府竟然无视战火在自己领土上燃烧，无耻宣布严守“局外中立”。战争的结果是立宪的日本战胜了专制的俄国，更使中国思想界产生了极大的震动，朝野上下普遍将这场战争的胜负与国家政体联系在一起。张謇在《致袁世凯书》中说：“日俄之胜负，立宪专制之胜负也”“非小国能战胜于大国，实立宪能战胜于专制”。全国展开了要求实行君主立宪的立宪运动，一时间立宪之声“洋洋遍全国矣。上自勋戚大臣，下逮校舍学子，靡不曰立宪立宪，一唱百和，异口同声”。张謇托信北上面陈直隶总督袁世凯，敦促其带头奏请立宪。鉴于立宪运动在全国范围内呈燎原之势，直隶总督袁世凯、两江总督周馥、湖广总督张之洞联名上奏，请定实行宪政，并奏请简派亲贵大臣出国考察政治。面对以推翻清朝为目标的革命运动的不断加强和国内要求立宪呼声的不断高涨，端方主张“亟宜附从多数希望立宪之心，以弥少数鼓动排满之乱党”。清廷只好摆出迎合民众的姿态，派遣载泽、端方等五大臣出国考察宪政，再定立宪。

光绪三十二年（1906 年），五大臣回国后，载泽在《奏请宣布立宪密折》中，认为立宪"利于国，利于民，而最不利于官"，强调实行宪政有三大好处：一是"皇位永固"，二是"外患渐轻"，三是"内患可弭"。载泽担忧至高无上的皇权一下子失去，恐难推行宪政，于是提出，"今日宣布立宪，不过明示宗旨为立宪预备，至于实行之期，原可宽立年限。日本于明治十四年宣布宪政，二十二年始开国会，已然之效，可仿而行也"。清廷看中了载泽立宪"预备"两字，以"预备"应付立宪运动，颁发《宣示预备立宪谕》，"预备立宪"由此而来。"预备立宪"谕旨颁布后，立宪运动由宣传推动阶段进入了发展阶段，各地纷纷建立立宪团体，当时全国约有八十个团体。立宪派主要代表郑孝胥、张謇、汤寿潜联络江、浙、闽三省的立宪党人和实业界人士在上海成立预备立宪公会，这是国内第一个立宪团体，也是规模最大的立宪团体。该会宣称"愿为中国立宪国民之前导""敬尊谕旨，以发愤为学，合群进化为宗旨"，力谋"使绅民明悉国政，以预备立宪为基础"。郑孝胥被选为该会会长，张謇任副会长。预备立宪公会活动一直持续到武昌起义以后，是清末存在时间最长、影响最大的立宪团体。预备立宪公会不仅是江浙、东南地区立宪运动的中心，而且对全国的立宪运动发挥着主导作用。预备立宪公会除发行机关报《预备立宪公会报》外，还出版其他书刊，宣传立宪意义。预备立宪公会还广泛联系政闻社、湖北宪政筹备会、湖南宪政公会、广东自治会等全国相关立宪组织和机构，全力推进全国的立宪运动不断发展。

二、激进的君主立宪派领袖之一

光绪三十三年(1907 年)，清政府宣布在中央设立资政院，又通饬各省督抚设谘议局，各县设议事会。张謇与汤寿潜、蒯光典等积极推动立宪事宜。他们认为，实行立宪政治的关键在于召开能够限制和削弱君主专制权力的国会。张謇指出，"夫有国会然后可以举行宪政，无国会则所谓筹备皆空言"。光绪三十四年（1908 年），由郑孝胥领衔以江浙绅商名义电请召开国会，联名通电吁请召开国会的做法蔚然成风。广东、江浙、安徽、直隶、吉林、山东等省的绅商代表也纷纷呼吁召开国会。张謇推动筹办江苏谘议局，相继设立由士绅组成的谘议局调查会和谘议局研究会。清政府为了缓和全国广大人民的不满情绪，颁布《各省谘议局章程及议员选举办法》，不久又颁布由沈云沛主持制定的《钦定宪法大纲》，宣布预备立宪以九年为期，逐步实行立宪政治，期满召开国会。《钦定宪法大纲》确认了君主立宪制的政治改革方向，具有积极的政治意义。其强调将来制订宪法、议院法、选举法等各种法律，"即以此作为准则，所有权限悉应固守，勿得稍为侵越"。内容主要是皇权神圣不可侵犯；颁布法律，未奉诏不得见诸实施；国家之间事务之权，由君上亲裁等。但其在强调宪法重要地位的同时，还贯彻维护皇权的封建专制精神，所谓"立宪"，实有借名行专制集权之嫌，损害了立宪政治在中国人心目中的形象和地位。

宣统元年（1909 年），清政府颁布《重申实行预备立宪谕》，宣示决心立宪。清政府正式成立中央资政院，各省成立谘议局。张謇被选为江苏谘议局临时议长，张謇利用谘议局开会时机，与上任不久的江苏巡抚瑞澂及许鼎霖、雷奋、杨廷栋、孟森等商议，决定联合各省督抚及谘议局，一致要求召开国会和组织责任内阁。经讨论决定，由瑞澂负责联络各省督抚"请速组织责任内阁"；由张謇等出面联络奉、黑、吉、直、鲁、浙、闽、粤、桂、湘、皖、赣、鄂等十四省谘议局"请速开国会"。张謇与相关各省联络晤谈，晓之以召开国会和组织责任内阁的必要性，倡导全国范围的国会请愿运动。经过协商，各省谘议局代表会聚上海，推举组成请愿代表团，定名为"谘议局请愿联合会"。代表们还就福建代表林长民起草的请愿书进行了讨论。张謇特作《送十六省议员诣阙上书序》，指出："闻诸立宪国之得有国会也，人民或以身命相搏，事虽过激，而其意则诚。我中国神明之胄，而士大夫习于礼教之风，但深明乎匹夫有责之言，而鉴于亡国无形之祸，秩然秉礼，输诚而请；得请则国家之福，设不得请而至于三至于四至于无尽，诚不已，则请亦不已，未见朝廷之必忍负我人民也。即使诚终不达，不得请而至于不忍言之一日，亦足使天下后世知此时代人民固无负于国家，而传此意于将来，或尚有绝而复苏之一日。"张謇还写了一份《请速开国会建设责任内阁以图补救意见书》，就召开临时国会、正式国会，成立责任内阁，选择内阁人选等问题提出自己的看法，"即以许开临时国会、建设责任内阁，特降明诏，宣示中外。譬诸水也，相其壅塞之无益，而为之川以导其流；譬诸屋也，知其罅漏之可虞，而增之墙以厚其辅。此立宪之通例，而国家之大利"。

在张謇等倡导下，一个由十六省代表组成的国会请愿团向北京进发。宣统二年（1910年），各省请愿代表团到北京后，向都察院呈递了请愿书，向都察院递交请愿呈折《各省议员请速开议会折》，吁请清廷在一年内召开国会，第一次国会请愿运动由此发端。清廷以筹备尚不充分为由，驳回请求。江苏谘议局作为国会请愿组织者，在张謇的主持下，再次做出速开国会的决议。同时，民政部六品京官黎宗岳等也在北京组织"国会期成团"。各省政团、商会、学会及华侨商会代表推选代表，在北京联合各省谘议局代表共同发起第二次国会请愿运动，再次被驳回，仍维持九年预备立宪，并令不得再行续请。清廷保守派官员担心内阁会造成对皇权的侵夺。学部丞参上行走柯绍上奏称："君主立宪虽有命令之权，政柄既已下移，将并其命令之权亦移之。今使内阁大臣代负责任，万一主权稍替，有鹰扬跋扈之臣专吾政柄，密布腹心于各部大臣，在上下议院结党营私，此私忧过计者一。"大学堂总监刘廷琛在奏折中说："凡各部院大臣、各省督抚皆由总理大臣保证，一切奏章先达内阁，由总理入奏请旨，内阁掌理天下大事。总理得人，尤不改其公忠之志，万一总理巧取时誉，久执威权，而若说其中不会出现王莽、曹操之流，臣实不敢信也。"他向清廷政府建议，"严厉惩处几个外省封疆大吏中的贪污者，以震动天下耳目。而于应办新政，择要实行，扰民苛敛，酌量停罢。办一事必择一任事之人，不稍掺私意于其间"。虽然十个团体同时向都察院呈递请愿书，但清廷一直拖延，虚与委蛇，仍然坚持既定方针，"俟九年筹备完全，再行降旨定期召集议会"。请愿代表决定在北京设立"请愿即开国会同志会"(或称国会请愿同志会)。各省设分会，开设报馆刊行日报，加强舆论宣传。各省先后设立谘议局。为了加强各省谘议局的联系，各省决定在北京成立谘议局联合会，并召开第一届会议。各界代表决心以更大的声势迫使清廷速开国会。各省请愿代表和资政院部分民选议员又一次向清廷上书，开始第三次国会请愿运动。资政院也正式提出速开国会的议案，全场一致通过该项议案。清廷迫于各方面压力，不得不宣布将于1913年召开国会，并且答应预行组织内阁。同时，谕令“所有各省代表人等，着民政部及各省督抚剀切晓谕，着期即日散归，各安职业，静候朝廷详定一切，次第施行”。但各界代表对三年预备立宪心怀不满：“三年遥遥，夜长梦多。诸父老与有兴亡之责，有国忧勤其何以图之？”东三省派人第四次入京请愿。途经天津，得到学生的积极响应，学界请愿同志会代表温世霖等倡议全国学界总罢课请愿。奉天、直隶、四川等各省学堂学生散发传单、罢课，请愿运动大有不可遏制态势。清廷立即谕饬各省督抚严禁请愿运动，随时弹压惩处。温世霖遭逮捕，并被发配新疆，请愿运动停止，清王朝与立宪派的矛盾进一步加深。

宣统三年（1911年），清政府颁布由宪政编查馆、会议政务处拟定的《内阁官制》十九条和《内阁办事暂行章程》十四条。在“敬举要义”时说：“查各立宪国内阁之设，目的在于担负起国务之责任。而对于何者应负责任，各国立法又复不同。恭绎钦定宪法大纲，统治之权属诸君上，则内阁官制自宜参仿日、德两国为合宜。我国已确定为君主立宪政体，则国务大臣责任所负，自当用对于君上主义，任免进退皆在廷，方符君主立宪宗旨。”这个“要义”本质仍是皇帝专权，内阁完全是对皇帝负责，均由皇帝“特旨简任”，阁议结果最后仍要“请旨裁夺”，其职责也只是辅弼皇帝，可谓“名为内阁，实则军机；名为立宪，实则为专制”。在发布内阁官制和办事章程的同时，清政府又发布上谕，任命内阁总理、协理大臣和各部大臣，并宣布将旧内阁、军机处和会议政务处统统撤去，正式成立责任内阁。首届责任内阁的成员满洲贵族占多数，而其中皇族又占多数，因此内阁被称为“皇族内阁”，彻底暴露了清政府假立宪、真集权的真实用心。谕旨一发表，立即引得群情激愤。立宪派没有料到朝廷竟然“换汤不换药”，换来的是一个皇亲贵戚集团组成的“责任内阁”。各省谘议局联合会代表向都察院上折，指出皇族内阁与君主立宪政体相排斥，君主不担负责任，皇族不组织内阁，为君主立宪唯一之原则。如内阁总理大臣不是皇族，则内阁垮掉不会对君主造成影响或冲击，但若为皇族，倒阁必有损皇族尊严，应另简大员组织内阁。立宪派企图用皇族尊严劝说清政府改弦更张，但满族权贵根本不想放弃权力，清政府对立宪派的上书进行了严厉申斥。清政府发布上谕：“黜陟百司，系君上大权，载在先朝钦定宪法大纲，并注明议员等不得干预。值兹预备立宪之时，凡我君民上下，不得超越大纲范围行事。乃议员等一再陈请，议论渐近嚣张。若不亟为申明，日久恐兹流弊。朝廷用人审时度势，秉持公正，尔臣民等均当禀遵钦定宪法大纲，不得率行干请，以符君主立宪之本旨。”皇族内阁的设立标志着清政府预备立宪骗局的破产，立宪派对清政府丧失了信心。清政府上谕发表后，立宪派即发布了《宣告全国书》，称“希望绝矣”。

君主立宪是第一次由中国三千年封建专制向立宪政治过渡的政治改革。张謇等人的君主立宪宣传、主张及各种活动，在客观上对几千年的封建专制形成了否定的态势，对唤醒民众的政治权力、民主意识起了一定的启蒙作用。张謇等立宪派企图通过“合法”的手段，推动立宪运动的发展，但由于清政府顽固坚持反动的立场，不肯放弃皇族特权，以假立宪愚弄社会，导致了人心背弃，立宪派也放弃了对它的希望而另辟道路，皇族内阁也最终在武昌起义所形成的反清革命风暴中垮台。

作为江苏谘议局临时议长，张謇积极发挥谘议局的参政议政作用，利用谘议局平台积极参政议政，推动政治改革。在江苏谘议局第一常会期间，张謇提出《本省单行章程规则截清已行未行界限，分别交存交议案》，申明谘议局有权议决本省单行章程规则之增删修改及本省权利之存废事件，并针对督抚可能妨碍谘议局履行其职务权限、保护谘议局议决权的有效实施，同时制定《江苏谘议局关于本局议决权内之本省行政命令施行法》。张謇将谘议局视为“地方议会”基础，力图按照议会政治的操作方式使其切实起到参政乃至立法的作用。为了维护谘议局参政议政的政治地位，张謇数次与两江总督张人骏开展政治斗争。张人骏对谘议局所呈报的议决案，往往迟迟不予公布，不作复文。宣统三年（1911 年）四月因为宁属预算案未能公布实施，张謇率副议长、常驻议员全体辞职，以示抗议，并愤而指责：“謇等不足惜，其如国家宪政何？其如本省行政何？”张人骏致电军机处，声称谘议局不体谅财政状况，任意删减财政支出，不再交议。清廷谕旨，谘议局“只能议减实在浮滥之款，若强为增删移补，即属逾越权限”。江苏谘议局针锋相对的政治斗争得到本省士绅及外省谘议局的大力支持。省城士绅集会，成立江苏预算维持会。在京苏省人士联名奏劾张人骏任两江总督以来“匿灾殃民，截留京饷，矛盾欺君，仇视宪政”种种罪状。最终，在民意的强力推动下，奕劻被迫下令张人骏公布预算案，张謇等人才宣布复职。

三、转向民主共和制的支持者

清政府政权瘫痪后，独立各省各自为政。形势发展迫切要求建立一个统一的共和政府。江苏政局的真正稳定又必须是以全国政局稳定为前提。因此，张謇等人发起并组织共和统一会，力主实现“军国”“南北”“民政”“政体”“领土”“舆论”等诸方面的全国“统一”。张謇从发展实业的角度出发，最关心的事是稳定江苏局势。张謇一方面劝告“各州县同志君子，各以地方治安秩序为重，联合约束，保卫维持”，一方面极力劝说江苏军政府都督程德全攻克南京，取得江苏全省最高统治权，维持江苏政局的稳定，张謇并以海通实业公司名义对驻军进行慰问。

武昌起义后，在湖北军政府中初步巩固了自己地位的黎元洪抢先电邀各省代表到武昌开会讨论组织临时中央政府。江浙革命势力在革命成功后，也在酝酿成立临时中央政府，电邀各省代表到上海参加组织临时中央政府的大计，并电请各省公认上海方面选举的伍廷芳、温宗尧为临时外交代表，统一负责对外事务。张謇等人电告时在汉口的政友江苏籍旧官僚庄蕴宽，提议“政府设鄂，议会设沪”的折中方案。

1912年1月1日，孙中山从上海到南京就任临时大总统，中华民国临时政府正式成立。1月3日，各省代表推举黎元洪为副总统，又根据孙中山所提出的各部人选，讨论确定了政府机构。张謇在孙中山等人的敦请下出任实业部总长。张謇与孙中山交谈后，在当天的日记中对其评价是“不知崖畔”（“孙大炮”的另一版本）。中华民国联合会在上海成立，张謇选任参议员，又被荐任特务干事。1月6日，在《大共和日报》上，张謇致函章炳麟，指出：“今以共和为主义，立法不妨参酌法、美，期适于我。以大众权利、思想发达之象觇之，若政府不参法制，将来大总统非乡愿，恐鲜能平安终任者，是可虑也。”孙中山、黄兴因临时政府财力困难被迫以汉冶萍公司向日本抵押借款。张謇得知此事，致函加以劝阻。对于汉冶萍铁厂，张謇致函孙中山、黄兴：“综要言之，凡他商业皆可与外人合资，惟（汉冶萍）铁厂则不可；铁厂容或可与他国合资，惟日人则万不可。”张謇携赵凤昌会晤唐绍仪，商议汉冶萍公司事宜。“再与孙、黄函：汉冶萍以之抵借犹可”，合资不可，仍未得孙中山、黄兴答复。在汉冶萍铁厂的合资问题上，张謇感觉与临时政府间有着政策差异，于是致电孙中山：“汉冶萍事，曾一再渎陈，未蒙采纳。在大总统自有为难，惟謇身任实业部长，事前不能参预，事后不能补救，实属尸位溺职，大负委任。民国成立，岂容有溺职之人滥竽国务？谨自劾辞职，本日即归乡里。”因孙中山等人一再坚持己见，2 月 12 日，张謇电辞实业部总长职务。任职不足一个半月即辞职，张謇对刚成立的临时新政权有着复杂的心态，也与其对故交袁世凯寄予厚望有关。

与孙中山相比，袁世凯具有丰富的官僚政治经验和政治资源，手上有自己创建的北洋新军，北洋军阀亦多源自新军，如徐世昌、段祺瑞、冯国璋、王士珍、曹锟、张勋等。由于帝国主义和封建势力特别强大，中国民族资产阶级既有革命性，又有妥协性，没有真正发动并取得广大人民群众的支持，没有能力建立一支坚强的革命军队。最终南北双方协商，只要袁世凯逼退清帝退位，赞成共和，孙中山即辞去大总统职务，选取袁世凯为大总统。张謇为了解除袁世凯等人对临时政府的疑虑，取得谅解和安抚袁世凯，向袁世凯电告南方政局：“南方先后独立，事权不统一，秩序不安宁，暂设临时政府，专为对待独立各省，揆情度势，良非得已。孙中山亦已宣告：大局一定，即当退位。”孙中山就任大总统后，也曾致电袁世凯，表明自己不过是“暂时担任”，大总统一职尚“虚位以待”。在此前后，张謇还曾电告袁世凯：“甲日满退，乙日拥公；东南诸方，一切通过。”袁世凯得到了南方政府的保证，立刻开始逼宫，致电清政府“立定共和政体”，清帝溥仪被逼退位，清王朝最终走向灭亡。袁世凯把清帝退位决定通知南京临时政府。孙中山信守诺言，向参议院辞职，让位于袁世凯。参议院正式选举袁世凯为临时大总统。张謇被袁世凯安排任北洋政府工商部总长。

四、再由君主立宪转向民主共和的赞成者

袁世凯建立起北洋军阀政权后，一面宣称发扬共和之精神，一面推行独

裁政治。1914 年，袁世凯下令解散国会，继则下令停止地方议会，废除辛亥革命时期产生的《临时约法》，扩大总统的权力。袁世凯罔顾民意，修订《总统选举法》，规定总统可以无限期连任，子孙甚至可以世袭。

张謇也赞成恢复君主立宪制，他参加了袁世凯往孔庙的祭孔祀礼活动。1915 年，张謇出任参政院参政，参政院开会一致表决通过恢复君主立宪制。12 月，袁世凯接受拥戴，并册封徐世昌、赵尔巽、李径羲、张謇为“嵩山四友”。

1915 年，袁世凯改国号为“中华帝国”，决定以 1916 年为“洪宪元年”。在全国反袁斗争日益高涨的形势下，1916 年 3 月，袁世凯被迫宣布撤销帝制，颁令废止“洪宪”年号。6 月，袁世凯在全国人民的声讨中死去。张謇在他当天的日记中写道：“午后得沪嵩（指袁世凯）崩电至。夜复得厚生、公权电，知洹上以午前十时即世。三十更事年才，三千年未有之会，可以成第一流人，而卒败于群小，谓天之训迪吾民乎？抑人之自为而已。”他在致好友黄兴的信中写道：“袁氏自毙，此正天与我民以教养之机也。”虽然张謇与袁世凯在过往的相处中有个人情谊，但是在袁世凯复辟帝制的问题上，张謇是反对的。

张謇与袁世凯有过四年多的政治合作。据南通市档案馆藏《张謇未刊函电》记载，张謇察觉袁世凯称帝的野心，函劝袁世凯，指出国内已经出现“帝制复活”的流言，暗示袁世凯放弃恢复帝制的想法，不要逆潮流而动。袁世凯撤销国务院，设置政事堂。张謇不愿再与袁世凯合作，先后呈文《为驰勘淮北水灾请派员代理部务呈》《请解农商部长职专任水利局务呈》《呈总统袁世凯》。张謇先以“勘视”淮灾为名请假南归，请辞农商部总长一职，专任水利局总裁，但未得到袁世凯的批准，后再次辞职，始得批准。由于张謇具有很高的社会声望和杰出的营商才干，被迫取消帝制但仍为大总统的袁世凯通过复任国务卿的徐世昌邀张謇北上，张謇始终未予答应。张謇在《劝告袁氏退休致徐菊人函》中，明确劝告袁世凯不要倒行逆施，而要“急流勇退”，“为国计，免外人之干涉；为民计，免军民之荼毒；为洹上计，上不失为日月更食之君子，次不失为与时屈伸之英雄”。

第七章 "大生"衰落与黯然离世

一、大生纱厂衰落

1921年，大生纱厂对外负债已达四百万两，危机开始出现。1922年，大生纱厂又亏损八十万两，成为该厂由盛转衰的转折点。此年，张謇建议加强江苏运河治理，胶济路权赎回应付众议，加强社会治安管理，倡议建立的扬子江水道讨论委员会在北京成立，在上海设办事处。张謇协建裕华垦牧公司，还亲自编订《大生纺织公司各厂办事通则》《大生纺织管理处办事细则》《大生纱厂各埠批发所办事通则》《八厂收归一厂统办增股启》等公司文件。张謇积极协调中华民国制糖股份有限公司股东矛盾，"吾国实业，近年来方有萌芽，糖业公司之创兴，尤为近年实业结晶之一""甚愿公司中人及联合会，双方相见以诚，各加谅解"，勿为定机一事横起纠纷，延误开厂。张謇还兴办多所养老院，筹办淮南盐垦股东大会，出席相关公司股东大会、董事会、联合会。张謇为稳定当地物价，办理"城区及唐闸"平粜，"前后凡四次，为期两月""远求大连之苞米，近购浙温之薯干，数近万石"，"亏及六千"，与张督以"私资分认"。"办货及平粜人员，则嘱大达（外江轮步公司）分任之"。筹款"计十九万元之多，此外连同省拨及私人捐款共三十二万余元"。张謇由此到了因"教育、慈善事业竭"，开始了卖字筹款的窘境。

当时中国棉纺织业发生了严重的经济危机，以大生纱厂为基础的实业遭受到了毁灭性打击，导致张謇的事业全面崩盘。主要原因，一方面全国棉纺业处于高速膨胀发展，另一方面日本在华的纺织业增长迅速，技术先进，加之棉纺业新建新厂、老厂扩建，原材料短缺，造成原料价格快速上升，出现了"花贵纱贱"的市场，以及内部组织管理不到位、管理人员不团结、人才缺乏等因素，张謇创建的大生一、二、三厂遭遇纱价持续跌落危机。"棉纱市面自初夏以至秋风结尾，无日不在跌落之中。每箱价格由二百二十元回小至一百六十余元，价其差数竟有六十元之巨。故业纱之资本愈大亏折亦大。其间经营得法，能免于亏折者十不得一焉，因而获利者百不得一焉。”同期所建大生织物公司“据深知内容者言，全系于制造之技术。盖该厂所出线毯，向用粗纱加以漂白，近以务求精美，改用细纱，而主任、工人不谙学理……织成后表面虽属美观，运沪批售，储存稍久，触处立破，纷纷退还，值可售数万元”。同期所建淮海实业银行存款渐少，加之股债过大，营业萎缩，银根紧缩又导致大生纱厂资金匮乏。各地军阀混战又进一步恶化大生企业的经营状况，导致企业供销两难。同时，张謇将纱厂的利润一部分用于社会事业之中，未能用于纱厂自身的再生产活动。张謇在《为实业致钱新之函》中，无奈地感慨道：“謇不幸而生中国，不幸而生今之时代，尤不幸而抱欲为中国伸眉书生吐气之志愿，致以皭然自待之身，溷秽浊不伦之俗。”1923 年，大生纱厂亏损严重，大生一厂“营业之难已达极点，而亏折亦甚巨”，三停其二。大生二厂“上半年之亏在时局，下半年之亏在天时与金融”。大生三厂股额“交者寥寥”，资金匮乏，只好抵押厂房换取营运资金，上半年盈利的主要原因是纱机新式，出纱均匀，市场价格略高，但下半年营业净亏。大有晋盐垦公司、新南垦殖公司售地还债。所办城郊公共汽车运营几乎停运，损失不资。

张謇面对棉纱发展困境，致函黎元洪、张绍曾说：“查各国奖倡棉业，国家岁费甚巨。今我国棉业工商丁此厄运，不求政府分外补助，亦见商人忠恕之天良。特求承认为华商纱厂联合会组织中华棉业银公司并发行债券担保，抑为政府容保之表示。”若政府对此不闻不问，“与钧座就职之宣言如何？国人之望如何？外人之议如何？此尤愿钧座处之熟思审顾者也”。但是杳无音信，无奈之下，张謇寻求日本资金的支持，但等到 1924 年，因关东大地震等诸多因素，日本金融瘫痪。张謇向美国资本家借款也不成，大生此时已债台高筑，不利贷款之事纷纷而来，无可挽回地走向衰落。1925 年，大生企业被上海的中国、交通、金城、上海四家银行和永丰、永聚钱庄债权人组成的银行团接管。

二、落寞仍进取的晚年

人生晚年的张謇，仍然"家事、国事、天下事，事事关心"，先后担任于通如崇海同乡会会长，任全国教育资金委员会委员，苏社理事、主任理事，中华职业教育社议事员，南京平民教育促进会名誉董事，陇海铁路南线维持会理事长，全国道路建设协会顾问等。张謇为了实业发展，多次参加大豫盐垦公司股东会议、大丰盐垦公司股东会议，以及大赉盐垦公司、遂济盐垦公司重要会议，商谈企业经营困境解决之道。多次查巡通海牧垦公司、牧乡高等小学校等地，协调解决生产经营、发展过程中遇到的困难。张謇关注和支持社会公益活动，救灾治水、疏浚河道，支持创办女校，甚至将家藏古玩、名流手迹的字画出售，作为南通教育资金。张謇也十分关心教育和文化建设。张謇到女子师范学校参加校友会，发表演说，希望人人成为有人格之人，"士轨于士，农轨于农，工轨于工，商轨于商"，"会场不下二千余人，几无容身之地"。在对中国影片制造股份有限公司的贺词中，张謇说："本公司专制中国式影片，以启发民智，补助教育为宗旨。选择剧本特为谨严，非有益世道人心之作，绝不摄制。"在更俗剧场欢迎宋希尚学成归国的演讲中，张謇指出："吾以为人之长处，虽千里万里之遥，尚宜取法。苟人之短处，虽近在咫尺，亦不可学。"在县立女子师范学校的演讲中，张謇强调，"世界之成，即成于能助也。无知识即不能助人，无益于世，无益于人，无益于家庭"，要认真学习，增长知识。张謇在南通纺织专门学校在沪校友欢迎会上要求，"南通学生日得尽力贡献社会，并切记'忠实不欺、力求精进'之校训"。

晚年的张謇关注时政，发表《对于宪法之意见》，赞同张嘉森"以宪法付人民公决"主张。张謇对社会暴动、官商渔轮争执、裁撤机关、陇海铁路南线等都提出了很多有益的意见和建议。

生命不息，工作不止。在张謇生命的最后几年中，他一直奔波劳碌。1926年，张謇还积极筹划大豫盐垦公司"交地自管及增加新股办法"，筹备参加美国费城世界博览会展品事项，建议严查烟土，视察女子学校、省第一代用师范学校、通海垦牧公司，增设海通私立甲种商业学校高中部，料理姬生酒厂厂务。

三、黯然离世

1926年8月1日早6时，张謇到姚港东视察江堤。8月2日，张謇遍体发烧。13日，病势渐重。21日，病情危急。24日12时许，为发展中国近代实业和教育文化公益事业及立宪政治理想奋斗了一生的著名实业家、教育家、政治家张謇，在南通老家离世。

张謇在病危之际没有提一句家事，说一句私话，把他的一生全部献给了社会。他曾谦虚地自我评价道："謇营南通实业、教育二十余年，大端粗具。言乎稳固，言乎完备，言乎发展，言乎立足于千百余县而无惧，则未也未也。实业未至人尽足以谋生，户尽不至乏食，教育未至乡里学龄儿童十七八有就学之所，儿童长成十五六有治生常识，未足云大效。謇方目计之，心营之，而年日以长，力日以薄，智能日以绌，未知观成之何日也？"

张謇的一生是勤劳奋进的一生。张謇是一位有理想情怀的实干家，从来没有动摇自己的理想信念，放松自己的理想追求。胡适在《南通张季直先生传记》的序文中说："张季直先生独立开辟了无数新路，做了三十年的开路先锋，养活了几百万人，造福于一方，而影响及于全国；终因负担的事业过于伟大……谁都不能否认是一个伟大的失败英雄。"说他是失败的英雄，只是着眼于大生资本集团的破产而言。据张孝若回忆，12月5日张謇出葬，那天"素车白马，四方来会葬的，和地方上人，共有万余人，都步行执绋。凡柩车经过的地方，那沿路观望的乡人，有数十万都屏息嗟叹。注视作别，送我父到他的永远长眠之地，这坟地是我父亲生前自己所择定的，已经种了不少树木，前面直对着南山。墓上也不铭不志，只在墓门横石上，题为：'南通张季直先生之墓阙'"。

1966年8月24日，张謇墓被砸开，铜像被毁，遗体被挖出抛野。现在的张謇墓茔已是衣冠冢了。

下篇　张謇的思想

张謇主张“实业救国”和“教育救国”，是“东南实业领袖”之一，将“棉铁主义”作为“实业救国”良方，所开创的“南通模式”是中国近代工业和城市发展的有益尝试，一生创办了六十多个各类企业，三十九所各类学校。张謇是清末以李鸿藻为首领、以翁同龢为文胆的清议派的重要成员。清议派与守旧派、革命派不同，是忧君忧国忧民的士大夫，反对专制，力主变革；反对侵略，极力主战；反对贪官，主张扬善；反对革命，主张激进。但是，他们在政治、外交、军事上既无实战经验，也无真知灼见，实际却是纸上谈兵，空洞无物的“战狼”。张謇著有《张季子九录》《张謇函稿》《张謇日记》《柳西草堂日记》《啬翁自订年谱》等。1956 年 2 月，毛泽东在接见黄炎培时说，提起民族工业，在中国近代史上有四个人不能忘记，重工业不能忘记张之洞，轻工业不能忘记张謇，化学工业不能忘记范旭东，交通运输业不能忘记卢作孚。

第一章　张謇的政治思想

一、立宪与共和互相转化的思想

张謇从光绪二十七年（1901 年）庚子国变后坚持君主立宪思想，到宣统三年（1911 年）转变为赞同民主共和思想，再到 1914 年回到君主立宪思想，最后到 1915 年看清了袁世凯的皇帝梦而又回到民主共和思想。

清政府实行残酷的专制统治，贪腐成风，闭关锁国，故步自封，拒绝接受外来的先进思想和文化。鸦片战争后，西方列强凭借其船坚炮利，使中国成为其倾销商品的市场和廉价原料供应的重要场所。为了挽救其政治统治，清光绪帝先后发布上百道变法诏令，实施戊戌变法。措施有改革政府机构，取消多余的衙门和无用的官职，裁撤冗官，任用维新人士；鼓励私人兴办工矿企业；开办新式学堂，翻译西方书籍，传播新思想；创办报刊，开放言论；训练新式陆军海军；科举考试废除八股文。但因变法损害到以慈禧太后为首的守旧派的利益，遭到强烈抵制与反对，戊戌变法失败。在晚清政治舞台上，张謇扮演着重要的角色，参与了诸多重大历史事件，为近代中国追求资本主义民主政治做出了贡献。

张謇从光绪三十年（1904 年）到宣统三年（1911 年）期间，一直积极投身君主立宪运动。他写成的奏稿、书序、请愿书及信函，较为充分地体现了君主立宪思想的主要内容。中国立宪派在选择立宪模式时，主要有两种观点。一是主张效仿日、德模式，"日本宪法，其宏纲要旨，无非上保皇室之尊荣，下予人民以幸福，施之我国，至为合宜"。按照日本钦定立宪蓝图，实现所谓开明专制政体，即立宪后的内阁、议会在法律上仍从属于君主。慈禧太后为了维护皇权的需要，声称立宪之事对君权"果无妨害"，才能"决定实行"。为此，出洋考政大臣在考察报告中，提出唯有日本"以立宪之精神实行其中央集权之主义，其政俗尤与我相近"。二是效仿英国模式，即宪法出于君主与议会的协议，则立宪权由君主与议会共有，议会有相当权力以节制君权。这一主张以梁启超、杨度、熊范舆等人士为代表，认为只有保障民权，才能团结人心，改变"政府孤立于上，人民漠视于下"的弊政，促使君民"同德一心，合力御外"。

张謇积极推动君主立宪，但对君主立宪的要义把握不甚清楚。张謇介绍有关日本的立宪著作居多数，希望中国学习和效仿日本逐渐完备的立宪政体。他强调"不知政治之组织，而妄求政治之权利，是妄想也。此非过论"。为此，张謇力促实行国会制度，建立责任内阁，限制君权，扩大民权。张謇等立宪人士衷心向往的国会和责任内阁具有"分权政治"的特点，他们希望由民选代表组成的国会拥有立法权和对政府的监督权，责任内阁应对国会负责，国会由民选议员构成，制定和安排国家未来发展的一切计划，是内政改革的枢纽机构，甚至可以在对外交往中，"苟有国会，则国际交涉无论如何困难，政府既有不得已之衷，不能直达于政府者，国会亦可与代陈"。因此"有国会则对于全国，为政府交通之邮；对于列邦，为政府文明之帜。上下相通，猜疑自泯；邦交既正，民气自和。非独证世界公理之同，且可保东亚和平之局"。责任内阁是国会议定主张的贯彻执行机构，是内政外交的全权负责机构，而君主应体现在"日临而监察之"。同时，张謇等立宪派批驳了清政府拖延召开国会主要是立宪筹备不全、国民程度不一、资政院可代国会的原因，积极争取速开国会及成立责任内阁。

清政府为控制社会舆论，所谓“以宣上德，而通下情”，以“博采群言”，设立资政院和谘议局，“大权统于朝廷，庶政公诸舆论，以立国家万年有道之基。”资政院和谘议局虽然有议政权，但是，各省谘议局范围只限于一方，集“各省谘议局之计虑于国会，而精神贯及于全国”。各地谘议局是作为各省采取舆论、筹划地方治安的一个议政机构，决议不得逾越权限，违背法律，并规定督抚向谘议局发文用“札行”，谘议局向督抚发文用“呈请”“呈报”。清政府对督抚与谘议局之间的行文规定，仍是从维护封建专制的角度拟定，浙江谘议局指斥其违背谘议局章程，张謇领导下的江苏谘议局也继起响应，“立宪政体、议政、行政互相维系，义无轩轾”“若督抚对于谘议局概用札行，是议局法团几等诸下级行政官厅，殊非宪政所宜”。

君主立宪思潮的勃兴，既是清朝政府面对民族危机进一步加深时的被动策应，也是中国有识之士现代国家观念的理性自觉。清末预备立宪模仿西方宪政，想通过学习西方宪政，挽救政治危机，却又想在传统专制政治的惯性中保持优越性，最终走向了灭亡之路。张謇追求立宪政治的过程，实质是传统士大夫追求“治国平天下”的最高人生理想抱负的过程，正是胸怀天下，心系苍生，张謇的立宪运动才满腔热忱，不遗余力地站在了时代的潮头，正如他自己的评述：“一生之忧患、学问、出处，亦尝记其大者，而莫大于立宪之成毁。”

武昌起义爆发后，湖南、江西、江苏、山西等省纷纷宣告独立。推翻腐败的清王朝，建立民主共和的国家，是大势所趋，人心所向。张謇对革命形势的发展有着比较清醒的认识，他顺应社会潮流，积极赞成民主共和，显示出改革国体的决心。由积极推行君主立宪到赞成民主共和，这是他一生中最大的思想转变。

此后，通州在张謇的策划下实现了“和平光复”。张謇与上海民军取得联系，沪军都督府派前狼山镇游击许宏恩率兵船进驻通州，协助成立通州军政分府。张謇无后顾之忧后，便不断为共和鼓与呼。面对共和是“大势所在”的形势，张謇与伍廷芳、唐文治、温宗尧致电摄政王，作“最后之忠告”。电函指出：“大势所在，非共和无以免生灵之涂炭，保满汉之和平……是君主立宪政体断难相容于此后之中国。为皇上、殿下计，正宜以尧舜自待，为天下得人。倘行幡然改悟，共赞共和，以世界文明公恕之道待国民，国民必能以安富有尊荣之礼报皇室，不特为安全满旗而已。否则战祸蔓延，积毒弥甚，北军既惨无人理，大位又岂能独存。"[①]张謇在给通电起义的新军第 20 镇统制张绍曾的信函中，指出"共和政体之成，已无可疑"，鼓励他"赞助项城（袁世凯）"，实现停战、统一[②]。张謇在给张人骏的信函中，明确表示"冀两族相见不以干戈，保全无量之生命"。在劝告铁良的信函中，要铁良"纳满族于共和主义之中"，这是"共和主义"首次出现在他的笔下，"为将军计，掷一身为沟渎小忠之事，毋宁纳全族于共和主义之中；为满人多留一恶感，而遗以同尽之大危，不如为满人多种一爱根，而使之易世而滋大。"[③]张謇给时在北京的友人许鼎霖的信中也指出，"南中大多数之论曰：吾侪涂肝脑，迸血肉，乃为爱新觉罗氏争万世一系之皇统乎？上海本商贾荟萃之区，凡商人皆具身家，无不爱和平者""现在时机紧迫，生灵涂炭，非速筹和平解决之计，必至于俱伤。欲和平解决，非共和无善策。此南中万派一致之公论，非下走一人之私言。下走何力。岂能扼扬子之水使之逆流"！并规劝许鼎霖返回南方，共同倡议共和。张謇给袁世凯函电，在驳斥清廷"无一不与立宪之主旨相反"的基础上，指出"舍共和无可为和平之结果"[④]。为了实现少数民族区域的共和政体，张謇还向袁世凯建议如下："满、蒙、回、藏，幅员辽阔，风俗不一，共和政体，能否统一，此诚绝大研究之问题也。于此亦窥见公盛指之所在。二三同志，私相讨论，参酌英与印度制，则汉、满以大总统名义领之，而兼蒙、回、藏皇帝；政治则军政、外交咸统于中央；司法用美制，分中央与各省为两级；财政民政，各省自定，而统计于中央。此就全局之舆地、民俗、政教、习俗现状之事实，各方面

①《与伍廷芳等联名致摄政王电》，《张謇全集》第 1 卷，江苏古籍出版社，1994 年，第 174 页。
②《致张绍曾函》，《张謇全集》第 1 卷，江苏古籍出版社，1994 年，第 181 页。
③《劝告铁良将军函》，《张謇全集》第 1 卷，江苏古籍出版社，1994 年，第 193 页。
④《致袁内阁代辞宣慰使、农工商大臣电》，《张謇全集》第 1 卷，江苏古籍出版社，1994 年，第 182 页。

为之计划，调停于共和民主之间。”[①]这一系列的函电无不表明张謇已经从立宪派向共和派转变。

张謇与汤寿潜、熊希龄、赵凤昌合电张家口商会，转请内外蒙古各界人士赞成共和，电文高度珍视各民族之间的平等关系，希望各族共申义举：“满清之待蒙人，束缚钳制，视待汉人更酷。推其政策，直欲灭蒙人之种。不乘此时机，相与左提右挈，脱离羁绊，何以彰人道之公？况俄人垂涎蒙古，非止一日。为今之计，惟有蒙汉合力，推诚布公，结合共和政治，以汉之财卫蒙，以蒙力扞汉；强邻觊觎，可以永绝。南方民军，对于蒙族，视如同胞，绝无丝毫外视之意。满清退位，即在目前。共和政治成立，人人平等。大总统由人民公举；汉、蒙、满、回、藏五族，皆有选举大总统之权，皆有被选举为大总统之资格，较之坐受满清抑制者，大不相同。请诸公将此意宣告蒙族并居库满人；务各同心协力，一致进行蒙汉同胞，并受其福。”

宣统三年（1911年）十月，清廷任命袁世凯为内阁总理大臣，资政院根据新颁布的《宪法重大信条十九条》，再举袁世凯为总理。袁世凯操纵清廷军政大权后，张謇立刻去电，指出共和是大势所趋，为中外人士所赞成，告劝袁世凯襄赞共和，“宜迅北入定京师”，推翻清廷。张謇与汤寿潜致电北方将士：“南北一致趋向共和，适见诸公连章，不啻双方代表。”黄炎培曾回忆说，在上海有张謇等一群政治意识不完全相同而一致倾向于推翻清廷、创立民国的战友。

其间，张謇致函内阁，指出君主立宪不适宜中国，力劝清帝早日退位：“大抵君主立宪，最宜于国小而血统纯一之民族；日本神武天皇之子孙，万世一系是也。民主共和最宜于国土寥廓、种族不一、风俗各殊之民族；瑞士之二十五州为联邦，美之四十八州为合众国是也。瑞士民族，论者比为欧洲之缩团；美之国土，广袤不亚于中国；而民主共和之治，最称瑞、美。此之两国，皆为吾法。中国预备立宪，讲求自治，累年而不振者，正以地方之财入之官，地方之权操之官；而官治腐败，又适为之梗碍”“今共和主义之号召，甫及一月，而全国风靡；征之人心，尤为沛然莫遏”“今为满计，为汉计，

①《致袁世凯函》，《张謇全集》第1卷，江苏古籍出版社，1994年，第186页。

为蒙、藏、回计，无不以归纳共和为福利""窃谓宜以此时顺天人之归，谢帝王之位，俯从群愿，许认共和""今推逊大位，公之国民，为中国开亿万年进化之新基，为祖宗留二百载不刊之遗爱；关系之巨，荣誉之美，比诸尧舜，抑又过之。列祖在天之灵，必当歆许"。

张謇顺应历史潮流，由君主立宪转向民主共和，直接导致立宪派和革命派的联合，对推动清朝灭亡、中华民国建立起到举足轻重的作用。黄兴高度评价张謇和赵凤昌等人"负国人之重望，往时缔造共和，殚尽心力"。

但是，由于当时的民主革命实践和理论都还不成熟，张謇对民主共和的认知处于一种相对感性的判断状态，并没有从实质上认识到民主共和对社会转型与发展的作用和意义。在其《感言之设计》描述为："言中国非真能实行普及教育、公共卫生、大兴实业、推广慈善，必不能共和，必不能发达。行此四事，一二十年后，必跻一等国；能行二三事，亦不至落三等国。此比练海、陆军为强，究竟有几省能试行否？猝无以应，强答之曰：或者沿江各省州县能行者，但一时不易遍及耳。"张謇简朴地认为共和的要义就是普及教育、公共卫生、大兴实业、推广慈善。由于历史的局限，张謇对民主共和的赞成，带有机会主义成分，他内心里是反对革命的，他不愿意看到并竭力避免出现社会的动荡、暴力和分裂的情形。

1914 年 3 月，袁记"政治会议"召开"约法会议"，张謇参加"约法会议选举会"。5 月 1 日，袁世凯公布《中华民国约法》，废止《中华民国临时约法》，又废止国务院官制，以大总统为首长，特于大总统府设政事堂，改责任内阁制为总统制，把总统的权力扩大到和封建帝王一样。7 月，袁世凯颁布《文官官秩令》，张謇等位列中卿。9 月，张謇偕管石臣、许德润、薛弢往孔庙，观袁世凯组织祭孔祀礼演习，"公府特定祭服"，并随袁世凯往孔庙行礼，"卯正随班分献行礼。"1915 年张謇先后任参政院参政，并不反对恢复君主立宪制。12 月 12 日，袁世凯宣布接受帝位，旋改国号为"中华帝国"。由于张謇坚决反对袁世凯恢复帝制，于 1916 年辞去农商部总长职务。

在共和政体的建立上，张謇针对顽固立宪派所说的国民程度太低、国土太广、民族太多而不适宜于共和政体的论断，发表《建立共和政体之理由书》，给予全面反击。张謇指出："国民程度由一国之政治制造而成。国民程度，制造品也；政治则机器。有共和政治，然后有共和程度之国民。美、法革命，改建共和，皆为反抗压制事实之结果，非先有共和程度而为之也。”“共和政体与君主立宪政体，不以国民程度之高下为衡，而以国民能脱离君主政府，与不能脱离君主政府，为适宜之取决。”张謇还以美国和瑞士为例说明，“国土寥廓”和“种族不一”“最宜于共和分治”。

二、改良主义

在清末民初的社会巨大变革的潮流中，张謇一直坚持改良主义，即以非革命手段解决社会矛盾，实现社会转型，反对暴力引发社会的动荡和内乱。在清末的立宪运动中，张謇力促实行国会制度，建立责任内阁，限制君权，扩大民权，他积极发动多起立宪请愿活动。但是对于清政府“换汤不换药”的所谓“立宪”，在维护省谘议局参政议政的斗争中，张謇也只是辞职抗议。在中华民国建立前后，张謇呼吁大清皇朝要共赞共和，避免战祸蔓延，生灵涂炭，甚至放弃一贯的立宪原则，建议袁世凯“不必待国会取决政体，徒延时日，致南北人民实业俱受恐怖之损失”[①]。张謇积极调和南京政府与北洋政府之间的矛盾冲突，目的也就是避免因战争而导致的社会动荡和生灵涂炭。张謇对于军阀混战与骚扰地方百姓，发出“难乎言军纪矣”[②]，劝告“各以地方治安秩序为重，联合约束，保卫维持”。在张謇的策划下，通州实现“和平光复”。面对险恶的政治环境，纷争的军阀混战势态，张謇竭力主张实行“地方自治”，其目的也是维护社会稳定，而不是建立一个全新的政权。1912年张謇所著的《革命论》，指出革命党人革命“使革人之命，而上无宽仁志勇、文武神圣之君，下无明于礼乐兵农、水火工虞之佐，则政教号令，旧已除而新无可布，布者复不足以当王泽而餍民望，其愈于不革者几何”。可以看出，张謇害怕和反对那种疾风骤雨的革命武力暴动，害怕革命将会葬送他苦心经营的实业发展所需要的平稳局势，希望的是“润物细无声”的社会改良。晚

①庄安正编著:《张謇年谱长编·民国篇》，上海交通大学出版社，2018年，第4页。
②庄安正编著:《张謇年谱长编·民国篇》，上海交通大学出版社，2018年，第3页。

年的张謇甚至认为革命"能破坏而不能建设"[①]，认为革命开启了党派纷争、军阀混战、社会动荡的闸门。晚年的张謇发表《对于宪法之意见》，赞同张嘉森"以宪法付人民公决"的主张，这在当时的政治条件下，显然是一种美好的愿望而已。改良主义否定社会革命的必要性，这是张謇个人的认知局限，也是时代的局限。

面对新的民主共和制，张謇积极参与政事，在《大共和日报》载致章炳麟函，指出："甘日之言改革者，一味抄袭日本；今日之言改革者，又有一味抄袭美国之势。鄙意法、美皆民主，而宪法不相袭，国势根本不同，未可削趾适履。今以共和为主义，立法不妨参酌法、美，期适于我，以大众权利、思想发达之象觇之，若政府不参法制，将来大总统非乡题，恐鲜能平安终任者，是可虑也。"张謇认为，社会的进步，首要是实业，与张紫荫晤谈时指出："一俟国事大定，凡百实业均须切实振兴，然亦仗全国工商悉研究，共谋进行，则我国工商业前途庶可发达。"张謇拟《革命论》上、下篇：两千年间革命分为四类，"曰圣贤之革命，曰豪杰之革命，曰权奸之革命，曰盗贼之革命"。张謇认为，汤武革命可称"圣贤之革命"，其余如农民起义或王朝更迭，"假汤武者豪杰或庶几？其次类皆出入于权奸盗贼之间"，如果革命党人"使革人之命，而上无宽仁智勇、文武神圣之君，下无明于礼乐兵农、水火工虞之佐，则政教号令，旧已除而新无可布，布者复不足以当王泽而餍民望，其愈于不革者几何"。中华民国临时政府刚成立，面临着政府经费的紧张状况，南京临时政府欲责商会更助五十万，张謇劝勿扰商，自任为筹。同时，各地动荡不安，张謇致函孙中山："请通电各省军政府，勿以'嫌疑'影响，轻于拘人击人。"张謇致函黄兴："总之，军事非亟统一不可，而统一最要之前提，则章太炎（炳麟）所主张销去党名为第一，此须公与中山先生蚤计之，由孙先生与公正式宣布，一则可融章太炎之见，一则可示天下以公诚，一则可免海陆军行政上无数之障碍，愿公熟思之。"张謇致电湘、鄂、赣、皖四省都督："将敝局（两淮盐政局）规画办法详细声明，请其力任保护（运商）。"

---

①《为沪案召集学生演说》，《张謇全集》第 4 卷，上海辞书出版社，2012 年，第 216 页。

张謇十分关心南北议和。张謇认为，南北分裂对峙不可能时间过久，统一大势所趋。张謇与袁世凯之间的函电来往频仍，商讨南北议和诸多重大问题。1912年1月18日，与王潜刚晤谈，嘱咐赴京汇报，“时局震荡，不必待国会取决政体，徒延时日，致南北人民实业俱受恐怖之损害”“清帝逊位后，孙中山君亦言可去，此为孙君当众发表之言，并有宜告北方将士书可证”“须尽革专制之弊政”等。张謇致电袁世凯，告知王潜刚到京，并提出中央政府相关人选的建议名单，逊位诏书宜速发表。1月中下旬，致电袁世凯：“甲日满退，乙日拥公，东南诸方，一切通过。昨由中山，少川（唐绍仪）先后电达，兹距停战期止十余小时矣。……久延不断，殊与公平昔不类，窃所不解。愿公奋其英略，旦夕之间，勘定大局，为人民无疆之休，亦为公身名俱泰，无穷之利。顷令王生潜刚奉诣游中道折回，尚拟令北有所陈说。”1月22日，致电袁世凯：“南省先后独立，事权不统一，秩序不安宁。暂设临时政府，专为对待独立各省，揆势度情，良非得已。”所拟办法，大意如下，“开会地点及议员，照应（德闳）代表与伍（廷芳）代表签定办法”“开会期至退不得逾两旬”“多数决定政体后，双方即须照行”“政体决定共和，即另举总统”。1月24日，张謇致电袁世凯：“窃谓非宫廷逊位出居，无以一海内之视听，而绝旧人之希望；非有可使宫廷出居之声势，无以为公之助，去公之障。……设由前敌各军以同意电请政府，云军人虽无参预政权之例，而事关全国人民之前途，必不可南北相峙，自为水火。拟呈办法请政府采纳执行，否则军人即不任战斗之事云云。如是则宫廷必惊，必畀公与庆邸（奕劻）为留守，公即可出任保护，遣禁卫军护送出避热河，而大事可定矣。”稍后，得袁世凯复电：“鄂鱼电悉。……连日协商，渐有头绪，已迭电少川矣。”张謇与汤寿潜致电北方将领：“南北一致趋向共和，适见诸公连章，不啻双方代表。……人民有希望于正当之军队，而军队重；军队能以正当慰人民之希望，面军队愈重。不世之勋，惟诸公图之。”

2月，张謇致电孙中山，要求保护淮盐：“查淮盐停运已久……经謇晓以大义，力任保护，各商承认，即日掣运。……请电令各都督查照，转饬各军政分府各司令加意保护。”致函黄兴，反映民军强收淮南岸商盐款情形，建议严禁以后军人不得擅自强取商人财产。同时致电孙中山、黄兴要统一盐务，并致电外交部，对盐税的使用提出建议："（挪用盐税）似应再由大部会同财政部通电已光复各省……并饬千万不可擅行挪用，以免引起外交困难问题。"并致孙中山及陆军、财政两部电："江苏者，江苏人民之江苏，非都督之江苏，亦非大总统之江苏。……而独于临时政府所在地之江苏，任其政权淆乱，且以财政支配问题未得人民同意，即予批准，大背共和原理，想系传之非真。否则，民国前途、福利安在？""所有政府与江苏都督权限亟宜划清，以垂永久。……庶几机关明晰，民间稍轻负担，事理不至纷歧。"

对于清朝重臣的袁世凯，张謇时刻关注，在苏州听到袁世凯入宫，陈说逊位及优特条件，并听到他已有议优待条件之权，致电袁世凯并转汪荣宝、陆宗舆，建议全力支持袁世凯，以实现民主共和的目的："南方对于优待皇室条件，当局与参议院反复磋磨，视来件无大出入。不独体项城为难，亦以顾全项城，维持国防而然。伍（廷芳）昨复阁电，实已笔舌俱瘁，费尽磋磨，无可再说，要之，种种优待专为'辞位'二字之代价，若不说明，何以合南北赞同共和之心理？亦何以示将来政治之健全？二君明于时势，务望力助项城，必践廿四发表之约。万勿迁延两误，败破大局，追悔无及。"袁世凯为了捞取最大的政治资本，唆使部分北洋将领联名致电内阁，力主君主立宪，反对共和。张謇为避免民主共和破产，致电劝慰袁世凯，高度评价袁世凯，公膺众选，全国欢庆："公被众举，义何容辞？""今以民役责总统，荣誉虚而艰巨实，况改革未终，建设未始，国利民福，经纬万端。苟非其人，苟谋不臧，恐利未见而害先，福未至而祸伏。其如国何？其如民何？"对于在南方建都问题，张謇持反对态度，"公不能南，须北数省咨局肫切联争于参议会。若南，须以师从"。而孙中山等人建议中华民国定都南京，其目的是要袁世凯离开他经营多年的北京，有牵制北洋军的意图。南京方面甚至派了蔡元培、宋教仁等六人为"迎袁特使"，来北京迎袁世凯南下就职。但是袁世凯暗中指使"壬子兵变"，北京朝阳城门内外大火彻夜不绝，枪声隆隆不断。袁世凯表示北方形势很乱，非他坐镇不可。南京临时政府让袁世凯赴南京就职之事戛然而止。张謇还建议袁世凯当下应注重争取外交权、发放军饷、抚慰蒙藏南洋上层、以公债票酬慰"同盟、光复党死事效命人"。张謇嘱刘垣携函赴京面陈袁世凯，要谨慎处理各种政务，函云：国内"政体甫定，仅得半耳，乱机潜伏，触处皆见”。张謇对内阁各部人选、内阁总理候选人参与推荐，苦口婆心地建议袁世凯组阁勿尽置自己的人，而要联合各界人士，以示公正之心，并表达愿以生平所知，支持袁世凯。

张謇关心在社会动乱中的教育事业，拟文呈孙中山：“今者南北统一，民国成立，凡属学校，均宜及时起学以兴教育。”张謇还将自己薪资捐出来办教育，在拟《〈南通（州）师范学校十年度支略〉序》中说：“其所取资，一唯謇所得于纺厂之俸给；不足，则叔氏退翁为之助；仍不足，则负债，不敢以累国家，不敢以累地方。”清廷钦差大臣、东三省总督兼管三省将军事务赵尔巽要求袁世凯承认东三省立法、人事、财政、军事的独立，张謇坚决反对其独立分裂的图谋，携汤寿潜、熊希龄、陈廷绪、陈汉第致电赵尔巽：“顷见报载，亲贵至奉，拟借外兵，与公欲谋独立等语，殊深骇异。”“奉天接壤朝鲜，由保护而至吞并。……现在某国深恐南北统一，不利于彼，百方破坏，公亲奈何引狼入室？”张謇对中外合约之事，认为应保持合同的一贯性和严肃性。张謇致电黎元洪：武汉大维股份有限公司承租事，“虽系前清政府之事，但契约性质不因政府改革而失其效力，文明各国，同此法律。大维合同未经期满，似无由他商接办之理”。

中华民国联合会为南京临时政府成立后第一个有影响的政团。中华民国联合会成立会上，张謇被推为参议员，又被荐任特务干事。3 月 2 日，中华民国联合会改称统一党，以“统一全国建设，强固中央政府，促进完善共和政治为宗言”。张謇参加江苏省教育会举行的“改党会议”，“演说组织政党，所以站稳共和脚步”，被推为该党理事。3 月 10 日，张謇致电袁世凯，并对袁世凯的政治策略提出建议：“政党以统一（党）较胜，少川已入，足以代公。世兄（袁克定）加入亦可。公勿入一切政党，以免障碍。”对统一党宜“赞助若干”。同时，张謇与赵凤昌等多次密议袁世凯政府国务总理及各部总长人选等，供袁世凯参考。“梁启超可听其到京备顾问，勿遽任事”。由于正值共和统一之初，各地纷纷割地为霸，竞武称雄。张謇对分裂共和的政治行径表达自己的看法，致江北都督电蒋雁行：“尊处则标之曰‘江北议会’，与县议会、市乡议会炯乎不同，直以辖境为一邦，其形迹似乎离江苏而别成一主体，与前日自明之旨，毋乃相背。”“謇以同舟之谊，不敢袖手漠视，窃私布之。”4月，孙中山履行自己的诺言，向中华民国临时参议院辞去临时大总统职务，南京临时政府解散。

张謇闻南京临时政府解散，孙中山辞职，认为“设继清帝（溥仪）逊位后数日行之，大善”。为了全国和平统一大局，张謇到上海参加统一党欢迎孙中山集会，到通崇海泰商务总会举行统一党南通县分部欢迎章炳麟大会。张謇认为，民国处于混沌时代，“遂不得不依赖少数政党为之担任”“现以各种政党而论，其能有稳健之价值者，实以本党为最”。张謇所在的统一党南通县支部改称“南通统一党分部”。后统一党与民社、国民协进会、国民公会、国民党（前）等党团组成共和党，张謇任理事。张謇反对江北分省，调和国民党与共和党纷争，参加共和党招待国民党黄兴、宋教仁、陈其美等宴会，在致欢迎辞时表示：“相见一堂，甚为幸事。”“今共和党与国民党政纲甚为接近……尚望黄先生大力主持，俾朝夕有握手之机会，庶为不虚今日之聚会，并不负黄先生提倡党德之初心。”张謇从社会稳定的角度，以江苏省议会名义，致电各省议会，“大局至此，已陷入无政府地位，乞贵会电参议院警告”，不得玩忽政事。张謇还致电袁世凯与参议院，“军民分治，不易之经”，各省军政大权不宜集中于都督一身，容易走上专制独裁之路。

三、国家主权意识

张謇的国家观念有一个历史性的转变过程，开始所谓的“国家”是专制王朝。张謇认为，“今日用人，不患无用，而患无体。其人果正，则必有忠君爱国之心；有忠君爱国之心，则勤求事理必于当。其人苟不正，则必无忠君爱国之心，无忠君爱国之心，则矿务有利也，利不在君国；电报有利也，利不在君国；招商局有利也，利不在君国；甚至海军、陆军。非所以为利也，可以因之为利而害君国”[①]。辛亥革命后，随着与清廷的决裂，张謇的国家观念由王朝国家而转变为“民族国家”，所谓“夫吾人之所谓为共和主义者，

①《答南皮尚书条陈兴商务、改屋捐、开银行、用人才、变习气要旨》，《张謇全集》第2卷，上海辞书出版社，2012年，第56页。

非谁某一族一姓之共和主义，乃合全国之二十二行省，及蒙盟藏卫，而为一大共和国。要以言之，即统汉、满、回、蒙、藏之五种人，而纳之一共和政体之下者也”[①]。他在自己所拟的《国歌》中，也强调“民今合兮族五，合五族兮固吾圉。吾有圉兮国谁侮，呜呼合五族兮固吾圉”[②]。他在《中央教育会开会词》中重申“救私心，当竭力提倡国家主义”，强调“于伦理、修身、历史、国文教科之编辑，当极注意”[③]。其中，“孟子之大义，诗书之大凡，春秋之大事，俾知世自有所以为世，国自有所以为国，而人自有所以为人”[④]。他试图通过教育“期人民知有国而已”[⑤]，最终目标实现“天下一家、中国一人、民吾同胞、物吾与也之道理，人人胸中各自理会”[⑥]，使国家观念深入人心，根深蒂固。张謇在《论严格教育旨趣书》中指出：“今欧美学校，教授管理之外，尤重训练，尤重服从。……此后各校教教师学生，须共念民国前途，服膺兹义。凡教之道，以严为轨；凡学之道，以静为轨。有害群者去之，无姑息焉。”

随着近代民族主义思潮和运动的兴起，国家领土主权的观念已渐入人心，但领海主权却受到普遍的漠视。张謇较早地关注到领海主权。张謇曾向商部要求保护海洋权益，在《意大利万国博览会记略调查欧西实业记要序》指出，要求保护海洋权益的结果是“非笑之声腾都下”。面对西方列强大肆从中国的洋面进行捕捞，侵犯我国海权获取渔利的情形，张謇在《拟办中国渔业公司纪要》中指出“海权界以领海为限，领海界以向来渔业所至为限”“各国则视渔业为关系海权最大之事”。清廷应意大利驻华公使之邀参加在秘拉诺

①《共和统一会意见书》，《张謇全集》第1卷，上海辞书出版社，2012年，第199-200页。
②《拟国歌》，《张謇全集》第5卷，上海辞书出版社，2012年，第167页。
③《中央教育会开会词》，《张謇全集》第1卷，上海辞书出版社，2012年，第170页。
④《通州张氏家熟经史国文补习科答问序》，《张謇全集》第4卷，上海辞书出版社，2012年，第99页。
⑤《初等教育必须改良之缘起》，《张謇全集》第4卷，上海辞书出版社，2012年，第83页。
⑥《师范学校开校演说》，《张謇全集》第4卷，上海辞书出版社，2012年，第25页。

举行的博览会，张謇请人按照《海国图志》《瀛寰志略》两书图谱，摹绘“中国东南海渔界图”，送往博览会，借此申诉“渔界所至，海权所在也”“彰我古昔领海之权，本为我有之目的”①。张謇认为：“海权在国，渔界在民。不明渔界，不足定海权；不伸海权，不足保渔界。”建议清商部绘制海图，清商部接受此建议，由南洋大臣派陈季同、萨镇冰组织南洋渔业绘图处，完成中国海图约二十幅。张謇致函韩国钧，谈到治江的主权问题，“数千年来，有言治河者，罕言治江者”，但治江“固与吾国之国际地方主权，有莫大之影响也”。

西方列强侵入中国之后，便觊觎中国的铁路修筑，特别在甲午战争后，掠夺中国铁路修筑权益。各省爱国绅商纷纷自筹股份，成立商办铁路公司，与列强争夺路权。张謇等人在上海筹议苏路自办，成立苏省铁路公司。清廷迫于压力，最终承认“苏路自办”，但苏省铁路公司只是回收了江南沪嘉路和江北路的修路权。张謇在江浙铁路的路权回收运动中，对列强侵夺中国铁路权益极为不满和愤恨。当英国人修筑的沪宁路通车之时，张謇指出这是江苏人民的悲哀。他在苏路公司的一次会议上强调，苏路“经营大半为主权，而非为营利”，凸显张謇强烈的国家主权意识。

四、村落主义

由于对清朝专制政府官僚政治的极端失望，张謇热衷于在南通，乃至苏中、苏北推广村落主义和地方自治。张謇认为，政府、社会皆对民生毫无帮助，求援于政府，但是政府顽固；求援于社会，但是社会腐败；人民只能自强，自己治理自己。在张謇的带领下，南通县经过二十多年的自治，成为全国的模范县。张謇在南通自治取得显著成效之后，力图将自治推及至江苏全省。张謇曾联合名流贤达致函大总统徐世昌以及国务院靳云鹏，明确提出江

---

①《啬翁自订年谱》光绪三十二年(1906年)，《张謇全集》第6卷，上海辞书出版社，2012年，第867页。

苏自治的问题，“决非挟持中央强予位置，致与民意相违”[①]。为了打消中央政府和地方实权派的疑虑，张謇提出“军民分治”的原则，军队仍由中央政府统一驻军，百姓自治是为了弥补政府在服务民生方面的不足，发展民生、恢复和稳定社会发展，探索乡村的现代化问题。

张謇认为“地方自治为立宪之根本”，地方自治的基础是“实业、教育既相资有成，乃及慈善，乃及公益”。实业、教育与慈善事业，成为张謇实践近代“村落主义”的三大标志工程。村落自治的主要任务是发展农工商各业。张謇的村落主义和地方自治依托于大生资本集团。由于大生集团的长足发展，有一定的资本积累，在实业扩张的同时，投资兴办了众多的社会公益项目和慈善事业，使得南通这座城市有了很大的变化，在众多方面领先于全国，蜚声于世界，成为当时城市建设和发展的标杆，一跃走在全国近代化进程前列。

张謇的慈善公益的一系列主张，在很大程度上标志着近代中国慈善公益思想已发展到一个新的阶段。如果说戊戌维新时期经元善提出救急不如救贫、兴女学、开风气、正人心的新慈善观，体现了中国早已有之的慈善观念已开始从传统向近代转变；那么，张謇则在经元善新慈善观的基础上，又使中国的慈善公益思想具有了更为明确、更为丰富的内容。特别是他将慈善公益事业与地方自治、实业、教育的发展紧密相连，从新的层面阐述慈善公益事业的功能与作用，并且十分重视盲哑人教育，将创办图书馆、博物院、医院、公园等都纳入到社会公益事业之中，称得上是张謇对中国近代慈善公益思想的发展。正因为张謇这些独具特色的思想，才使他所从事的慈善公益活动也体现出新的特征，并且产生了更大的作用与影响。

张謇对慈善公益事业所包含的具体内容的理解也更为宽泛，与同时期其他人对慈善的认识有着明显的不同。他曾结合自己所从事的慈善公益活动，指明在新的历史条件下，“慈善除旧有恤嫠、施棺、栖流诸事外，凡特设之事六：曰新育婴堂，曰养老院，曰医院，曰贫民工场，曰残废院，曰盲哑学校”。实际上，除了上面所列内容之外，随着时代和社会的发展，张謇对慈

①《致徐世昌靳云鹏函》，《张謇全集》第三卷，上海辞书出版社，2012年，第799页。

善公益活动内容的理解也在不断扩展。例如他认为学校兴办之后，还应创设相关的辅助性公益事业，包括图书馆、博物院，"以为学校之后盾，使承学之彦，有所参考，有所实验，得以综合古今，搜讨而研论之耳"。他还说明创设气象台，也"为自治公益事业之一"，"对于旱潦之预防，更有裨益"。在张謇看来，创办公园也属社会公益事业，"公园者，人情之圃，实业之华，而教育之圭表也"，其作用是"以少少人之劳苦，成多多人之逸乐"。

张謇兴办的众多慈善公益事业主要由其个人出资，包括水利、交通、公益、慈善诸事，"综计积年经费所耗，达百数十万，皆以謇兄弟实业所入济之。岁丰则扩其范围，值歉则保其现状，不足又举债以益之，俟有赢羡而偿其负"。他坚定地认为："国可亡，而地方自治不可亡；国即弱，而私人志气不可弱。故上而对于政府官厅，无一金之求助；下而对于社会人民，无一事之强同。对于世界先进各国，或师其意，或撷其长，量力所能，审时所当，不自小而诿，不自大而夸。"张謇之所以能够主要依靠自己个人的力量兴办众多的慈善公益事业，首先是因为他经营实业颇具成效，经济实力之雄厚为他人所无可比拟，具备了独自兴办各项慈善公益事业的能力；其次则是由于他对慈善公益事业的作用与影响有着独特的深刻认识，将其作为地方自治和自强救亡的一项重要举措，因而不惜花费巨资，以满腔热情孜孜不倦地创办一项又一项慈善公益事业。

第二章　张謇的经济思想

一、实业救国思想

中国历来以“农本业，商末业”“重农抑商”“重本抑末”为传统经济思想，一直打压商业活动，歧视商业行为。加之男耕女织的自然经济约束，工业经济发展极其缓慢。鸦片战争西方列强强行打开中国闭关锁国的大门，甲午中日战争，对外开放口岸增多，外国资本主义对华侵略由商品输出变为资本输出，帝国主义纷纷在华设立工厂，进一步掠夺中国的原料和廉价劳动力，严重阻碍了中国民族资本主义的发展，朝野上下则纷纷呼吁“设厂自救”。洋务运动“师夷长技以制夷”，学习西方变法图强，如李鸿章办金陵机械制造局、江南制造总局及左宗棠办福州船政局、张之洞办汉阳铁厂等。随着民族危机的不断加深，以工商立国、振兴实业为主要内容的实业救国思潮的不断兴起，有识之士纷纷提议和倡导“中华之弱，由于民贫”“国非富不强，富非实业不张”“商富即国富”“欲苏民困，厚国力，舍实业莫由”等思想，并逐渐为人们所接受，成为一种颇具规模和影响的社会思潮。

张謇对西方列强在中国内地设厂深感忧患，很早就产生了“中国振兴实业，其责任须在士大夫”的思想。张謇从强国救贫、抵御列强的愿望出发，自愿放弃仕宦之途，慨然退身，转而投身实业，“愿成一分一毫有用之事，不愿居八命九命可耻之官”，其间有番痛苦的抉择，他将自己的这一转变比之为“舍身喂虎”。张謇认为只有发展民族工业，才能抵制帝国主义的侵略、抵制外国资本的侵入，主张因地制宜开展实业救国，以救亡图存，造福桑梓。主张“劝工惠商，振兴实业，如此则不仅为御侮计，而御侮自在其中矣”[①]“但以中国国势日弱，外侮日加，寸心不死，投身实业界中，稍尽心力，冀得沟

①《张謇全集》第3卷，上海辞书出版社，2012年，第28页。

通商学两界，借立中国真实自强之基础"[①]。

清政府的作为，使张謇清醒地看到九仞宫墙之内，并不是他的用武之地，题名在金榜，空负凌云志。于是发出"政府顽固如此，社会腐败如彼"之叹，感到"国不亡而日演亡国之事"，然则"何以解人民之痛苦？他只得决心，上不依赖政府，下不依赖社会，全凭自己良心做去"。张謇深深感到，要使中国民富国强，不受列强欺侮，当务之急，一是要实行政治改革；二是要大力发展实业，通过这些改良社会，启迪民智。张謇在《变法平议》奏章中指出："集公司而兴农业。农，旧名也；公司，新法也。仍旧名而不用新法，则山野之旷地，江海之荒滩，弥望无垠，童童濯濯，竭中人以上一人一家之力而不足治……皆成废弃矣。欲集公司，先由官劝。有应劝者，令其按地绘图，开方计里，自拟私集公司，举辩利益章程，白于各府州县农商官，勘视虚实，为上于农商道，订定给之。有佃可招者招佃。深山穷谷，畀之寺院僧道。人力不足，合用机器者用机器。自兴办日始，三年后，各视其地之上下，缴价于官。六年后，按股请领执照。视税契例量减而纳照税。俟业利兴盛，股东有愿分地自管者，则给照易回股票，为股东管业之据。凡各府州县辖境，三年内责成农商官，毋许有不林之山，不谷不牧之地。庶地无旷土，野无游民，国收其大效矣。"在民国政府刚成立之际，张謇与张紫荫晤谈时说："一俟国事大定，凡百实业均须切实振兴，然亦仗全国工商悉心研究，共谋进行，则我国工商业前途庶可发达。"成立中华民国实业协会，协会以"振兴实业，扩充国计民生，挽回利权为宗旨"。张謇开士大夫从商之风气，成为一个具有兴办实业的绅商，其精神可喜可嘉。

张謇在兴办企业的时候，认为股份制是一种筹措资金的好方法，故推进股份制运行模式。大生纱厂是他创办的第一家股份制企业，接着创办了第二家股份制企业通海垦牧公司。张謇在创办大生纱厂及通海垦牧公司后，又陆续创办了许多的股份制企业。在从事实业的过程中，张謇的集资方式也多种多样，既有直接投资入股，也有劝募公债的形式。那个年代，股份制是新生

①《勉任苏路协理意见》，《张謇全集》第4卷，上海辞书出版社，2012年，第103页。

事物，张謇为此都要耗费很多时间和精力进行宣传、鼓动，让他人认识、了解、支持、参与股份制。在股份制的企业里，张謇也制定了完整的资金监管、利润分配方案，切实保障股东的权益。

张謇鼓励开垦荒地，“振兴之计有四：一久荒之地，听绅民召佃开垦，成集公司，用机器垦种。一未垦之地，先尽就近之人报买。一凡开垦之地，援照雍正元年上谕，水田免赋六年、旱田免赋十年之例，变通为免赋三年、免赋五年。一报买升科：户部及各衙门费宜明定成数，杜书吏挑剔需索之习，释民间缴价畏沮之心”[①]。张謇建议，久荒之地，鼓励绅民召集佃农开垦，成立集体公司，使用机器垦种；未开垦之地，可以卖给附近居民；已开垦之地，将原来的免赋期减短；管理土地流转交易市场，各地方明确定价、定数，杜绝官吏刁难、索贿的恶习。

为了解决中国商人过散的问题，张謇倡导成立商会。“天下之大本在农，今日之先务在商。不商，则农无输产之功；不会，则商无校能之地。”[②]张謇认为，没有商会，商人没有比较能力的组织。设立商会，要像治水从下游疏导开始一样，“各行省宜有总会，各府宜有分会。分会有长，长考府辖之县最王之产、最良之产，与风尚之华朴、民俗之勤惰、工作之精粗、市情之消长，各列为表。度其所宜兴、宜革、宜变之故，斟酌其如何革、如何兴、如何变之办法，闻于总会。总会有督，督考长之所考，而决其行止，闻于总督、巡抚”[③]。张謇认为，每个行省都依次设立总会、分会，会长、分会会长考察府辖之县最特色的产品、最优良的产品，以及民风奢华还是朴实、民俗勤劳还是懒惰、工作精良还是粗糙、市场行情热销还是萧条，一一列入表。研究其需要振兴、革新、改变的原因，考量如何改革、振兴、改变的方法，报到总会。行省总商会设总督，督考长考量分会会长所报，做出判定后报告给行省总督、巡抚。

---

①《商会议农工商标本急策》，《张謇全集》第4卷，上海辞书出版社，2012年，第25页。
②《商会议》，《张謇全集》第4卷，上海辞书出版社，2012年，第26页。
③《商会议》，《张謇全集》第4卷，上海辞书出版社，2012年，第26页。

二、经济系统思维

张謇认为，世界未来大势是大同的世界，世界商业也是大同的商业："欧战告终，华府会议之后，世界未来大势，骎骎趋于大同。而就实业论，亦有不得不趋向大同之势，此察究世变者类能道之。"为此，张謇指出，我们应顺应世界大势，要有世界眼光，要有系统整体的世界观，"若更以中国经传之训征之，则所谓大道之行，天下为公。所谓天下一家，中国一人，所谓货恶其弃于地也，不必藏于己，力恶其不出于己也，不必为己。其道正合于大同之原理"。

张謇有游历日本与外国人打交道的经历，自然而然地形成了朴素的经济贸易全球化思想，呼吁国人走出国门，开阔商业视野，经济发展没有国界的限制，应该实行自由贸易："鄙人之为此书，为世界民生大计，无国界。"张謇的经济思想是全球一体化、系统化的战略意识。在具体的企业发展上，他也不是局限于一个企业的发展，而是通盘考虑整个企业的发展生态，构建起企业上下游的材料供应、材料生产、产品销售、产品流通等完整企业发展链条。光绪二十五年（1899年）四月，大生纱厂在南通唐家闸建成启动。但资金周转不灵，原料棉供应不足。张謇百计俱穷，"仰天俯地，一筹莫展"。回南通后，张謇决定依靠原有收存的棉花纺纱，再卖纱收购棉花，随产随销，更续自转，加之张謇是状元出身，大生纱厂棉纱产品使用"魁星"商标，各分厂或者副厂有"红魁""蓝魁""绿魁""金魁""彩魁"等不同产品商标，商标图案是"魁星点斗，独占鳌头"的形象，市场欢迎度大增。大生纱厂因此创办成功。为确保大生纱厂的原料不受制于人，以保持低成本运营，创办了通海垦牧公司。随着资本的不断积累，张謇在唐家闸创办了广生油厂、复新面粉厂、资生冶厂，兴建了天生港，又在天生港兴建了发电厂，在城镇之间，镇镇之间开通了公路。张謇在北京商业学校演说中说："因纱厂必需棉花，棉花必待农业，于是设垦牧公司，又因棉子制油为副业而设油厂，又为畅销途、利交通计，而设轮船公司。要知余之所以孳孳不已者，固为辅助纱厂计，尤欲得当一百吾志耳。"大生企业系统涉及盐垦、渔业、冶金、电力、水利、交通、运输、商业、金融、外贸等有关国计民生的各个行业，相关联的企业达四十多家，形成庞大的大生企业生态系统。完备的生态产业链极大增强了大生企业抵抗市场风险的能力，为大生赢得了丰厚的利润，同时带动了整个南通的经济发展。

三、棉铁主义

列强的侵略使得中国逐渐被卷入资本主义世界市场，外国资本的大量涌入及外国商品的大量倾销，严重冲击着中国本已脆弱的市场。由原先自给自足的自然经济为主的中国转化为列强的原料产地、商品销售市场、资本投资市场。在众多的进口商品中，居于首位的是棉纺织品，其次是钢铁。张謇主张振兴实业以棉铁为中心，并把这一主张称为“棉铁主义”或“棉铁政策”。

宣统二年（1910年）三月，张謇在南洋劝业研究会成立的开幕词中首次提出棉铁政策。他认为“所谓农工商者，犹普通之言，而非所谓的也，无的则奋多而力分，无的则地广而势涣，无的则趋不一，无的则智不及，犹非计也。的何在？在棉铁”。十月，张謇在与友人谈话时，指出“实业以振兴棉业之纺织为内维，扩充矿业之煤铁为外境”。宣统三年（1911年），张謇在《海关进出口货价比较表序》中指出：“则以我国实业，当从至柔至刚之两物质，为应共同注意发挥之事，为预会诸君子告。……至柔惟棉，至刚惟铁。”1912年8月，张謇在致函汉冶萍公司特别股东大会上说：“铁业为吾华一线生计，今日为世界各国所注目者，仅此一厂。办事人积十余年辛苦，苟不至矢尽援绝，决不肯半途而废。”张謇希望效仿德国克虏伯与美国堪纳基，“发愤继起，始底于成”“謇于棉铁，固向持积极主义者，愧于公司未有万一之助。尚望诸位股东有以教之”。1912年9月15日，张謇在《创办中国模范棉工厂小引》中指出：“棉为我国所自产，纱为人人衣服所必需，其业至稳而利又丰，舍此不图，又何利权之挽，漏卮之塞乎？”1913年，张謇在《实业政见宣言书》中说：“謇于实业上抱持一种主义，谓为棉铁主义。”这是张謇第一次明确提出棉铁主义。

棉关系到人民生活，铁关系国家生存，棉铁事业是张謇一生的追求。张謇认为，棉花是至柔之物质，钢铁是至刚之物质，将纺织和钢铁置于实业的两极，整体带动实业系统运动不止、生生不息。张謇研究光绪、宣统两朝的海关贸易交易资料，发现进口商品以棉纺织品居首位，其次是钢铁，认为中国要从这两类商品入手，抵制西方经济掠夺。他在汉冶萍就职演说时指出："謇尝研究《海关贸易册》知棉铁两业。可以操经济界之全权。"正是认识到棉铁在贸易中的重大份额，张謇提出"农产之重要，无过于棉""至柔惟棉，至刚惟铁，神明用之，外交内治裕如，岂惟实业"[①]"謇于棉铁固向持积极主义者，愧于公司未有万一之助，尚望诸位股东有以教之"[②]。张謇认为，中国人口众多，棉纺织品又是日常必需品，市场广阔，利润丰厚，必须自己掌握利权，不能任由西方资本宰割。张謇出任北洋政府农商部总长后，大力倡导棉业的同时，还制定了一系列法规政策，对棉业进行保护和鼓励，"本部对于工商政策，多取保育主义，故有公司保息条例之设。然农产品为各种制造品之原料，不有以增殖之，则工商业之发展永无可望。故保育主义又当移之于农业。今吾国输入品之最巨者，莫如棉织物"。特别规定了对推广植棉和增设纱锭、织机发放奖金的标准，提出全国应增加纺机数量、棉田数量来抵制外货。张謇也倡导钢铁产业，认为钢铁行业是中国的生机所在，先是为张之洞设立汉阳钢铁厂出谋划策，后长期在汉冶萍钢铁公司任职。张謇为《棉业季刊》作序说："余持棉铁为中国近世要务之说，凡三十年，先我后我，事乎此者，亦肩背相望矣。"他说，"农工商业之至大者，曰棉铁，次则日用之百物，又次消耗品、奢侈品""现时吾人所用之棉铁，皆来自外洋，今后正宜努力使此二者皆可由本国供给"。

"工业革命的意义，无论怎么描述都不过分。在人类的历史上，只有金属的使用和农业的普及才能与之相提并论。"[③]张謇投身实业，虽然重点在于棉纺织业，但是对于钢铁业也十分关注和支持。汉冶萍公司常年处于经营困顿之中，债务负担巨大，为了解决其长期的债务问题，张謇最终建议由官办改成商办，甚至寄希望于引进外资，尽管困难重重，他仍然始终坚持中国

---

①《总理校谕》，《张謇全集》第4卷，上海辞书出版社，2012年，第191页。
②《汉冶萍公司特别股东大会书面致词》，《张謇全集》第4卷，上海辞书出版社，2012年，第212页。
③罗杰·奥斯本：《钢铁、蒸汽与资本：工业革命的起源》，曹磊译，电子工业出版社，2016年。

要有自己的钢铁产业，尽力创办资生铁厂和资生冶厂。

张謇说：“棉铁为国家基本工商业，十年前，以国人留心者鲜，謇与前农商次长刘垣讨论有年，曾著《棉铁世界》一书，冀唤起国民之注意。”同时希望发展棉铁，必须全国上下戮力同心，方能见实效。张謇要求发展棉铁，主要是要大力发展棉业和铁业，与外人争利权，并以棉铁来带动农工商其他各行业的全面发展，使国家真正走上富裕、独立、强大之路。他创办大生纱厂、垦牧公司、资生铁厂等都是棉铁思想的具体实践。他在将其棉铁思想付诸实施之时，亦仍然不断倡导、呼吁。在南洋劝业会上，他大声疾呼中国实业须用棉铁政策，必须奖励棉业。张謇在1919年回忆道：“鄙人所持棉铁主义，倡之于二十年前，尝未果。用吾言必能杜绝他邦宰割之谋，乃不能见用，夫复何咎。”张謇对于未能达成自己理想目标的棉铁事业感到十分的心痛，可见其严于律己的铮铮风骨。

其实，张謇棉业的成效，通过《远东时报》刊载《中国棉业情况》可见一斑：“棉产地之区域，分布全省各地，其中以通州、太仓、嘉定、常熟、上海与江阴六大区为最有名。先从通州一区而论，该区植产之地，占全州地亩总数十分之六七，包括南通、崇明、海门等区，合计东西三百里，南北一百五十里，幅员极广，故该地区不但为江苏一省出棉之要地，即综全中国产棉之区域计之，亦当首屈一指矣。该区平均产棉之额，约有一百五十万担之多，就中产额之大部，皆为崇明与南通之大生纱厂所吸收，其余则概运至上海销售焉。”

张謇孜孜不倦地呼吁并身体力行棉铁主义，到晚年他回顾棉铁事业时说：“铁，吾猝未能业之也；业棉则逾二十年。”虽然制铁事业关系国家生存，但张謇认为自己对此没能像棉业那样做好，并将发展铁业寄希望于他人：“今此铁业，尤愿从诸君后稍效愚诚以完棉铁并峙之希望。”张謇主张发展棉铁业，实质是建立以棉纺织业为中心的轻工业和以钢铁工业为中心的重工业，符合中国发展近代民族工业的规律，带动着中华民族工业的不断前行。

四、良性竞争思想

张謇生长的海门，与长江和大海紧密相连，他的血脉中流淌着江海文化的基因。奔腾不息的长江和碧波万里的大海给了张謇自强不息、奋斗前行、居安思危、勤俭务实、开拓进取的精神营养。涓涓细流汇入大海，海纳百川的包容精神造就了张謇兼收并蓄、积极接纳先进文化的文化性格。张謇身上深深地打上江海文化的烙印，血液中流淌着永不止息的人生追求，他在困境中求突破，在逆境中谋发展，在乱世中开新局，敢闯敢试，勇立潮头。正是具有坚韧无畏的江海文化品格和良性竞争思想，使张謇成为当时蜚声中外的民族资本家和近代实业家。

经济发展需要竞争，有竞争才有动力，才有活力。但是面对政府的苛捐杂税，张謇感到厘税减免的必要性与迫切性。张謇认为，中国即使国货土货用最廉价之人工、最多之原料、最轻之成本，加上运费与税厘计算，难以与外货竞争抗衡。张謇请求政府相应的税厘，要求给予所办阜生蚕桑公司正常的商税。张謇特别注重公平竞争的外部环境。光绪三十二年（1906年），张謇所拟《为商航复商部文》中说："查中国江海河面，失主权而丧民心，无过洋商领单运货内地、华船愿持洋旗一事。华民畏官，官虐船户，盖数百年积成之习俗。自外势日张，关卡官吏，慑而媚外。于是同一民船也，此受雇于华商，则刁难而索，节节阻滞，彼受雇于洋商则否。今日受雇于洋商，则理直气壮，处处畅行；明日受雇于华商则否。趋利避害，人之常情。迹象既已悬殊，心志安得不易？……故谓外人所索加税免厘，仅为其畅通商市计，犹利用之一方面也。而我之官吏利厘卡为生活者，虐待商船如故，一若明知厘之将免，利之将失，而为是得寸则寸之计。一遇邻府州县彼此交通之土货，不能挂洋旗者，则尤专以需索刁难为事。"张謇强调不要进行恶性竞争。上海一纱厂老板朱畴拟在通海地区的崇明设立大有纺织公司，张謇知道消息后坚决反对。张謇认为，大生纱厂已使本地的棉花、纱布的供应到达比较饱和的状态，如果朱畴在此投资办厂，距离过近，必然导致恶性竞争，最终两败俱伤。

五、开放合作思想

张謇认为中国要发展壮大就必须主动与世界融通，不应故步自封、画地为牢、孤芳自赏，坚持开放合作，主动融入世界。张謇在担任农商部总长时致函给商会联合会，深刻地指出开放合作是全球经济的潮流和趋势，他说："商业衰弊至于北极，而世界经济之潮流喷涌而至，同则存，独则亡，通则胜，塞则败。昔之为商，用吾习惯，可以闭门而自活。今门不可闭也，闭门则不可以自活。然欲开门以求活，则人且鄙我蔑我，谓我人民无知识，国家无法律，虽欲与世界共经济，而世界不吾与。"

张謇注重利用外资为振兴实业。他在《筹划利用外资振兴实业办法呈》里认为外资是重要的救国方策，无逾于此。张謇对于外资，认为既要利用，又必须制定相应的法律进行规范和限制，他主持制定并颁行的《矿业条例》规定："凡与中华民国有约之外国人民，得与中华民国人民合股取得矿业权，但须遵守本条例及其他关系诸法律。外国人民所占股份不得逾全股十分之五。"张謇参加制定《中日实业有限公司章程》，对日资也做了明确的规定。在开放合作的同时，张謇特别注意防范外国资本对中国工业的侵入与控制。1914年8月25日，张謇拟文呈袁世凯：汉冶萍公司"既云官商合办，则股本三千万，官商各半，最为平均。……然现在商情困顿，商股恐难号召，则所短股本，势不能不全出于官。且官股稍多，亦较名正言顺，未始非计之得者""而此项豫算备极复杂，欲其成立，不能无待于交通、财政二部之顾全大局，勉为其难"。与其同时，张謇拟《汉冶萍官商合办说略》指出："我国所经营之煤铁业，不过汉冶萍一公司耳。"但公司现"专以借贷日款为救急之计""尤恐折人日人之手，噬脐之悔，其将何及""今拟定为官商合办之股份公司……即由政府派员接办，仍许商股酌举董事"。张謇认为利用外资可以采取合资，用于利害参半之事业，利与外资共享，亏损亦然。张謇的许多企业就是合资企业，由于有外资注入，公司可即时成立，即时投产，即时获利。同时，也可以借款外资，"用洋人之本，谋华民之生，取日增之利，偿岁减之息"，用于有确实把握之事业，重视借款的担保品及契约条件。张謇认为利用外资也可采取代办，适用于先难后易、可永久获利之事业，如大资金购置机器、开垦荒地、荒地垦熟后继续耕种等。

张謇希望全面学习西方新知识、新技术，参与到世界产业竞争中去，与时俱进，"博取而精择之"。张謇说，"或曰：'甲国之患，正乙国之利。于彼见绌，乃于我见长。'是说也，闭关时代不相往来之言，非通港互市时代之言也"。张謇有着世界经济观，在所拟《商榷世界实业宜供求统计中国实业宜应供求之趋势书》中指出，"欧战告终，华府会议之后，世界未来大势，骎骎趋于大同。而就实业论，亦有不得不趋向大同之势""若中日，则日大致力于纺织，而无地植棉；中有甚广之地可以植棉，而力不足以自谋发展，是为两穷"，故欲推动中国棉纺业，须谋各国"互助之道"与"供求相剂之道"，"如是十五年小效，三十年大效，可以预言"。

六、注重制度建设

张謇认为，发展经济，必须注重制度建设。在任北洋政府农商部总长时，张謇主持制定了《公司条例》《商人通例施行细则》《商会法》《矿业条例》《森林法》《典当业务法》《证券交易所法》等二十余部文件，涉及金融、商业、农林牧副渔等诸多农商领域，为中国农商市场法制化建设开拓了道路。为了振兴农商经济，张謇还延请专家开办棉糖林牧试验场，总结经验并向全国推广。张謇曾总结任职农商部总长的业绩，指出"首订法律，次事查勘，次设劝业银行""默计部绩，内不过条例，外不过验厂"。

1914 年 1 月，张謇致函袁世凯，希望"当预定大政方针时，余当力主注重实业助长行政，以求人民物质经济之发达"，并主持制定《公司条例》《公司保息条例》。2 月，张謇等拟《矿务监督署官制》《导淮借款草议条件之要点及余义》《暂行承垦荒地令（条例）》，主持出台《矿务监督署分区规则》《农商部办事通则》《国币条例》《国币条例施行细则》《农商部暂行会计规则》《借外资筹建衡器制造所说帖》《农商部录事规则》等文件，签订《中美合资开采陕西延长等处石油矿合同》；提议导淮而兼治沂、泗二水，设河海工程学校，并立农业地产银行等。3 月，张謇等拟《变通保息率及借款说明书》《县市乡承领荒地条例说明书》，主持制定《商人通例》《国有荒地承垦条例》《矿业条例》《权度条例》《矿业条例施行细则》等文件，修订《暂行承垦荒地条例》，提议奖励植棉制糖牧羊提案，建议浙路公司汤（寿潜）理事长以苏路既国有，"望浙路规仿行之"。4 月，张謇主持制定《植棉制糖牧羊奖抛条例》《劝业银行条例》《渔轮护洋缉盗奖励条例》《公海渔业奖励条例》《观测所官制》《筹备巴拿马赛会展览会出品审查规则》等文件。5月，张謇主持制定《矿业注册条例施行细则》《矿业注册条例》《糖业改良委员会章程》《筹备巴拿马赛会事务局会计办事细则》《中央农事试验场会计办事细则》等文件，建议政府“先于全国水源宏大之区，设保安林”“先于东三省测勘林区，规定发放规则”“先就东三省设官营伐木，以求为整理全国林政经费之用”等。6月，张謇主持制定《矿业薄册程式》《东三省林务总局会计办事细则》《典当业条例》等文件，草拟《江苏测绘舆图议》。张謇拜访袁世凯，建议“必省设一植棉试验场，以为推广改良之范”。张謇并致函张怡祖：“顷北京警厅调查……谋事人有十七万之多。此十七万人，设家有五口，即八十五万人皆不耕而食，不织而衣者，皆上中级游民也。国安得不穷？安得不乱？政界倾轧排挤之风，即由此盛，闻之可丑，睹之可羞，思之可痛。父在京是以日日劝人归田也。”建议劝说在城市里无事可做之人回乡种田种棉，为社会创造财富。7月，张謇主持制定《修正农商部官制》《公司条例施行细则》《商人通例施行细则》《国有荒地承垦条例施行细则》《公司条例施行细则》《公司注册规则》《商人通例施行细则》《商业注册规则》等文件，拟文致各省巡按使，“气候观测于改良农事、筹办水利关系最切，万难长付阙如，自应急图补数”“相应检同（气候观测）表格各件，咨行贵巡按使查照转饬遵办”。建议政府议订中法劝业地产银行文件。

1914年8月，张謇往总统府参加会议，知道第一次世界大战对中国经济、社会的负面影响。后主持制定《修正东三省国有森林发放规则》《商业注册规则施行细则》《公司注册规则施行细则》《植棉制糖牧羊奖励条例施行细则》《驻美赛会监督处章程》《农商部权度制造所章程》等文件。张謇等拟文建议汉冶萍公司因债累已深，应考虑当前国难，惟有以官商合办为此时过渡办法解决；将铁、铝、金、银、铜、镍六种矿产，定为可以官营之业；为军国前途计，拟就龙门县筹设国家第一铁厂，专供枪炮之材：就秣陵关设国家第二铁厂，专供舟车之材。9月，张謇主持制定《狩猎法》《商会法》《商事公断处办事细则》《商品陈列所章程》《观测所会计办事细则》，建议棉织土布“所有常关、海关厘金，落地捐、崇文门等各项税厘，一律免除”。10月，张謇主持制定《商品陈列所会计办事细则》《修正矿务监督署分区规画》，拟《茶叶检查条例》《森林法》，致函赵凤昌："欧事未定，一切无可言。走以假回旋，暂离烦恼，竟能脱否，尚不可知。然终拟任局而辞谢部也。"拟文呈袁世凯：离京曾奉命"特任周学熙代理农商总长"，但周尚未就职，拟"所有部中事务，暂由本部次长周家彦代拆代行"。11月，张謇主持制定《修正国有荒地承垦条例》《边荒承垦条例》《商会法施行细则》，拟文呈袁世凯请解除农商部总长职，专任全国水利局总裁："謇就职时之设计已穷，日在官署画诺纸尾。所从事者，簿书期会之无聊，府吏胥徒所可了。其于国民实业前途，茫无方向。"袁世凯批令"温语慰留"，所辞农商部总长职未予允准。

12月，张謇主持制定《劝农员章程》《农商部（实业浅说）编辑简章》《农商部（实业浅说）编辑处规程》《农事试验厂农产品评会章程》《农产品评会事查规则》《农商部普通文官甄别委员会执行细则》《证券交易所法》，拟《奖励扩充改良植棉地五千五百万亩理由书》"欲奖励纺织业，非先推广植棉地不可，此为供求相需之定例""四千万亩之产棉，仅仅足敷国内之用。为对外贸易计，为人口逐年增加计，至少再加增植棉地一千五百万亩""我自有地，自有人，而不为提倡奖励，对于世界，对于全国人民，其何说之辞"。筹建军山气象台，拜访袁世凯，并答应袁世凯"暂且任（农商部总长）事"。

第三章 张謇的教育思想

一、教育与实业互为依存的思想

张謇在年轻时就形成了“教育救国”的思想，他认为，“父教育、母实业”。甲午战争的失败，使中国有识之士对洋务运动所倡导学习西方“船坚炮利”的急功近利的想法进行了反思。他们认为，“兵战”不如“学战”、“工战”不如“学战”，中国的第一要务是“兴学校”，广开民智。张謇深刻认识到教育的重要性，在《敬告全国学生书》中指出，“世界今日之竞争，农工商业之竞争；农工商业之竞争，学问之竞争也”。光绪二十七年（1901年），张謇在《变法评议》中也指出：“一普兴学校。国待人而治，人待学而成。必无人不学，而后有可用之人。必无学不专，而后有可用之学。东西各国，学校如林。析其专家，无虑百数。前导后继，推求益精。但能择善而从，皆足资我师法。端其基础，首在正蒙。日本普通以及高等小学校，即各国乡塾。其寻常中学校，及寻常高等师范学校，即各国郡学院。陆军及各专门学校，即各国实学仕学院。大学院即大学院。其学分法学，理学，文学，其章程有初定，有改定。”张謇在文中提出了较为系统的学制，“各府、州、县先设立一小学堂于城。小学堂中先特设立寻常师范一班，选府、州、县学诸生，年当二十至四十束修自爱文理通畅者四五十至七八十人，视学大小为人数之多寡，延师范师教之。三月后，试令分教小学堂学生，由地方视学官，每月会同师范师，试其学业教法之进退，而第其优拙”“第二年，四乡分立小学堂，府、州、县大者四十区、中者三十区、小者二十区。配分地段，有寺庙者先借为之。分师范生优者为教席，其优而愿留堂力学者听”“第三年，即以先立之小学为中学堂，仍并寻常师范学堂于内，兼教西文，而别立高等师范学堂。凡学生皆纳膳金，数各随地酌定，是为官学。若绅富私立或官立者听便。建设之始，报明视学官，转报文补给予准据，学堂教育章程及课本与官学同，考试给凭，出生亦同""第四年，各省城立专门高等学堂，第五年京师大学堂可立矣"。光绪二十九年（1903年），张謇撰写《学制宜仿成周教法师孔子说》一文，以西周及孔子施教时的学习内容及演变过程为据，阐释了他对学制和教育内容的思想认识。他认为学校分小学、中学、大学。小学学习数、方（地理）、名（认识事物）、历法、书（国文）、计（簿记）、礼仪、请肄简谅（实习简单的实事）等。他十分看重请肄简谅，认为学生学做简单实事，可以学以致用，联系社会生活实际，逐渐成为治事之材。

张謇非常重视文化教育事业的作用，认为"夫立国由于人才，人才出于立学，此古今中外不易之理"[①]。南京临时政府刚成立，张謇就建议孙中山："凡属学校，均应及时起学以兴教育。"1917年4月，张謇往省代用师范学校，参加运动会开幕式，致词云："尔等今日一方须知德(国)今日致胜之由，端在教育；一方须知教育终极之目的，仍未尽于此也。惟教育为万能，可深信无疑。"

张謇是我国近代学校教育的拓荒者和开路先锋，以"为往圣继绝学"的士人担当，创办学校，广兴教育，大力推动现代学校教育，并且身体力行，在南通创办了三十多所各类学校。张謇注重实业与教育的联系，将中国传统教育与西方现代教育有机结合，古为今用，中体西用，推陈出新，有力地推动了中国近代教育的现代化发展进程。张謇的教育实践取得了很大成绩，也产生了很大影响。美国教育家杜威曾对南通的教育水平有很高的评价，称："南通者，教育之洋，吾尤望其成为世界教育之中心也。"

张謇认为，"实业与教育迭相为用""以为举事必先智，启民智必由教育；而教育非空言所能达，乃先实业；实业、教育既相资有成，乃及慈善，乃及公益"。张謇认识到实业与文化教育的密切关联，本着"以实业辅助教育，以教育改良实业""实业之所至即教育之所至"的思想，在实业取得成就的同时，他在南通兴办了一系列文化教育事业，创办了我国第一所中等师范学校——通州民立师范学校；同时还兴办各种中级、初级职业学校，短期讲习班和特殊教育事业等。张謇把实业和教育称为"富强之大本"，认为"有

---

①《代鄂督条陈立国自强疏》，《张謇全集》第1卷，上海辞书出版社，2012年，第29页。

实业而无教育，则业不昌”；办教育的经费来自实业，“不广实业，则学又不昌”。1912年，所建唐闸实业公立艺徒预教学校改称实业公立小学校，1916年又改称实业私立国民学校，“时设一二年级与三四年级两个复式班级”，为工厂培养一批初级技术人才。1918年9月，张謇参与创办的中华职业教育学校于上海陆家浜迎薰路开学，“先设铁工、木工二科为主科，次又鉴于社会之需要，添设纽扣、珐琅二科”。

张謇大力发展教育事业，创办学校之数量与种类，可谓前无古人，有幼稚园、小学、中学和大学，涉及师范教育、国民教育、职业教育、社会教育等诸多方面，种类丰富、形式多样。张謇将教育与实业紧密联系起来的创新实践，对近现代中国教育理论与实践相结合的教学方针、教育与产业融合发展提供了科学的方向。

二、注重教育的社会功能

张謇认为，教育不是脱离社会的象牙塔，在《论严格教育旨趣书》指出，教育要与国家的前途命运结合起来：“今欧美学校，教授管理之外，尤重训练，尤重服从。……此后各校教师学生，须共念民国前途，服膺兹义。凡教之道，以严为轨；凡学之道，以静为轨。有害群者去之，无姑息焉。”在《发起通俗教育研究会宣言》中，张謇强调教育要与时代的发展潮流相互合拍：“革命未成之前，当注力于通俗教育，而期多数人民之能破坏；革命成功而后，当注力于通俗教育，而期多数人民之能建设。”张謇指出该会“以研究通俗教育设施方法，为普通人民灌输常识，培养公德，并发启有关社会教育之各事物为宗旨”。1913年，张謇在《教育研究》第1期《发刊辞》指出，“夫政府者，社会之所自出也。有良社会，乃有良政府；有良教育，乃有良社会。革兴以来，海内同志故有社会教育之兴起”“惟欲求社会之改良，必须谋教育之统一，而教育之统一必藉人材，人材之肇兴端资研究”，高度强调了教育的社会功能。张謇还强调了教育的社会推动功能。1915年1月，他在《河海工程专门学校旨趣书》指出，“民国肇兴，首设全国水利局，将以统筹全局。……发轫之始，首事导，计画初定，备才至亟”“是故以之为一时权宜计则可，以之为久远之计则不可。此河海工程专门学校之所由设也”。张謇认为教育与课程、管理、道德不是一回事,具有各自的内涵,不要混于一谈。1915 年 4 月 3 日,张謇撰写《师范校友会勖词》刊载于《通海新报》,指出:“诸友须知教育事业,课程是一事,管理又是一事;学问是一事,道德又是一事。”张謇十分注重教育的教化功能,不能从思想品行上培育人才,教育就是失败的教育。1916 年 10 月 9 日,张謇参加省代用师范学校校友会,并发表演说:“农之子在学校染奢侈之日,不复为农矣;工之子在学校染奢侈之日,不复为工矣。毕业者不能得社会之信仰,多无职业可操,是学校愈多,游民愈众矣。”张謇也注重教育社会功能的变化,教育要与时代共振,只有顺应时代发展,教育才能有生机活力,才有真正的价值。1912 年 12 月,张謇与庄俞、水楚琴、师仲五谈论教育:“教育必与时势相消息。倘昧于时势之变迁,墨守定章,一成不变,则其教育与时势不相应,虽有成效,何补于国,何补于民?”1917 年 12 月,张謇往省代用师范学校,向校友发表演说:“予之兴办教育之目的,本以应社会之用也。今日教育之效果果能应社会之用乎?余诚未敢自信。”

三、注重师范教育

张謇认为,要兴办现代教育,首先要办好师范。在各类办学层次及其发展次序方面,张謇主张先立师范、小学,次立中等学校,再办高等专门学校,最后建立大学,“师范启其塞,小学导其源,中学正其流,专门别其派,大学会其归”。他赞成欧美对一个国家的评价“以其国学校多寡为强弱文野之别”,指出欧美强国“其多者校以七八万计,生徒以七八百万计,校师以十数万计,师必出于师范”。

光绪二十八年(1902 年),张謇应两江总督刘坤一邀请,到南京与缪荃孙、罗振玉为刘坤一拟定《学制奏略》。张謇建议首先兴办师范学校,一年后各州、县分别设立高等、寻常小学校,三年后各府立中等学校,五年后各省设高等专科学校,京师设大学校。刘坤一早有兴办师范学校的想法,认为“兴学应从师范学堂入手”,提出了在江宁创办三江师范学堂。张謇因此决定回到南通自行创办师范学校,创立了中国教育史上第一所民立师范教育机构——通州民立师范学校。张謇自豪地宣称，“夫中国之有师范学校，自光绪二十八年始，民间之自立师范学校自通州始”“人才是立国之本，而人才出自教育”。张謇把师范教育视为一切教育之母，认为只有发展师范教育，专科以上的高等教育才能有其基础。张謇倡导要大力兴办师范学校，培养足够多的师资，“师必出于师范”“立学校须从小学始，尤须先从师范始。欲雪其耻而不讲求学问则无资，欲求学问而不求普及国民之教育则无与，欲教育普及国民而不求师则无导。故立学校须从小学始，尤须先从师范始”[①]。1913年10月10日，张謇参加省代用师范学校建校十周年纪念会与校友会，发表演说，“中国私立之学、师范之校，本校为先例。嗣是而高等小学，而初等小学，而中学，而农学，而商学，而女师范学，无不根萌本校”“处智识竞争时代，民而愚，固不足言竞争，与语自治亦不可得”“今海内谈教育者，南通屈指能及，是奚足哉？将以南通教育，树全国之模范，而不先自完一县之模范，何足云普及教育？且教育非徒谋普及而已”。他在家乡开办实业的同时，积极兴办教育事业。除了兴办通州民立师范学校外，张謇还陆续设立通州女子师范学校、东台母里师范、盲哑师范传习班、乡村师范、甲种师范讲习所、乙种小学教员讲习所等师范学校。1912年，张謇拟《筹设盲哑师范传习所之意旨》指出，“盲哑累累，教育无人。……而盲哑教师与不盲哑教师，又有不同者，盖盲哑教师，苟无慈爱心与忍耐心者，皆不可任”“此盲哑学校未办之先，所以必设师范传习之要旨也”。这从一个侧面强调了师范教师培养的重要性。

四、主张尊孔读经

张謇认为教育是培养人的，要培养出一批“有旧道德而又有新学识”的人，首先需要尊孔读经。儒家思想是中国文化的重要组成部分，作为一个传统的儒商，张謇身上体现着深厚的儒家思想，散发着为天下兴亡肩负起社会责任的理想光芒。张謇秉承着儒家倡导的“亲亲仁民”思想，所做的事业都是社

①《师范学校开校演说》，《张謇全集》第4卷，上海辞书出版社，2012年，第70页。

会民生事业。即便离开官场回到故地南通，张謇仍担负起士大夫“先天下之忧而忧，后天下之乐而乐”的社会责任，“中国政界亦无有为我发展之地者，惟志在求一县之自治”，通过南通为自治试验田，努力实现治国平天下的理想。

《礼记》中说“建国君民，教学为先”，建立国家，统治人民，首先要设学施教，最终实现“天下大治”。张謇继承儒家重视教育的传统，指出“教育者，万事之母”“举事必先智，启民智必由教育”。张謇积极吸取儒家文化的营养，并对其能辩证看待，他说：“我在家塾读书的时候，亦很钦佩宋儒程、朱阐发‘民吾同胞、物吾与也’的精神，但后来研究程朱的历史，原来他们都是说而不做。因此我想力娇其弊，做一点成绩，替书生争气。”张謇在欢迎日本青年会来南通参观演说时说：“致教育方面，全县初级小学校，亦已有三百余所。又从全般社会上着眼，为老幼残废、无告之民设计，育婴堂、养老院、残废院、平民工厂等相继观成。”可谓达到了“使老有所终，壮有所用，幼有所长，矜寡孤独废疾者皆有所养”的儒家“大同”境界。孔子提出“有教无类”教育观，打破了由贵族垄断教育的特权制度，树立并实践了人人享有受教育权利的平等观念。张謇一生致力于教育的普及，使每个人都有受教育的机会，创办了育婴堂、幼稚园，初小、高小、中学和各种各类职业学校、补习学校、夜校等。儒家教育传统中“有教无类”的思想，在张謇办学过程中得到了充分体现。

民国时期的顽固派、保守派和反动派仇视中国资产阶级民主革命以及中华民国，掀起尊孔运动，推动恢复帝制。康有为认为，孔子之教，是中国的国魂，“中华文明之精髓”。在康有为的再三鼓噪下，尊孔之流甚嚣尘上，一些政界要员如黎元洪、冯国璋等人也纷纷为孔子学说树碑立传，说推倒了孔子学说，老百姓失去了精神支柱，从而社会上出现“民德日益堕落，人心日益险诈，竞争日益激烈，伦理日益紊乱，纪纲全坏，时事愈违”，甚至出现人人“相率而为禽兽”“循是不救，人类将灭”。社会上一些以尊孔之名的社会团体，如孔教会、孔子祭奠会、孔道会、国教维持会、孔社、全国公民尊孔联合会等，纷纷成立，尊孔祭祀活动如春丁祀孔、秋丁祀孔、孔子诞辰纪念会等也很快地开展起来。在此背景下，有着皇帝梦的袁世凯借着尊孔复古运动来实现自己的中华帝国专制王朝。

1912 年 9 月 20 日，袁世凯颁布《通令国民尊崇伦常文》指出，虽然中国社会发生了由清朝到民国的变革，但家庭、国家、社会伦理仍然古今一体，义理相续，所谓“政体虽更，民彝无改”，并且借孔孟之道，用封建主义的伦理道德“挽回薄俗”，也就是统治专制。1913年6月2日，袁世凯颁布《通令整饬学风令》，认为各地学校“托于自由平等之说，侮慢师长，蔑弃学规”“倘再事因循，不加整饬，恐学风日坏，民俗随之，关系于世道人心者至大”。强调“学生在校，最重服从，讵可任其嚣张，败坏规则”。在颁布《通令整饬学风令》的二十天后，袁世凯又发布《饬照古义祀孔令》，歌颂孔子学说的历史贡献，将孔子思想确定为中华民国立国之本。在袁世凯政府的操弄下，尊孔复古成为政治生活的时髦话题。1914年2月，袁世凯恢复封建考试制度。7月，袁世凯恢复封建官职、官秩和官爵。11月，参议院提出以“忠孝节义”为立国之精神，接着教育部拟定“忠孝节义”的实行办法。1915年8月，由杨度与严复、孙毓筠、刘师培、胡瑛、李燮和等组成的“筹安委”，为袁世凯恢复帝制的御用团体。他们宣称“以筹一国之治安”，借研究学术为名，宣传共和国体不适合中国国情，要求恢复帝制，认为帝制古已有之，共和、民主违背国情，应统统废止，“一旦易天，秩为平等，不免等君父于路人，伦纪荡然，国将焉赖”“若元首可自齐民选出，将人怀可取而代之心，权利竞争，祸将靡底”。在“筹安委”的宣传鼓动之下，各省纷纷请愿“袁世凯登极”。“筹安会”所策动的请愿推戴运动，都是袁世凯“自请自愿”“自推自戴”导演的闹剧。对这种强奸民意的现象，梁启超一针见血地指出：“其所谓选举者，谓吾民选举也，吾民则何尝选举者？其所谓代表者，谓代表吾民也，吾民则何尝请代表者。实际上四万万人无一人不反对，而彼乃强指为四万万人无一人不赞成。”①

1915年12月13日，袁世凯在北京居仁堂接受百官朝拜，正式登上帝位，大言不惭地宣称：“现在全国人民以我国不适共和，议定改建国体为君主，此为人民心理所趋向，予自当以民意为重，已无讨论之余地。”袁世凯打着尊孔的旗号谋取帝制，但结果很快地葬送了自己。

新文化运动批判和重构中国传统文化和传统道德，儒家思想遭到前所未有的冲击批判，人们的思想得到空前的解放。但在张謇看来，孔孟之道，尤其

①来新夏主编：《北洋军阀》，上海人民出版社，1957年版，第1042页。

是三纲五常的道德伦理具有永恒的价值，不可有丝毫的动摇。张謇强调孔教不偏不倚，纯为人道，“本县发起尊孔会之意，诚欲人人知人道之所在，而为有理性之人类。试问今日社会觍靦然为人者，其人道何如？”张謇倡导三纲五常，指出为人之道，必须确认三纲所规定的君臣、父子、夫妇的人伦关系，“人各有伦，各安其生，乃各有其性情之位”。而新文化运动“提倡男女平权不已、又提倡男女同学、提倡男女学生自由、提倡父子平权、提倡共产、提倡公妻；左提右挈，此唱彼和，必使人非人，国不国”，实质是毁坏人伦、“毁弃道义”。张謇认为，“必男女有别，而后人禽有别也”，就男女有别而言，中国传统的夫妇关系也至为合理，“夫，扶也，妇，服也。义至平允”“不知男子治外，女子治内，权未尝不平；父母并号严君，权未尝不平”。张謇指出，孔孟之道主五伦，“有伦，故有君臣父子”。与坚守三纲一样，张謇推崇包括仁、义、礼、智、信“五常”在内的一系列儒家道德准则，“人之心，仁是也”“儒者立身大本，曰‘智仁勇’”“广施与众，可谓有仁聚财散财，是曰能仁”“贫其始而不恤人之贫，是为尤不仁”。张謇认为，礼是规范个人和维系社会的重要规则，忠与孝是礼义的最基本原则，“夫君子之道，始于成己，而终于成物。成己之大要曰忠曰孝”“子为孝亲，臣为卫国，弟为敬长，友为爱人，此属于分际也。忠则不贰，信则不欺，笃则不妄、敬则不偷，此属于行为也。人能明分际而谨行为，斯尽人道矣”。总之，张謇认为，仁义礼智信、温良恭俭让诸品质均是为人之道所不可或缺的，他不仅将其视为自己立身处世的信条，也一再规劝学生和家人都须切实遵行。张謇始终坚守孔孟之道，所谓“孔子之道，顺时而适中，费一世一时一事之言”“所谓《论语》《孟子》信得一二语，便终身受用不尽也”，认为儒学的纲常伦理如“日月经天、江河行地”，千年不变，万古长青。[①]

张謇希望培养出一批“有旧道德而又有新学识”[②]的新国民，“国必有国学，必有国文”[③]。1918 年，张謇在南通发起组织尊孔会。“本县发起尊孔会之意，诚欲人人知人道之所在，而为有理性之人类。试问今日社会觍然为人者，

①王敦琴：《张謇研究精讲》，苏州大学出版社，2013 年，第 69–70 页。
②《请设高等土木工科学校先开河海工科专班拟具办法呈》，《张謇全集》第 1 卷，上海辞书出版社，2012 年，第 353 页。
③《函电（下）》，《张謇全集》第 3 卷，江苏古籍出版社，1994 年，第 1522 页。

其人道何如？故欲昌明孔学，宜就子臣弟友、忠信笃敬八字做起。子为孝亲，臣为卫国，弟为敬长，友为爱人，此属于分际也；忠则不贰，信则不欺，笃则不妄，敬则不偷，此属于行为也。人能明分际而谨行为，斯尽人道矣。人道尽而后可以入圣贤之域，孔子一身得力处，即在于此。”[①]1921年，张謇重修南通孔庙。“通号能自治，曾教育、慈善、公益之是举，而独遗孔庙听其颓敝乎？”[②]“孔子之教，明伦察物，有用于人治之事也。”[③]认为孔子思想是最“大而高”的。张謇发起的尊孔读经运动，力主在“小学校即宜加授四书，俾儿童时代即知崇仰孔道”“使人人知人道之所在，而为有理性之人类”，主要是基于“祸始于人心不良”“无人伦道德之国未有不覆者”[④]。由于历史的局限，张謇只是一味地尊崇膜拜，未能辩证考察、理性批判儒家文化的优劣得失，将社会变化根源与儒家文化联系在一起，过于绝对化强调儒家思想的作用。这说明了张謇的教育思想与现代教育思想仍有较大差距，也与他主张的民主共和思想有内在的冲突。

五、注重学习西方教育制度

张謇也重视学习西方教育制度，强调教育革新。他指出：“东西各国，学校如林，析其专家，无虑百数，前导后继，推求益精。但能择善而从，皆足资我师法。端其基础，首在正蒙。日本普通以及高等小学校，即各国乡塾；其寻常中学校及寻常与高等师范学校，即各国郡学院；陆军及各专门学校，即各国实学仕学院；大学校即太学院。其学分法学、理学、文学。其章程有初定，有改定。为中国今日计，不独当师其改定之法，亦当深知初定之意。

①《尊孔会第一次演说》，《张謇全集》第4卷，上海辞书出版社，2012年，第397页。
②《重修南通孔庙记》，《张謇全集》第6卷，上海辞书出版社，2012年，第467页。
③《重修南通孔庙记》，《张謇全集》第6卷，上海辞书出版社，2012年，第468页。
④《尊孔会第一次演说》，《张謇全集》第4卷，上海辞书出版社，2012年，第397页。

知其初定之意，而后我无操切率易之心；师其改定之法，而后我无苟简纷歧之弊。"[①]1912年，外交家陆徵祥拜访张謇，张謇感觉陆徵祥"蔼然学者也"。陆徵祥"为言国际公法之重要，极愿与国中明法之士组织一研究会，以所得公之国民，俾吾国得以明习法学占世界上之位置"。张謇对于国际公约深感兴趣，与陆徵祥约期"共谈"，亦可见张謇对于西方现代教育内容的重视。1914年，张謇题南通医学专门学校校训"祈通中西，以宏慈善"，更是表达了他希望学习西方教育的愿望。张謇对于西方文化，采取积极吸纳的姿态，一方面鼓励和支持中国学生走出国门学习西方先进技术，另一方面延请西方有文化的专业人员到中国教授。1914年7月27日，张謇致函张謇：南通纺织专门学校教席"拟托西友为访一人，专授洋文及纺织等学"。1915年4月3日，张謇致函张一麐"一昨见报载，北京清华学校招考专科学生赴美留学。……我国实业教育纺织科为现时之必要，尤为美校所擅长""拟令二生赴美留学，冀得道地之才，备为教育之母。无如校费限于预算……拟请商请贵部转饬该校，将此纺织科列入资程之内，一同考派"。1915年5月30日，张謇致函芮恩施，指出：承介欧美教员来南通纺织专门学校任教，惟"敝校系社会私立，俸例不丰。若聘用欧美专门教员，则当超溢常例之外。月俸拟以二百美金为准，来时旅费可以另送"。1915年7月，张謇拟《聘织工教员约稿》，指出："(欧美)教员与(南通纺织专门)学校在约期中，双方如有不合之处，均得解约，惟须于两月前声明。学校辞教员者，由校按送一月之俸；教员辞学校，学校不再支俸。"可以看出，张謇以开放的眼光，积极吸纳西方先进的技术。

张謇深恶痛绝让学生死记硬背、囫囵吞枣的旧式教育方式。张謇指出，教育不仅仅要改革教育方式，更要在教学内容和人才培养层级上做根本的革新，"故但有本国古代历史之观念者，不足以语今日之教育，以其不足与于列强竞争之会，即不足救我国时局之危。今日最亟之教育，即救亡图强之教育也，然非有观察世界之眼光，则救亡图强之教育政策无自而出。救亡图强之教育，就形式一方面言之，全国教育大别为普及教育、师范教育、实业教育、高等教育、武备教育。中国自兴办教育以来，于此数者，亦粗

①《变法平议》，《张謇全集》第4卷，上海辞书出版社，2012年，第47页。

举其条目矣”。[1]他既注重普及教育，也注重职业教育，提出了“普及教育以广泛开启民智，专业教育以提高技艺”的方针。张謇还注重办学体系建设，建立从幼稚园、初小、高小到中学、专科、大学的多层级教育体系，应社会现实的需求，开办了许多职业学校、职业传习所，让学生学以致用，学有所用。张謇对自己创办的教育事业给予充分的肯定，他认为教育必须与时代发展相合拍，紧跟时代发展的步伐，同时也要结合中国的实际，不能脱离中国的实际，更不能妄自菲薄，否则教育行之不远。1918 年 11 月 16 日，张謇往省代用师范学校，参加运动会开幕式，并发表演说“此次之运动会，将与去岁相比较，以观诸生体育之进境。近年来此参观者，不仅本国人士，外人亦翩然继至。诚以通校课程，均有特异之点在，而师范校为其尤。夫课程之订定，既须适应世界大势之潮流，又须顾及本国之情势”“日前某日本侯爵（木户幸一）来此参观，自言日本当轴亦将改其向日之方针，其言极谦和平易，一变向日之态矣。且云他日日人之来华者，必劝其来观于通。岂非以通之教育为公理正义之所归耶”。

张謇虽出之于书院，然而在“三千年未有之变革”时期，他开阔思维，大力推动现代学校教育，并且身体力行，制定学校教育大纲、设定教育目标、设置学校课程、加强师资配置、丰富教学内容、倡导课外运动，改变了传统封建教育内容僵化、方式陈旧、坐而论道的陋习，强调教育与实践的结合，形成了独特的教育思想。1913 年 8 月 30 日，张謇发布省代用师范学校谕：“诸生对于运动不尽有兴味，但筋肉运动为教育学中最近、最有价值之主张。有统系之知识，非有健全之身体不能应用也。望诸生各强勉为之。”张謇不仅注重对学生知识的传授，也注重学生身体的健康发展，与传统教育只管读书的教育理念有着本质的不同。

---

①《中央教育会开会词》，《张謇全集》第 4 卷，上海辞书出版社，2012 年，第 188 页。

第四章　张謇的文化思想

张謇文化思想的形成与发展，既有传统的儒家文化，也有西方文化的浸染；既有清末社会政治运动所产生的文化革新，也有外国殖民侵略所带来的文化裂变。张謇创办翰墨林印书局、南通博物苑、中国图书有限公司、南通历史上第一张报纸《星报》等近代文化事业。他的文化视角触及伦理价值、时代变革、中西会通、知行结合、地方资源诸方面，形成独特系统的文化观。

一、经世济用思想

张謇一生都致力于经世济用的人生哲学，儒家经典倡导的"治国平天下"在他的身上得到了极大的彰显，他将国家、民族和个人利益融合在一起，提出中国"兴实业，须由士大夫先之"，秉承儒家士人"天下兴亡，匹夫有责"的担当精神，继承并发扬古代士人的忧国忧民情怀，抱有强烈的社会责任感。

张謇接受儒家正统的蒙学教育，毕生坚守孔孟之道，先后学习《三字经》《百家姓》《千家诗》《孝经》《论语》《孟子》《诗经》《尚书》《易经》《尔雅》《礼记》《春秋左传》《仪礼》《周礼》《纲鉴易知录》《通鉴纲止》《史记》《汉书》《后汉书》等，是"儒商"典范。他说："人恒以寿为重，其实人之寿不寿，不在年岁之多寡，而在事业之有无。若其人果有益于地方，虽早夭亦寿；无益于地方即活至百岁，奚得为寿？"[①]人生的价值不是寿命的长短，年岁的多寡，而是有无对社会做出有益的事业。张謇面对积贫积弱的中国，发展传统士人担当精神，延续以天下为己任的民族情怀。他说："謇不幸而生中国，不幸而生今之时代，尤不幸而抱欲为中国伸眉、书生吐气之

---

①《第三养老院开幕演说》，《张謇全集》第4卷，上海辞书出版社，2012年，第221页。

志愿，致以嚼然自待之身，溷秽浊不伦之俗。虽三十年前，反复审虑，投身实业、教育二途，一意孤行，置成败利钝于不顾，而幸而利，幸而成，又展转而至于钝，几于败，亦可已矣。而苦不能已，则以教育根本未完，实业替人未得，尚不可为陋巷箪瓢之颜子，即不得不仍为胼手胝足之禹、稷也。”①张謇提倡知行合一，反对说而不做，言行不一。然而，他又是高言空谈、不重实践的“清议派”成员。但张謇认为，人生的价值就是要专心事业，为社会大众服务，“予为事业生，当为事业死。虽曾就农商总长之职，然此不过为完成事业之一经过耳”②。

二、“中学为本”思想

张謇对待西方文化和中国文化，是坚持在中国传统文化的基础上，学习西方文化作为补充，以达到消除中国贫弱的目的。鸦片战争后，中国不少仁人志士为达到“富强救国”的目的，努力挣脱封建思想和势力的羁绊，开眼看世界。张謇认为，凡是一个闭塞的文化，终究会“闭塞成害”“世界的进化，国际的竞争，决不是旧理论，旧法学可以办得到的”，一定要主动向欧美、日本学习，留心实用的学问。张謇在日本考察期间，“一路上经常琢磨的是日本何以能够一跃成为东亚头号强国”。张謇深感日本的立宪制度远远胜过了清朝封建专制制度。回国后，他极力主张吸取外国先进的政治制度，颁宪法，立议会，改变传统的专制政治。张謇在《变法平议》奏章中有许多效仿西方的措施，例如文中倡议建立“议政院”，显然是参照了西方国家的议院。他还多次建议翻译各国政治、文学、史学、经济学、博物学、教育学著作，并在日后成立的翰墨林印书局中完成了很多翻译工作。

张謇以开明的积极态度对待外来文化和事物，“思想要有时代性，事业要应着世界潮流”，注重博采众长。为了在南通发展民族工业，张謇认识到

①《为实业致钱新之函》，《张謇全集》第3卷，江苏古籍出版社，1994年，第1388页。
②张孝若：《南通张季直先生传记》，中华书局，1930年，第130页。

学习西方近代科学知识的紧迫性，主张"应请各省广设学堂，自各国语言文学，以及种植、制造、商务、水师、陆军、开矿、修路、律例各项专门名家之学，博延外洋各理由教习。三年小成，乃择其才识较优者，遣令出洋肄业"[①]。

张謇面对清末民初强势的西方文化侵蚀，反对"扬西抑中""弃本逐末"，主张"祈通中西"，"提倡国粹，不废欧化"，坚持中学为立身之本。张謇反感那种言必称西方、通盘否定中学的观点。张謇在外出考察中发现，中国人不应妄自菲薄，西方人最喜欢用中国员工，"然则中国遂无人可用乎？闻诸西人，中国人最好用。西人之所以能用中国人者无他，责任专，薪水重，上有纪纲，下无壅隔而已"[②]。

张謇注重将外国的先进经验与中国的具体实情相结合。既不盲从西学，也不追求浮华新奇，而是讲究实效，将中西文化交融，取长补短。他用"拿他人的帽子戴在自己头上"比喻强调学习西方必须"征之实事"，"不征之实事，不特西人之新法之与中土宜否无从真知，中国旧法之与今日宜否，亦无从真知"[③]。

三、仁者爱人思想

张謇践行儒家的仁者爱人思想，尤其注意对社会中弱势群体的关怀，如为弃婴建育婴堂，为鳏寡老人建养老院，为盲哑儿童建盲哑学校，为流浪乞丐建栖流所，为残疾人建残废院。在设立残废院时，他说，天底下最贫苦、最可怜悯的人莫如残废之人，要帮助他们减轻其痛苦。张謇将创办的公司称为"大生"，体现着张謇以人为本，关心民生疾苦的儒家仁爱思想，所谓"天地之大德曰生""生生之谓易""天地感而万物化生"。圣人尊崇天地之"生"德，而最广泛地推及民生事业，即孔子所言"仁者爱人"所彰显的仁爱思想。

---

①章开沅：《开拓者的足迹——张謇传稿》，中华书局，1986年，第49页。
②《答南皮尚书条陈兴商务改厘捐开银行用人才变习气要旨》，《张謇全集》第4卷，上海辞书出版社，2012年，第16页。
③《请兴农会奏》，《张謇全集》第1卷，江苏古籍出版社，1994年，第283页。

张謇认为，“禽兽犹有仁者，礼则止于人。故谓之不仁，无宁谓之不礼”①。在张謇看来，人的知礼、懂礼、好礼是人有别于禽兽的根本特征。张謇深知，礼是社会稳定的根本。他说：“礼者，人之大防。《传》亦有言，人有礼则安，无礼则危，为一人言之耳。一人且不可无礼，而况于十人、百人、千人、万人之众欤？”②对于单一的个体而言，“有礼则安，无礼则危”，更何况整个社会，“盖一人无礼则身危，千万人无礼则国危”③。张謇对于当时社会礼崩乐坏、世风日下的情势痛心疾首，也正因如此，张謇更加重视儒家的礼学思想对于混乱社会的治乱平正的作用。

四、重义轻利思想

清末民初是礼崩乐坏、传统价值被打破的时代，随着西方商业经济的侵蚀，重利轻义的社会现象较为普遍，“吾国人重利轻义，每多不法行为。不知苟得之财，纵能逃法律上之惩罚，断不能免道德上之制裁”④。张謇批评见利忘义、为富不仁、重利轻义的不良社会行为，既批评中国商人信用堕落，也在出访日本时抨击日本商业“甚无信义，十余年来，中国之受诳者，指不胜屈”。

张謇笃守重义轻利思想。张謇设立南通联合交易所，目的是流通货物、平准市价、平衡物品、调剂市面、增进同业利益，但市场投机活动盛行，“为爱护南通实业、教育计，为爱护南通社会一般人之性命、身家计”⑤，他又毅然关闭南通交易所。

张謇认为利有“公利”与“私利”之分，从事实业或者商业，谋利是天

①《告六校营教练诸生》，《张謇全集》第4卷，上海辞书出版社，2012年，第498页。
②《告六校营教练诸生》，《张謇全集》第4卷，上海辞书出版社，2012年，第499页。
③《南通中等以上学校联合运动会演说》，《张謇全集》第4卷，上海辞书出版社，2012年，第512页。
④《商校本科毕业演说》，《张謇全集》第4卷，上海辞书出版社，2012年，第443页。
⑤《南通交易所股票停拍启》，《张謇全集》第5卷，上海辞书出版社，2012年，第224–225页。

经地义，强调为公众谋利益，提出"公不自利，诚不自欺"[①]，谋利之后能够反哺公众的利益才是值得称道的。张謇一针见血地指出以李鸿章为代表的北洋系进行的所谓洋务活动，诸如矿务、电报、招商局等产业都是满足其一己私利，其利益并不在国家。他曾为大生纱厂题写厂联"为大众利益事，去一切嗔恨心"以明志。张謇任中国图书有限公司董事长，明确提出该公司以"巩护我国教育权，驱策文明之进步，杜绝外人之觊觎，消弭后来之祸患"为宗旨，没有强调企业要以盈利为目的。

张謇一生都重义轻利，几乎将自己的所有钱财奉献给社会。1925 年，张謇在给《大生纱厂股东会建议书》中说，除纺织专门学校和通州师范外，他和叔兄每年承担的费用为教育事项 58440 元、慈善事项 22560 元、公益事项 4080 元，总计 85080 元。二十余年来，"除謇自用于地方及他处教育、慈善、公益可记者一百五十余万外，合叔兄所用已二百余万，謇单独负债又八九十万余元"。张孝若在悼其父的《哀启》中说，张謇"三十年来集众资经营各业，为江淮海地方生利者，现值逾万万金；以一己所应得，公诸通海地方作建设及经常费者，先后计数百万金。衣食于所营公私各事业待而生活者，士农工商合数十万户。而先严转负债累累，迄今弃养，所盈尚不足当所绌，此则为远方人士所未及知，而先严劳劳毕世，立人达人，耻一夫不获其所之精神之所萃，不敢不濡血和泪以陈者也"。[②]

五、诚实守信思想

张謇把诚信作为经商的根本原则。"诚信"是儒家的道德范畴。所谓"诚"，就是真实无妄、诚实不欺的意思；所谓"信"，就是不欺骗、不怀疑，使人感到可靠的意思。《论语·学而》指出："与朋友交，言而有信。"曾子指出："吾日三省吾身，为人谋而不忠乎？与朋友交而不信乎？传不习乎？"《中庸》

---

①《督办吴淞商埠就职宣言》，《张謇全集》第 4 卷，上海辞书出版社，2012 年，第 478 页。
②张孝若：《南通张季直先生传记》，中华书局，1930 年，第 361 页。

十分重视“诚”德，指出：“诚者物之终始，不诚无物，是故子诚之为贵。”同样，深受儒家文化熏陶的张謇对诚信看得非常重要，他认为“任事以勤笃为主，任人以诚信相孚，则遇事皆洽”。大生企业集团一直践行着“厚利股东”的诺言，坚持支付固定官利、股东红利、债券派息。正是由于大生纱厂有着良好的企业信用，各地的商贾富豪纷纷前来投资，使大生集团在资金募集上甚为容易。张謇所创办的公司，正是坚持以诚信而获得社会信任，公司所需要的投资、发行的股票，民众都踊跃参与其中。

ZHUAN XING DE
TUI DONG ZHE

第三部

沈云沛评传

上篇　沈云沛的一生

第一章　沈云沛与沈氏家族

一、沈云沛一家

沈云沛（1854.3.1—1918.8.12），字雨辰，号雨人，自号东渔、东海赘民。咸丰四年（1854 年）四月生于江苏海州直隶州高桥巡检司①恒兴号②处所，即今东海县白塔埠镇沈庄。

同治十一年（1872 年）五月，十八岁的沈云沛与海州刘氏婚配，海州刘氏家族居临洪滩，时属名门望族，与沈家门当户对而结姻亲。时传其师李荫远欲将女儿许配于沈云沛，沈云沛父沈观国推算二人生辰八字不合，遂作罢而与刘氏婚配。同治十三年（1874 年）冬，妻刘氏于海州病故，无出。光绪元年（1875 年）三月，沈云沛与沭阳“金貂七叶，世重黄门”的吴氏才女成婚。吴氏与沈云沛同庚。婚后二人相敬如宾，吴氏“十年随宦”于北京金鱼胡同五号沈府。沈云沛有六子（葵、蕍、苓、葮、芃、蕃）四女（其中唯一有名的四女元莹为妾所生）。

沈云沛故居位于海州西门内，有几十间平房。光绪元年（1875 年），沈云沛在鸿门兴建沈氏别居（称新西大厅）及一幢楼房（吴氏教子处）。新西大厅占地近千平方米，房屋近百间。1935 年出版的《陇海铁路旅行指南》第三期上专有介绍鸿门章节：“鸿门，在海州北门外一里许，清初有寺，亦名鸿门寺，久废，今为沈家花园，竹木森森，池沼回环，植牡丹芍药多本。花时锦绣成堆，颇多异种，石砌盘上，高楼巍然，为藏书阁。”

---

①高桥巡检司：位于高桥村的军事和治安机构。
②恒兴号：沈氏农田管理机构名称，位于今东海县沈庄。

二、沈氏家族

沈氏本姬姓，原采食封在相州沈国[①]，以国为姓的沈氏分三个支系。沈云沛则为聃季支系。周文王姬昌双配均为姒氏，生十三子，聃季又名季载，为幼子。

两汉、魏晋南北朝时期，其一支定居浙右吴兴（湖州）一带，后裔人才辈出，沈氏成为江南名门望族，十代享有盛名。湖州古称吴兴，故定湖州沈氏为"吴兴"堂号。于是"吴兴"堂号成为中国沈氏正宗望族堂号。

吴兴堂沈氏九世孙沈震，字持正，迁至晋陵（常州），经六世后至明万历四十七年（1619年），沈禧修晋陵金台沈氏族谱，以沈震为晋陵吴兴堂沈氏第一世至"继"字辈。此部族谱作为中国名谱珍藏于北京图书馆、上海图书馆。故沈云沛及众多的沈氏杰出人物，如沈约、沈仲荣、沈锦衣、沈复、沈桂芬、沈钧儒、沈曾植、沈家本等均为吴兴堂沈氏近支。

沈禧续修之族谱将吴兴堂七世后以"轩"字分派。明天启六年（1626年）六月，轩三房沈氏为逃避魏忠贤的捕杀，避难沭阳未果，北上途中寓居海州阿湖。阿湖在殷商时便聚集众多人口，民尚武，具侠义。阿湖有肥沃广袤的土地，水质甜美。北面玉山（巴山）的屏障，东面阿斗湖的灌溉之利，八座颇具规模的寺庙，香火旺盛。沈继源兄弟认为此处是经营的最佳之地，理当作为北迁的轩三房沈氏立足基点。于是继源六兄弟一致决定在阿湖落根。

崇祯三年（1630年），会稽吴兴堂沈可献上任赣榆典史。阿湖沈氏出于家族礼数，沈继源命其子沈田等前去拜见，叙说轩三房北迁遭遇和在阿湖情况。沈可献遂向常州、绍兴及散落各地的沈氏各支通报阿湖沈氏信息，取得支持。阿湖沈氏通过沈可献加强了对外联系，沈氏经济得以迅速发展，成为阿湖第一富户。崇祯十年（1637年），吴兴堂沈寿岳为海州学正。博学多才的沈寿岳对本族沈继源的骨气与才学很为赏识，列沈继源为候选贡生报淮安府，上报朝廷获准而免廷试。于是，沈继源与其子孙沈田、沈柏、沈栋，在

---

①相州沈国：今河北临彰与河南安阳一带。

阿湖族人陪送下高举“大红漆字，木主高三尺，神位数十座，承祀”，从阿湖迁徙海州。沈氏择鸿门而居，祖坟选在锦屏山北。

经历顺治六年（1649 年）的海寇掠城，沈继源、沈田卒，海州沈氏受到重创。沈田二子沈柏、沈栋在遭受重创后，对治家与经营显得力不从心。海寇掠城三年后的顺治九年（1652 年）三月，沈栋四子沈起运（沈云沛太祖）出生，家境每况愈下，大不如从前。沈起运娶邵氏、周氏，生三子：联佩、联珹、联瑕。长子沈联佩，康熙二十一年（1682 年）生，字玉恒，沈云沛高祖，年届弱冠娶李氏为妻，康熙四十三年（1704 年）生一子沈治，字光道，是为沈云沛曾祖。

晚明时沈氏家族经济实力较为雄厚，尤以文居高，为海州原住杨、谢、葛、刘、吕家族所侧目，尤其杨氏家族对沈氏处处掣肘，尽管后来杨沈几代结为姻亲，但恩怨始终没有消弭。历任知州多从中斡旋，但沈氏处境尴尬的境况没有多大改善。

康熙五十年（1711 年），二十九岁的沈联佩参加乡试，因江南科考案而名落孙山。此后沈联佩对仕途心灰意冷，回海州悉心钻研辞赋、书画。这一年发生的江南科考案震惊朝野，朝廷重臣年羹尧亦十分关注。年羹尧对沈联佩很看重，决意延揽沈联佩为幕僚，亦作家庭教师。康熙五十七年（1718 年），年羹尧任四川总督，沈联佩辗转跟随。年羹尧麾下幕僚众多，沈联佩在年羹尧帐下只专心其教学，闲暇读书、填词、作画。

年羹尧案发生后，沈联佩感到一场危机向沈氏家族袭来。于是当机立断，立刻停止荒地开垦的各项准备工作，携妻李氏、颜氏与长子沈治，沈联珹携妻邵氏、马氏与子沈伦，沈联瑕携妻张氏离开海州徙居他乡。沈联佩于雍正三年（1725 年）远涉南方，迁徙活动范围比较广，到过绍兴、宜兴、襄阳、苏州，以及河南东南部。

沈联佩一支沈氏离开海州四十余年，在这段时期内，沈联佩家族发生了重大变故。其家族成员为效忠朝廷，临难不屈而为国捐躯。为此，朝廷赐予联佩一支沈氏“蕴德邱园”的待遇。

按照这一待遇，联佩兄弟卒葬阿湖；沈联佩长子沈治无后，卒而无考；次子沈泌（字光奎，是沈云沛“本生曾祖”）生于雍正十三年（1735 年），因其祖功德而襄阳为官（官职不清），辞官至绍兴、苏州等地联络、经营。乾隆二十六年（1761 年），二十六岁的沈泌与其弟沈淇，亲叔伯弟弟沈伦、沈惠（联珹之子）、沈洙（联瑕之子）等一并回到海州。

回海州后，沈淇等兄弟仍居鸿门，沈泌在海州城西门内盖了几十间两院落的砖瓦平房，重新实施四十年前其父沈联佩搁置的垦荒之事。在白塔埠冯氏和新坝王家支持与协助下，沈泌开垦海州沈氏数万亩荒地进展顺利。

沈泌多女而无子，年过不惑时方生一子沈绶恩（沈云沛祖父）。沈淇生一子沈绳恩，沈洙生一子沈秉恩。至乾隆五十七年（1792 年），历经三十年，沈泌开垦的五万亩荒地卓有成效，不但收回了投资，每年还有可观的盈余，年过花甲的沈泌成为海州地区的大富户，为人瞩目，海州沈氏成为"沈杨葛谢"四大家族之首。

乾隆五十七年（1792 年）六月，海州贡生沈祥恩续修沈禧晋陵沈氏金台谱。祥恩在续修弁言中道出了续修海州、阿湖沈氏族谱的前后经过。吴兴堂沈金生至海州为州牧，将晋陵吴兴堂金台沈氏原谱交予他，并指点以"应"字辈续修，使其续修顺利进行。于是，沈祥恩遂将轩三房的沈继源、沈继宰、沈继相作为朐山、阿湖吴兴堂沈氏第一世。

沈云沛祖父沈绶恩生二子，长子沈观山，次子沈观国。沈观山才华出众，在嘉庆二十三年（1818 年）参加海州院试，考绩堪佳而中，然翌年便辞世。其子沈云从年仅三岁。沈观国，字利宾，娶杨氏生二子，长子沈云见，次子沈云沛。沈观国多次参加海州童试入学考试，至道光十六年（1836 年）丙申科，获童试第一名案首。其后多次参加海州岁试、科试而有佳绩。至同治十年（1871 年）为岁贡、训导、奉直大夫。

第二章　庭训而学与沈翰林

一、少年得志

沈云沛两岁时，由其母杨氏于海州西门沈宅启蒙。沈云沛生性颖悟，其母所授《三字经》《千字文》皆能熟记，别于一般幼童。其父沈观国聘西乡驼峰博学的薄氏秀才为师。薄氏博学多闻，且通中医学，精于阴阳八卦，在西乡颇有名气。薄氏秀才至沈宅教读，甚感沈云沛聪慧过人，建议沈观国另请名师教授，言其子前途不可限量。

咸丰八年（1858 年）三月，沈观国遵其父沈绶恩之意，将沈云沛送至阿湖巴山沈氏私学就读。时逢乱世，太平军北伐，江北人心惶惶；鲁南杀人越货的“幅军”、皖北揭竿而起的捻军，时时袭扰海州、赣榆。海州等地常为匪人劫掠，而阿湖却罕有匪患，匪人向来视阿湖为畏途。因此，在阿湖读书较之海州安全。沈云沛在阿湖就读三年，学业大进。同治元年（1862 年）三月，回到海州，就读于沈宅不远处的沈氏私学陶许庵三年，拜李荫远为师。

李荫远，名道传，海属名士。沈观国之所以选中李荫远为沈云沛老师，是因为李氏教学主张完全符合沈观国的治学理念。李荫远主张庭训教学应重点为文，服务于八股科考，以高中进士为目标；主张课余重“鸿都门学”之艺，是为学子将来立足社会、展露才华奠定基础，如经史子集、书法、绘画、篆刻等。

同治十一年（1872 年）四月，江苏学政、湖北江夏丙申科进士彭久余按临海州主壬申岁试、科试考，沈云沛高中第三名秀才，并以品行端庄，出类拔萃直接遴选为贡生入选国子监。

入国子监后，沈云沛对同在国子监攻读的溥良敬重有加，二人关系密切。沈云沛通过溥良结识了本家沈桂芬和王公奕劻、载振、那桐等。沈云沛在国子监就读近一年后回到海州。

二、中举与会试落榜

同治十二年（1873年）七月上旬，十九岁的沈云沛从海州赴江南贡院（南京）乡试，中第五十名举人。

沈云沛联捷中举，为清朝海州科举之第一人，在海州引起轰动。八月底，沈云沛在南京参加江苏学政主持的"鹿鸣宴"后，婉拒受官，意在参加会试而进士。沈云沛回海州，海州直隶州之"鹿鸣宴"盛况空前。知州、州同、学正、训导、教谕，以及儒学名流、生员等以及赣榆和沭阳的知县、衙署官员齐聚庆贺。不久，沈云沛乡试中举朱卷被江苏学政刊出颁发各州、县，遂引起学界普遍赞誉。此次江南贡院乡试，苏州陆润庠、南通张謇亦参加。陆润庠与沈云沛同中，而张謇落榜。沈云沛遂与陆润庠、张謇结识而成莫逆之交。

沈云沛中举后，先后三次赴京参加会试，均名落孙山。同治十三年（1874年）四月，沈云沛赴京参加甲戌科会试，第一次落榜后沈云沛回到海州，在继续攻读之同时，开始筹办实业。沈云沛与董才卿、赵理斋商谋，治理鸿门西部荒地，抽调恒兴等号犁户以工代赈，填平沼泽，平整荒丘。平整后的荒滩广种玫瑰、牡丹、芍药、月季，以及葡萄等，称之为"沈家花园"。

光绪二年（1876年）四月，沈云沛第二次参加丙子恩科会试，依然榜上无名。从京师返回后，沈云沛将位于锦屏山沈家祠堂正殿前东西两幢两层偏楼改为义学和教董书院。并与父沈观国商谋，在海属大力开办义学，逐步改变海属教育落后现象。沈观国决定将南云台沈家肥沃的一千亩学田捐出充公，并倡议士绅豪富捐纳田地办义学。沈氏父子捐千亩学田充公作义学经费行动，受到了海属各阶层人士普遍赞誉。

光绪六年（1880年）庚辰科，沈云沛第三次参加会试，仍名落孙山。

三、"十拒省符"而宦游

沈云沛第三次会试落榜准备离京返乡时，接礼部上谕滞留北京。光绪六年（1880年）八月中旬，庆亲王奕劻、那桐以及吏部廖寿恒等，大挑沈云沛等全国五十余名举子。经测试，沈云沛为大挑一等，签发浙江知县。对此沈云沛并没有表现出欣喜，这是因为一旦赴任，按律再不能参加会试。

沈观国得知其子沈云沛三次会试而不中，却大挑一等签发浙江知县，当是祖上“斯钟积庆，宜有达人”之应。谁知沈云沛回海州后，明确表示拒至浙江任职知县，继续参加会试，定要金榜题名。沈观国对沈云沛决定深表赞同。

光绪七年（1881 年）二月，浙江“省符”达海州直隶州，“一征”沈云沛浙江履任知县。沈云沛在海州接浙江征召任职省符，心中早就有谋划，随即致函吏部和浙江，就浙江颁发征召省符做出答复，言其老父沈观国和老母杨氏体弱多病，在籍盖以养亲，求方医治父母病，签发浙江应征知县之事禀报后论。沈云沛在致函吏部和浙江后，决定效法古之文人学士，游历大川名山，投拜经师硕儒，在宦游中历练。

沈云沛对左宗棠十分敬重，决定入幕其帐下。但沈云沛启程新疆不久，左宗棠应诏任军机大臣兼在总理衙门行走，沈云沛宦游新疆入幕左宗棠麾下成为泡影。此时，沈云沛到达西安。他在西安逗留一月余，接连收到由海州转来的浙江省“二征”“三征”省符，征召其至浙江履任知县。按大清官律，省符正本已经呈送朝廷吏部备案。沈云沛览罢省符胸有成竹，拒任官职最多留下“自视甚高，狂傲不羁”之名，日后仕途可能因此产生羁绊，但不至于因此获罪。

沈云沛在西安得知左宗棠调任两江总督兼南洋通商大臣后，遂从西安回海州，并致函吏部、礼部和浙江省，对浙江省“二征”“三征”省符函复，仍以父母年老体衰，求方医病而“却命”不至。尔后南下入左宗棠幕下，为文案幕僚。沈云沛的才干深为左宗棠倚重。

光绪七年（1881 年），张謇从登州南下南京，第五次参加乡试，赣榆许鼎霖亦参加是岁乡试。时在两江总督府左宗棠幕下的沈云沛，遂将许鼎霖和张謇相互介绍，三人遂成好友。

是岁乡试，张謇第五次落榜。而二十五岁的许鼎霖乡试中举，称“许亚元”。沈云沛与张謇、许鼎霖商谋，利用许鼎霖乡试中亚元之声望，约同举人联名上书两江总督左宗棠，由文案幕僚沈云沛递交申辩书，为许鼎霖之父许恩普申冤。

沈云沛进谏左宗棠为许恩普昭雪。左宗棠为人深明大义，疾恶如仇，愿为许恩普昭雪。年底，张之洞以内阁学士、吏部侍郎补授山西巡抚，张之洞遂致函沈云沛，意延揽时在左宗棠幕府中的沈云沛。沈云沛心中一直对张之洞十分崇敬，其平生"三不争"甚感投机。张之洞延揽之意，沈云沛大有知遇之恩而甚为感激，但因时在左宗棠幕下不便离去而搁置。

沈云沛先后接到浙江省"四征""五征"省符。浙江省坚持要沈云沛应召履任知县。沈云沛仍复函坚辞不就。光绪九年（1883年）春，沈云沛从南京左宗棠幕府回海州例行省亲，五月返南京，浙江省"六征""七征"省符接踵而至，仍征召沈云沛至浙江履职。沈观国等闻之均劝说沈云沛切莫等闲视之，沈云沛思虑再三仍复函决意不就。左宗棠得知浙江省已经颁发"七征"省符征召沈云沛履职，亦感到兹事体大，劝告沈云沛应召徐图为上。沈云沛意识到左宗棠在浙江"七征"省符面前为难，遂辞去左宗棠幕僚继续宦游。

光绪九年（1883年），沈云沛宦游至江夏。是年中法战争爆发，左宗棠奉召督办福建军务，赴福州部署对法国的防务。在江夏宦游的沈云沛接左宗棠函，要其随至福州筹划布防对法战事，帮助筹划组建恪靖援台军。沈云沛至左宗棠军后不久，向左宗棠告辞，仍赴江夏继续宦游。

沈云沛抵江夏后，又接浙江省"八征""九征"省符，仍命应征浙江知县。无奈之下，沈云沛仍复函"却命"。

光绪十二年（1886年）九月，沈云沛离开江夏赴西安。在西安，沈云沛与众多剑术高手过招，切磋剑术。沈云沛得知平明朱路赴京参加丙戌科会试中贡士，殿试三甲一百零五名进士，函致朱路，盛赞朱路为大清立国以来海州第一位进士，为海州举子楷模。

沈云沛郁闷之时，浙江省"十征"省符又至，命赴浙江省履知县一职。思考再三，在致函浙江省和吏部、礼部，禀告其将至浙江履职知县后，结束宦游回到海州。沈云沛在浙江"十征"省符的情况下勉强应召。

光绪十三年（1887年）年初，沈云沛至杭州，暂住杭州官驿。浙江省录事司功曹数次与沈云沛面洽知县一职，然沈云沛均搪塞、敷衍。沈云沛心情郁闷，至德清县拜访俞樾，与其门生参详诗文、天象、易经，察看茶园、果木栽培等园艺，数月而归。

沈云沛至杭州一系列行为举止，浙江省录事司认为沈云沛九拒省符在前，勉强应召后对省录事司轻侮怠慢，故对其强烈斥责，并上呈吏部，建议革去沈云沛功名，以藐视朝廷之罪按律惩处。沈云沛接到浙江省录事司厉言厉语的“檄文”，遂行文辩驳，并呈文吏部、礼部申诉。在京的廖寿恒、廖寿丰、溥良、李鸿藻等，以及张之洞，见沈云沛拒任浙江知县事态扩大，遂运动浙江省和朝廷各方。吏部取消沈云沛大挑浙江知县考牒，礼部亦将沈云沛作为待考举子具结在案。

光绪十四年（1888 年）年底，廖寿丰由贵州按察使转任浙江按察使。沈云沛遂趋至按察使司衙门谒见知己故交，应邀为其帐下文案幕僚。沈云沛在廖寿丰按察使司参与处理司法事务，闲暇便发奋攻读经史，在吏部撤销沈云沛浙江知县考牒后，从科举律法上业已扫除了他不能再参加会试的障碍，可以继续以举人身份参加会试。于是，沈云沛意欲第四次赴京会试。

光绪十六年（1890 年），张之洞派员赴湖南、湖北诸省勘察煤铁矿，将炼铁厂、织布厂移至湖北，并在武昌城外筹建织布厂，又创建两湖书院。沈云沛于六月至湖广总督府谒见张之洞，感谢知遇之恩。张之洞青睐沈云沛已久，依然表达延揽之意，言于沈云沛曰，两湖书院、湖广武学堂、洋务实业，均为沈云沛大展其才之处。张之洞赞赏沈云沛在海州实业之举。沈云沛向张之洞提出派员勘察家乡海州锦屏山之铁矿，拟效法南皮开采之，张之洞欣然同意，遂抽调派往两湖勘探人员前赴海州锦屏山勘探，经勘探为珍贵的锰矿。在汉口，沈云沛会见了时在张之洞帐下的沈曾植、汪鲁门、徐绍垣等，此些人等后来对沈云沛的实业提供了很大帮助。

沈云沛从张之洞总督府返回杭州时，海州传来噩耗，其父沈观国病逝。遂回海州奔丧。

沈云沛葬父于海州城东南、锦屏山北麓网疃之沈氏祖坟并在籍守制三年。沈云沛在海州丁忧期间，一则读书，再则与督管董才卿分析新浦发展前景。沈云沛分析道：海州之北新浦的发展极为迅速，如今，东海富安刘振家、刘振鼎等倡议在新浦创建天后宫（俗称大庙），必将为新浦进一步发展提供良好的契机。沈云沛与董才卿商讨加强水路运输贸易，商讨在海州新浦开办油坊、南北货商铺、粮行、布店等工商实业。董才卿认为沈云沛远见卓识，遂着手筹备，并决定把实业、商业重点转移至新浦。

四、甲午恩科会试中进士

光绪二十年（1894年）年初，逢慈禧六十寿辰，朝廷按律增甲午恩科科考。沈云沛约同张謇赴京会试。此是沈云沛第四次、张謇第五次参加会试。沈云沛参加顺天府之三场钦命四书三题考试。会试录取三百一十一名贡士，江苏考中二十五名。沈云沛、张謇、溥良之子毓隆三人之名赫然于杏榜之上。

沈云沛会试中贡士后，参加顺天府贡院复试，列一等第二十五名，张謇列一等第十一名。复试后，沈云沛与三百一十一名贡士参加保和殿殿试。沈云沛列二甲第八十六名进士，张謇为一甲第一名进士。沈云沛实现了正途进身之夙愿。

沈云沛中二甲进士，按律参加礼部朝考。礼部尚书、朝考阅卷大臣廖寿恒叹服沈云沛文采，将其名列朝考一等第十六名。光绪皇帝于太和殿召见沈云沛、张謇等新进士。沈云沛被钦点为翰林院庶吉士，标志着日后可以进入内阁，而为朝廷重臣。

在沈云沛与张謇赴京参加甲午会试之际，中、日、朝政局发生激变。面对朝鲜乱局，沈云沛频频觐见廖寿恒、李鸿章、奕劻、张荫恒等重臣，指出中国处于极端危险的境地，开展外交制止战争是必要的，但备战更为重要。他认为，开赴朝鲜的军队不是进驻汉城，扼守中枢要地，而是远在汉城东南的牙山；海军也只是与牙山保持犄角之势，而没有扼守仁川要地。一旦开衅，中国将处于完全被动地位，后果不堪设想。

甲午战争爆发后，甲午科考谢幕，众进士衣锦还乡，按律省亲祭祖。沈云沛回海州，接受海州直隶知州、衙门、士绅、亲朋祝贺，会见海州亲朋好友。

沈云沛甲午恩科中进士，钦点翰林院庶吉士，标志着其官宦生涯的开始。沈云沛在晚清民初政治与经济舞台上扮演的不可或缺的角色，构成了其完整的人生。沈云沛的官宦生涯，桩桩件件都是中国近代史的缩影，是中国三千年来之大变局的参考书，是"万方劫难死中生""百年同汝共枯荣"的一支人生潮起潮落哀怨的变奏曲。

第三章 从清末海州团练大臣到正一品官员

一、海州团练大臣

光绪二十年（1894年）九月，日军分两路入侵中国东北，不久旅顺沦陷。北洋舰队奉命避走刘公岛。清政府急调两江总督刘坤一为钦差大臣驻守山海关，调湖广总督张之洞至江苏代刘坤一为两江总督。张之洞深感江苏地处海防前线，需选上将防守，便向朝廷奏请，调冯子材率军北援，驻守南京门户镇江，继而调往海州墟沟驻防，严阵以待。

冯子材海防勇营驻扎孙家山、棺材山、大栋头等处共五营，大村驻五营，太平一旗，大伊山驻八营。于墟沟募编民团一千名，西墅募民团三百名，均负陆地防务。其水上防务则设外洋水师把总一员、外委一员，驻东西连岛；内洋水师设把总一员、外委一员，驻墟沟，领江船一号，绿营兵一百一十名。

张之洞奏报冯子材驻防墟沟海防之同时上奏朝廷，采纳沈云沛意见，引导与组织全国所有抗日力量，动员全国之力最后战胜日本。张之洞奏折提出利用地方优势加强海州湾的保卫力量："倭寇扰及山东、海州，窥视沿海口岸。"海州、赣榆滨临黄海，军事要紧之处，上奏启用在籍的南辰老将、从一品陕西河州镇总兵王德胜，招募海州得胜营协助冯子材加强海州防务。

沈云沛、朱路、董才卿、赵理斋、杨节庵、徐绍垣以及海州各镇镇董至墟沟拜见冯子材。海州各镇董向冯子材送了万民伞，以表示其护国之敬意。冯子材向沈云沛介绍墟沟设防情况，带其参观墟沟西墅、孙家山、黄石嘴防倭炮台，以及墟沟、孙家山、棺材山等处守军营地。

光绪二十一年（1895年）四月，张之洞上《奏为翰林院庶吉士沈云沛假满因办团练请俟军务平定再行回京供职事》奏折给朝廷，举荐沈云沛在海州办团练："……海州内障徐淮运道，东北一带滨海三百余里，可登岸处太多，当此海氛告紧之际，虽内位提调营勇，扼要驻扎，而地广兵寡，不敷分布，非举办团练，无以团结民心而辅。除遴选委员分赴沿海沿江一带，会同地方盐务官，又力办渔团、民团、灶团外……海州在籍绅士沈云沛，品行端谨，才具优长，尽心任劳，乡人推重……于本处之地利民情，均极熟练而与保卫桑梓，均能历任不辞。当今照会……沈云沛办理海州团练，均令就地筹款，募练壮丁……”上谕：“着照所请。”

沈云沛以钦命海州团练大臣的身份，于鸿门沈家花园西大厅，召开了由总兵王德胜、海州守备秦朝栋守备营及所辖绿水营把总、海州分司徐绍垣、丁忧在籍的朱路，以及乡绅杨节庵、赵理斋、董才卿、董佑周参加的海州及墟沟士绅团防会议，议决：海州守备秦朝栋守备营所辖绿水诸营之汛地、所，其防务不变，由文案殷克勤于分司、绿水营、得胜军、团练之间进行协调、通报军情、相互策应；海州分司徐绍垣之盐务营兵队按照总督张之洞部署不变，防务依然为海州、赣榆、沭阳；继续实施张之洞制定的《海州防倭战守大略》九条：散队、伏兵、占地势、地营、断后、地雷、疑兵、更番攻扰、防奸；王德胜招募八个营，利用原东海营汛地、烟墩、战船、沙船，分驻海州、临洪口、青口一带；在海州、青口、墟沟招募壮丁五百名，招募壮丁强调“爱国主诚，出以自愿”，由海州绿水营和海州分司各派五十名骁勇负责训练；将原扼要驻扎之渔团、民团、灶团壮丁编入团练统一调度指挥；海州团练总部设在西大厅，下设文案、募款、兵讯、枪械弹药等办事机构；筹办之团练，以墟沟、青口为重点；董佑周（沈氏实业督管协理）在墟沟建立一支仿乡兵制的团练队伍，配合得胜军、冯子材军负责墟沟防卫；得胜军兵费按律由总督府拨款；团练费用由徐绍垣出资三成，董才卿、董佑周、杨节庵等乡绅合出资二成，余之五成由沈云沛“毁家纾难”予以解决。会议强调军纪：违令者严惩不贷。与会者表示，绝对服从钦命团练大臣沈云沛的调度和指挥。

海州团练会议之后，沈云沛将海州巡检司南湾堆房[①]、玉兴号堆房[②]、丰圩堆房[③]（原为沈观山堆房），共计七千余亩堆房耕地，出售给赣榆许鼎霖，以及墩尚、杨集等地地主，所得款项全部用于购置枪械和团练之用。

---

①南湾堆房：位于今东海县白塔埠镇南湾村。
②玉兴号堆房：位于今东海县白塔埠镇孙南屋。
③丰圩堆房：位于今灌云县杨集镇丰圩村。

在张之洞的协调下，沈云沛从金陵制造局增购毛瑟快枪二百支，配合土枪，加之徐绍垣之盐务营兵、渔团、民团、灶团的枪支，海州团练二千余人迅速组成，声势浩大、组织严密。沈云沛统领海州团练、海州分司徐绍垣之盐务营兵、王德胜之得胜营，又以钦差大臣身份协调海州守备秦朝栋之绿水营兵、冯子材之墟沟防务军队，海州防务枕戈待旦。沈家督管董才卿根据沈云沛西大厅海州团练会议部署，出资训练乡兵，出万金于新浦以北至北云台数十里之间修筑一条坝，使新浦与云台交通畅达，便民亦利防务，时传佳话，咸称“董公堤”。

沈云沛办海州团练严阵以待之际，得知《马关条约》签订，光绪明颁罪己诏公布天下。作为钦点翰林院庶吉士的沈云沛却不能为其分忧解难，感到无地自容，对日本肆意侵犯中国恨意绵绵。

二、馆试编修与加入保国会

光绪二十三年（1897 年）年底，沈云沛接朝廷上谕，海州团练大臣使命结束，其组建的海州团练奉旨解散。沈云沛奉旨回京参加礼部朝考，以便结束翰林院散馆学习阶段而授职。

翌年六月，沈云沛于保和殿参加翰林院散馆考试，沈云沛馆试文章以“永贞革新”为论述中心，阐述唐朝革新维艰而失败，意在为光绪改革出谋划策，以“永贞”为训而获成功。光绪览罢沈云沛散馆考试永贞雄文大悦，认为其文真知灼见，发人深省，实为大清难得的人才，列朝考第一名，授沈云沛为翰林院编修，并上谕吏部将沈云沛独列至备忘录为朝廷京官录用。此属非常罕见之举，为朝野瞩目，在光绪皇帝眼中，翰林院庶吉士没有能够与沈云沛相比之人。时记曰：“清襟所照，前席无俦，馆试编修。”沈云沛被赞为“翘楚”。

沈云沛被授编修后，趋海南会馆会见康有为、梁启超，听其关于变法等革新政见，表示完全赞同康梁之真知灼见，变法图强是救国强国之唯一途径。遂具结加入保国会，捐纳会费，并出席康有为、梁启超在北京发起的保国会成立大会。会议公布列名参加保国会的有一百八十六人。沈云沛与张百熙、康有为、梁启超、严复、徐子静等过从甚密，志同道合，作为编修、检讨官，在政见上则与保守派格格不入。

之后，沈云沛与载振、那桐等同游洛下（洛阳）。此次赴洛阳视察的一干人中，有多位反对维新变法的顽固派，他们激烈反对康有为、梁启超、谭嗣同、严复等变法主张，对慈禧罢用翁同龢重用荣禄等表示拥护，对慈禧干政寄予厚望。于是，沈云沛与这些顽固派发生了争执。

沈云沛从洛阳归来，回到海州继续自己的实业救国道路。时沈云沛母疾，便告假省亲。正当戊戌变法轰轰烈烈进行时，沈云沛却忧心忡忡地离开北京回海州。维新变法亦进入生死搏斗阶段。沈云沛回海州不久，母亲病逝，于是将“告假”易为“丁母忧”。光绪二十四年（1898年）八月初六，慈禧“训政”而发生“戊戌政变”。沈云沛属于“帝党”维新人士，在维新变法运动中言行谨慎有度，虽不至于被问罪，但此后仕途多舛，经受磨难和曲折是注定的。

在维新运动中，沈云沛主张变法应循序渐进之策略，在维新人士认为变法进展顺利之际，他已经感到危机四伏，维新变法必蹈唐顺宗“永贞革新”覆辙。此时的沈云沛进退维谷，其母病重回乡尽孝，继而丁母忧，使他逃过了一劫。

三、连升五级之右侍郎

光绪二十四年（1898年）沈云沛回海州丁母忧，在其后的两年多时间内，沈云沛和许鼎霖与张謇南北呼应，在海州大办实业。光绪二十七年（1901年）八月底，沈云沛奉命回京。次年一月七日，光绪与慈禧自西安返京，沈云沛与众臣至北京永定门外马家堡车站跪迎。

慈禧太后自西安归来后头脑似乎清醒许多，对张之洞、沈云沛等反对利用义和团，向列强开战，而实行“东南互保”政策，不视为忤逆和反叛，而视为有功予以嘉奖升迁。同时奖励擢升开办实业的士绅。

工部尚书载振也抛却对维新变法的成见，对沈云沛亦大加赞赏，特别奏请在工部设典农司，由沈云沛任典农校尉。虽然典农校尉职位不高，但却负责筹谋全国农业开发事宜。沈云沛欣然领旨，遂制定开发营口、西安、狼山、

“六镇”[①]的计划。在河套地区开渠引水，实施垦荒。

光绪二十九年（1903年）七月十六日，朝廷成立商部，载振任尚书，盛宣怀任右侍郎。工部典农司亦撤销，其农业试验与开发并入商部管辖。于是，沈云沛至商部，仍主管原典农司所定开发诸事，并参与制定商部设立之章程、铁路章程事宜。

光绪三十二年（1906年）九月二十日，商部与工部合并为农工商部，沈云沛由典农校尉补授右参议，其全权主持开办的大清农事试验场（现北京动物园），在国内外产生巨大社会效应而引起轰动，普遍认为这是中国几千年以来第一次把农业科学试验付诸实践。沈云沛声誉卓著，朝野赞誉有加。于是，在其授职农工商部右参议三个月后的十二月十九日，光绪下旨：“农工商部奏遴员请补……沈云沛着转补左参议。”清官制之左右职是同品同级的，但排列顺序有异，左职列右职之前，故沈云沛官职在三个月后向前提了一个阶次。

次年一月二十七日，尚书载振等即向光绪上奏折：“……右丞一缺，查有臣部左参议沈云沛，心细才长，品端学粹，拟请升补如蒙。”光绪帝立即恩准。内阁遂颁上谕：“农工商部右丞着沈云沛补授。”三个月后，沈云沛署理右侍郎之职。

在短短的十二个月中，沈云沛从农工商部的司农校尉擢升右参议，又转左参议至右丞，再至右侍郎，这在光绪朝官宦中绝无仅有。

沈云沛从光绪二十八年（1902年）至光绪三十三年（1907年）的五年中，除在全国农事开发取得骄人业绩外，个人投资规模亦处全国前列，有口皆碑。朝廷赞其“福华之迹，惠民无疆”。

四、邮传部署理尚书之右侍郎兼左侍郎

光绪三十二年（1906年）九月，朝廷在“预备立宪，需先厘定官制”的

---

①“六镇”：指的是北魏前期在内蒙古河套地区以东、阴山山脉以南地区设置的六个军镇，自西而东为沃野、怀朔、武川、抚冥、柔玄、怀荒。

认识下对院部实行大改组，增设邮传部。清廷发布上谕：特设邮传部专管船、路、邮、电四政事宜，把以前商部管辖的铁路权力和地方各个督办大臣管辖的铁路全部收归邮传部，为朝廷第一重要之部。因此，邮传部的官职之争甚为激烈。邮传部设尚书（后期改为大臣）一人，左、右侍郎各一人。沈云沛在邮传部先后任职右侍郎、左侍郎、署理尚书，一度身兼三要职，且多有建树为世人瞩目，是其官宦生涯中可圈可点之处。

此时沈云沛为农工商部右侍郎，该部所主管的铁路随着邮传部的成立而移交。邮传部尚书陈璧频频约见沈云沛商谈铁路修筑大端。光绪也多次召见沈云沛，听取其对修筑铁路之策。此情盖因中国铁路事业步履维艰，南方各省成立"保路会""决死队"反对借款修铁路，宣传借款筑路是卖国。各省商办铁路的士绅又借筑路搜刮民财，中饱私囊而致民怨沸腾。面对此复杂局势，邮传部难以应对。

光绪皇帝频频召见沈云沛对值，邮传部尚书陈璧每每在场。沈云沛对中国铁路现状及未来的分析和策略，尤其是必须坚持为国有之深谋远虑，光绪深以为然，陈璧也十分赞同沈云沛之见。光绪三十四年（1908 年）二月，陈璧秉承光绪旨意，正式奏请沈云沛转任邮传部署理右侍郎。

沈云沛入主邮传部之同时，内阁奉上谕："谕旨着派宝熙、沈云沛帮办资政院开办事务。"因载振、奕劻之奏，沈云沛在转署邮传部右侍郎后，光绪准令其总管大清农事试验场与兼理资政院帮办事宜。

光绪三十四年（1908 年），光绪帝、慈禧太后相继驾崩。宣统帝即位后，宣统元年（1909 年）正月任命与沈云沛私交甚笃的署兵部左侍郎徐世昌接任邮传部尚书。在徐世昌未上任之前，邮传部尚书由沈云沛署理。不久李燨瀛邮传部左侍郎之职被撤销，由署理尚书的右侍郎沈云沛兼左侍郎。从宣统即位以来十三个月，发布五道上谕，如此一来，沈云沛便一人统兼邮传部右侍郎、左侍郎、署理尚书三要职，达到了人生的权力顶峰。

宣统二年 (1910 年) 七月至九月，在邮传部尚书唐绍仪因病未上任期间，沈云沛再次署理邮传部尚书。

五、从贬职吏部右侍郎到升任弼德院顾问大臣并授光禄大夫

官场无休止的倾轧，注定了沈云沛据朝廷第一重部而独领风骚的状况绝不可能持久，加之沈云沛帮办资政院，极力反对缩短立宪期，引起朝野反对，沈云沛的仕途在达到顶峰后，已经孕育着跌入低谷的必然。

盛宣怀对沈云沛一直存有芥蒂。沈云沛老练稳重，行事中庸，暗藏机锋，朝廷同僚之中人缘极佳。在沈云沛由农工商部转署其邮传部右侍郎之职后，盛宣怀更是坐立不安，授命心腹陶湘与侄儿盛文颐密切注意沈云沛举动，并随时告之。盛宣怀对陶湘、盛文颐密电言沈云沛乃是可靠之人始终不信。从陶湘、盛文颐与盛宣怀往来的大量密电，可以让人感到当时邮传部职位的争夺是何等的激烈。

沈云沛身兼邮传部三要职，在邮传部如日中天。盛宣怀觉得沈云沛在署理邮传部尚书任内，自己“处其下，云沛复时时扼之”，所以盛宣怀“必欲去云沛而代之”，因而电告盛文颐觐见奕劻、载洵等，谋邮传部尚书志在必得。随之，盛文颐密电盛宣怀：“复通庆邸[1]，庆邸知杏荪[2]之不可终屈，仍许以三十万畀之。然须现金，不纳他物。”于是，盛宣怀在仓促之间凑足三十万两呈交奕劻。奕劻、载洵等皇族大臣事前均得到盛宣怀巨额“借款”，又因沈云沛在缩短立宪期限上与皇族大臣尖锐对立，故奕劻、载洵等均力荐盛宣怀为邮传部尚书。

在奕劻、载洵等皇族极力举荐下，宣统二年（1910年）十二月，上谕：邮传部尚书由盛宣怀补授，沈云沛左侍郎之职由李经方署理，沈云沛仍署理邮传部右侍郎。上谕第二天内阁奉上谕：沈云沛署理吏部右侍郎，吴郁生着补授邮传部右侍郎。传言盛宣怀“三十万贿得邮尚”果成事实，沈云沛从身兼邮传部三要职到署理吏部右侍郎，从权力顶峰跌落。

宣统下旨邮传部的一连串上谕，朝野震惊，舆论大哗。徐世昌、梁士诒、

---

①庆邸：指庆亲王奕劻。
②杏荪：指盛宣怀。

唐绍仪等心存不满，邮传部交通系骨干叶恭绰、朱启钤、詹天佑、阮惟和、施肇基等均表示异议，认为这是盛宣怀在排挤、打击原邮传部交通系的骨干，于铁路建设极为不利。宣统下旨的翌日，沈云沛至邮传部作交接告别，最后一次览阅邮传部文札，由其创办的《交通官报》亦停刊。邮传部从光绪三十二年（1906 年）至宣统三年（1911 年）成立不到六年，在武昌起义中灰飞烟灭，尚书先后更换十三任，在发展中国近代轮船、铁路、邮政、电力四项事业方面可谓步履维艰，走的是一条坎坷而漫长的道路。邮传部和《交通官报》对近代中国经济的发展功不可没。

邮传部是晚清集四权于一身的头等重部，而原居六部之首的吏部，其主要职能早就被在康熙年间设置的军机处所代替。科举废除之后，吏部更是江河日下，其左右侍郎仅为正三品，比邮传部之正二品低一级。沈云沛至吏部署理右侍郎乃降职使用。离开邮传部而转署闲置的吏部，就意味着从此无缘于铁路，这对呕心沥血于中国铁路的沈云沛来说无疑是一记闷棍。他明白，朝廷对邮传部人事做出这样超出常规的重大调整，把邮传部老交通系人员之左右侍郎、司员等骨干全部撤换，也表明摄政内阁的短见、执政能力的低下与政治上的弱智。这对刚刚有了起色的中国铁路事业显然是一次灾难而不是福音，从而造成不可预料的严重后果。

宣统三年（1911 年）一月初，川汉铁路风潮噩耗不断传来，盛宣怀对川汉铁路态度极为强硬，无通融余地，使局势恶化难以预测。沈云沛闻之悲愤交加，一则感叹官场坎坷，相互倾轧，壮志未酬而不能筹谋中国铁路；二则心系川汉铁路积弊和民怨，心力交瘁，"感患风寒"，感到病体不支不能上任吏部。

沈云沛对前来慰问的徐世昌、那桐、李殿林道：他乃感患风寒不能供职吏部，与开缺邮传部之职并无关联，只是吏部的闲职断了他对中国铁路的念想。目前中国铁路为多事之秋，商办铁路之沉疴难愈，龌龊不去，民之受害甚深，国之难安，可惜的是自己已经无能为力了。于是，沈云沛遂将写好的"感患风寒"奏折交给徐世昌、那桐转呈朝廷告假一个月。朝廷于沈云沛生病六天后发布上谕诏告："沈云沛署吏部右侍郎，现在告假。"

朝廷在京报上昭告的上谕只字不提沈云沛"感患风寒"为"告病"，措辞是"告假"，可谓用心良苦。朝野人士心中清楚，这是朝廷向来的政治手腕，是要向社会表明，沈云沛并非对开缺邮传部之职不满以致拒不履职吏部，而是临时的“告假”，试图平息人们的猜忌。

病中的沈云沛拜访大学士那桐，请求朝廷慎重妥善处理四川铁路风潮，并抛却与盛宣怀之间的芥蒂，请那桐转告盛宣怀带员实地考察，把处理川汉铁路当作邮传部重中之重来办，万不可掉以轻心，否则要出大乱子的。

沈云沛心系铁路很让挚友徐世昌等感动，军机大臣毓隆坦言最低限度应恢复沈云沛邮传部右侍郎正二品官职，奕劻等赞同。于是，奕劻、那桐、毓隆、徐世昌联合上奏，拟将沈云沛官衔前面的“署理”二字删去，安慰邮传部这位能臣，平息朝野非议。宣统三年（1911年）二月十二日，沈云沛接上谕：“吏部右侍郎着沈云沛补授。”至此，沈云沛官职去掉“署理”二字，与邮传部署理右侍郎官职相同。沈云沛知朝廷恢复自己正二品之衔意在安慰，但以病未愈不能供职，再次上奏请假。

宣统三年（1911年）二月中旬，盛宣怀至沈府看望沈云沛，对沈云沛的告诫表示感谢。沈云沛恳言道：杏荪为中国铁路殚精竭虑。然眼下重中之重的要务乃是处理好川汉铁路。商办铁路的弊端是在中国造成了一个个火药桶，随时都有爆炸的可能，最后受害的还是铁路事业。解决纷争和事端的根本在铁路国有，这是世界通行的成功之政策。铁路收归国有当循序渐进，万不可笼而统之。盛宣怀听其言甚为感动，盛赞沈云沛为中国的铁路呕心沥血，世人不会忘记。盛宣怀决定对川汉铁路采取收购政策，将现有的股本款项收购过来，愿意入股的仍然可以入股，对中饱私囊而亏欠的二百余万款项由四川铁路公司自负其责，邮传部不予承担。

三月上旬，沈云沛告假即将届满，吏部尚书李殿林看望沈云沛。李殿林用意十分清楚，沈云沛在调任吏部后的三个多月一直养病在家，如今假期届满作何打算？李殿林在按临海州院试时便结识沈云沛，二人一直为挚友。沈云沛向李殿林直言相告，绝不至吏部供职，并要求李殿林从中斡旋，重新派员代理自己的吏部右侍郎之职。李殿林深知其致力铁路的志向，对沈云沛不至吏部供职完全理解。所以，对沈云沛要求朝廷重新派员署理吏部右侍郎之见表示赞同，并随即与奕劻、徐世昌商谋采纳沈云沛建议，遴选荣勋代沈云沛署理吏部右侍郎。三月十二日，沈云沛病假期满，仍以病体未愈为由告假，上《奏为假期届满病仍未痊请续假事》奏折，并在奏折中明确要求朝廷对吏部右侍郎一缺另派人署理。

四月十二日，朝廷对沈云沛再赏假一个月届满，但沈云沛仍上奏病未愈不能供职，并奏请开缺吏部右侍郎一职。朝廷接奏折后左右为难，权衡之下便由军机大臣徐世昌至沈府口谕准沈云沛告假一个月。

沈云沛小病大养在家已经五个多月，大清王朝风雨飘摇危在旦夕，川汉铁路问题已经酿成风潮向各地蔓延，立宪与抗议的呼声越来越高涨，腐败无能的朝廷拿不出有效的治国方略。五月八日，清廷裁撤旧内阁和军机处，设立"皇族内阁"。此后不久，沈云沛决定弃职吏部，遂向新成立的责任内阁告假，重申因病不能履职，请求开缺吏部右侍郎之职。十一天后，沈云沛又上奏折，言感患风寒后又患水肿，请求开缺吏部右侍郎员缺。这次请求获准，仍留帮办津浦铁路事务。

宣统三年（1911 年）六月中旬，徐世昌至沈府探望沈云沛，并告知内阁拟议沈云沛转着邮传部，协助处理川汉铁路风潮。邮传部大臣盛宣怀在处理川汉铁路过程中进退失据，需要沈云沛在四川士绅和各阶层中斡旋打开困局，沈云沛婉拒。闰六月二十日，沈云沛充任朝廷弼德院顾问大臣，同时授"光禄大夫"（正一品），诰封沈云沛夫人吴氏为一品夫人。与"三公九卿"并肩的沈云沛在官宦生涯低谷之后，又一次达到权力与荣誉的顶峰。深受儒家思想熏陶的沈云沛对朝廷的百般恩宠感恩戴德，言当为朝廷效力。

宣统三年（1911 年）九月五日，内阁总理大臣奕劻及徐世昌、那桐至沈府探望沈云沛，告之四川危急之情，鄂、湘、粤、香港相呼应。现在国家处于危难时刻，沈云沛当抛却前嫌，从大局出发应诏为国效力。翌日，沈云沛至紫禁城弼德院，以弼德院顾问大臣和津浦铁路帮办的身份供职，与内阁大臣奕劻、徐世昌处理朝政大事。沈云沛遂向内阁呈防止动乱蔓延全国而至生灵涂炭的条陈。

第四章　“实业救国”的有力践行者和中华实业会会长

沈云沛在清末民初开办实业，成为中国著名实业家。中国社科院曾有研究认为，光绪二十七年（1901年）至宣统三年（1911年）间沈云沛成为排名第二的中国实业家。清商部评价沈云沛为“商界之嚆矢①”当之无愧。从时间、规模及发展历程上看，沈云沛实业救国的历程大致可以划分为三个阶段。

一、在海州“实业救国”的初创阶段（1873—1894）

1. 改革沈氏原有经济结构

同治十二年（1873年）年底，中举后的沈云沛开始谋划海州实业，决定从改造盐碱地入手，改革佃户地租缴纳方式，增加收入，以积累资金，为实业投资提供可靠保证。沈云沛祖父沈绶恩在海州垦荒五万亩以上，分布在南乡（今灌云、沭阳一带）、西乡（今东海、新沂东部一带）。沈氏的土地，多为盐碱或贫瘠之地，加之旱涝频发，产量极低，佃户租种沈氏土地信心不足，积极性不高，时有抛荒现象发生。沈云沛决定采取“以工代赈”，对南乡、西乡盐碱地开河渠“斥卤”。历经三个寒暑，盐碱地治理初见成效，田地抗灾能力增强，收成提高三成。

在此基础上，沈云沛创立“犁户制”，耕种者可以承接一张犁或几张犁的土地，承接户被称为“犁户”，可独立耕种所承接的土地，也可根据其需要自行决定雇工。无论年成好坏，收获按“东六犁四”分成。这调动了犁户的积极性，庄稼产量大增，沈氏收入亦随之大幅度增加。

光绪三年（1877年），沈云沛至高桥巡检司恒兴号堆房考察，同犁头陈

①嚆矢：响箭。发射时声先于箭而到，比喻事物的开端或先行。

景恩等商谈犁户分成改革，将原六四分配比例改为五五分成。恒兴号陈、李、马、姜、周五姓犁户一致做出决定：五姓后代一直在此居住，而且把此村命为"沈庄"。沈云沛创立犁户制后的农业收入每亩红利约在二十角（约合二两银），为沈氏积累了巨大的实业投资资金。

在实行犁户制不久，沈云沛又以每亩三角钱低价购进锦屏山南至新坝、海州西大岭、新浦之南贾圩、马跳等处沮洳斥卤之地。加之其前买下的蔷薇河北富安刘氏报废盐田、新浦东跳河两岸一千五百亩荒地，海州、新浦周边田地均为沈氏所有。

同治十三年（1874 年），海州风传鸿门西部荒丘闹鬼，而沈云沛却步勘荒滩乱岗，认为这是买下此片荒地的绝好机会。最终，沈云沛以不足五百两银买下鸿门一千六百余亩乱岗荒滩，这为其后开办海州果木种植试验场奠定了基础。

次年，沈云沛又将高桥巡检司以东至鸿门的一大片沮洳蒿莱之地购入，这样，鸿门与东海白塔埠东之恒兴号、玉兴号、南湾等处沈氏堆房连成一片。继而，沈云沛仍以每亩三角的价格购置了南云台、东巷、五羊湖等处盐碱地达三万亩，"绵延二十里"，经短短几年以工代赈"治农海上，海滨斥卤"，昔日"蒿莱满目，盗往往薮穴其中"的淤退沙卤田，由每亩三角飙升为三十元。

沈云沛实业救国之路从改革海州农业与地产入手取得显著成效，为其实业投资积聚了巨额资金。

2. 建设码头基础设施

光绪二年（1876 年），沈云沛第二次赴京参加会试落榜。沈云沛在发榜后未作逗留便回海州，继续与督管董才卿谋划商业与实业。

全国盐政惟两淮最大，而淮北盐产量又占两淮大半，海州盐务在两淮的地位举足轻重。沈云沛据此将水路运输作为沈氏贸迁的重要支柱。经过深思熟虑，沈云沛决定利用鸿门以及南乡堆房地理优势，兴建鸿门和六里河小圩码头。利用两个码头，沟通两淮盐运水路而直达湖广、中原、口外[①]。利用临洪河与潮河（六里河），可达青岛、烟台、天津、上海、杭州，进而至香港、

---

①口外：新疆、蒙古之北部。

东南亚与欧人商战。通过蔷薇河进入京杭大运河、长江水系可至南京、蚌埠、武汉等地。如此，可将海州置于海路与内河运输枢纽位置，进行全国大规模商业运输和贸易。

在董才卿具体运作下，于清理整修蔷薇河鸿门码头之同时，兴建位于小圩堆房西约二百米处的六里河码头，北岸建有仓储货场，码头西兴建拱形石桥一座，方便南北货物转运。继而在海州西门外靠近沈宅建一简易停靠码头。至光绪五年（1879 年）上述三处全部竣工，至此，沈云沛占尽了海州海路与内河水路运输的天时地利。

3. 兴建甡茂船队

建设码头基础设施之后，沈云沛购置三艘“火轮”船作为商贸运输工具。这种以蒸汽机为动力的木壳火轮，其优越性能为帆船不可比。这开创了海州地区水路贸易之先河。甡茂船队历经四十多年，在沈氏实业中占有重要地位，“导贸迁之往来”，在全国也具有示范意义。

4. 设立甡银当铺

光绪三年（1877 年），沈云沛在海州中大街开办甡银当铺，由管家赵理斋监管，聘专人担任会计和业务员。起初，甡银当铺为纯粹的典当兼理存款、贷款业务的传统经营模式。但沈云沛开办当铺目的是通过当铺兼理的存款、贷款业务扩大至汇兑，使甡银当铺具有钱庄的功能。这是沈云沛在开办实业过程中的重要举措。甡银当铺历经五十余年，为沈云沛实业投资吸收了可观的闲散资金。

二、“实业救国”的投资高潮与发展阶段（1894—1904）

沈云沛中进士后，实业救国的主要举措是加强和完善初期阶段的实体运作，实施具有全国示范意义的大规模农工商实业投资，并根据海州地域民情开办小型多样的实业和商业网点等。在整合与利用的社会资源中，张之洞的社会资源、洋务思想及其“三不争”而争天下先的精神对其影响最大，使得沈云沛咬定青山、心无旁骛地在实业救国的道路上披荆斩棘，越走越宽广。

1. 兴办鸿门果木试验场

沈云沛于光绪二十年（1894 年）甲午恩科赴京会试而中进士，受张之洞荐举为团练大臣滞留海州，此时投巨资兴办鸿门果木试验场（鸿门果园）。沈云沛先期投资五万两银，引进十万株美国葡萄、苹果种苗，以及桃、梨美种，同时派人赴山东、河南、浙江等地考察梨、杏、枣、栗、水蜜桃等各种国内佳植，引进栽培试种。其规模为国内罕见，也是淮海地区第一家颇具规模的企业实体。

庚子事变后，沈云沛奉旨回京，先后于工部（后为商部、农工商部）主管全国农业开发，又从美国、日本引来一些果木优良品种，致使鸿门果园的梨、桃、苹果、葡萄名闻遐迩。鸿门果园以及海州种植试验场的成功实践，为后来沈云沛开办大清农事试验场（北京动物园）提供了经验。

2. 开办锦屏山溥利树艺公司

沈云沛久存开发锦屏山之念，光绪二十四年（1898 年），筹谋多年的海州溥利树艺公司开办。两江总督魏光焘片奏获准，由沈云沛筹本银十万两，置买朐山民业山场，长二十六里、宽十五里，种松、橡千余万株，伴有其他杂木倍之。光绪三十年（1904 年），沈云沛报告商部："近已成林，可期发达。"

3. 创办海州种植实验场

光绪十七年（1891 年），沈云沛与董才卿、董佑周、赵理斋等磋商，决定在海州创办种植实验场，开展农业试验，并与正在进行的鸿门果木试验场结合起来统筹兴办。

沈云沛制定的扩大鸿门果木试验场范围、创办海州种植实验场、改革振兴海州农林的计划为：由董才卿与董佑周等分头至浙江、福建、江西、山东等地考察联络经济林木、药材、蚕桑、花生、棉种等引进与种植相关事宜；沈云沛偕赵理斋、黄道传等登临考察云台山、锦屏山；赴五羊湖、东巷、老窑、东海、沭阳等地堆房，走访犁户与农民，查勘土质、水利等状况。

光绪十九年（1893 年），沈云沛在海州开办种植实验场的各项筹备全部就绪。第二年四月，沈云沛第四次赴京参加会试中进士，翰林的头衔为沈云沛加速推进实业蓝图提供了可靠保证。沈云沛投资三十万两银创办海州种植实验场，为淮海地区第一家最大规模的农业试验实体。

以下是录自商部刊文与《农学报》报道，以及沈云沛致商部关于海州种植实验场报告相关文字。

种桑养蚕：“海属旧生产鲁桑，无蚕者。乙未（1895 年）春，购栽湖桑五十万本，存活者半，嗣以接法推广，岁增数十万株。海、沭之交，土坟衍，产较良……”

海州种植试验场所引进的桑蚕业：“光绪戊戌年已初见成效，本场所收蚕茧近万金，辛丑（1901 年）场收五万金，近三年岁增二三万。统计出产过十五万，场力收不及半，余皆渝淮运镇江厂。”所引进试种的花生，当年即获丰收，“至光绪二十九年，除满足本地须求外出口万余袋，捐厘收数至三万余袋。故海属沙田价值大涨。海州种植实验场开办前，每亩沙田仅为价洋三角，至本年每亩价洋三十元”。

引进种植的烟叶：品质较优，销售看好，赴上海参加世界烟叶考验，一鸣惊人，合中外产品居第二，致海州烟叶供不应求。

引种花生：“海属旧无种者，榨油所需小种，取资邻县，其大中食品者，则自外洋灌入。海境沙田多沮洳，不任耕作。乙未（1895 年）岁，由本场购置高沙田数千亩试种，值岁旱，产甚丰，遂增至三万余亩。夏秋雨稍多，率为沙中蓄水所腐烂，乃参用东人（日本）抽水管法，自上下（而）下，逐节疏引，已达陂塘，嗣后遂无腐烂之患，而邻田争效之，产遂日旺。”

引种蓝靛：“海属旧产大叶蓝，色淡薄，又性畏水，故不多产。戊戌后，由本场购东洋小叶蓝种，息颇丰而工费亦重，近年来本地销售外，间有出口者，然为数不多，故不详载。”

引种棉花：“海属旧无种者，土人咸谓土质不宜。戊戌岁杂考中外棉四十三种，遍试之，其蒿本名碱水棉，宜卤质地；其大白毯，宜黑坟土。”

在当地人均言海州土质不适宜种植棉花，致海州几千年无种植棉花历史情况下，沈云沛杂考中外棉四十三种，全部予以试种，经试验淘汰四十一种，得出试种的蒿本碱水棉与大白毯棉适宜本地的卤质地与黑坟土的结论。于是，白毯棉与蒿本碱水棉在南通、吉安工人指导下试种获得成功。白毯棉亩收子花一百五十斤，毯长二寸余，满足了本地需求，并解决了织布厂原料供应瓶颈。蒿本棉亩收五六十斤不等。

商部对鸿门果木试验与种植试验场之评价为：“其法错中西而运以己意，

务使水土之性质，与所树之谷木性质相吻合，故腴瘠之下无弃地。”但是，沈云沛在海州所举诸端，实行“农工并务，本末相资”，均在“商部未立时”，官署、州民风气未通，故对沈云沛在海州重农工，扬商务兴办实业，“地方官民多于反对，几败者屡矣，筚路蓝缕，以启山林，殆非易易”。

沈云沛在致商部关于海州种植试验场的报告中，并未报喜不报忧，商部在刊文向朝野发布时也没有隐晦该场的经验教训。

引种苎麻：“海属旧无种者，戊戌岁购置溜阳（浏阳）、庐陵种，即用该处工人试种，黑坟土亩收四十斤；黄土强半蛀根，其宜否尚无把握……”

引种蔗：“海属旧无种者。戊戌岁取江西种试种，历数年，产皆不旺。”（后停种）

4. 创办海州硝皮制革总厂

光绪三十年（1904 年），经过在河南、山东等地多年考察，沈云沛深感皮革应用广泛，取数日多，但国内尚无制革业，以致生牛皮大多出口，价极低如同废品，而进口洋皮价又奇高。为抵制洋人的盘剥，减少生皮出口，与进口洋皮对抗。于是，沈云沛决定投资八万元在鸿门码头兴办海州硝皮总厂。

沈云沛在致商部报告中言：“韦革之用，取数日多，而内地制造，绝无此项……生货出口，甚可惜，云沛谨拟在海州码头设制造总厂。”

沈云沛聘请了多名外国技术人员指导，也注重培养海州本土硝皮制革员工。为提高皮革质量，降低成本，沈云沛在寿州、周家口、沂州分别设三个分厂，收购优质生牛皮，就地加工，运至全国各地销售，效益十分显著。在建立上述三个硝皮分厂后，海州硝皮厂亦易名为海州硝皮制革总厂。与沈云沛同为“帝党”的刘庆汾和著名盐商汪鲁门合股六十万两入股总厂，此后开办天津分厂。

5. 主持海赣垦牧公司

光绪二十一年（1895 年），沈云沛筹谋将云台山周围的沙卤田划定为种植试验场范围，搁置多年的云台山周围大片荒滩沙卤田开发摆上议事日程。沈云沛部署董才卿制定海州垦牧范围、实施方案与具体步骤，先期出资七万两银，拟立案登记购买临洪滩至灌河口五万余亩沙卤田作为海州垦牧范围。光绪二十二年（1896 年），沈云沛致函张謇，倡议与其联合开发海州荒滩，对张謇启发很大。光绪二十四年（1898年）回海州后，沈云沛与董才卿一起绘制海州垦牧示意图、撰写说帖，操办立案登记实施购置沙卤田事宜。

沈云沛回海州后得知许鼎霖从秘鲁回国，遂于三月中旬与其商谈海赣滩涂开发垦牧事宜，许鼎霖欣然同意入股，决定以赣榆青口以南沿海至灌河口广大滩涂、芦苇泽地为垦牧范围，定名为海赣垦牧公司，慎重物色海州、青口三十余人组成筹备班子。沈云沛亲自挂帅海赣垦牧公司，由董才卿具体运筹操作垦牧各事，并拟定了具体的垦牧办法。

光绪二十六年（1900年），海州垦牧事宜筹备就绪。次年初，沈云沛赴南通面见张謇，一则拟开办海州织布厂，从大生纱厂进纱并寻求办厂与技术上的指导帮助；一则希望与张謇联合海州垦牧，对海头至青口、云台山、灌河口、海安迤长三百里的滩涂进行垦牧。张謇认为海州垦牧是一条大有可为的振兴实业之路，然而张謇始终未提及入股海州垦牧。

海赣垦牧公司经过立案登记、滩涂丈量与购置等筹备后，光绪二十九年（1903年），沈云沛与许鼎霖呈文漕运总督恩寿，恳请创设海赣垦牧公司，开发鸡心滩、燕尾滩四千余顷海滨荒滩。恩寿乐见其成，遂札饬同意“着垦”，并对处开垦范围的“东大港、大浦等处与灶产毫无关涉，早经地方官勘有定界，自应按照定界开垦”。

在沈云沛再三催促下，光绪三十一年（1905年），恩寿以江淮巡抚身份上《奏请赐准海州绅士沈云沛等巨资创设海赣垦牧公司事》之奏折，就开办海赣垦牧公司夹片上奏：“海州绅士，在籍翰林院编修沈云沛、安徽候补道许鼎霖等呈称，江北之海州、赣榆东滨大海，广斥数百里，比年海势日东，潮滩溢远，计自海州境入赣榆界五六十里，抵山东日照县境，有鸡心滩。其地长狭约八千公顷，可垦可牧……设海赣垦牧公司，就鸡心、燕尾二滩筑堤开渠，渐次拓垦……查海赣一带，涨淤滩膏腴不少，自应及时仿办。”

海赣垦牧公司总公司设在海州鸿门沈家花园西大厅，总账房设于上海，以便收股付利。并于云台山、东陬山、响水口、青口设立分所。为保持独立起见，所设二十万股由创办人分认，沈云沛认缴三十万两（包括其前出资七万两），许鼎霖认缴十万两，尚余一万股，限于同仁分认。垦牧公司严格规定“不得附入洋股，以附洋人，不得在内地置买田产”之条约。

光绪三十一年（1905年）年底，鉴于海赣垦牧公司开垦业已全面展开，然鸡心滩、燕尾港由于设立与裁撤江淮行省之延误，界址尚未划定。沈云沛与许鼎霖遂上呈两江总督周馥请求勘界，并请刊发海赣垦牧公司关防："农工商参议翰林院编修沈、安徽候补道许，为请饬勘界及时开垦，并发关防以资信守事。窃职等创办海赣垦牧公司，蒙前江淮抚宪会同宪台奏奉，谕旨饬令开办在案。查海州滨海各地民灶错处，前呈指垦各段，如东大港、大浦等处与灶产毫无关涉，早经地方官勘有定界，自应按照定界开垦。若鸡心滩、燕尾港等处，间有与灶产毗连，必先由运司派员会同州牧勘定界址，然后筑圩堤，挑沟洫，方免纠葛。现值冬令，水涸农隙之时，应请大帅大人札饬运司，遴选明干之员即日前往海州，会同署理海州张守详细勘察，划定界址，以便及时工作。又查通州垦牧公司、宿迁玻璃公司，均蒙前宪颁发关防。职等办理垦牧公司，事同一律，拟请颁发木质关防一颗。文曰'奏办海赣垦牧公司关防'如蒙。俯如所请，并求速饬金陵商务总局查案刊发，以资信守，实为公便。"

周馥接文后，即令海州分司派员与海州署理知州会勘鸡心滩与燕尾港，与灶产勘定界址，并颁发木质"海赣垦牧公司关防"一枚。至此，海赣垦牧公司界址全部划定，沈云沛遂投四十二万两巨资垦牧鸡心滩和燕尾滩。垦牧范围自海州北境入赣榆县界六十里，抵山东日照县；向南自州治东抵阜宁县境约三百里，总面积约八千公顷。

海赣垦牧公司以其良好的经济效益与社会效益，成为垦荒国策的一面旗帜。在海州垦牧的示范作用下，全国掀起了垦牧高潮。江苏、浙江、安徽、广东、广西、奉天、黑龙江等省纷纷集股，兴办农牧垦殖公司。全国兴办垦牧种植达一百零四处。在这重大的转变中，沈云沛走在了时代前列。《民生日报》认为，沈云沛是"中国实业的先行者"。

沈云沛创办的海赣垦牧公司，云台山自然在其垦牧范围内。根据沈云沛制定并旨准的垦牧办法，其定界为"上抱山趾"，即山脚以外四周至海滨。沈云沛在制定垦牧办法时已经考虑到其科学性：海赣垦牧为海滨斥卤，治农种植、养殖试验，而云台山与锦屏山一样，应举树艺而非垦殖。

6. 创办云台山茶叶树艺公司

云台山地理环境优越，适宜经济树木生长，所产云雾茶名震遐迩，海州早在宋朝时就是贡茶之地、榷茶之所。沈云沛对这块宝地久存开发之意。

时在海州的宋治基亦有开发云台山之念。宋治基乃苏州籍捐纳候补道台，光绪二十四年（1898 年）来海州、赣榆办理民间义赈。他得知沈云沛筹办海赣垦牧公司于云台山周围垦牧，即与海州知州刘运吉商讨，利用海赣垦牧公司拟筑道路、桥梁和房舍建筑等便利条件与沈云沛共同创办云台山树艺公司。海州知州刘运吉等极力支持宋治基之倡议，遂会见沈云沛商讨成立云台山树艺公司事宜。双方一拍即合，遂拟定集资三十万元筹办，紧锣密鼓筹备集资、按律制定《章程》与《开垦云台山地段图说》等各项筹备工作。

光绪二十四年（1898 年）年初，树艺公司倡议人宋治基与知州刘运吉呈文两江总督刘坤一，申禀成立树艺公司开山垦荒："创设树艺公司，筹集资本，招募农民，开垦海州所属之云台山。官荒旷土，讲求种植，隐寓以工代赈之意。地方饥民，藉此工作糊口，不致流离失所。"

刘坤一接刘运吉、宋治基申禀成立云台树艺公司呈文，随即札饬批准"该员（宋治基）等承办树艺公司，开垦云台山官荒旷土"，并札"饬据署理海州知州章邦直，查勘明确，绘图帖说，禀复前来"。

刘坤一批准成立云台山树艺公司，按其"晓示"，署理知州章邦直遂"亲临云台山，周历开垦地段，按照禀折所呈，逐细勘明，绘图帖说，详复在案"。据此，宋治基与沈云沛遂凑集十万元先行筹办，由沈云沛"仿照外洋开荒之法"而制定《督率农工开垦种植条例》，明确提出"农工开垦""开垦荒山隐寓以工代赈之意"是"振兴商务劈开地利，共谋天然之利"。其《开垦种植条例》与《海赣垦牧公司章程》重要不同之处，在于云台山树艺公司确定引进外资与技术，坚持对外开放等，"讲求种植，以兴地利"，效法西方先进的种植经验，以机器从事生产，引进技术人才，引进优良品种和先进技术。随即，沈云沛与宋治基等履勘云台山，决定修葺花果山金牛顶的"海曙楼"，时称"北大局"，作为树艺公司办公用房。

云台山树艺公司所凑集十万元筹办资金，大部分为沈云沛认缴。根据资金短缺情况，沈云沛决定后云台山滞后开发。树艺公司以种植云雾茶为主，"云台山势盘回纡曲，斜坡平地，面面向阳，土性膏腴，星分奎娄，气蒸云雾"，历史上就是产茶之地。"天下之茶分六榷，而海州居其一""海州产茶之山以云台为最"。于是，沈云沛在云台山广种云雾茶树八百万丛，并广植各种经济树木。

商部刊文列举沈云沛于光绪三十二年（1906 年）前的实业为：鸿门果木试验场、海州种植实验场为其"自行筹办"（独资）；硝皮制革总厂、临洪油饼厂、织布厂、毛巾洋胰厂、锦屏山溥利树艺公司、上海渔业公司、海州渔业公司、云台山茶叶树艺公司、海赣垦牧公司为其任办（主持）；耀徐玻璃公司、海丰面粉公司、赣丰油饼公司为其附办（股东）。商部刊文发布沈云沛实业状况下限为光绪三十二年（1906 年），故其后沈云沛所办之南京榨绸厂、南京供销运输公司以及众多的商业网点未列。还有鸿门牲泉槽坊、牲泰榨油厂、牲茂船队、海州和新浦商店等未列。其所办共计三十多家实业。

三、在朝廷擘画和运作全国实业的阶段（1904—1916）

光绪二十九年（1903 年）清廷成立商部，沈云沛以朝廷命官身份主管全国农业开发，取得举世瞩目成就。在沈云沛看来，这是实现人生价值最辉煌、最值得骄傲的时期。

1. 营口和"六镇"等处垦牧种植

光绪二十八年（1902 年）载振有心延揽沈云沛，奏请重用沈云沛，在工部增设典农司，主管全国农业实验和开发，由沈云沛负责筹谋全国农业开发事宜。此后，沈云沛开始实施全国农业垦牧计划。除继续开办海州海赣垦牧公司外，于营口、西京（西安）、狼山和"六镇"实施大规模垦牧，从而推动了各省垦牧种植业的发展。

营口地区为沈云沛擘画全国垦牧的首选地区。光绪二十八年（1902 年）四月，沈云沛赴营口，就开发营口滩涂、松辽平原荒地磋商实施方案。沈云沛深知全国类似营口的滩涂与荒地很多，作为朝廷工部的典农司，最重要的是立足全国，制定切实可行的全国垦牧规划，其职责是指导和监督各地垦牧。因此，沈云沛仿效开办海赣垦牧公司之章程，制定由朝廷与当地集资自愿投股，在典农司指导与监督下由当地组织实施，按股分成、利益共享等条款。

这样，既兼顾了地方与当地投资者的利益，又调动了各方垦牧的积极性。营口的垦牧同海州种植实验场、海赣垦牧公司一样取得了成功。

沈云沛对口外大片高原荒滩久存开发之念，曾数次抵口外及蒙古地区考察。见诸史料的沈云沛“疏沟渠于六镇”垦牧事迹值得称道。“六镇”指的是北魏前期在内蒙古河套地区以东、阴山山脉以南地区设置的六个军镇，自西而东为沃野、怀朔、武川、抚冥、柔玄、怀荒，用于防御来自北方的侵扰，拱卫首都平城①。此“六镇”距平城不远，此处荒漠缘由缺水所致，只要开渠引水，大片荒地即可变成粮仓。这是口外荒漠、戈壁垦荒种植共同之点。

光绪二十八年（1902 年）八月，工部典农司校尉沈云沛赴山西平城，就河套地区开渠引水，“疏沟渠于六镇”事宜与当地磋商落实垦牧实施方案。在实施方法上，与营口、西京等处垦牧一样，依然采取由朝廷与当地集资自愿投股，在典农司指导与监督下由大同当地组织实施，利益共享。至光绪三十二年（1906 年），经四年开发，大同和“六镇”地区的大片荒地沟渠纵横，昔日荒滩变为绿洲、粮仓。今天大同地区的农牧繁荣，沈云沛功不可没。

2. 开办大清农事试验场（北京动物园）

这是沈云沛实业救国之路的一个亮点。沈云沛思考的农事试验场，当与营口、“六镇”、海州种植试验场等地垦荒不同，既要便于观览，又要利于农业研究试验，故地域不能偏僻，土地不能贫瘠。他认为北京西直门外乐善园等三处废弃的皇家园林，是开办农事试验场之最佳选择。

光绪二十九年（1903 年），沈云沛至京师西直门外考察乐善园、广善寺、惠安寺及附近官地，决心将其辟为农事试验场。翌年完成规划，将其分为四大部分。一为植物园区：以花卉种植为主，设有大温室，培植试验各类花草树木，为观赏、培育良种良苗与经销；二为农产品试验区：场内植粮、棉、桑、麻、茶、蔬菜、果树和豆类，进行农业种植试验，配套建有实验室、农器室、肥料室、标本室、温室、蚕室、鸟兽室、缫丝室、陈列室、茶厂等；三为风景建筑区：在植物园和农产品实验区，穿插各种不同风格的建筑，多带园林形式，有畅观楼、鬯春堂、豳风堂、荟芳轩、牡丹亭、松风萝月等处，并开

①平城：山西大同。

挖多条沟渠纵横其间，垒石镶砌河边，拱桥架设其上，设多处舟船停靠码头，场内设多处车、轿停放点；四为游览附设区：处场内西部，设照相馆、茶馆、咖啡馆等，有鸡蛋、饽饽及西洋点心、南北风味小吃等，其中咖啡馆家具均为洋式，陈设分为男、女座，两座之间用玻璃屏隔挡，可容纳三百余人。

沈云沛规划的农事试验场是当时亚洲最具规模的乐园，其投入巨大而使朝廷踌躇再三。商部（由工部改并）尚书载振表示赞赏，但沈云沛筹办农事试验场的规划仍被搁置。沈云沛毫不气馁，在与光绪皇帝对值时，恳请于京师开办农事试验场，进而在全国推广。

沈云沛欲开办农事试验场反映了整个社会的呼声。沈云沛利用农学会创办的《农学报》宣传农业科技知识，呼吁改革中国农业。沈云沛多方宣传其规划的京师农事试验场，以期形成上下共识。沈云沛请挚友杨士琦利用与光绪对值机会，介绍其访问南洋的农工商概况；利用奕劻、端方的皇族关系说服慈禧太后。在多种因素的推动下，光绪与商部尚书载振对在京师开办农事试验场的态度开始转变。

光绪三十二年（1906 年）三月，沈云沛再呈文向载振、光绪阐述开办大清农事试验场的意义、作用与效益，并上呈《农事试验场章程》。

历经近两年不懈努力，光绪、慈禧、载振由犹豫不决到赞同。商部尚书载振奏请将内务府管辖的乐善园、继园及其附近的官地八百五十四亩拨出筹建大清农事试验场，由沈云沛全权负责策划筹建。

大清农事试验场筹办之初，商部拨款十万两，由南北洋大臣各解五万两，作为农事试验场开办经费。朝廷在京师开办农事试验场在国内外引起轰动，认为这是中国几千年来第一次把科学农业提到朝廷纲领中去，对沈云沛亦大加赞赏。

沈云沛奉旨筹建大清农事试验场，一切按规划有条不紊、紧锣密鼓进行，并在《大公报》《农学报》上公布《农事试验场章程》。沈云沛遴选干练官员为筹办人员，同诚璋、祝瀛元、陆大坊等磋商、筹划具体实施方案。

为给农事试验场动植物园打基础，农工商部向各省地方官员和出使外国大臣发函，要求采购所在地区动植物，并接送到农事试验场。出使西方各国考察宪政的端方在德国耗资二万五千多两银购进数十种一百三十多只动物，共装运五十九笼。沈云沛修改规划，辟出约二十二亩一小部分作为动物园，建兽亭、兽舍、鸟室、水禽舍、象房、鸟兽繁殖场及动物标本室。

年中，清政府正式给沈云沛颁发“农工商部农事试验场”木质关防一颗。农事试验场从此可以独立向外联系业务。

光绪三十三年（1907年），大清农事试验场主体工程基本竣工，名曰“农工商部农事试验场”，其南正门建有一大门两边门的牌坊式门楼，为沈云沛设计审定。七月，试验场之万牲园一部先行对外开放。次年试验场对外开放。此后，农事试验场成为北京市民和外地游客的首选去处。国内外媒体也连续刊登农事试验场筹建、规模等文章，大力赞扬沈云沛。

1913年，沈云沛举荐清末最后一名状元刘春霖任农事试验场场长，使试验场大有改观。

3. 组建全国经济团体与中国实业会会长

光绪三十二年（1906年）前，全国各地商会由商人发起成立。此后，沈云沛与各地商讨完善商会的建立，组织并完善了具有新时代特征的中国各地商会。在海州商会成立大会上，沈云沛被海州商人选举为海州商会第一任总理，隶于苏州商会。

1912年伊始，沈云沛与徐世昌、朱启钤等筹划、组织召开全国工商会议。11月，工商部在北京召开第一次全国工商会议，共商民国经济建设，制定发展经济的总体规划。全国各大商会和各种经济团体代表一百六十八人参加会议。会后，全国各类经济组织如雨后春笋，其后在民国初期五年中，全国成立了一百零七个经济团体。

第一次全国工商会议闭幕后，1913年1月下旬，沈云沛与徐世昌等商讨落实全国工商会议精神，组建以“振兴中国实业”为宗旨的实业团体。议定由沈云沛、唐文治等筹建中国实业会、中国实业会上海分会。5月中旬，沈云沛与关冕钧等商讨的中国实业会、中国实业会上海分会成立。沈云沛被选为中国实业会会长和上海分会会长，唐文治为副会长。6月10日、11日，《时报》《民立报》等媒体报道了沈云沛组建的中国实业会、中国实业会上海分会。

沈云沛还与周学熙、张謇等人研究，采取提供保息的办法来扶植民族资本家，先后对机制货物、参加国货展览会的工业品等给予扶持。办实业、举办国货展览会，推荐国货去南洋参展。在整体布局上采取南北相呼应的办法，上海以商会力量、社会力量为主，促进实业发展。天津以办实业为龙头，由周学熙利用政府、官方的力量，以北洋纱厂为骨干，带动矿业、制造业等实业发展。

第五章 中国铁路建设的规划师和督办者

晚清官制无“铁路大臣”一职，但连云港地区民间多称沈云沛为“铁路大臣”，是对沈云沛致力于中国铁路事业声誉卓著的赞誉。

一、主政邮传部并擘画中国铁路建设蓝图

光绪十五年（1889年），清政府发布上谕，承认修铁路“无损于民，即可毅然兴办”，清廷对修筑铁路从反对、疑虑、彷徨，到最后终于接受。《马关条约》签订后，李鸿章上奏《条陈自强大计折》，光绪二十二年（1896年），张之洞等联名上奏《历陈筹办卢汉铁路情形折》：“铁路为自强第一要端，铁路不成，其他无论矣。”中国“力行新政”而把修筑铁路放在首位，这是西方列强盼望已久的，中国巨大的铁路修筑市场使他们垂涎欲滴。十九世纪末，西方列强对华经济侵略已经从商品输出转向资本输出，意欲通过攫夺中国的铁路修筑权，进而通联和掌握中国的交通命脉，为他们攫取矿产开采权和投资设厂打下基础。

光绪二十三年（1897年），容闳提出招用洋股，开设公司以修津镇铁路，并集股逾一千万两，由于德国抗议搁置。张之洞、沈云沛等亦力主修筑津镇铁路。光绪二十五年（1899年）五月，中国与中英公司、德国华德银行签订《津镇铁路借款合同》，全长九百多公里，借款七百四十万英镑，年息五厘，借款期五十年，五年内全路建成。借款合同签订后，铁路修筑因义和团运动起再次搁置。两年后重提该路修筑事宜，清廷命袁世凯为督办大臣并修改协议。此时，直隶、山东、江苏三省士绅坚持废除借款合同，要求收回津镇铁路路权而自筑，在全国兴起声势浩大的“保路运动”。这是继反对借款修筑苏（沪）杭甬铁路的又一次大规模“废约”“拒款”运动。张謇等人是此次声势浩大的保路运动中坚。在所有斡旋无效情况下，清政府放弃津镇铁路，改道自天

津经徐州绕道安徽至南京浦口为津浦铁路，由沈云沛主持修筑。

光绪二十九年（1903 年）设立商部，将铁路归商部主管。三年后改商部为农工商部，故铁路为农工商部主管。沈云沛署理右侍郎。颁布《铁路简明章程》，规定：无论华人、洋人，商办铁路均可向督抚衙门递呈请办铁路。《铁路简明章程》不仅仅是让商办铁路获得合法地位，其宗旨是在激励国内绅商投资铁路，让各省士绅在铁路修筑中获得利益，充分调动其积极性，通过借款官办与商办集股两条腿走路的方式发展中国铁路事业。

随着社会经济发展与铁路修筑的迫切需要，光绪三十二年（1906 年）九月，设邮传部，主管路、船、邮、电"四政"，把以前商部、农工商部管辖的铁路权力和地方各督办大臣管辖的铁路全部收归邮传部。邮传部所主管的路、船、邮、电四大要端，是中国近代化建设最基础的前沿产业，铁路为该部第一要务。邮传部一跃成为晚清头等重要大部，故其尚书及左、右侍郎之主官之争甚为激烈。邮传部除了争权夺势的"内斗"外，所面临的重要难题并非单纯的铁路修筑的筹谋与运作，而是商办铁路"拒款""废约"风波的冲击。沈云沛在邮传部先后为右、左侍郎，两次署理尚书，于该部任职主官时间最长。武昌起义后，沈云沛临危受命督办浦信铁路，致力于中国铁路事业近十年，走的是一条坎坷而漫长的道路。

光绪三十四年（1908 年）二月，邮传部尚书陈璧奏请沈云沛转任邮传部署理右侍郎。光绪帝曾在养心殿几次与沈云沛对值，听取其对修筑铁路之策。沈云沛对整顿铁路提出四计：翻译介绍西方修筑铁路技术和经验；论述是非分析利弊；公布各省商办铁路巨额耗资而不成与朝廷借款筑路的巨大效益对比；朝廷当废除商办铁路而奉行铁路国有政策。沈云沛对中国铁路的分析和策略，光绪深以为然，越发感到沈云沛是朝廷中难求的人才。陈璧也十分赞同沈云沛之见。

宣统元年（1909 年）一月，沈云沛署理邮传部尚书，开始实施以西方科技发展中国交通运输、擘画中国铁路蓝图的宏伟大计。为了更新国人观念，上奏开办《交通官报》。该报为沈云沛擘画中国铁路蓝图起到了重要作用。一是制定"四政"建设规划；二是筹谋东三省铁路大计划；三是实施赎路政策。对沈云沛的构想，与徐世昌尚书共同上奏获准。

在开始擘画中国铁路蓝图时，沈云沛认为在京张铁路筑成后展筑张绥铁路不仅具有重要的经济意义，而且“实于行军理藩政策极有关系”势在必行。詹天佑等接沈云沛关于展筑张绥铁路饬令，经派副总工程师俞人凤对其全线进行勘测。沈云沛接到关于张绥铁路分析报告后，与徐世昌尚书共同上奏获准建设张绥铁路。

二、整顿中国铁路建设问题

光绪十一年（1885年），矿务铁路总公司成立，盛宣怀任总公司督办大臣，主管铁路修筑事务。甲午战败后，清政府把修筑铁路放在重要位置上。光绪三十一年（1905年）一月在北京设立铁路总局，任命唐绍仪为督办，统一全国的路权，铁路归商部主管。商部典农司、右参议沈云沛与铁路总文案梁士贻谋议，极力赞赏袁世凯奏筑京张铁路并保举詹天佑为总工程师之举。沈云沛向商部尚书载振与铁路总局督办唐绍仪进言，京张铁路詹天佑为总工程师，总办当以陈昭常为最佳人选。四月，成立京张铁路总局和工程局，陈昭常为总办，詹天佑为会办兼总工程师。八月，京张铁路开工，右参议沈云沛、商部尚书载振，以及唐绍仪、梁士贻等参加陈昭常主持的京张铁路插标动工仪式。

宣统元年（1909年）一月以后，沈云沛作为邮传部主官，终年奔走于各路，掌握实际情况，分类指导，借图改良。“慨于七奔”抑或是概括了沈云沛建设铁路一再奔波之情。沈云沛先后查视京汉、津浦、沪宁诸路，对照各路上报文牍现场查核有关情况和问题，听取各方意见，指出修改意见。然后发现存在的问题，明确改进方向，饬令各路局调查报告商务情形，进行改善。

1. 整顿广西铁路

三月，沈云沛接广西巡抚张鸣岐上奏和军机处朱批后，决定通过确定桂全、桂邕铁路线，改变其混乱局面。沈云沛与度支部、陆军部商定广西铁路线路，否定张鸣岐的桂邕铁路线，改为先桂林至衡州线，以“兴内政而固国防”，要分别缓急。然广西予以反对，则派人考察四个月后，再奏获准，维持原方案。

2. 整顿闽粤铁路

七月，沈云沛先后派邮传部两批司员赴闽粤，调查商办铁路已成、未成之路筹款、筑路等情形，以便分类指导，切实解决反映强烈的问题。沈云沛阅批调查报告，让他心急如焚：至今，不仅“惠潮一路尚未开工”，借口“与广九现定之线相同，碍难并举”而屡次改线，终致“各处股东纷纷解散，事遂终止”。在劳民伤财后不得不“禀部撤销”。但如何敷衍股民？漳厦铁路是商办铁路，为了省钱，不顾技术要求，商人为了金钱，丧失公德。沈云沛当即严词命令漳厦铁路“从速改换”，否则不发关防视为非法。其情形是全国商办铁路的通病。

沈云沛决定如实上奏实情，令朝野震惊。此后当以督查、整顿、分类指导为工作重点。

3. 整治粤汉、川汉铁路

沈云沛从事中国铁路事业近十年，粤汉、川汉铁路境况让他寝食难安。粤、湘、鄂、川四省商办铁路公司背景复杂，无铁路修筑专门人才，内部争权夺利，矛盾重重，管理极为混乱，浪费严重。沈云沛在步履维艰中尽力而为，宣统二年（1910年）九月，奏派詹天佑为粤汉铁路总理兼总工程师。同时，沈云沛奏派邮传部龙建章等赴粤彻查工款。沈云沛明知无法惩办商办铁路不法行为，但其用意是防止今后可能引发的事端连累邮传部和詹天佑。川汉铁路极具政治意义和经济意义，但商办川汉铁路延误六年多，问题积重难返，造成全国民怨沸腾，然而商办铁路涉及面太广，不是邮传部一个部门能够解决之事。七月，在邮传部尚书唐绍仪遭受攻讦称病退养期间，沈云沛再次署理邮传部尚书，面对川汉铁路“收回路权”的风潮，沈云沛悲痛至极，最终成为“牺牲品”。

4. 铁腕惩治铁路建设贪污行为

邮传部管辖的“四政”，尤其耗资甚巨的铁路，一些凭一技之长或靠财力捐纳的候补官员等，在获取权力之后，便不计后果巧取豪夺，化公为私。沈云沛入主邮传部后，铁腕惩治腐败，成效显著而为朝野瞩目。

津浦铁路北段发生的赵家场购地舞弊案，深深地刺激了沈云沛，作为邮传部主管铁路右侍郎与津浦铁路帮办大臣，沈云沛深感惩治铁路贪鄙责任重大。邮传部遂部议对全国各路局进行督察，对所聘司员之贪鄙舞弊行为不稍宽贷，立即就地处理；对捐纳候补官员等朝廷命官，查实后上奏予以惩处。

部议后，邮传部立即组成以沈云沛为总负责的考查肃贪组织，确定阮惟和、关冕钧等人，分别对京奉、京张、京汉、汴洛、正太、沪宁，以及津浦铁路南段进行切实考查，严行甄择。经两个月的考查，“计撤革各路员司不下百十余起”，根据其情节轻重，分别给予革职、通报各路局永不录用之处理。情节严重者“送交地方官分别监禁拘留，罚作苦工，驱逐回籍，并均照相通行各路，永远不准更名复充路差”。

沈云沛对其帮办的津浦铁路南段查处尤为严格，与徐世昌专折上奏津浦铁路南段购地舞弊案。对查实的“候选通判郭行健，豫河候补通判查彭年，分省补用知县郭曾和，候选县丞高炳文、闵乃荣、蒋尔谷，州同衔杨毓宾”等七名官员，串通购地司员“通同舞弊，请旨一并先行革职，统行归案讯办”。沈云沛、徐世昌对津浦铁路南段铁腕惩腐震动朝野，遏制了津浦铁路贪鄙之风，树立了正气，加快了建设速度。

沈云沛与徐世昌专折上奏津浦铁路南段购地舞弊案后，随即上奏《奏特参铁路贪劣职员折》，对两个月来查实的京奉、汴洛铁路贪劣职员上奏予以严惩。

三、筹筑中国东西大干线陇海铁路

陇海铁路筹筑过程最为复杂，从光绪二十九年（1903年）议筑，到1925年通车海州，历经二十二年。其间围绕着汴洛铁路东西展筑，由支线升为干线、商办与借款官办、路权路款和线路走向等，不仅是陕西、河南、安徽、江苏商办铁路公司与邮传部、民国交通部、陇海路局争执不休，局势变幻莫测，而且英国乘机从中搅局，德国则以“开沂海”与“胶沂青”铁路与陇海铁路一争长短，至于东部终点之海州、通州选址之争，则贯穿筹筑始终。

1. 陇海铁路修筑动议与筹谋

光绪二十四年（1898年），驻美副公使容闳奏请修建天津至镇江的津镇铁路，遭到山东、江苏等四省保路者强烈反对。翌年底，盛宣怀上奏《预筹卢汉铁路干路还款并保全支路利益折》，奏请修建开封至洛阳的汴洛铁路，作为干线卢汉铁路之支线，获准。

汴洛铁路作为卢汉铁路支线获准修筑，翰林院编修沈云沛立即向盛宣怀提议，汴洛铁路修筑可由开封和洛阳两地合进修筑，或从郑州分头向开封、洛阳修筑。修成通车后再由开封和洛阳向两端展筑，东至海州，西至兰州，形成横贯中国东西的交通干线。盛宣怀赞赏沈云沛着眼大局，展筑汴洛铁路而为东西干线设想。这样卢汉铁路与展筑的汴洛铁路便形成了一纵一横的格局。次年，义和团起事与八国联军入侵，致汴洛铁路搁置。

光绪二十九年（1903 年），沈云沛任职商部典农司。时铁路归商部主管，沈云沛向尚书载振和主管铁路的盛宣怀建言，续修汴洛铁路。九月，盛宣怀重奏修建汴洛铁路获准，并于十月与比利时铁路电车公司签订《汴洛铁路借款合同》。借款总额二千五百万法郎（后追加一千六百万法郎），年息五厘，以汴洛铁路路产为担保，以营业余利的二成作为回报。这是修筑陇海铁路的第一个借款合同。盛宣怀签订此借款合同沿袭了卢汉等各路条款并奏准。

光绪三十年（1904 年）三月于郑州成立汴洛铁路总工程局，汇谦任总办。九月，汴洛铁路动工，从郑州起向开封和洛阳东西两端同时修筑。

鉴于汴洛铁路业已兴办，沈云沛面呈载振，恳请部议，将其与盛宣怀商谋的汴洛铁路由支线升级为干线：西段由洛阳展筑至潼关、兰州，东段由开封向东展筑经徐州、邳州而至海州，形成横贯中国东西的交通干线。载振大为赞赏，部议后于光绪三十年（1904 年）十二月上奏："据汴洛线向东，经徐州、邳州，至海州建成铁路，可形成东西一大干线。"主管铁路的商部尚书载振所奏显然非汴洛铁路当务之急，上谕缓议而搁置，但汴洛铁路东端以海州为终点的横贯东西干线的设想已由沈云沛提出，第一次上奏备案，其意义是深远的。

后来，沈云沛与邮传部尚书陈璧、铁路总局督办唐绍仪、总文案梁士贻等商谈汴洛铁路东部终点海州以形成东西干线的构想，均得到支持赞同。汴洛铁路向东展筑终点海州确立之后，在听取海州各方人士意见后，沈云沛拟在海州北门外、海州城东部马跳、大浦三处择其一为陇海铁路东部终端地点。但陈璧对沈云沛选择的终端点存有异议，认为其三处均不甚适宜。陈璧建议沈云沛在勘察论证前提下，提交令人信服的可行性报告、规划方案与图说。

光绪三十三年（1907 年）十月上旬，沈云沛奉旨考察江苏等地区农工商实业情况后回海州。沈云沛慎重思考陈璧的意见，将陇海铁路东部海州终端地址选在海边，勘察灌河口、陈家港、徐圩、东陬山、老窑、东西连岛、青口、海头、岚山头等地，酝酿制订陇海铁路终点海州具体港址方案。

光绪三十四年（1908 年）二月，沈云沛转署邮传部右侍郎后，制定了汴洛铁路展筑经徐州、东部终点海州建三个港口的方案：一是在山东和江苏交界的岚山头筑一深水海港；二是在灌河口的燕尾港筑一内河港；三是在东西连岛筑一海港。沈云沛还制定了规划图说并阐述理由：一是岚山头为深水海港，可停泊各类大型火轮；二是东西连岛风平浪静，可建造成转运海港，等于将陇海铁路修筑到上海、大连；三是灌河口燕尾港为内河港口，水深不亚于上海黄浦江，由燕尾港上溯可通里下河水系，以及沟通盐河、运河水系，这样江北全境无可不通。然而，邮传部尚书徐世昌表示异议，认为一条铁路一端并筑三个终点不合情理；外国工程师格瑞奈、沙海昂、陶普斯等亦否定沈云沛的规划。客观地说，徐世昌等对沈云沛制定陇海铁路终点海州的三个港口的规划表示异议是正确的。因为一条铁路并筑三个终点港口，一是加大投资，二是造成管理、调度、运营的困难，显然是不切合实际的。

但沈云沛规划在东西连岛筑海港，与测绘工程师的意见相合。其后，法国测绘队长克那纳、技正沙海昂、总工程师薛玛、席拉、荷兰公司代表陶普斯等出具报告、说帖、意见书、图说，说明西连岛作为陇海铁路终点海港为最优："港底均系细沙，疏浚较易；遇风可以西连岛为屏障；港岸巩固，无变迁之患；外国火轮可以随便出入；日后商务发展希望较大；平时修养需费较省；港位居盐港之中心，适值直线终点；建筑成本约四千八百万法郎，可分期建造，第一期需一千三百万法郎，良港实无过于此……"债权方比利时公司对确定西连岛为陇海铁路终点海港毫无异议，亦为各方接受。最终，陇海铁路当局和法国、比利时等债权国把老窑（连云港）作为陇海铁路东端终点港口。

邮传部成立后，首任尚书张百熙及左侍郎、铁路总公司督办大臣唐绍仪经部议，维持商部关于汴洛铁路向东展筑经徐州、邳州至终点海州为东西干线之原议。

光绪三十二年（1906 年）江苏商办铁路公司成立，推张謇、许鼎霖为协理。

苏路公司报告邮传部，将以清江浦为中心修建三条路：清江（淮安）至瓜洲（扬州）的清瓜线、清江至徐州的清徐线、清江至海州的清海线。史料记载，苏路公司在计划修筑此三条铁路外，张謇在公司内部商定再修筑清江至南通、镇江的清通、清镇铁路。苏路公司致邮传部报告中之清徐线，显然意在与徐州向东展筑的汴洛铁路接轨。沈云沛对苏路公司拟筑的三条铁路与清通、清镇铁路不置可否。沈云沛关注的是汴洛铁路展筑东部终点海州，以形成东西交通干线。该路在与卢汉铁路形成一纵一横的铁路布局中，清徐诸线均为陇海铁路干线的支线地位是无法改变的，更何况清徐等线路并未经科学勘测，一切均在未定之中。

2. 陇海铁路东端起点之争与线路勘定

宣统元年（1909 年）一月，署理尚书沈云沛与未上任的尚书徐世昌商谋，鉴于汴洛铁路竣工在即，向两端展筑形成横贯东西干线的陇海铁路势在必行。徐世昌遂与沈云沛上展筑汴洛铁路为陇海铁路干线的奏折："……该路大概以开封为起点，以自开商埠之海州为尾闾，西联汴洛以达甘新，为中原东西一大纬线。陆路则与京汉、津浦交通，水路则与各洋航路相接，据控制海陆之形……"获准。随后沈云沛上陇海铁路东段测勘奏折获准。奏折对"东西一大纬线"陇海铁路以自开商埠海州为终点说得很清楚。但张謇得知后遂上书邮传部，直言终点海州"商港值得怀疑"，力主陇海铁路终点通州为佳。张謇 1912 年 4 月呈文交通部总长朱启钤，1913 年 9 月呈文交通部总长周自齐与代理总长叶恭绰，反对陇海铁路终点海州而力主终点通州。1915 年，张謇根据沙海昂勘测崇明之"最终比较，以南线崇明大港最优，而临洪口、西连岛次之"报告，再次呈文交通部总长周自齐，要求汴洛铁路东筑经徐州后，应转而向东南经清江浦（淮安），沿运河河堤至崇明，并详尽分析了两地投资、效益之利弊，似乎理由充足不可辩驳，但最终均被邮传部、交通部与债权国否决。

在张謇看来，其观点也许是无可辩驳的：一是认为国家修筑铁路无非是方便交通。"交通利则商农从事、文化灌输无一不利。筑路必经人口繁密、物产丰盛之区，将来农工商之为衰为旺，当然视以路线所经为转移。"张謇认为连岛孤具海中，海州仅有东海、赣榆、沭阳、灌云四县，"以盐为大宗，若豆若麦，向以运河为转输，数额有限”。而从徐州往东南终点通州则情况迥异：沿途经宿迁、泗阳、淮阴……南通、海门，直对崇明，纵横十二个县。铁路所经地区约十万平方公里，居民五百万家，相当海属之十倍，“其间人口之多，物产之富，决非沭、东、灌三县所能比。一此一彼，以铁路业互较，孰衰孰旺，不辨自明”。二是从投资和施工方面比较。张謇对铁路的修建成本进行计算：“徐塘至东西连岛所经之地，无一寸土地不当购买，且无旧堤旧阜可循……约计所需，其总数在三千万元以上。”尽管从徐州至通州路程比海州远，但徐州、淮阴间有二百里老黄河堤可资利用；自淮阴经阜宁到东台有三百里将要新筑河堤，正好作为路基，加上其他可用河堤约计七百余里。至于桥梁，南线架桥长度总和仅六百余米，不及北线沂、沭运河桥梁之五分之二。终端崇明也比连岛要花代价小。这样算起来，南线距离同北线距离相比为三比一，而经费才四比三，多花投资有限，而经济效益却要高出十倍。三是海州产盐，每年花运费四十万，可从淮阴到海州另筑支线，以利盐粮运输，可就盐河堤或另筑方便路线，既照顾到上述十二县，也兼及海属三个县。

沈云沛长期置身朝廷中枢，通过“四政”外交，对列强在中国的利害关系、思维方式了解之广度与深度为张謇所不可及，其思考、观察，运筹能力与所处高位的视野为张謇所不具备。毋庸置疑，陇海铁路终点在海州，沈云沛显然存有发展海州交通，加强对外联系而发展壮大一方经济，造福于家乡之意，并坚韧不拔为之奋斗。但沈云沛的筹谋是从全国大局出发，坚信海州为陇海铁路东端终点的最佳选择。现存的文献史料向后人揭示了沈云沛力主陇海铁路终点海州的观点与底牌，其主要观点：一是海州地理优势无可替代与“黑金思维”。海州地处中国东部海岸之中部，修建一条横贯东西的铁路干线，是为中原腹地出海口的通畅捷道。仅盐之大端可保成本；腹地矿产、物产沿线之贸迁以及于海州转运，北上南下抑或外洋贸易将十分繁荣。山西（英国人计算煤炭可供世界用五百年）、徐州、兖州煤炭储藏量极大，通过海州便捷出口，经济效益不可限量，非张謇之南线所经的十二县物产相提并论。而债权人的思维是赞成黑金思维而非农业思维的。二是南线投资巨大，绝非张謇言与北线相差无几。铁路线路走向之确定，要综合各种因素予以科学理性分析、勘察设计而定。即便铁路走向迁就河堤，然废黄河故道河堤以及其他旧河堤，非但不能作为铁路路基，其地势低洼潮湿浸泡路基反为铁路大敌。铁路乃百年大计，岂可在路基关键工程上自欺？南线是北线路程两倍之多，投资与收效之比远不及北线，故不可投巨资舍近求远，自寻损失。三是陇海铁路终点海州，东西干线则处于长江流域和北方中间地带。长江流域一直是英国等列强的势力范围。北方及青岛则为俄国、德国、日本的利益区域，相互利益之争甚为激烈。若陇海铁路弃海州而终点通州，抑或崇明，势必将面对与英国等列强的竞争，不可预测因素很多。而终点海州处于中间地带，南北列强势力鞭长莫及，可独享中原腹地物产贸迁之利。债权国及筑路的比利时、荷兰、法国也赞成。

陇海铁路终点通州之南线，除其路程是北线二倍多而投资甚巨，综合经济效益不及北线外，难以越逾的障碍显而易见：汴洛铁路本为借款官办国有，东西展筑成为干线，不可能东部尾闾成为商办民营，故变更南线商办为借款官办国有势成必然。如此一来，徐州与终点通州之南线路权纷争必起，后果难以预料，进而殃及整个东西干线的修筑与运营。故徐州至通州之南线不仅仅是投资、效益问题，更是一个极为敏感的政治决策。因为张謇是反对借款筑路（即卖国）、坚持商办铁路的领军人物，收回路权运动声势浩大，但与汴洛铁路借款官办国有是自相矛盾的。

在陇海铁路修筑至徐塘庄，海州段业已勘测完毕，一切均尘埃落定之时，张謇依然呼吁陇海铁路改道终点通州，并组织南方士绅强烈呼吁，试图将陇海铁路终点改为通州。张謇本人亦强烈呼吁："宁可蹈沈君戋戋之村气"[①]，也要陇海铁路终点通州。即便在沈云沛辞世后，张謇亦未放弃陇海铁路终点通州的最后努力。然而，陇海铁路终点海州为最佳选择最终成为现实，毋庸置疑，沈云沛的运作与影响是显而易见的。从最早的商部尚书载振上奏，到其后多年的运筹与宣传，陇海铁路东部终点海州已深入人心。民国成立以后，张謇虽然入职内阁，与袁世凯关系密切，但交通部总长、次长等交通系骨干均赞成沈云沛的主张，不会轻易丧失原则而改弦易辙。

---

①"宁可蹈沈君戋戋之村气"：张謇《张季子九录》。沈君，沈云沛。戋，浅小。村气，农夫的俗气。

3. 立足全局筹筑东西干线陇海铁路

宣统二年（1910年）八月，沈云沛接山东巡抚孙宝琦请求修改正德等路线函：德国领事德雷使与孙宝琦直接联系商定，将邮传部奏准之开封至兖州之开兖铁路，协商改为由开封经沂州而终点海州之开沂海铁路。这样开封东部之鲁南、苏北出现南北两条铁路终点海州的局面。德国领事之所以私下与孙宝琦商谋改开兖铁路为开沂海铁路，认为时为邮传部署理尚书兼左、右侍郎的沈云沛，一定会为两条铁路终点故乡海州大开绿灯而奏准修筑。

德国计划在山东修筑五条铁路，其中胶沂铁路邮传部予以缓议；而将正定至德州之正德铁路改为顺济铁路，沈云沛虑及此有利于山东交通而奏准。德国想通过开沂海铁路的修筑，将触角达到海州海滨。这对德国扩大在华利益无疑是重要之举。仅从海州角度看，修筑开沂海铁路于海州乃百利无一害，但开沂海铁路势必削弱开海干线之地位，不仅有悖横贯中国东西交通大动脉陇海铁路的构想，也打乱了山东、河北铁路布局。外务部催促邮传部尽快回复。沈云沛运筹全局，决定搁置回复外务部。同时致函山东巡抚孙宝琦，谓德国领事与山东巡抚直接联系修改奏定之路线，违背中德有关外务规定，开沂海窒碍开徐海铁路，难于允许，于是果断否定了开沂海铁路。

德国一直觊觎苏北以海州为中心的海滨商贸与所处中国中部的地位，故反复在胶沂、胶济路事上大做文章。宣统二年（1910年）九月，沈云沛收到外务部转来德国申请胶沂铁路起点高密呈文，呈文请求胶沂铁路起点高密，连接赣榆青口以打通出海口。赣榆青口与海州近在咫尺而为两条铁路的终点地，显然有悖常理。沈云沛明白这是德国人在开沂海铁路被否定之后的迂回战术。客观而言，胶沂铁路改起点高密、终点青口，对青口联络胶东半岛、鲁南显然有利于苏北，但比之陇海铁路之横贯东西之干线实有径庭之别。

沈云沛经过慎重思考，否决了胶沂铁路起点高密、终点青口之请求，并拟函与未履任的尚书唐绍仪、右侍郎盛宣怀署名致外务部：《胶沂路线起点高密实多不便》，“至议开辟青口，原为打通出路起见，但沂州以西已有津浦直下长江，似不必多辟此口……现在海州、海口已饬估工，尚辟青口自相扰夺，似不甚合。……将来胶沂作一支线与徐海尽可连接……”

沈云沛先后否决开沂海铁路终点海州与胶沂铁路起点高密、终点青口，均为立足全局，确保实现横贯中国东西的陇海铁路干线之梦想。历史证明沈云沛谋全局的决策是正确的。

宣统二年（1910年）十二月，沈云沛告假在家，开徐海清铁路总局总办阮维和，以及沙海昂、总工程师邝孙谋等对开海铁路筹筑事宜无所适从。虽然邮传部尚书盛宣怀在展筑汴路为东西干线决策上一直与沈云沛同声相应，但盛宣怀对开徐铁路筹筑疏于过问，致开海路事停滞，开徐海清铁路总局名存实亡。不久，川汉铁路终酿成风潮，武昌起义爆发，时局动荡波及全国，汴路展筑事宜被迫搁置。

民国成立后，沈云沛以清弼德院顾问大臣、光禄大夫之身份，充任津浦铁路帮办、浦信铁路督办。1912年9月，出现"陇秦豫海铁路"这个名词。它折射出陇海铁路东部终点海州、通州之争再起与白热化。虽然"陇秦豫海铁路"与"陇海铁路"名中都有"海"字，但"陇秦豫海"之"海"并非海州而是"海滨"。而"海滨"又无具体终点港址所指，则又反映出主政者妥协的无奈，抑或希冀转圜的策略。出现这种反常变故的操作者依然为张謇。

此时，沈云沛向交通部提出东陇海铁路修筑之议，实现七年前即由商部载振提出的东西干线规划。沈云沛与交通部总长朱启钤一番长谈取得共识。于是，交通部随即向北京政府呈文报告修筑东部终点海州的陇海铁路。内阁在研究后决定恢复修筑因辛亥革命而被搁置的陇海铁路。张謇重复终点通州之利与终点海州之弊，说服内阁成员赞成他提出的汴洛铁路东部展筑终点通州方案。会前张謇联络游说各方，包括比利时电车铁路公司代表陶普施放弃海州而赞同通州方案。

张謇力主陇海铁路由徐州至通州为陇秦豫海铁路，似乎大局已定。但沈云沛十分淡定，盖因陇海铁路终点海州乃东西干线，与卢汉铁路形成一纵一横之大局所关，非一城一隅之虑。沈云沛希望财政部总长周学熙和朱启钤及内阁认真思考其中缘由，查阅陇海铁路线路确立、勘测经过，听听阮维和、施肇曾、沙海昂等人的勘测意见。

张謇之陇秦豫海铁路终点通州志在必得，沈云沛举重若轻淡定自如，让交通部与陶普施大感为难。周学熙与朱启钤皆不赞同张謇方案，但张謇在内阁位高权重且特殊的话语权又使得他们深为忌惮。故周学熙、朱启钤与陶普施商谋后，决定在借款合同中暂且采取模棱两可的方法，待其后各方寻求转圜之策。对张謇提出的“陇秦豫海铁路”，其“海”不作定论而用“滨海”一词泛指，此虽与合同严密逻辑不符，也与铁路线路勘测的科学，以及投资、经济效益可行性研究等筑路常识有悖，但这种“折中圆滑”实属无奈，为权宜之计。

几经周折，在确定陇海铁路名为“陇秦豫海铁路”后，1912年9月24日，民国政府委派财政部总长周学熙、交通部总长朱启钤与比利时电车铁路公司代表陶普施，在北京签订《1912年中华民国五厘利息陇秦豫海铁路金借款合同》，借款二亿五千万法郎，建筑西至兰州，展筑开封以东终点“滨海”的陇秦豫海铁路。该合同第四款规定：“此借款是为下开各节之用：建造东西干路。西至兰州府，东至江苏省扬子江北滨海之区。利用汴洛、洛潼并清江浦各段，经西安、潼关、河南、开封、归德、徐州等处。勘定路线及其海滨或江口建筑码头之点，由中国政府督办并公司定夺。”显然，第四款措辞是妥协的产物。对于签订借款合同，将陇海铁路易名陇秦豫海铁路，以及第四款之规定，沈云沛并没有感到意外，似乎一切均在他的预料之中。而张謇认为陇海铁路终点通州已经是板上之钉了。

在概念不清的借款合同签订不久，债权国比利时，以及周学熙、朱启钤经考察、权衡，遂确认：宣统二年（1910年）八月，开徐海清铁路总办阮惟和、顾问沙海昂、总工程师邝孙谋所作的线路勘测报告与结论，结合法国工程师格锐奈与武同举的终点港口勘测报告：西连岛、临洪口、大潮河口等三处可建汴路终点海港，以西连岛为最佳。此勘测和结论，与沈云沛其前规划的三个终点港之西连岛处筑港设想相吻合，也为交通部与债权国比利时电车铁路公司代表陶普施所认可。于是，借款签约双方明确借款合同中“东至江苏省扬子江北滨海之区”，其“滨海”之具体终点为海州。

4. 为修筑陇海铁路殚精竭虑

交通部筹筑陇海铁路亦在紧锣密鼓进行。宣统三年（1911年）九月，沈云沛向朱启钤举荐施肇曾任陇海铁路督办。施肇曾为施肇基之弟，施氏兄弟皆交通系骨干，在交通系人脉很广。施肇曾与汴洛铁路总办水钧韶，以及阮维和、邝孙谋、卢学孟等均为沈云沛提携的技术骨干，由施肇曾担任陇海铁路督办，对加强与各方协调、联络等大有裨益。1913 年 5 月在北京成立陇海铁路总公所。施肇曾担任为陇海铁路督办后，经过紧张筹备，决定陇海铁路总公所下设陇海东路、陇海西路工程局。1913 年 5 月，施肇曾与沈云沛面商，认为卢学孟为陇海东路工程局局长最佳人选。卢学孟早年留学法国，学成回国后一直从事铁路事业，曾任邮传部路政司行走，深得沈云沛信任。沈云沛完全赞同施肇曾意见，认为卢学孟完全胜任陇海东路工程局局长一职。

1914 年 5 月上旬，汴洛铁路向东西两段展筑同时开工：东路开徐段全长二百七十七公里，工程局局长卢学孟指挥由开封向徐州筑进，开工尚属顺利。然西段工程由于洛潼商办铁路公司遗留集股债券兑现，以及线路等问题，修筑困难重重，这让施肇曾大伤脑筋。入夏后，徐海地区受水灾尤深，开徐段路工大半逃荒。苏皖绅士公推沈云沛、姚石泉办赈。沈云沛立即与外交部、交通部磋商，提出动用光绪三十四年（1908 年）二月被江浙商办铁路公司拒绝的铁路借款以纾筑路之难。此借款由外务部、邮传部与中英公司签订修筑沪杭甬铁路。借款额为一百五十万英镑。沈云沛提议无疑是绝妙高招，但涉及变更用款对象与变更合同条约。在得到外交部与交通部首肯下，沈云沛即与中英公司商谈，分析沪杭甬铁路借款转作陇海东路开徐段铁路救急款，该款依然用作铁路，并未改其款性质和用途。原合同规定"利息五厘，每年交付一次，十年后逐年还本，三十年为限"之条款不变。这样，既解决了开徐铁路展筑所遇的困难，又保证了债权国投资之利益。中英公司几乎没有提出异议，非常赞赏沈云沛的智慧与仁爱，英使获政府允准而照会中国外交部同意。沈云沛此举一则解决了中国不得不每年补偿利息差额所遭受的巨大损失，二则以工代赈救民于水火，三则发挥铁路借款效能和加速陇海铁路修筑进度。

第一次世界大战期间，比利时被德国占领，其铁路借款仅付一亿法郎后，无法继续提供贷款。陇海东段开封至徐州段进入收尾阶段却面临资金枯竭而被迫停工的境地。参政院参政沈云沛接施肇曾、卢学孟等函札得知情况，随即向交通部总长周自齐建议：由交通银行发行国内短期公债以解决暂时资金难题。周自齐认为此举甚善，与交通银行洽谈后，遂于 1915 年 4 月发行陇海铁路短期公债五百万银圆，使开封至徐州段铁路顺利续筑。一个月后，全长二百七十七公里的开封至徐州铁路竣工、试通车成功，同时建成陇海铁路徐州北站（今徐州西站）。翌年正式通车。

1915 年 6 月，施肇曾与卢学孟即部署由徐州直线终点海州之徐海铁路修筑事宜。按照路线设计，陇海铁路总公所与陇海东路工程局根据格瑞奈与武同举的勘测，上报交通部并批准终点海州于西连岛建港规划；在徐州与津浦铁路徐州站交叉过轨，如此既有利于陇海铁路与津浦铁路客运便利，又节省绕线筑路费用。但津浦铁路南线之债权国英国，决计不同意陇海铁路在津浦铁路徐州站内过轨，认为这样会妨碍津浦铁路火车运行调度，并涉及徐州站地位、管理及所有权法律问题。比利时代表陶普施与施肇曾、卢学孟同英国数番交涉，承诺陇海铁路在津浦铁路徐州站内过轨，除铁路所有权在中国赎路前归比利时外，其车站管理、运行，均服从英国统筹调度。英国依然拒绝，坚称徐海铁路应从津浦路徐州站南或站北绕道铺轨通过。交通部总长周自齐等会同比利时债权方陶普施请美国居中斡旋，但英国人坚持己见不予转圜。时正在与中英公司合作督办浦信铁路的沈云沛得知消息后，感到在徐州主事的英国人似乎可笑至极。津浦铁路是沈云沛一手帮办，具体运筹借款修筑，借款修筑的铁路是筑在中国土地上，任何损害中国利益的行为，将自食其果。就眼前而言，中国完全可以终止浦信铁路与中英公司的合作。沈云沛在与中英公司联系并面见周自齐后即赴徐州斡旋“站内过轨”之事，最终此事得以顺利解决。其后，在沈云沛与交通部协商后，会同两债权国议定具体措施，由津浦、陇海两路相关人员组成调度室，统一管理与调度。

1915 年 5 月后，沈云沛督办的浦信铁路债券未能在欧洲市场发售，资金匮乏，业已停工。徐海铁路终点西连岛路线虽为陇海铁路总公所与陇海东路工程局所批准，但具体港址选定即规划尚有未尽事宜。鉴于此，沈云沛于年底以吴夫人身体欠佳为由回海州，即约见格瑞奈与武同举，听取格瑞奈关于勘测与建港意见。格瑞奈报告经勘测墟沟、西连岛、高公岛、秦山岛等处的水深、沙淤等水文地质，认为老窑具有修建天然良港的自然条件，为它处不可媲美。沈云沛希望格瑞奈制定老窑港口规划报陇海铁路总公所与东路工程局核准，以便筹谋筑港在前，以期与筑路同时竣工相接通车。

沈云沛在海州与格瑞奈等商讨确立老窑为徐海铁路东段终点港址后，于 1916 年 1 月初赴徐州，与施肇曾、卢学孟就徐海铁路选定终点老窑港址及筹划筑港相关问题商谋意见。施肇曾、卢学孟对确立西连岛老窑港址一致赞同，但对于沈云沛提出筹谋老窑筑港表示资金难以为继。于是沈云沛返京后，以参政院参政身份向内阁总理段祺瑞呈述，要求内阁研究解决陇海铁路总公所面临的困难，筹款续筑徐海铁路。但全国狼烟四起，段祺瑞内阁及各部无暇顾及铁路修筑。4 月 5 日，沈云沛在北京中央公园主持召开义赈大会，将募捐的"数万金"之款转于陇海东路工程局，用于徐海铁路以工代赈。会后，沈云沛再赴徐州，提议由施肇曾、卢学孟以陇海铁路督办、东路工程局局长的身份，直接出面游说比利时电车铁路公司借款，这是解决徐海铁路续筑资金困难的唯一捷径，为此可能所产生的后果由沈云沛承担。

在沈云沛支持下，施肇曾、卢学孟与陶普施联络，分析徐海铁路中断修筑，东段不能与西段汴洛、开徐连接，西部则失去出海口，对东西干线造成严重的后果。这对双方的利益都是极大的损害。施肇曾建议陶普施联合荷兰筑港公司，以及安士第银行团筹款，以用于徐海段筑路并筹筑西连岛老窑港。陶普施与荷兰筑港公司和安士第银行团商谋后，认为此种借贷手法，虽然未经两国外交部签署文件属违规操作，但为官方陇海铁路总公所与东段工程局主官所定，在某种意义上具有一定的可行性与法律依据。于是，遂商定借款五千万弗罗令，专供徐海铁路与筑港前期费用，利息由五厘提高到八厘。八厘利息也仅国内借贷利息的三分之一，且高出部分较之停工的损失完全可以忽略不计。沈云沛言于施肇曾、卢学孟，这是徐海铁路的救命款，要专款专用，一定要把徐海铁路修到老窑。

施肇曾、卢学孟为筹集徐海铁路路款呕心沥血，但一些士绅不遗余力地攻击施肇曾"卖路误国"。施肇曾心灰意冷，不久便以体力不支为由，上报民国政府请假就医，以施肇曾为核心的陇秦豫海铁路总公所实际宣告解体。徐海铁路停工所造成的损失是不可估量的。

四、帮办津浦铁路与督办浦信铁路

1. 从议筑津镇铁路到帮办津浦铁路

修筑自天津至镇江之纵贯东部沿海的津镇铁路，对发展南北贸迁，以及原料运输、产品销售、客商往来等极为有利，势必给铁路所经之华北、华东沿线、沿海各地带来市场发达繁荣的局面，在加强海防军事上也具有重要意义。同治二年（1863 年），英国人史蒂文森据情为中国制定了第一个铁路修筑计划——津镇铁路，即自天津、济南、临沂、海州、清江浦（淮安）至镇江。然而在民智未开之下，清政府严词拒绝。光绪七年（1881 年），李鸿章从海防角度附和刘铭传之奏，即提出修筑清江至北京的京镇铁路奏折，也被搁置罢议。是年，沈云沛参加光绪庚辰科应试，落榜后被大挑一等签发浙江知县。沈云沛对津镇铁路表现出热切的关注态度。时曾纪泽提议沿运河修筑津镇铁路，此路线未经海州，但沈云沛亦表示赞许，言其之见不无道理，并致函张之洞与廖寿丰，极力支持曾纪泽修筑津镇铁路动议。

翌年，沈云沛对曾纪泽修筑津镇铁路的呼应，引起在山西为洋人聘任筹采矿产经理刘鹗的共鸣，刘鹗呈文李鸿章、王文韶提出修筑天津至镇江的津镇铁路。但其借用外国资本主张遭到顽固派和同乡在京官员的抨击，指责其主张卖国。在刘鹗遭到大肆攻讦之同时，容闳上津镇铁路条陈，提出招用洋股，开设公司以修筑津镇铁路，并上奏已集股逾一千万两。清政府同意其所奏，容闳取得了修筑津镇铁路的权力。

容闳奏准筹筑津镇铁路，沈云沛欢欣鼓舞，遂致函容闳，提议津镇铁路线路弃曾纪泽沿运河之西线而采用原定之东线。即由天津经由济南、沂州、海州、清江而至镇江。而容闳坚持沿采用西线。此时德使向总理衙门提出抗议，认为山东境内造路之权为德国人专有，故津镇铁路不可路经山东。更令人尴尬的是，张之洞以及督办卢汉铁路的盛宣怀亦反对容闳修筑津镇铁路，其理由是津镇铁路系洋股。清政府又命容闳必招中国资本，不许外人入股。容闳在内外交困中放弃了津镇铁路的修筑权。

之后，英国、德国资本集团立即抓住机会，决定修筑津镇铁路，英使、德使联合照会总理衙门，申请修筑津镇铁路，清政府权衡后即上谕旨准。光绪二十四年（1898 年）五月，中国与中英公司、德国华德银行签订《津镇铁路借款合同》，全长一千八百里，借款七百四十万英镑，年息五厘，借款期五年，计划五年内全路建成。沈云沛在海州得知《津镇铁路借款合同》签订消息时感奋非常，与黄道传、汪鲁门、李道传等友人畅谈津镇铁路对淮海地区的交通、对外联络、开办实业的重大意义。并致函奕劻、载振、王文韶、张之洞等表示极力赞同，认为铁路乃中国实业之依靠和根基。

光绪二十五年（1899年），直隶、山东、江苏三省士绅呼吁终止与英、德的谈判，废除借款合同，收回津镇铁路路权而自筑，在全国兴起声势浩大的"保路运动"。沈云沛在奉旨考察全国农工商途中，在直隶、江苏、山东，试图说服三省士绅停止反对借款修筑津镇铁路，嫉妒洋人而意图独占其利是不可能的。但江苏等三省士绅拒款保路态度坚决。随着八国联军进京，津镇铁路修筑随之搁浅。

庚子事变后，修筑津镇铁路重新提到朝议日程上。光绪二十九年（1903年），上谕命袁世凯为津镇铁路督办大臣，并与中英公司、德国华德银行修改原《津镇铁路借款合同》有关条款。但直、鲁、苏三省绅民群起反对，要求收回路权自筑。袁世凯、张之洞策划改道之计划。袁世凯筹款拟筑沽淮铁路，是津镇铁路的翻版，所不同的是终点清江而非镇江，其目的是通过另拟有别于津镇铁路之它线，废除原约而控制路权。更为重要的是，沪宁铁路即将建成通车，将津镇铁路南端移至浦口，使之与沪宁铁路相连，其意义远非终点镇江所能相比。这也是促使中国主张修改原约，废除《津镇铁路借款合同》而另签修筑津浦铁路新约之真正缘由。

光绪三十四年（1908年），袁世凯、张之洞请求将津镇铁路改为津浦线路，改经洪泽湖以西的安徽境内，自天津经由徐州折向西南，经宿州、蚌埠、滁州而达终点浦口，实现与沪宁铁路相接的计划，并与德、英两公司改订借款合同。同年二月，外务部右侍郎梁敦彦与中英公司、德华银行代表在北京签订《天津浦口铁路借款合同》。由英、德两国公司主管筑路工程，德国公司负责北段（天津至山东峄县韩庄段），英国公司负责南段（山东韩庄至南京浦口段）。

六月，津浦铁路在天津举行北段开工典礼，邮传部右侍郎沈云沛赴天津莅临典礼。

宣统元年（1909年）四月，沈云沛以邮传部右侍郎身份莅临津浦铁路视察督导，发现天津舆情对德语翻译、北段总办李德顺颇多微词，言其在青岛购置豪宅，指使其女婿大量购买津浦铁路所经南开、赵家场土地等情。沈云沛随即与直隶总督杨士骧沟通，倘若查实当果断处理。沈云沛又提醒督办大臣吕海寰、帮办大臣孙宝琦重视舆情，查实后断然处置，以免承担失察之过。

五月，天津各界上书军机处及邮传部，控告李德顺营私舞弊。清政府命那桐组织给事中、御史等赴天津严查李德顺与相关人员。同时上谕责邮传部，要求直隶总督严查李德顺购地舞弊案。直督杨士骧悔恨荐举失察，悲愤之下中风辞世。督办、帮办大臣吕海寰、孙宝琦难辞其咎，已不能继续留任。六月，清政府任命徐世昌督办津浦铁路事务，着派沈云沛帮办津浦铁路。

沈云沛就津浦铁路工款不敷、工程吃紧情形，与徐世昌达成共识后，约见德、英公司代表，反复谈判续借洋款合同之事，经上奏，代表中国签订《天津浦口铁路续借款合同》。这是中国与列强第一个有自主路权的平等借款条约。然后，确定津浦铁路支线、洛口黄河大桥选址，平息天津南开设站风波等，保证津浦铁路全线按时通车。

津浦铁路南段于宣统元年（1909年）二月开工，宣统三年（1911年）九月竣工。津浦铁路南北两段在山东韩庄顺利接轨，比原计划提前三个月。1912年11月9日，津浦铁路全线通车。沈云沛与徐世昌、朱启钤等出席盛大的通车典礼。津浦铁路是纵贯中国南北的交通大动脉，全长二千一百余里，北起天津总站（北站），穿越河北、山东、安徽、江苏四省，于南京浦口轮渡接轨沪宁铁路，成为江南联络中原、华北、东北的枢纽。百年来，该路所经之华北、华东沿线各地，逐渐形成了市场发达、百货云集、人烟辐辏、信息灵便之局面，为沿途各省的经济、政治发展做出了卓越的贡献。该路仅用四年多时间便告建成，其速度之快，造价之廉，质量之高，成为清代铁路建筑史上之标杆。这条中国铁路史上具有里程碑意义的铁路顺利筑成，其主因在于帮办大臣沈云沛之主权意识，确立“此铁路建造工程以及管理一切之权全归中国国家办理”之准则，从而赢得全国各阶层的拥护与支持，激发了中国工程技术人员和中国工人的工作热情。

2. 督办浦信铁路未果

光绪二十四年（1898年），英国政府施以最惠国待遇，向清政府提请申办沪宁、浦信、津镇等铁路。清政府允准其要求。其批准修筑的浦信铁路，以南京浦口为起点，途经安徽省境的乌衣镇，取道庐州（合肥）、六安、正阳关、霍邱进入河南境内，经固始、光州（潢川）、罗山至信阳。该路全长八百七十二里，连接津浦、沪宁与京汉铁路，为沈云沛擘画中国铁路蓝图中重要的组成部分。如能建成，对此地的经济必能起到促进作用。然而，浦信铁路于乱局中之筹筑历经一波三折，几度搁置。

津浦铁路筑成之后，宣统三年（1911 年），沈云沛临危受命，担任浦信铁路交涉委员、督办，与中英公司交涉借款修筑。受命督办大臣的沈云沛，尽管披肝沥胆、周密运筹，竭尽全力，但在各方掣肘之下，沈云沛孤独无援、无力回天，难挽浦信铁路之倒悬。1916 年浦信铁路停筑的悲剧，是民族的悲剧，也给一生致力于中国铁路事业的沈云沛人生画上一个冷峻的句号。

1916 年 10 月，民国政府鉴于沈云沛实业救国和铁路建设功勋卓著，中央诠叙局颁布由总统签署的命令，授予沈云沛民国最高功勋章：一等大绶嘉禾章。

第六章　创办学校和报纸与现代科学研究的倡导者

沈云沛一生求学、著书立说，重视教育、科学和新闻，创办学校、报纸和科学研究机构，堪当中国近代的教育家、新闻家、思想家。

一、在海州兴办现代教育

沈云沛年轻时与其父商谋在海州（包括沭阳）大力开办义学，决定将南云台山沈家肥沃的一千亩学田捐出充公，并倡议士绅豪富捐纳田地办义学，解决一些贫穷子弟就学，增广名额，逐步改变海州教育落后现象，受到了海州各阶层人士普遍赞誉。

光绪五年（1879年），沈云沛于锦屏山沈氏祠堂设立的沈氏教董书院，沈氏子弟及亲友近邻可入学，其学费、教员支出由书院学田支付，学子享受优厚待遇，书院聘请海州学有专长的举子、名流来此教授或讲学，沈云沛亲书“鸿角香庐”。

光绪二十年（1894年），沈云沛于甲午恩科会试中进士，钦点翰林院庶吉士，实现了正途进身之夙愿。同年衣锦还乡，回海州掌教于郁洲书院。

科举制度被废除后，光绪三十二年（1906年），海州官立中学堂开办，沈云沛被聘为堂长（校长），旧式的“石室书院”改为海州地区第一批新式学校，海州官立中学堂是当时江苏省三十一所中学堂之一，也是海州地区唯一的一所官立中学堂。1917年7月，海州官立中学堂改组建为江苏省立第十一中学。1928年2月，江苏省立第十一中学合并江苏省立第八师范，学校更名东海中学。1932年7月，东海中学改建为江苏省东海师范学校。

二、创办《交通官报》

宣统元年（1909 年）正月，沈云沛署理邮传部尚书。为更新国人观念，顺应世界潮流，沈云沛与左侍郎汪大燮商讨后，征得徐世昌同意，上奏开办《交通官报》，沈云沛聘请张嘉璈[①]为总编，张煜铨、程明超、薛大可等学者与知名人士担任撰稿人，指令本部水钧韶、关冕钧等予以配合。利用《交通官报》翻译介绍西欧各国及日本铁路修筑、运营、管理等做法和经验，日本的电气铁路修筑与运营，强国轮船制造及海运、河运状况；邮政、电报情形，西方飞艇制造与表演情况；对照中国铁路、海运等现状进行对比，提出改进方略；发表调查报告、邮传部对朝廷的奏折及上谕；邮传部的部署、计划、意向以及对各省铁路交通的通报与批复等。《交通官报》为近代中国极具权威和影响力的交通刊物。

三、创办北京铁路管理传习所

光绪三十三年（1907 年）三月，沈云沛征询仍在农工商部任职、毕业于日本岩仓铁道学校的曾鲲化的建议，探讨邮传部倡导创办铁路管理学校之设想。沈云沛转署邮传部尚书后，于宣统元年（1909 年）六月初，与徐世昌商谋采纳曾鲲化建议，为培育铁路管理人才起见开办铁路管理传习所，并于同年八月将曾鲲化入职邮传部。

根据曾鲲化的呈文，徐世昌和沈云沛奏请在北京创办铁路管理传习所。传习所位于北京府右街西单李阁老胡同，校舍为八栋灰色砖瓦平房，开设铁路工程科，应用英国、法国及德国相关教材和聘用一批外籍教员，授翰林院检讨、京师大学堂译学馆提调章梫[②]为代理监督。

①张嘉璈：上海人，秀才，日本庆应大学经济专业毕业，曾任交通银行总经理、交通部部长、中央银行总裁。

②章梫：浙江三门人，光绪三十年（1904 年）进士，曾任京师大学堂监督、北京女子师范学校校长等。

鉴于电报则全国展线至一万二千里有余，专门人才匮乏此种情形，沈云沛思考在铁路管理传习所之铁路工程科外，增设邮电科，两科暂于现传习所原址教学，易名北京交通传习所。沈云沛遂拟折与徐世昌上奏《奏开交通传习所大概情形折》："筹办交通传习所，召英法文已优学生入堂，分授科学，并令英文生兼习法文；法文生兼习英文以收互用之效。而邮电班亦召英文程度已高者兼习法文，俾易接洽，必事情不虞隔阂，斯权利可渐收回……凡此数端皆为路政、电政、邮政各局所他日致用起见，与寻常设一普通学堂博取出身，希得学位者事势不同，用意亦复迥别。临渊羡鱼不如结网。出门合辙端在造车，总期于实业多培一班之人材，即为国家多保一分之权利。"于是，北京铁路管理传习所更名为北京交通传习所，调用原邮传部左参议、学部咨议李稷勋负责该校事宜。其后分设的北京铁路管理学校和北京邮电学校，为中国铁路、邮电培养了大批技术人才。

四、接办唐山路矿学堂

邮传部成立后，唐山路矿学堂改归邮传部直辖，沈云沛训勉学生要奋发图强、刻苦学习，要求学生以詹天佑等人为榜样，为中国的铁路事业做出应有的贡献。唐山路矿学堂要造就一大批优秀铁路交通技术人才，这是修筑铁路的当务之急。沈云沛要求学校要组织学生到实际中扩充眼界。宣统元年（1909年）五月，沈云沛饬令唐山路矿学堂学生暑假考察京张铁路，实地练习，以切身感受体会所学。考察结束后，学校要进行总结。

唐山路矿学堂遵沈云沛饬令，与暑期带领学生考察京张铁路，并作《唐山路矿学堂甲班学生夏期履行考察京张铁路纪事》呈报署理尚书沈云沛。沈云沛看了唐山学堂《考察京张铁路纪事》非常满意，转发于上海高等实业学堂、北京交通传习所，并在《交通官报》上刊发宣传。

五、督导上海高等实业学堂

上海高等实业学堂原为南洋公学，归商部管理后设立商务专科。邮传部成立后，该学堂归邮传部主管，遂设铁路专科。沈云沛入主邮传部后，对"母校"上海高等实业学堂十分关注，奏请增设机电专科。沈云沛特别指令该学堂与北京交通传习所关注日本的电气铁路，掌握列国机电发展情况及技术，如德国等国制造的飞艇飞行器。

宣统元年（1909 年）六月，上海高等实业学堂毕业考试在即，沈云沛派詹天佑等前往监督验考，并要求詹天佑结合实际给毕业生讲解技术知识，留意发现优秀毕业生，在其毕业后于实际中予以重点培养，逐步让其独当一面。毕业考试结束后，沈云沛拟函《咨学部会同奏奖高等毕业学生文》，对唐绍仪、詹天佑等提出的李大椿等数十名优秀毕业生进行奖励。同年八月，上海高等实业学堂铁路科学生毕业考试结束后，破格录用五名最优毕业生任张绥铁路技术员。

六、成立中国交通研究所

北京铁路管理传习所创办前，沈云沛从中国交通长远计，筹谋成立中国交通研究所。沈云沛在呈文中言道：邮传部所辖船、路、电、邮"四政"，学问皆属专门，非遇事研求不足以资臂助。从长远发展考虑，应该荟萃专门人员，择重要事件，参合中外学理事实进行论证研究，详加讨论，避免施政失当。邮传部现设之图书通译局予以整顿，与交通研究所合为一体，相得益彰，以提供并研究列国成规、典章，成败得失案例，于中国交通政务均有裨益。同时造就一批中国铁路交通中高级科技人才。因此，成立中国交通研究所与创办交通传习所并行不悖，势在必行。沈云沛与邮传部尚书徐世昌商谋部议后，遂于宣统元年（1909 年）九月拟《奏试办交通研究所并整顿图书通译局情形折》奏请设立中国交通研究所，得到批准。

第七章　清资政院帮办与君主立宪制的积极推动者

沈云沛从光绪三十四年（1908 年）二月任清资政院帮办到 1912 年年初资政院解散，1914 年任民国参政院参政以后，一直积极推进中国立宪政治，力主实行君主立宪制，成为推进政改的政治家。

一、积极推行君主立宪制

光绪二十六年（1900 年）八国联军占领北京后，逃难中的光绪与慈禧，于八月初三下旨与列强屈辱求和。同时下旨沈云沛回京，与“全权大臣李鸿章会同办理议和事宜”。沈云沛在海州接旨，于八月十二日至京后拜见李鸿章，又至庆亲王奕劻处论及国势。沈云沛怀着屈辱之感，与奕劻、那桐，唐绍仪等拜会各国使臣，会晤美国、日本、法国、俄国、英国、意大利六国公使。八月十四日，李鸿章与西方十一国代表议订《辛丑各国和约》。十二月，慈禧以光绪的名义被动发布“变法诏”，于光绪二十七年（1901 年）三月初三下令成立督办政务处推行“新政”。

沈云沛等有识之士，通过甲午海战与庚子事变，看到了专制独裁的弊端。认为强盛之路在于从根本上废除君主专制，进行宪政改革，对君权予以限制，扩大民权与各阶层的参政权。

光绪三十年（1904 年）日俄战争之后，立宪运动加快推行。日本击败俄国，给清廷以极大震动，朝野人士都在思考其缘由。沈云沛等立宪派的宪政理论广为流传，立宪成为波及全国的波澜壮阔的运动。

光绪三十二年（1906 年）八月，清廷宣布“预备仿行宪政”，以“十年或十五年为期”。郑孝胥、张謇、汤寿潜与许鼎霖等人联络苏、浙、闽诸省立宪派在上海成立预备立宪公会，开办《预备立宪公报》。继而，预备立宪公会在湖北、湖南、广东先后成立分会。郑孝胥、张謇、汤寿潜、许鼎霖成为知名度极高的公众人物和东南立宪派的领袖。

光绪、慈禧驾崩后，张謇等立宪派觉得"十年或十五年"立宪预备期太长了。张謇函告资政院帮办沈云沛，必须提前速开国会立宪。对此，沈云沛极为忧虑，向张謇解释道，立宪事项正在进行，不能提前召开国会立宪。

张謇等对资政院的答复甚是不满，遂于光绪三十四年（1908年）七月，发动各省立宪团体，以立宪行动太慢为由请愿速开国会，设立责任内阁，颁布宪法。沈云沛觉得，要求速开国会进行立宪，这不仅仅是草率和无法操作的问题，而是暴露出立宪人士中，很多人对宪政知之甚少，甚至是无知的。

沈云沛、宝熙，以及资政院总裁溥伦、孙家鼐等，向张謇等各省立宪人士介绍立宪程序，以及资政院作为立宪的议院过渡的筹备情况，对请愿速开国会事宜进行磋商，并达成谅解。由清廷宣布的十年或十五年预备立宪期，明确缩短为九年，即1916年正式立宪。在得到张謇等立宪人士认同后，上谕各省谘议局，以业经颁发的《宪法大纲》作为宪法纲领，加速筹谋立宪过渡。清政府之积极态度，张謇等要求速开国会立宪的请愿暂时偃旗息鼓。

沈云沛等与张謇等立宪请愿人士达成缩短立宪期为九年的谅解后，仅过一年两个月，张謇声明："九年太久，只争朝夕。"并于宣统二年（1910年）九月，成立全国十六个省请愿同志会赴京请愿，要求立即召开国会实行君主立宪。沈云沛在金鱼胡同沈府会见张謇，张謇言九年预备立宪期太长，并向沈云沛建议：议员由各省竞选，这样国会就可立即召开实行宪政。沈云沛劝张謇不能急功近利，一点耐心都没有，定会适得其反，葬送立宪的。但张謇不为所动，仍然带领请愿者要求资政院宣告筹备结束，立即开会。

在张謇、许鼎霖等发动十六省大请愿鼓动下，普遍要求立即立宪，责难清政府不愿放权，资政院效率不高，拖延立宪。一些革命党人则表示，不要对清政府寄予希望，起来革命推翻清政府，建立汉人共和政权。

面对全国纷扰状况，摄政王载沣与庆亲王奕劻表现出政治上的无能，毫无驾驭局势的能力。他们错误地认为，只要向立宪派激进者妥协就可稳定局势。于是清政府决定采取折中办法，既不同意张謇等"立即"召开资政院会议（国会）的请愿，又把九年的预备立宪期缩短为五年，定1913年召开国会立宪。并决定先设立责任内阁，作为君主立宪政体的国家最高行政管理机关，拟由庆亲王奕劻为内阁总理大臣，大学士那桐、徐世昌为协理大臣，同时任命外务、民政、度支、学务、陆军、海军、司法、农工商、邮传、理藩等十个部的大臣。设立弼德院为皇帝的顾问国务机关。

沈云沛对将立宪期限改为五年失望至极，深感载沣缺乏光绪与慈禧的权威与果断施政能力。作为资政院帮办，沈云沛坚持预备立宪期九年一天都不能缩短。资政院另一位帮办宝熙，对缩短期限的决定态度暧昧。

在清政府宣布预备立宪期限缩短为五年后，立宪派们依然反对，尤其梁启超公开著文强烈反对五年预备立宪期，要求“立即”立宪。全国各地集会、游行、血书、割腕等极端行为层出不穷，一致要求立即立宪。各大媒体推波助澜，各省督抚支持立即召开国会立宪的主张。

沈云沛立即召开资政院人员会议，表示如此这般必断送立宪。但面对国内立即立宪的强烈呼声，清政府宣布取消五年预备立宪期，立即召开资政院会议立宪。宣统二年（1910 年）十一月二十四日，沈云沛离开邮传部，并宣布结束帮办资政院的工作。

十二月初四，资政院按议定时间召开会议，议定立宪。沈云沛以“偶感风寒”上奏请假，拒绝参加会议。十二月十四日，资政院会议闭会，在颁布沈云沛制定的内阁官制及内阁办事暂行章程后，对沈云沛的《行政法议》中提出的行政法规，以及一些议员提出的各省地方法规进入宪法等，均未做出相应的议决。

沈云沛对前来金鱼胡同探视的徐世昌、李殿林痛言，资政院匆忙开会立宪，意在迎合立宪激进者的意愿，然各国立宪没有如此草率之例。此举不但与原定九年、五年立宪相抵触，而且更会煽起一些人的狂热而更加藐视中枢，致宪政改革更加艰难。

根据《宪法大纲》，以及公布的《内阁官制》及《内阁办事暂行章程》，清政府于宣统三年（1911 年）四月初十实行“责任内阁制”，同日设立弼德院，作为与内阁相对峙制约的机关。新组成的内阁十三人中，满族九人、汉族四人。该内阁组成种族构成，遭到立宪激进派的强烈反对，冠其为“皇族内阁”“亲贵内阁”，指出其成立表明清政府无意君主立宪，是借“立宪”之名集权皇族。

朝野立宪派对责任内阁极度失望，地方汉族大员对内阁亦同样极为反感。

然而，政治乱局令沈云沛心灰意冷，又以"水肿"离开邮传部告假在家，未在吏部右侍郎任上供职。沈云沛离开政治纷争的漩涡在家中运筹、处理津浦铁路相关事务、筹谋搁置的陇海铁路修筑。

二、帮办资政院与制定中国第一部《宪法大纲》

光绪三十一年（1905年），载泽、端方等五大臣出洋考察欧美立宪国宪政情况，以为宪政改革提供借鉴。沈云沛会见端方密商立宪事宜，端方言中国立宪"不可动摇"。在立宪派人士的推动下，光绪三十二年（1906年）八月初四清政府颁发《谕示预备立宪谕》。国家由此进入预备立宪阶段，即由君主专制政治向宪政民主政治过渡。并立即以改革官制入手，着手厘定法律。光绪三十三年（1907年）八月初二，清政府命汪大燮、达寿、于式枚再考察英国、德国、日本三国宪政，在此基础上，下旨成立资政院。

资政院是具有一定独立性的国家最高立法和监督机关，是预备立宪的一个过渡形态的混合型议会。资政院亟须制定章程、构成、职能等，议决国家预决算、税法、公债、宪法等。资政院总裁溥伦与孙家鼐，一致向光绪举荐沈云沛帮办资政院。

光绪三十四年（1908年）二月，光绪帝与沈云沛对值，沈云沛在向光绪呈述铁路国有化后，禀复光绪关于立宪政治之咨询。

二月初九，内阁奉上谕："军机大臣面奉，谕旨着派沈云沛帮办资政院开办事务。"沈云沛夜以继日筹办资政院，在与宝熙研究后，决定将院址设在北京西城象来街（后改名为国会街），并在各省设立谘议局作为各省宪政议事机构，讨论各省预决算、税收、公债以及单行章程规则的增删和修改，选举资政院议员、申复资政院或督抚的咨询等。沈云沛负责主持制定《宪法大纲》等法律文件，反复与沈家本、宝熙等讨论修改《宪法大纲》《资政院章程草案》《各省谘议局章程》和《谘议局议员选举章程》等。

经过四个月的紧张筹备，光绪三十四年（1908年）六月初十，沈云沛奏报资政院章程、资政院构成与职能，以及宪法纲领性文件《宪法大纲》。据此，六月二十四日，清政府颁布《各省谘议局章程》和《谘议局议员选举章程》，为各省资政院议员选举迈出了关键一步。八月初一，清政府颁布《宪法大纲》计二十三条，由“君上大权”和“臣民权利义务”两部分构成。

沈云沛主持制定的《宪法大纲》，是中国历史上第一部宪法性文件，其意义是深远的。《宪法大纲》宣布不到三个月，光绪帝于十月二十一日驾崩，慈禧太后在十二个小时内死去。光绪之弟载沣的三岁之子溥仪继帝位，载沣摄政。光绪、慈禧去世后朝廷出现的政治真空，注定了中国立宪政治的命运。

三、从力行君主立宪到被动共和立宪

以奕劻为首的责任内阁，被冠以“皇族内阁”而受到立宪激进派激烈反对。宣统三年（1911 年）七月十三日，内阁总理大臣奕劻及协理徐世昌、那桐至沈府探望沈云沛，介绍四川危急之情，鄂、湘、粤、香港相呼应。徐世昌向沈云沛坦言，政府已经意识到一味向立宪激进者妥协，召开资政院会议立即立宪是有害的。同时罢沈云沛邮传部署理尚书与右侍郎是一个失误。川汉铁路风潮使国家处在危难时刻，当抛却前嫌为国效力。奕劻、徐世昌、那桐等极力敦促劝告沈云沛应从大局出发应诏出山。沈云沛思考再三，遂于翌日至紫禁城弼德院，以顾问大臣和津浦铁路帮办的身份供职，与内阁总理奕劻以及端方、那桐、徐世昌处理政局大事。

川汉铁路风潮下，清王朝岌岌可危。沈云沛首先建议内阁敦促摄政王效法汉之“轮台罪己”，检讨立宪改革之失误，向国人承认施政失当，澄清事实，平息事态；对四川动乱采取怀柔政策，武力防范但不可以武力相加；派遣口碑甚佳且行事稳重的端方赴四川，宣喻圣谕，安定人心；资政院匆忙召开立宪，诸多立宪事宜均未筹备就绪，副作用太大，应立即采取补救措施，颁布实施宪法信条，以安定人心。同时，沈云沛引用古今施政得失教训，详尽分析衡霍、四川、江左、浙右、南豫、北司、淮西、肥上之地理、军事相互依存关系，部署处以劲兵防范：扼处湖南中部的衡山，防止动乱向湖南南部蔓延；巩固芜湖、南京诸城而使蜀无虞；重视战略要地河南颍川、汝阳和戍守兵家必争之地北司重地；保护与厚待绍兴一带民众；于安徽南部、湖北北部、长江北部和河南东南部之淮西，以及合肥，屯聚足够兵力确保全国的安定。奕劻、徐世昌等对沈云沛条陈甚为赞赏，但如沈云沛希冀的中国走上一条和平过渡的宪政道路已无可能。

武昌起义爆发后，《申报》认为，除袁世凯，则应由沈云沛、陈夔龙、张人骏、汤化龙、邹嘉来择其一力挽狂澜。顾问大臣沈云沛与徐世昌、奕劻等紧急磋商达成共识：在国人专制习惯势力与思维根深蒂固情况下，目前的稳定不是靠宪制，而只能靠个人的权威。袁世凯出山局势尚有可为。北洋六镇是大清的支柱，由袁世凯掌控则稳住全国的政局。

与此同时，沈云沛认为，资政院在目前情况下应立即召开第二次会议，公布宪法信条，以昭显政府实行立宪的诚意。于是，资政院于九月初四下午召开第二次会议并发表公报。资政院一百一十九人出席会议，就“内忧外患，恳请本标兼治，以救危亡具奏案”等，要求清政府以加快君主立宪应对武昌起义。九月十一日，摄政王载沣撤销“皇族内阁”，授袁世凯为内阁总理大臣，命其即行进京组织完全内阁，“即行来京，组织完全内阁，迅即筹划改良政治一切事宜”；开放党禁，释放革命党刺客汪精卫、黄复生等一系列措施。

在沈云沛运作下，九月十三日，清政府颁布《宪法重大信条十九条》，其是继三年前的《宪法大纲》后又一部中国近代宪法纲领。《信条》决定中国实行议会政治、虚君共和、废除君主专制体制，权力归国会。试图以此表示全面推行宪政的诚意与决心。

对载沣命袁世凯组织完全责任内阁，许鼎霖、沈云沛等质疑，指出应维护立宪尊严，载沣授命袁世凯内阁总理程序违宪。摄政王遂收回上谕，总理人选交资政院选举。资政院于九月十九日以无记名投票公选总理大臣，袁世凯得票最多。根据宪法，摄政王载沣再次发布上谕，批准任命袁世凯为内阁总理大臣，组成以袁世凯为首的责任内阁。虽然前后结果相同，但第二次任命遵守宪法程序，程序正义是现代政治得以公正运行的重要原则。袁世凯组阁，宣统按照宪法退居幕后而为“虚君”。

袁世凯组成责任内阁，遂向武昌提出停战和议。派随员刘承恩、蔡廷干持亲笔手书往见黎元洪明确表示议和。黎元洪赞同袁世凯主张的立宪政治，沈云沛、徐世昌等极力支持停战和议，并对袁世凯稳定全局推行立宪政治寄予厚望。此时，张謇致函沈云沛与许鼎霖，主张采纳武昌起义者要求，实行民主共和。十月二十八日，南北议和达成四项协议：由内阁总理袁世凯迫使宣统退位；国体为共和制，双方确认万世不改；礼遇优待清皇室；人道主义对待满人等。

袁世凯声明拥护四项和议条款，应承由他逼迫清廷退位，中华民国继承大清的疆域版图。各省代表拥护继承统一的大中国疆域，赞成袁世凯任中华民国大总统。沈云沛对此感到欣慰，完全赞成革命党人主张的民主共和政体。他与徐世昌等立即筹划清帝退位相关事宜，并提议由张謇撰写清帝《退位诏书》。

1912 年 1 月 29 日，隆裕皇太后召开御前会议，与大臣们商谈争取退位后的优待条件。2 月 3 日，隆裕太后授予袁世凯全权组织临时政府，与民军商定统一办法。在张謇起草《退位诏书》草稿之后，沈云沛等紧急磋商、字斟句酌改定清帝《退位诏书》。沈云沛、徐世昌等与皇室协商后紧急拟定清室退位《优待条件》。袁世凯遂将清帝《退位诏书》和议定协商的清室退位《优待条件》电告南京临时政府，并以此退位诏书为依据，筹划组织临时共和政府。2 月 6 日，南京临时政府参议院通过清帝《退位诏书》与清室《优待条件》。2 月 12 日，隆裕太后接受清室《优待条件》。

袁世凯接替孙中山成为中华民国临时大总统后，逐步走上专制独裁的道路，引发了“二次革命”。一直致力于宪政改革的沈云沛对因战争导致的民众死亡痛心疾首。二次革命后，袁世凯对国民党的缴械，使沈云沛十分失望。他衣衫不整，一度戒烟的他狂抽鸦片不止，“悍然狂吸而不顾”。

袁世凯任民国大总统后，聘请的总统府宪法顾问、美国著名政治学者古德诺，提出中国政体应改内阁责任制而行总统制。袁世凯接受古德诺及各方意见，下令修改《中华民国临时约法》，设政治会议为咨询机构。沈云沛为政治会议政治委员，许鼎霖被指定为政治会议审查员，与沈云沛共同拟定《约法会议组织条例》。

1914 年 1 月 26 日，《中华民国约法草案》起草毕，沈云沛建议总统袁世凯尽快召开约法会议通过《中华民国约法草案》。3 月 18 日，民国政府约法会议召开，议长孙毓筠、副议长施愚等讨论通过《约法草案》，确定中国实行总统制政体；改国务院为政事堂，总理为国务卿，直隶于总统；设政治讨论会、参政院。5 月 1 日，中华民国政府公布《中华民国约法》，袁世凯宣布政体改内阁责任制为总统制，徐世昌为国务卿。总统享有国家行政大权。

根据《中华民国约法》，5 月 26 日产生参政院，沈云沛任民国政府参政院参政。6 月 30 日参政院议决各省实行都督制。

参政院成立后，黎元洪向总统袁世凯提出，都督制违背了民主共和及《中华民国约法》，各省应实行军民分治，彻底废除集军政民权力于一身的都督制，废除都督职务。沈云沛对都督制持否定态度，认为各省都督集军政大权于一身，与民主共和宪政精神南辕北辙。参政院提议受到舆论一致赞同。

袁世凯采纳参政院沈云沛与黎元洪及各方意见，决定废除都督制，把各省的军事与民政分开，在各省设“将军”一职，以专管军事。另设“巡按使”（相当于省长）负责民政。为了安慰原来权力无边的各省都督，袁世凯在北京成立“将军署”，将权倾一方、尾大不掉的各省都督调入将军府，给予极高的待遇和荣誉。

1914 年 7 月，袁世凯颁布《文官官秩令》，对文官进行官阶品定分九秩，即：上、中、下卿；上、中、下大夫；上、中、下士。沈云沛与张謇被授中卿。

四、倡议恢复君主立宪制

1915 年 3 月，袁世凯的总统府法律顾问古德诺、政治顾问有贺长雄发文认为，中国应该效法日本、英国等国实行君主立宪制，力言君主政体优于民主政体。

为了推动和宣传君主立宪的政体，8 月 14 日，杨度、孙毓筠、严复、刘师培、李燮和、胡瑛“六君子”成立“筹备国家安全会”，即“筹安会”。“六君子”认为，君主立宪也是宪政，可以有效杜绝夺权野心，他们极力呼吁更变民主共和而实行君宪制。8 月 23 日，“筹安会”召开规模宏大的全国代表会议，讨论政体并发表宣言。会后，全国各地成立七十六个君主立宪团体，要求制定宪法，实行君主立宪制。

沈云沛虽然主张恢复君主立宪，但在甚嚣尘上的复辟声浪下，沈云沛却一反常态保持沉默，没有像其他朋僚、文武大吏一样上呈“劝进表”。8月25日，“筹安会六君子”议定派沈云沛的忘年交、将军署的蔡锷至沈府拜见沈云沛。沈云沛与蔡锷经过一番长谈，沈云沛终同意呈“劝进表”递交参政院。

9月1日，参政院开会。沈云沛与周家彦、马安良等共同讨论全国请愿事宜。参政院会议一致议决，将收到的全国各界、各领域组成的请愿团八十三份请愿书，归为十个方面，呈递总统袁世凯。

参政院将汇总的全国请愿书呈递民国政事堂（国务院）。袁世凯审阅后，于9月6日，派政事堂左丞杨士琦至参政院传达其意见：“根据中华民国宪法规定，改变政体须听之于国民。”于是，国务院秘书长梁士诒，于9月19日在北京安福胡同召集政界、学界、社会名流、学者二百余人参加会议，讨论成立更变政体的全国请愿联合会。“筹安会六君子”以及梁士诒、朱启钤、叶恭绰、恽毓鼎等，一致推举朝野颇具声望的立宪派领袖沈云沛，任全国请愿联合会会长，那彦图、张镇芳任副会长，代表全国各界向总统请愿变更政体为君宪制。

全国请愿联合会成立后，沈云沛指令由谢桓武拟撰《全国请愿联合会宣言书》，审定后全体议决发表，全文如下：“民国肇建，于今四年，风雨飘摇，不可终日。父老子弟，苦共和而望君宪，非一日矣！自顷以来，二十二省及特别行政区域暨各团体，各推举尊宿，结合同人，为共同之呼吁，其书累数万言，其人为万千计。其所向，则“君宪”二字是也！政府以兹事体大，亦尝特派大员（指杨士琦），发表意见于立法院（时参政院代行）：凡合于巩固国基，振兴国势之请，代议机关（指参政院），所以受理审查；以及于报告者，亦既有合于吾民之公意，而无悖于政府之宣言；凡在含生负气之伦，宜有舍旧图新之望矣！惟是功亏一篑，则为山不成，锲而不舍，则金石可贯。同人不敏，以为我父老子弟之请愿者，无所团结，则有如散沙在盘，无所商榷，则未必造车合辙，又况同此职志，同此目标，再接再厉之功，胥以能否声合进行为断；用是特开广坐，毕集同人，发起全国请愿联合会，议定章程凡若干条。此后同心急进，计日成功，作新邦家，慰我民意，斯则四万万人之福利光荣，匪特区区本会之厚幸也。”

全国请愿联合会成立并发表宣言书后，沈云沛对更变政体的程序坚持已见。他认为更变政体实行君主立宪，虽是全国上下一致呼声，但按照民国宪法，应召开国民代表大会议决。从立法的角度，民意不能代替程序。

在沈云沛的坚持下，与会者同意其意见，并呈请参政院予以实施。10月6日，参政院根据《中华民国约法》第三十一条之规定，召开国民会议初选当选人会议，议决《国民代表大会组织法》，决定以参政院国民会议初选当选人为基础选出代表，经三读通过，"选出"全国国民代表一千九百九十三人，就国体问题进行投票，一致表决恢复实行君主立宪制。国民代表大会遂向总统呈递更变政体之议决书。

10月8日，总统袁世凯在接到参政院呈送的更变政体全国请愿书，以及国民代表大会议决政体后，向全国公布国民代表大会之告令。袁世凯"确信"更变政体乃全国之民意。10月10日，面对各省不断的电报和拥戴书，袁世凯发布尊重"民意"之申令。

面对复辟闹剧，梁启超在天津《国闻报》上发表《异哉所谓国体问题者》，反对恢复君主立宪。梁氏檄文震动全国，蔡锷潜赴日本回云南准备起事。孙中山密察动向，命陈其美运动肇和军舰炮轰上海制造局等多处。

梁启超檄文、蔡锷出走，以及南方一些人士的暗中动作，沈云沛以敏锐的政治嗅觉意识到，恢复君主立宪，极有可能产生劫难。鉴于突发的变故，参政院为了慎重起见，国民会议于12月9日再次开会，投票议决更变政体，仍全票赞成君主立宪，拥戴袁世凯登基。鉴于此，参政院代行立法院两次向袁世凯劝进。

12月12日，袁世凯接受拥戴，在怀仁堂接见文武官员二百余人；册封黎元洪为武义亲王，张謇等四人为"嵩山四友"；成立登基大典筹备处，沈云沛婉拒参加大典筹备处。朱启钤、周自齐、叶恭绰、顾鳌等至金鱼胡同沈府游说，沈云沛均以督办浦信铁路任务繁赜，筹备处事无巨细、无暇顾及，不敢徒具虚名、尸位素餐婉拒之。

沈云沛从"全国一致"的请愿呼声中，意识到"一致"背后可能隐藏的阴谋。被众僚推上全国请愿会长位置，这并不违背他在中国实行宪政的信仰，然而意识到更变政体必然要引发一场惨烈的动乱，自己却无力回天，于是沈云沛拒绝参加登基筹备处，想给人以"功成身退"的高风亮节，并避免卷入不可预知的政治漩涡而“置身事外”。但沈云沛万万没有想到，自己被蔡锷、梁启超等反对君主立宪的南方人士“绑架”了，他们并没有让沈云沛置身事外，而是将其列入“护国战争”二十八位中坚人士之一。沈云沛一方面在京师被推举为全国请愿会长更变政体，同时又被南方反对派人士列为护国战争的中坚人物，成为两派拉拢倚重之人。沈云沛理解忘年交蔡锷与挚友梁启超，此举意在向世人证明，他们起兵反对袁世凯更变政体的“护国战争”，得到中国宪政派领袖沈云沛的赞同与支持，以壮大自己的声威。但如此一来，沈云沛便为参政院、筹安会、请愿联合会朋僚所误解，进而成为诟病攻讦的对象。

1915年12月20日，袁世凯正式宣布实行君主立宪制，并宣布当日上午九点举行登基仪式。沈云沛在八点多接到通知，来不及更换衣冠，匆忙赶往中南海，沈云沛与朱启钤、周自齐几乎同时而至。九点多钟，朝贺典礼开始。当天袁世凯身着元帅服、不戴元帅军帽，如此仓促、简单的典礼，甚有走过场、草率的意味。

12月25日，云南将军唐继尧一改其前通电拥护、拥戴的态度，通电反对更变政体，宣布云南独立出兵讨袁；蔡锷与李烈钧、熊克武、唐继尧等各派力量联合，在昆明建立云南都督府，组织“中华民国护国军”讨伐袁世凯。

云南起义同日，总统府内史夏寿田，将一封由云南将军唐继尧、巡按使任可澄署名的特急电报送到袁世凯面前。电报规劝袁世凯改变称帝主意，列出以“筹安会”杨度为祸首的孙毓筠、李燮和、胡瑛、刘师培、严复六人，以及大典筹备处与国民请愿会的朱启钤、段芝贵、周自齐、梁士诒、张镇芳、雷震春、袁乃宽七人，共十三人，“请大总统将此十三人明正典刑，以谢天下”。特急电报最后通牒：“限二十四小时予以答复。”耐人寻味的是，唐继尧与任可澄列出“十三太保”之后，公布了“护国战争”的强大阵容，列出“护国战争”二十八位中坚人物：岑春煊、蔡锷、陈宧、陈炯明、陈炳焜、陈果夫、车震、陈树藩、葛敬恩、吕公望、徐连胜、李根源、梁启超、李烈钧、罗佩金、陆建章、鹿钟麟、马骄、马超俊、沈云沛、施北衡、唐继尧、汤芗铭、小凤仙、张之江、张敬尧、朱执信、陆荣廷。袁世凯看后怒不可遏。

国人反感翻云覆雨的政治手腕，许多人对中国的宪政失去信心。12月底，国务卿徐世昌辞职，退居河南辉县水竹村，沈云沛、杨士琦等为此饯别，感慨嘘唏。沈云沛深感人心诡诈，以吴夫人身体欠佳为由，将她送回海州。

1916 年 1 月 1 日，云南军政府正式成立，唐继尧任都督，组织护国军，由蔡锷任总司令入四川。全国内战一触即发，袁世凯于 1 月 5 日发布《申令各省长官晓谕人民》书，声称已经是大总统的他之所以更变政体，在于采纳各方意见。遂请蔡锷的老上司李经羲赴云南宣慰，试图说服蔡锷，化解危机，消弭战争。又请熊希龄南下说服蔡锷"悔罪自投"，当可"不究既往"。袁世凯软硬兼施均告无效，1 月 16 日蔡锷起兵讨袁。孙中山利用护国战争的机会，号召四川、湖南、湖北、山东等省中华革命党人回籍召集旧部、运动军队、联络会党，进行讨袁战争。各地会党复又纷起革命。

3 月 22 日，袁世凯宣布取消帝制，并恢复黎元洪副总统职务。6 月 6 日，袁世凯死去，终年五十八岁，黎元洪继任总统。此后中国的立宪制被搞得天翻地覆，支离破碎，致内阁责任制下的"府院之争"迅速爆发，政潮迭起。从袁世凯死去到张作霖为大元帅短短的十年中，民国大总统，包括临时执政和大元帅在内，先后换了七任；内阁先后更换了五十三任。

袁世凯死后，沈云沛操劳于陇海铁路和浦信铁路修筑，对朋僚游说摘取总统桂冠婉言推辞。"虚君"总统冯国璋、徐世昌、黎元洪、曹锟等极力说服朝野口碑甚佳、各方均能接受的沈云沛组阁行政，沈云沛亦托词不就。与沈云沛私交甚笃的徐世昌、梁士诒、汪大燮、周自齐和段祺瑞等组阁时，均数番力邀沈云沛入阁助其一臂之力，沈云沛则以病体不堪重任婉拒。沈云沛多次对徐世昌、杨士琦、周学熙等言，他对中国的宪政改革感到绝望，国人不理解立宪政治的真谛。

6 月 29 日参政院解散后，中国近代宪政改革的领军人物沈云沛至天津沈宅寓居。他在国家宪政改革误入歧途、实业不举、生灵涂炭之际，只能用"疯癫"的行状，来表达其极度的无可奈何，发泄满腔的忧愤。

中国的君主立宪，因第一次世界大战再次上演。1917 年 2 月，美国参加协约国对同盟国德国作战，要求中国与之采取一致行动对德宣战，并答应借给军费。段祺瑞内阁会议研究，认为参战符合中国利益，由此产生了所谓的"府院之争"，驻扎徐州的督军团团长张勋入京"调停国事"。6 月 22 日，张勋至天津，即与康有为、王士珍等商谋让溥仪复位，恢复大清君主立宪。随后，张勋拜见沈云沛，希望得到沈云沛的支持，但沈云沛自始至终一言不发。张勋告辞后，沈云沛即会见徐世昌，得知徐世昌也是一言未发。二人同感围绕国体又将引发一场灾难，龌龊的夺权战争不会停止，中国宪政的劫数还未尽。沈云沛身处乱世，晚清新政与宪政改革的十年，以前所未有的深度和广度影响了中国社会的历史变革，然其为之奋斗的理想付之东流。

第八章　积劳成疾与归葬哀荣

一、忧心国是和铁路而积劳成疾

宣统三年（1911 年）年初，沈云沛因呕心沥血推行立宪制和筹谋陇海铁路、浦信铁路而积劳成疾，皇帝准奏告假休息。半年后，沈云沛又带病工作，身体每况愈下。

1916 年由于推行立宪制遭受重大挫折，以及陇海铁路、浦信铁路相继停工，对沈云沛精神打击很大，于是告病休养。

1918 年 4 月下旬，沈云沛病情加重，次子沈仲长、六子沈蕃，违背沈云沛的意愿将其送进天津医院救治。至交好友、名士贤达、政界要人曹锟、徐世昌、冯国璋、段祺瑞、朱启衿、汤化龙、叶恭绰、吴廷燮、荫昌、那桐等相继至天津医院探望。

二、在天津逝世与民国总统主持“点主”仪式

1918年8月12日，由于“积疢已深，群医莫挽”，中国力主实行君主立宪制、积极践行实业救国、科学兴国思想、主持制定中国第一部宪法的著名实业家、政治家、思想家沈云沛在天津医院逝世，享年六十四岁。其长孙沈东生在《大公报》《北京日报》发布“民国 7 年 8 月 12 日沈云沛逝世讣告”。

社会各界惊悉实业巨子、“铁路大臣”、宪政改革领袖沈云沛逝世，各省唁电雪片似的飞到天津沈宅。国务院遂呈《国务总理呈大总统核拟已故前参政院参政浦信铁路督办沈云沛优恤办法文》。8 月 18 日，北京、天津政界、学界、名士贤达钱能训、段祺瑞、梁启超、朱启衿、汤化龙、叶恭绰、孙宝琦、吴廷燮、曹汝霖、周自齐、徐树铮、梁士诒、水钧韶、关冕钧、汪大燮、张国淦、梁敦彦、赵世骏、荫昌、那桐等二百余人相继至天津沈宅吊唁。同日，

中华民国政府发布第九百二十一号文，公布国务总理呈文，部署实施优恤沈云沛办法。

徐世昌以民国总统身份为沈云沛主持“点主”仪式，以慰藉、褒扬这位中外赞誉、“人曰无双”国之英杰。徐世昌带领民国要人肃立于沈云沛棺椁前。沈云沛黑漆棺椁头前，立着黑漆神位（木牌），白字楷书：“清授光禄大夫沈公雨人王位。”在全体人员默哀之后，徐世昌拿起朱笔，在“王”字头上点上一红点为“主”字。神位书字即为：“清授光禄大夫沈公雨人主位。”民国大总统主持沈云沛“点主”仪式，沈云沛身后之哀荣可见一斑。其后，民国国务院、内务部之咨文与饬令，以及江苏省省长之训令，均与总统徐世昌“点主”相对应。

三、空前绝后的归葬哀荣

徐世昌在主持沈云沛“点主”仪式后，次子沈仲长即向内务部呈报其父于1918年10月16日落叶归根，魂归故里海州。届时，按照沈云沛生前遗训，将厝葬于天津南郊之长兄，原民政部主事沈葵、三弟原度支部主事沈芩起柩，随同沈云沛灵柩由天津总站发车，沿津浦铁路南下至徐州北站，转入京杭大运河，经邳州入骆马湖入蔷薇河而回籍海州安葬。

国务院、内务部转呈国会议员沈仲长的呈报，大总统徐世昌对沈云沛移葬故里海州的线路做出更改：沈云沛灵柩由天津西站专列发车，沿津浦铁路全线至南京浦口，轮渡下关至南京穿城而过，再改用火轮渡江经由镇江、扬州、盐河回籍海州。至于沈葵、沈芩灵柩，其原线路不改，同车至徐州北站时转入运河，入骆马湖进蔷薇河而回海州。

徐世昌感言，沈云沛作为清光禄大夫、弼德院顾问、资政院帮办、邮传部右侍郎、署理尚书，中华民国最高勋章获得者，对中国的宪政改革与铁路建设做出了重大贡献。其具体筹办的津浦铁路，倾注了他的全部心血，致津浦铁路成为铁路建筑史的标杆，由中国自主管理的铁路，并对津浦铁路与沪宁铁路在南京下关轮渡接轨，而“收三关之直道，利八路之商车”，其功“可歌于八极”。因此，这位“铁路大臣”身后理当最后“巡视”他亲手修筑的津浦铁路。

内阁总理钱能训召集财政部、交通部、内政部会议，落实大总统徐世昌的命令：国务院唁告各省沈云沛逝世；由财政部拨专款厚葬沈云沛；由交通部调拨专列，配备警察等护送沈云沛灵柩沿津浦铁路全线回海州。大总统徐世昌批准钱能训内阁关于筹备沈云沛丧葬之决定与筹备细则。内务部据此遂向直隶（河北）、山东、安徽、江苏发出《咨前参政院参政沈云沛灵柩回籍日期请饬属照料》文，令上述诸省沿途妥善安排，照料沈云沛灵柩专列。

江苏省接国务院唁告以及内务部咨文后进行专题研究，鉴于沈云沛灵柩专列于浦口以下路线涉及金陵、徐海、淮扬各道，以及江浦、江宁、铜山、丹徒、江都、淮阴、东海等地，故沈云沛同科进士、江苏省省长齐耀琳，在向全省转发内务部饬令全文同时，一并发出四千九百十三号训令，进行详尽部署。

沈云沛棺椁由十六人从天津沈宅抬出，穿城而过。次子沈仲长怀抱由大总统徐世昌点主的"清授光禄大夫沈公雨人主位"的神位走在送葬队伍前面，后面跟着百十孝子贤孙与亲眷。沿途白幡飘扬，长号悲鸣，哀乐声咽。路两旁站满天津市民，驻足默哀。

沈云沛棺椁抬至津浦铁路天津总站，民国政府调配的送葬专列停靠在第一站台。专列车头、车厢裹着白布，臂佩黑纱的警察整齐地排列在月台上。在沈云沛棺椁抬上车厢后，厝葬于天津南郊的长子沈葵、三子沈芩之棺，此时已抬至总站，随同其父沈云沛棺椁抬上南下的专列。

随着汽笛一声低沉的悲鸣，专列载着中国著名实业家、政治家、思想家沈云沛的灵柩，在其呕心沥血修筑的纵贯中国南北的交通大动脉津浦铁路上，一路悲鸣向南驶去。沈云沛灵柩在浦口以轮渡过江至下关，依然由十六人抬棺椁穿南京城而过，后至渡口，按照部署，改用小火轮，进入大运河，经镇江、扬州、淮安，入盐河抵达海州。

东海县知事，以及黄道传、朱路等名绅在海州东门迎灵，沈云沛之棺从海州东门入城，从东门至西门，路两侧肃立迎殡队伍。近万人手持白幡，肩抬纸轿，哀乐响彻整个海州城。沈云沛棺椁穿过城中鼓楼至西门沈宅前，停顿一个时辰，由几十个和尚念经超度亡灵，后出西门过蔷薇河浮桥至鸿门，棺椁置西大厅供吊唁三天。从海州西门至鸿门西大厅，一路搭灵棚，白幡飘扬，哀乐奏鸣。蔷薇河临时用秫秸、门板垫起浮桥，方便来往吊唁之人。海州、巴山、山东等地沈氏，以及东海、灌云、沭阳亲朋、犁户近三万人吊唁。

吊唁之后，按照官宦士大夫丧葬习俗，沈云沛棺椁停放于鸿门沈宅西大厅安厝。其间，东海县当局配合沈仲长、沈芃、沈蕃等，修建锦屏山东路岗嘴台基处之沈云沛墓地。建山脚至墓地宽丈余之神道。神道两侧布之石马、石人、石狮；神道尽头立两尊高达六米石质华表，华表后建有石质牌坊。牌坊后即为沈云沛之墓，墓地东西长百米。

1919 年 10 月，于鸿门西大厅沈宅安厝一年的沈云沛棺椁安葬墓地。其墓高两丈余，墓基就地取石雕凿高两尺余。墓东南向建石质墓门，由墓门入有墓道直通墓穴。沈云沛墓碑立墓门东侧，面向东南，墓志铭由国务院统计局局长吴廷燮撰，原邮传部参议、清末书法家赵世骏书写。

1967 年 4 月，沈云沛墓地被毁，遗骸弃置墓边三天。守墓人等将遗骸抬至乱坑（锦屏山东麓岗嘴）草埋。

下篇　沈云沛的思想

翻开一部凝重的中国近代史，许多事件与铁路和政改相关。沈云沛作为“铁路大臣”和中国第一部宪法的制定者，有许多不为人知的新思想，然而，史学界所持负面评价不少。今天，人们阅读沈云沛的政治和经济论著，以及有关资料，拨开时光的遮蔽，追求不被偏见沾染的真实历史，架起通往近代时空的桥梁，走进与融入历史人物沈云沛的生活及思想，在历史的拐角处与尘埃中，可以发现许多以前并不了解的这位中国著名思想家、社会科学家的历史真相，也许会让人们产生种种惊叹与敬畏。

第一章　沈云沛的政治思想

一、立宪救国论

沈云沛是一个坚定的立宪救国论者，他主张中国只有走立宪政治之路，才能实现民富国强的目标。所谓立宪政治，就是人民为了防止掌权者滥用职权而受到侵害，制定并依照宪法来规范和限制国家权力以保障自身权利的一种政体形态。这包含了立宪政治形态的主体、原因、方式和目的等内容，既反映了立宪政治的内涵主要是由民主、法治和人权三个基本要素所构成，又揭示了立宪政治“限权”的直接目的。其防范权力侵犯权利的直接目的，是与其他部门法相区别的一个实质性特征。历史上，有国家就有法，但有国家并不等于就有宪法，宪法是近代西方资产阶级革命的产物。宪法与早已出现的民商法相比，具有明显的不同之处。民商法作为私法，是调整平等主体间（自然人、法人）权利义务关系的法，其目的或实质是防范平等主体间，即民与民之间相互侵权，就是防范权利侵犯权利。而宪法则属于公法，是规范国家机关及其与私人之间关系的法，是人民与国家之间签订的契约，是人民发给政府行使权力的授权书，是政府为人民服务的营业执照，其目的是防范国家侵犯人民的权利，即防范权力侵犯权利。如果说宪法等公法是限制权力滥用、防止权力侵犯权利的法，那么民法等私法就是限制权利滥用、防止权利侵犯权利的法。这就是公法与私法的本质不同，但它们共同的终极目的都是保障人的权利。

在清末国人追求民主政治的浪潮中，沈云沛与康有为、梁启超、杨度、沈家本等就中国实行君主立宪的法理、实践进行深入的探讨和宣传。沈云沛等立宪救国论者认为，在长期的古代君主专制的社会里，国家权力具有至上的地位和强大的威力，国家可以任意处分百姓的财产甚至生命，具有无限的权力；老百姓则处于非常弱势的地位，在国家的强势面前只有义务，没有权利，完全不具有与国家抗衡的力量。宪法的目的就是通过对国家权力即君王权力的限制与约束，使政府成为有限政府，以达到对公民权利的确认与保护，防范政府侵犯民权或人权。随着宪法的出现又产生了行政法，行政法是实施宪法的具体规则，是行动中的或动态的宪法，其实质也是限权。实现立宪政治有三个前提条件：一是程序的稳定性。一定的基本程序不能时常任意变动，公民必须了解政治活动的基本准则。今天认为是合法的和符合宪法的行为，不能到明天就被谴责为是违法的。没有稳定的程序就不可能有法治。朝令夕改是人治社会的典型特征，有法律绝不等于有法治。只有稳定的法律和稳定的立法、司法和行政程序才能保证法治原则的真正贯彻。二是有宪法的存在。宪法是人民与政府之间约法的产物，是一切国家机构所赖以产生的依据，一切国家机构和个人都必须服从宪法。三是宪法的至上性。一国的任何其他现实法律都不得与宪法及其精神相冲突。

沈云沛撰写出版著作《君宪评议》《行政法议》，批判与否定君主专制，宣传效法西方实行以宪法为中心的民主政治。限制君权，政府受制于宪法以及对公民权利的广泛保护，在君主之下建立一个扩大民权予以制衡的权力机制，使其权力不再独大。沈云沛在著文中阐述：传统的君主专制，人民无权利可言，所服从的不是法律，而是君主和官长的权威，臣民未享有种种权利而负有种种义务。故立宪兴民权，臣民拥有种种权利亦负有种种义务，自会起来拯救自己的国家。因此，“民权兴，则国权立；民权灭，则国权亡”。沈云沛从英国实行君主立宪而成为日不落帝国、日本实行君主立宪而迅速崛起强盛的事例，主张废除中国几千年的皇权至上、君主专制的国体，实行君主立宪。帝王作为国家的象征予以“虚君”而不得干预国事，由代表民意的国会选举出总理组阁，行使全国的管理大权，由原来的“家天下”变为众人天下。沈云沛等立宪派的认识是对中国几千年君主专制的挑战，是当时世界的潮流。在沈云沛等立宪人士的宣传下，废除君主专制实行立宪政治成为国人的共识。

沈云沛的立宪救国思想，有一个从产生到发展的认识过程。首先，沈云沛在中举后的省符十征不应征的宦游期间，受到西方先进思想的影响，看到国家官僚昏庸、民不聊生的实情，逐步出现了立宪救国思想的萌芽。在光绪十四年（1888 年）年初光绪皇帝十八岁大婚及亲政之后，朝中政治格局发生变化，形成了以光绪皇帝为首的“帝党”和以慈禧太后为首的“后党”之间的明争暗斗。沈云沛虽然立场上是倾向“后党”的，但又认为大清应该向欧美列强学习先进的思想和科技，发展实业壮大国力，达到富民强国之目的，故也赞成光绪皇帝改革弊政的努力，后来成为“帝党”成员。

其次，沈云沛在中进士而任职翰林院后，目睹中日甲午战争失败，思考其原因和教训，初步形成了立宪救国的思想。光绪二十年（1894 年）八月，翰林庶吉士沈云沛返回海州时，正值日本在平壤、黄海战败中国，群臣“劾李鸿章贻误战机，谕旨谴鸿章，拔去三眼花翎，褫去黄马褂以惩”。在群劾中，张謇等之弹章最为激烈，痛斥李鸿章败战败和。沈云沛的见解则与张謇等有别：中国的军事部署、备战不力乃事实，但将帅的指挥决断之误，以及极少数人的怯战动摇军心，炮弹里面装沙子，生死紧要关头打不出去，是民族性的失败。如果不去反思，悲剧还会重演。沈云沛在海州接见来访的赣榆籍的扬威舰炮手马思义之子马继增，沈云沛认为甲午战争中国并没有真正失败，“致远”号二百五十多名官兵壮烈殉国，邓世昌、林永生和马思义等众多英雄，打出了中国人的凛然正气和锐不可当的勇气。沈云沛送走马继增，即呈文李鸿章、廖寿恒、锐志等主张议和，指出“和”是在不利态势下的示弱与收拢积聚力量，而不是怯战，匹夫逞一时之勇要误大事。沈云沛指出，日本对中国蓄谋已久，二十年来日本所有举措皆谋定而动，我当慎之又慎对待。在当前极为不利情势下，应审时度势，以和而后整饬军备，最终挫败日本的罪恶企图。

光绪二十四年（1898 年）朝考授编修之后，沈云沛与载振、那桐等同游洛阳，其中有多位反对维新变法的顽固派，他们激烈反对康有为、梁启超、谭嗣同、严复等变法主张，对慈禧罢用翁同龢重用荣禄等表示拥护，对慈禧干政寄予厚望。于是，沈云沛与顽固派发生了争执。顽固派大多位高权重，自然不会把沈云沛放在眼里，遂对沈云沛大加训斥。沈云沛人微言轻不敢以下犯上，但越发感到维新变法将不可避免地重蹈“永贞革新”的覆辙，而造成这种严重后果的背后推手，则是慈禧太后和一帮爱新觉罗氏的顽固派。洛阳之行目睹顽固派对维新变法的敌视，沈云沛对维新变法的前景忧心忡忡。尽管光绪皇帝身边聚集一批饱学之士和致力于改革的忠臣，但维新变法已经触及后党的利益，从变法开始后慈禧的一系列反制措施就可看出端倪。而且维新人士康有为、谭嗣同等在朝中又无实权，因此，这场声势浩大的维新变法的前途命运难有善终，不是沈云沛这样一个编修所能驾驭和左右的。光绪皇帝与康有为、谭嗣同等主张变法应快刀斩乱麻，以求速胜。而沈云沛对光绪皇帝和维新变法人士急于求成，频颁诏书致各省无所适从颇有微词，此种欲速不达的后果使他感到担忧。沈云沛在维新变法实施步骤及方法策略上与光绪、康有为、徐子静等发生分歧。沈云沛认为维新变法应该充分虑及社会各阶层的接受能力，把大多数人团结到自己阵营里，在自身羽毛未丰、脚跟未稳之际，循序渐进、审时度势地推进改革。

再次，沈云沛在“庚子国变”后，深刻思考国力衰弱、民众困苦的根源，接受西方先进的政治思想，正式形成立宪救国的思想。八国联军占领北京后，沈云沛等一批仁人志士，深感维新改良难挽社稷之倒悬，主张废除君主专制，实行君主立宪以救亡图存，于是，全国出现了波澜壮阔的君主立宪运动。这对于清政府无疑是两难的抉择，意味着要在权与利两个方面做出让步与牺牲，但除此别无他途。光绪二十六年十二月（1901 年 1 月），一直坚持“祖宗之法不可变”的慈禧以光绪的名义发布“变法诏”，阐述“世有万古不变之常经，无一成不变之治法”的道理，“以为取外国之长，乃可补中国之短，惩前事之失，乃可作后事之师”。在光绪三十年（1904 年）的日俄战争中，日本击败俄国，朝野震动，有识之士在思考其缘由。沈云沛著文分析原因，承认“日俄一役，日曷为而胜，俄曷为而败，以日有安奉、新奉运输神速”所致，但根本的原因在于“日俄之胜负，立宪、专制之胜负也”。“立定宪法，大予民权”的宪政，是日本的立宪战胜俄国的专制。于是，朝野上下将日俄战争的胜负与政体联系在一起，立宪之议遍于全国。各阶层一致认为，中国要强盛必须废除君主专制，进行宪政改革，否则，任何变法改良或新政，都无法使中国强盛起来。沈云沛等立宪派的宪政理论广为流传，全国各报纸、杂志、书局纷纷发表和出版论著，介绍欧美和日本各国立宪史。君主立宪成为朝野一致的政治话题，立宪救国成为波及全国的波澜壮阔的运动。光绪三十二年（1906 年）八月初四，清政府正式宣布“预备仿行立宪”。谕旨沈云沛帮办资政院，效法日本推行立宪政治。

最后，沈云沛在君宪与共和的争论和实践中，通过比较思考，最终成为坚定的立宪救国论者。在中国立宪政治运动如火如荼开展之际，主张共和革命的思潮兴起。中国是走君主立宪道路，还是进行暴力革命改朝换代易主共和，立宪派与革命派进行了激烈的论战。立宪派与革命派通过各自的阵地表明各自的主张。革命派认为惟有用暴力推翻清朝，建立民主共和中国方有救。蔡元培、章炳麟、徐锡麟、秋瑾等创立光复会，鼓吹革命。孙文成立同盟会，进行了七次暴动均失败。立宪派杨度认为，按照中国的事实来看，中国只能实行君主立宪，不能实行民主立宪。“吾人之所问者，不在国体而在政体，不争乎主而争乎宪”。杨度所说的政体即内阁责任制，由民选的内阁管理国家。在这场争论中，沈云沛在一次君宪讨论会上打了一个比喻：一幢基础深厚坚实的老房子，我们打算重建，推掉上面的东西，利用其坚实的基础，而不必把它连根挖掉，否则是愚蠢的。沈云沛认为，在革命狂澜席卷之下，不但坚实的基础不保，苍生一如蝼蚁，生命将变得微不足道，这样的革命对于民众没有什么意义。君主立宪与共和立宪实行的都是宪政，把君宪制和共和制对立起来，在理论和实践上都是错误的。如果真的是为了共和，则完全可以接受君主立宪，因为君主立宪与民主共和并不矛盾。在沈云沛看来，限制君权，扩大民权参与政务，由民选内阁管理国家之君主立宪，对中国来说是最平和、最稳妥的立宪政治。

根据《宪法大纲》，清政府于宣统三年（1911 年）四月初十实行“责任内阁制”，同日设立弼德院，作为与内阁相对峙制约的机关。新内阁的种族构成，被立宪激进派冠其为“皇族内阁”“亲贵内阁”，言其成立表明清政府无意君主立宪。沈云沛对前来金鱼胡同探视的徐世昌、李殿林痛言：立宪激进者的意愿，是欲速则不达。最值得担忧的是国人对立宪政治缺乏起码的了解。按照逻辑，清政府业已召开资政院会议立宪，满足了立宪激进者的要求，局势就该稳定了。但资政院开院立宪后，反清思潮更甚，随着四川保路运动兴起，全国局势陷入混乱，兵变之风蔓延全国。沈云沛从国人寄希望于袁世凯挽社稷于倒悬的种种行为，痛切地感到君主专制的基础如此之牢。按照国人要求匆忙召开资政院会议立即立宪，尽管通过了宪法，但国人把宪政弃之脑后，把国家与个人的命运寄予某个权威与圣贤身上，依然相信人治，其实质上依然是专制的模式，与宪政国家的立宪南辕北辙。这就是沈云沛反复强调的，国人对立宪了解甚少，并没有了解立宪政治的真谛。这也是沈云沛屡次反对立宪激进主义者的缘由。

沈云沛等立宪派通过甲午海战与庚子事变，看到了专制独裁的弊端，同时认为变法对改变国家前途命运于事无补，"新政"依然是君主专制下之"新政"，君主绝对权力没有受到丝毫触动和制约，而救国强国之路，在于从根本上废除君主专制进行宪政改革，对君权予以限制，扩大民权与各阶层的参政权。这无疑是正确的。但是，沈云沛等立宪救国论者主张的立宪政治的思想是不全面、不彻底的，特别是在国人强大的专制文化、帝王思维、崇官意识的约束下，立宪政治之路不但十分漫长而且异常艰辛，甚至会出现倒退。

沈云沛认为"国人对立宪了解甚少，并没有了解立宪政治的真谛"，而沈云沛主张的立宪政治的思想也有其历史局限性，主要体现在：

一是没有全面理解立宪政治的核心重点的要旨。清末民初，严复说西方文明是"以自由为体，以民主为用"。这可以当作对宪政主义的一个完美诠释。民主意味着接受公共领域内基于人格的平等，自由意味着接受私人领域内基于财产、智力、契约权利等因素的不平等。所以一旦民主的原则超越公域，把它的平等观延伸到私人生活中去，民主就可能伤害自由，多数人的民意就可能侵犯少数人的权利。因此立宪政治也意味着对民主的限制。通过间接民主的手段（代议、联邦、两院等）对民意进行重重分割和过滤，通过法律预先的、普适性的规范去限制民意的可欲范围，通过独立的法院垄断对法律的解释权和裁判权，这就是宪政主义制衡民主的三种主要手段。

所谓有限政府是立宪政治的重点。从理论上说，由于政府是通过与人民立约而产生，它的权力来自人民权利的让与，这种权力从根本上说不应是“统治权”，而应为“服务权”，则它不可能是无限制的，只能局限于人民所“让与”的那一部分，在权利与权力之间应有严明的界限。这既是社会契约论所必然引向的结论，也是法治的当然要求。从实践发展来看，在英国，有限政府的概念是在国王与国会的长期斗争中被逐渐确立起来的。在这个漫长并且不断反复的历史进程中，经济的近代化始终是先于法制的近代化进程。君主立宪制度在英国的确立，与其说是一场法律革命，不如说是经济革命的政治表现或法律表现更为恰当。这个成果的最终体现就是贵族和资产阶级组成的议会两院有了真正的立法权，执行权（行政权）交给了对议会负责的内阁，国王逐渐退隐为一种权力的象征，虽然名义上享有执行权，实际上却是由内阁在具体操作。原先集中在国王手中的权力被“下放”了，下放的权力被分割并交由不同的人去行使，社会各阶级按照其经济实力在权力机关中占领各自的席位，各方的利益得到不同程度的体现，即表现为任何一种权力的动用都必然受到其他权力的监督和制约，有限权力的总和仍是有限，政府作为一个整体，其拥有的权力也是有限的。这在美国宪法里体现得更为充分鲜明，美国宪法不写公民有权如何如何，而是写政府不得干涉公民的何种权利。

分权是立宪政治的核心。有限政府解决政府与人民之间的权力与权利的划分和政府内部各部门之间的权力划分两个问题。这就涉及通常所说的分权问题。近代意义上的分权，指的是将政府按其职能划分为立法、执行（行政）和司法三个部门，并由不同的人来分别行使三个部门的职权，以达到权力之间的相互制约和防止权力被滥用的目的。

二是没有完全参透走向立宪政治需要国人具有宪法精神的要旨。立宪政治以建立有限政府和保障人权为目标，是人类政治实践演进的结果，是人类所追求和要实现的一种生活理想和状态。中国的立宪政治运动自清末至今已经有一百多年的历史，而这一百多年可谓道路曲折，历尽艰辛。戊戌变法仅有百日便遭血腥镇压；辛亥革命胜利果实为北洋军阀窃取，《中华民国临时约法》成为一纸空文，立宪只不过是军阀政客争权夺势的招牌；此后民族危难当头，再加上国共之争，国民党一党专制，无和平环境便无法实现立宪政治。

由此可见，走向立宪政治，还需要具有宪法精神。

宪法精神的涵义：以追求自由、权利、民主为基本价值观念；尊重宪法（法律）、恪守宪法（法律）的精神。立宪政治从根本上讲是追求个人自由的结果。没有对个人自由、权利的信仰和追求，缺乏对个体的关怀，立宪政治是不可能建立的。宪法具有最高性，不但是指宪法是其他法律、法规和规章制定的依据，是政府和其他社会成员的最高行为准则；同时还意味着要让宪法成为公民权利保护的根本手段和权利救济的最后措施。也只有通过宪法适用、对违宪案件的审查判决，宪法才能获得权威地位，得到普遍遵守和信奉。

立宪政治的生成离不开个人的参与。个人自由是立宪政治之所以产生的基础，自由的价值观念自然构成立宪政治精神的核心。民主、法治观念的培育，对宪法（法律）的尊重恪守，都有赖于自由主义尤其是思想自由、政治自由的发展。只有个人自由得以确立和保护，才会有确定的个人利益，随之而来的是个人权利意识的觉醒；而个人权利的扩展壮大能对国家权力的行使进行有效的制约。立宪政治的生命力在于它对自由的向往和保障，其终极目标在于谋求每个个人的发展；只有思想自由才能使行为自由成为可能，才能发挥每个人的创造力，才能推进人类的知识和道德的发展，使立宪政治随着时代的演进不断予以完善。立宪政治的目的是保障和实现个人的权利与自由，立宪政治的实现从根本上讲依靠社会民众的参与。宪法和整个法治的建设只有在公民的参与下才能形成，才会得到民众的信赖和支持并获得应有的权威，反之则会失去其存在的合理性。

三是没有充分认识到个人财产是立宪政治得以生成的物质基础的要旨。东方文化非但没能孕育出近代意义上的民主、法治、自由等立宪政治所必备的价值因素，而且在很多方面还与立宪政治相抵触，这有着深刻的社会背景，是历史的必然。立宪政治作为限制政府权力和保障个体权益的制度设计，如果没有相应立宪政治精神的培养和发育，建设立宪政治显然是不可能的。但问题在于法律制度可以移植引进，但是公民意识（法律意识）、公民文化素质却不能移植，只能是逐渐生成，依赖本土环境的变革以提供相应的土壤。

确认宪法对公民财产权的保护具有重要意义。财产权是人权和追求自由民主的基础。财产权的保障是独立的人权发展所不可或缺的物质前提。黑格尔认为，所有权之所以合乎理性，并不在于满足人们的物质需要，而在于扬弃人格的纯主观性，人惟有存在于所有权之中才是作为理性而存在的。近代以来的宪法确立了财产权的保障制度，从而为人的精神自由、机会平等、自助自主的生存以及政治参与提供了物质保障，也促使了个人人格的逐渐形成。财产权被认为是一个人的自由意志的体现，是他的自由的外在领域。人自身作为目的所具有的价值，不能自己证明自己，只能通过财产权得到表现，得到确认。生命权是一切权利的源泉，产权是实现这些权利的主要工具。产权在公民基本权利和自由的整个体系中的地位举足轻重，没有产权其他权利就不可能实现。产权的界定和维护既是市场经济发展的内在要求，也是公民获得独立地位和保障其基本权利和自由得以实现的基本前提。私有财产是自由的基本要素，是不可剥夺的天赋的自然权利，对私有财产权的承认和保障是阻止或防止国家政府强制与专断的基本条件。如果财产权与物质财富处于某个机构或某个个人排他性的控制之下，个人自由将不复存在。洛克说，权力不能私有，财产不能公有，否则人类就进入灾难之门。

市场经济是通过契约和自由竞争来实现的，市场经济和立宪政治具有天然的契合性，只有市场经济的充分发展，公民才会有强烈的权利意识，才会树立信奉法律、遵守法律的精神。

二、改良优越论

沈云沛一直主张立宪救国论，并坚持通过渐进改良实现君主立宪制，不赞成通过激进革命实现民主共和制，认为改良优于革命。改良就是通过阶级合作、政治调和而非激进暴力的手段，进行社会制度的变革，实现向现代社会的转型。改良派提倡用渐进代替激变，用改良代替革命，反对通过暴力革命打碎现存的国家机器，过渡到民主法治的社会制度。

改良派与革命派双方论战涉及的核心问题主要有三个：一是要不要以政治革命手段推翻清王朝，这是双方论战的焦点。改良派认为，革命会引起下层社会暴乱，招致外国的干涉、瓜分，使中国“流血成河”“亡国灭种”，所以要爱国就不能革命，只能改良、立宪。革命派针锋相对地指出，清政府是帝国主义的"鹰犬"，因此爱国必须革命，破坏与建设是革命的两个方面。二是要不要推翻帝制，实行共和。改良派认为，中国文化落后，人民素质低下，没有实行民主共和政治的能力，否则，非亡国不可。因此，只能实行君主立宪。梁启超甚至宣称，"与其共和，不如君主立宪；与其君主立宪，又不如开明专制"。革命派认为，只有"兴民权改民主"，才是中国的唯一出路。中国国民自有颠覆专制主义、建立民主共和的能力。三是要不要进行社会革命。改良派反对土地国有、反对平均地权，认为中国社会经济组织优良，土地问题不是中国最重要的问题，不存在社会革命的可能，社会革命只会导致中国的大动乱。其主张平均地权是煽动乞丐流氓，主张土地国有是危害国本。革命派强调，当时的中国存在着严重的"地主强权""地权失平"的现象，而救治之法只有实行土地国有政策，通过平均地权以实现土地国有，在进行政治革命的同时实现社会革命，才能避免贫富不均等社会问题的出现。

沈云沛等改良主义者认为，改良应该是社会转型的首选之法、优选之法。因为改良可以在不流血的情况下，通过逐步的、有序的制度改革，使一个国家和平地过渡到资本主义社会，不断走向富强；改良可以使传统与现代不完全脱节，也可以使变革更持久有效。相反，革命要流血，要带来民众的苦难，还可能造成国家和民族的分裂。革命以后，虽然可以实施较大规模的变革，但是变革的效果却往往因为传统的观念与革命者的极端破坏相结合而变得微不足道。当然，改良也有它的不利之处，即推行改革的缓慢甚至不彻底，但从长期来看，改良是比较可取的。

沈云沛一直主张改良优越论的思想，从戊戌变法到预备立宪，再从立宪失败到恢复君主立宪制，沈云沛都是渐进改良的积极倡导者和推进者。

首先，沈云沛一直坚持立宪九年的预备期不能变。光绪三十二年（1906年）八月，清廷宣布"预备仿行宪政"，以"十年或十五年为期"。光绪驾崩和慈禧死后，郑孝胥、张謇与许鼎霖等激进立宪派函告资政院帮办沈云沛，必须提前速开国会立宪。对此，沈云沛向激进立宪派解释道，立宪事项正在进行，不能提前召开国会立宪，激进立宪派对资政院的答复甚是不满。沈云沛认为，要求速开国会进行立宪是草率和无法操作的，也暴露出激进立宪人士的无知。沈云沛等向各省立宪人士介绍立宪程序，以及资政院作为立宪的议院过渡的筹备情况，对请愿速开国会事宜进行磋商，并达成谅解，明确缩短为九年。

宣统二年（1910 年）九月，激进立宪派成立全国十六个省请愿同志会赴京请愿，要求立即召开国会实行君主立宪。沈云沛在金鱼胡同沈府会见激进立宪派代表道：中国两千多年专制你我都能等，大清二百多年专制你我也能等，现在仅仅九年期限，年兄就不能让年小弟好好准备一下吗？我们急功近利，一点耐心都没有，定会适得其反断送立宪的。但激进立宪派仍然带领请愿者要求资政院宣告立宪筹备结束，立即开会，并责难清政府拖延立宪。于是清政府决定采取折中办法，既不同意激进立宪派“立即”召开资政院会议（国会）的请愿，又把九年的预备立宪期缩短为五年。

作为资政院帮办的沈云沛对此极为失望，沈云沛坚持预备立宪期九年一天都不能缩短。沈云沛在资政院孤立无援，即拜访前赴欧美各国考察宪政的端方、载泽等人，他们深知欧美、日本各国立宪政治进程，完全赞成沈云沛之见，在立宪相关程序均无厘清，各项过渡准备正在进行时匆忙开会立宪，必导致混乱，葬送宪政改革。在清政府宣布预备立宪期限缩短为五年后，激进立宪派依然反对，要求“立即”立宪。全国各地极端行为层出不穷，一致要求立即立宪。在这种局势下，资政院总裁溥伦等感到压力很大，为避免事态失控，同意请愿要求，宣布资政院筹备结束，立即召开资政院会议，成立责任内阁实行宪政。沈云沛立即召开资政院人员会议，统一认识，指出如此这般必断送立宪。但各省初选出的资政院议员，在激进派的鼓动与总裁溥伦的支持下，强烈反对沈云沛的“固执己见”。作为资政院帮办的沈云沛知道，一个几千年君主专制的国家转型为君主立宪国家，涉及众多方面改革之程序，需要时间筹备。沈云沛反对激进立宪派缩短立宪期，向摄政王载沣、宪政编查馆奕劻，以及总裁溥伦等反复申明，立宪不可如此不顾实情一味妥协，其结果势必欲速不达。但面对国内立即立宪的强烈呼声，尤其梁启超公开著文强烈反对五年预备立宪期，清政府宣布取消五年预备立宪期，立即召开资政院会议立宪。沈云沛意识到资政院之立宪宗旨将毁于一旦，但他还是做了最后努力，希冀说服溥伦和奕劻等能改变主意，万勿在准备不足的情况下匆忙立宪，避免立宪的夭折。沈云沛的固执遭到朝野的反对，宣统二年（1910 年）十一月二十四日，沈云沛离开邮传部，结束帮办资政院，并未妥协。

其次，沈云沛积极倡导恢复君主立宪制以否定民主共和制。沈云沛认为民主共和制不适合中国国情，主张恢复君主立宪制。在他看来，民主共和与君主立宪二者并无立宪政治的实质区分。袁世凯接替孙中山成为中华民国临时大总统后，不遵守临时约法，引发了"二次革命"。一直致力于宪政改革的沈云沛，对二次革命爆发后江浙一带的满目疮痍，以及袁世凯对国民党的缴械而痛心疾首，共和后的政局使沈云沛十分失望。沈云沛曾对徐世昌说：清帝退位，民国共和立宪政治发展，"宋（教仁）案"发生后，总统指令成立特别法庭，民国政府能通过法律途径解决刑案和纷争，向国务总理发出传票，这是中国有史以来的破天荒之举。至于借款案之程序争执，国务总理、财政部总长不得不辞职。这都标志着沈云沛专著《君宪评议》《行政法议》部分内容的实施，中国法治进程已经取得可喜的进步。但在二次革命战争面前，法律完全变为一纸空文。

此后，持续不断的动乱和流血战争，催生了复古逆流的猖獗：民主共和政体不适合中国，应该效法日本的君主立宪制，恢复"君宪救国"。媒体反映社会舆情："咸以为中国两千余年，以君主制度立国，人民心理，久定一尊。全国人民迫切呼吁，实见君主立宪为救国良图。"总统府法律顾问、美国人古德诺发表《总统制与内阁制比较》，坚持认为中国实行君主立宪制符合中国国情，方能救国。其言"贵国人民程度远逊欧美，等以行共和之制，是何异削足适履也。以吾观之，如改行君主政体，亡羊补牢，犹未为晚"。1915年8月3日，古德诺发表《共和与君主论》，第三次论述中国应该效法日本、英国等国实行君主制，力言君主政体优于民主政体："中国之立宪，以君主制行之为易，以共和制行之则较难也。"袁世凯的政治顾问、日本人有贺长雄认为，中国的文化传统和日本相似，中国应该效仿日本，通过君主立宪，实现体现民权的民主政治。1915年3月，杨度著《君宪救国论》，全面阐述中国实行君主立宪的理由：中国内忧外患，经济基础、人民素质等诸多国情，决定中国必须实行君宪制。君主立宪，实行开明的专制，像英国、日本等国，国家稳定，民富国强。在现行的民主共和政体下，一些政客、野心家在无休止的动乱中意欲夺得大权，致生灵涂炭，民主共和的立宪政治完全成了一句空话。长此以往，国势越发衰弱，故中国必须实行君主立宪才能救国。

1915年8月14日，杨度任理事长的筹备国家安全会成立。“筹安会六君子”认为，君主立宪可以有效杜绝夺权野心，他们极力呼吁更变民主共和制而实行君宪制。因为立宪的君主应为虚君，而沈云沛却不能确定袁世凯为虚君，故在甚嚣尘上的劝进声浪下，沈云沛一反常态保持沉默，没有上呈“劝进表”。因为举世皆知的推行君宪的前清资政院帮办、民国参政院参政沈云沛的政治态度，对恢复君宪政体具有全局性意义，所以“筹安会”议定派沈云沛的忘年交、将军署的蔡锷说服沈云沛同意上呈“劝进表”。9月19日，国务院秘书长梁士诒在北京安福胡同召集政界、学界、社会名流、学者二百余人会议，讨论成立更变国体的全国请愿联合会。一致推举朝野颇具声望的宪政领袖沈云沛任全国请愿联合会会长，那彦图、张镇芳任副会长，代表全国各界向总统请愿变更政体为君宪制。

全国请愿联合会成立后，沈云沛审定、全体议决发表《全国请愿联合会宣言书》，宣称：“民国肇建，于今四年，风雨飘摇，不可终日。父老子弟，苦共和而望君宪，非一日矣！”沈云沛对更变国体的程序坚持己见。他认为更变政体实行君主立宪，虽是全国上下一致呼声，但按照民国宪法，应召开国民代表大会议决。国务院秘书长梁士贻等对此不同意，认为虽未召开国民代表大会，但全国各省和行政区域一致请愿更变政体已是事实，这情形等于是全民参加了表决，比召开代表会议更具权威性，施政应该重内容而不是形式。恽毓鼎等赞同梁士贻之见，不应拖延。沈云沛对诸君同僚的意见表示理解，但坚持认为，从立法的角度，民意不能代替程序。《约法》中“国民之全体”，是通过国民代表大会予以体现的，而不是民意。程序是否合法，决定议决结果是否合法有效。故目前全国的请愿民意，不能代替合法的程序，必须进入国民代表会议议决的程序，否则是违法和无效的。沈云沛作为大清推行宪政的资政院帮办，精通宪政并著有《行政法议》。在他的坚持下，会议做出议决，呈请参政院以国民会议初选当选人为基础，召开国民代表会议，决定政体。但沈云沛依然不予赞同，认为此变通之举值得商榷：按照宪法，参政院之国民会议初选当选人与国民大会的代表是不同概念，即初选当选人不一定当选为国民会议代表，故必须按照程序，由国民会议初选当选人议决，并通过《国民代表大会组织法》，在初选人中选出国民大会代表，以召开代表大会议决政体。在沈云沛的坚持下，与会者同意其意见，并呈请参政院予以实施。

沈云沛被众僚推上全国请愿联合会会长位置，这并不违背他在中国实行立宪政治的信仰，但沈云沛一方面在京师要求更变政体，同时又被南方反对派人士列为护国战争的中坚人物，反对更变政体。这样，沈云沛便为参政院、筹安会、请愿联合会朋僚所误解，进而成为诟病的对象。为了表明坚定立宪的态度，沈云沛撰写《君宪纪实》，自撰序言，详尽辑录了《宣言书》、全国各省七十六个立宪团体之呼吁、声明，各省督抚通电、拥戴书，以及全国各省请愿代表团、筹备国家安全会代表团八十三份请愿书。

再次，沈云沛固守走向君主立宪制需要渐进改良。1915 年 12 月 25 日，蔡锷与李烈钧、熊克武、唐继尧等各派力量联合，在昆明建立云南都督府，组织中华民国护国军讨伐袁世凯。1916 年 1 月，孙中山利用护国战争的机会，号召中华革命党人进行讨袁战争；各地会党复又纷起革命。3 月 22 日，袁世凯宣布取消帝制。6 月 6 日，中华民国总统袁世凯死去，终年五十八岁，黎元洪继任总统。此后中国的立宪政治被搞得天翻地覆，支离破碎，致内阁责任制下的"府院之争"迅速爆发，政潮迭起。从 1916 年 6 月 6 日袁世凯死去，到张作霖为大元帅短短的十二年中，民国大总统（包括临时执政和大元帅在内）先后换了七任，分别为：黎元洪、冯国璋、徐世昌、黎元洪、曹锟、段祺瑞、张作霖；内阁先后更换了五十三任，其中：唐绍仪、陆徵祥、赵秉钧、段祺瑞（七次）、熊希龄、孙宝琦、徐世昌、伍廷芳、江朝宗、李经羲、汪大燮、王士珍、钱能训、龚心湛、靳云鹏、萨镇冰、颜惠庆（四次）、梁士诒、周自齐、王宠惠、王正廷、张绍曾、李根源、高凌蔚、顾维钧、黄郛、许世英、贾德耀、胡维德、杜锡珪、潘复等先后登台组阁，而组阁几天、几十天、百十天的不少。世界上没有任何一个国家像中国这样的"共和"，这与共和宪政冰炭不同炉。沈云沛多次对徐世昌、杨士琦、周学熙等言，他对中国的立宪政治感到绝望，国人不理解立宪政治的真谛。呼风唤雨的政客把私欲、权欲包装起来放在前面，中国的立宪政治就是空话。同时，把希望寄托于某个人的魅力、威望，而不是依靠立宪政治，这还是习惯专制的思维模式。如此，中国则不可能走上真正的宪政道路，他的《君宪评议》《行政法议》必然成为一纸空文。沈云沛深深感到，中国几千年专制形成的文化意识太强大了，使他奉旨帮办资政院，推行立宪政治的所有努力付之东流。沈云沛在 1916 年 6 月 29 日参政院解散后，至天津沈宅寓居，邋遢不堪，行为怪异。他用此种“疯癫”的行状，来表达其极度的失望与无奈，发泄满腔的忧愤与绝望。

中国的君主立宪，因第一次世界大战再次上演。1917 年 2 月，美国参加协约国对同盟国德国作战。段祺瑞内阁会议研究，决定参加协约国作战。由此产生了所谓的“府院之争”，驻扎徐州的督军团团长张勋入京“调停国事”。6 月 22 日，张勋至天津，即与康有为、王士珍等商谋让溥仪复位，恢复大清君主立宪。随后，张勋拜见沈云沛，希望得到沈云沛的支持，但沈云沛自始至终一言不发。张勋告辞后，沈云沛即会见徐世昌，二人同感，围绕国体又将引发一场夺权战争，中国立宪政治的劫数还未尽。沈云沛感慨时事多艰，赋诗一首《赠退耕堂主》：“十年繁华醒后梦，万方劫难死中生。手把寒梅说身世，百年同汝共枯荣。”此即海州所传之“绝命诗”。此诗抒发了沈云沛对时局的一腔忧愤与人生感慨，寓意晚清新政与立宪政改“十年繁华”，以前所未有的深度和广度影响了中国社会的历史变革，然为之奋斗的理想付之东流，祈盼在万方劫难中涅槃。

沈云沛自光绪三十四年（1908 年）奉旨帮办资政院，推行君主立宪始，中国的立宪政治经武昌起义，确定民主共和内阁责任制，孙中山更之总统制，孙中山复更为内阁责任制，袁世凯更为总统制，袁世凯复更君主立宪制，袁世凯复更共和总统制，黎元洪再更内阁责任制，张勋复辟君主立宪制，段祺瑞平逆再造共和内阁责任制。1916 年，孙中山在广州成立“军政府”，进行“军政”夺权，经十二年惨烈战争，于 1928 年蒋介石始行“训政”。于是，中国近代立宪政治凡二十年，其间八次更变政体，迭经流血相残，生死相搏，最后绕了一圈划了一个圆，复归独裁专制。此间民不聊生，哀鸿遍野，国势越发衰弱。中国的民主共和立宪，由孙中山的“军政”到蒋介石之“训政”，再到二十年后的 1948 年国民党实行“宪政”也未能成功。沈云沛于 1918 年 8 月 12 日辞世，三十年后的“宪政”结局他没有看到，但他似乎预见到了。

然而，沈云沛没有充分认识到改良成功的前提是真正有效的改革。虽然改良有一定的优越之处，但是，由于统治阶级中的顽固势力太强大，不甘心在改革过程中丧失其原有的利益，于是，他们便千方百计地阻挠或延缓改革的步伐。同时，改良者本身的弱点及改革过程中的失误，从一定程度上造成了改良的流产。因此，革命形势不是天然的，也不是革命者人为造成的，而是由中国近代各种主客观条件造成的。

不论是改良还是革命，都是近代中国社会的时代要求。近代以来，在中国政治制度和经济文化受到西方先进的资本主义文明的冲击下，改良与革命就成了改变中国现状的两条不同的道路。而改良与革命有着紧密的关系。革命者的革命活动，促使当权者必须以改良来压制革命。反之，改良的很多措施也客观上为革命的兴起提供了有利条件。从某种意义上说，改良就是革命的先声。比如，戊戌变法运动促成了第一次思想解放运动，使西方民主进步思想大量涌入，客观上为民主革命提供了思想基础；清政府实行新政，采取废科举、兴学堂、派遣留学生、编练新军等措施，本意是为了维护其统治，但实际上却为自己培养了一批掘墓人。改良如果能顺利及时地进行，能够得到有效的控制，则其改良的措施无疑是必要的；但当改良受到延迟阻碍，则其已经实行的措施必然造就推动继续改良的势力，如果不能对这些势力进行有效的保护，支持继续进行改革，实现其最初的承诺，那么这股势力必然要寻求体制外的道路，此道路便是革命，辛亥革命便是在这种情况下爆发的。

在清末，康有为的改良没有成功，梁启超的改良也没成功，杨度的改良更是以失败告终。其实最根本的原因是他们没有看到，当时的根本病因是上层建筑不能适应生产力发展，由于统治者不想失去权力，民众专制思维固化，而改良只能做到在一定范围内调解，不可能根本消除病因、改变现状。所以，只有革命才能达到这一目的。但革命往往是一时打碎了两千多年的专制体制和部分专制文化，从长远看，很多残留的腐朽的专制文化至今依然根深蒂固。

三、法治保障论

沈云沛是以法治来支持、保障立宪政治改革的坚定倡导者和推进者。法治保障主要包括以下几个方面的内容：一是法治有助于建立和完善一套具有根本性质的制度体系，这是国家制度和治理体系的基石，对于国家的长期稳定和发展至关重要。二是法治通过确立和实施稳定公开规范的制度机制和行为规范，为国家和社会的发展提供明确的指导和稳定的预期，这对于保持社会经济活动的稳定性具有重要作用。三是法治能够促进社会的持续健康发展，通过对产权的保护、市场监管的有效性以及法治方式的裁决和维护正义，鼓励创新和激发活力，从而有利于国家和民族的长远利益。

法治保障的作用主要有五个方面：一是法治能够维护社会秩序，防止混乱，并通过协调利益和价值、维护正义，为社会关系的和谐与稳定提供保障。二是法治通过保护个人权利和社会活力，促进公民参与和社会互动，提高社会的整体福祉。三是法治可以通过公正的法律程序和制度安排，保证民主过程的科学性和有效性，防止权力滥用。四是法治能够帮助确认和巩固已经存在的政治秩序，使之符合法律标准，并在必要时调整或更新，以适应时代变迁。五是法治能够提供一个权威的纠纷裁决机制，协调利益和价值，维护正义，并为社会带来更多的稳定和公平。

1. 沈云沛主持制定中国第一部《宪法大纲》及其主要内容

对于制定宪法的程序，沈云沛在《君宪评议》中认为，在民众对宪政一无所知的情况下，实行民定宪法是不切合实际的，如法国的民定宪法过程“为祸最烈”，经历了数次大乱和数十年的恐怖时代方得以确立，中国当引以为训。“日本之仿效欧西……中国今日欲加改革，其情势与日本当日正复相似”，由君主颁布钦定宪法，全国和平稳定，形成“上下一心，励精图治，不数年遂为世界第一强国”的成功实践，为中国提供了效法的榜样。因此，中国应效法日本钦定宪法，实行君主立宪。

光绪三十二年（1906 年）八月初四，国家进入预备立宪阶段，即由君主专制政治向立宪民主政治过渡，并着手厘定法律。光绪三十三年（1907 年）八月十三日，清廷下旨成立资政院。因为“中国上下议院一时无法成立，亟宜筹设资政院以立议院基础”。资政院是中国近代宪政改革重要机构，在法理上，它是具有一定独立性的国家最高立法和监督机关，是预备立宪的一个过渡形态的混合型议会。资政院亟须制定宪法、法律、章程、构成、职能等，议决国家预决算、税法、公债等，以及规定资政院同其他国家机构及人民的关系等。由于宪政专业性强、事务繁杂，非具有一定崇高威望者不能胜任资政院帮办之职。资政院总裁溥伦与孙家鼐一致向光绪举荐沈云沛帮办资政院。

光绪三十四年（1908年）二月，光绪帝与沈云沛对值，沈云沛禀复光绪关于立宪政治之咨询。在光绪看来，沈云沛在《行政法议》中阐述的宪政非常精到。对于设立资政院，沈云沛禀复：虽然资政院是立宪的过渡性机构，但在法理上，其国家最高立法和监督机关的地位不容置疑，决不能视为行政的附庸、陪衬，有名无实的后果是宪政的失败。应通过资政院制定的宪法，规定国家由议会、立法、司法、责任内阁，代君主负责日常政务。三权虽然分立，但不是真正独立，而是统一在君主的领导之下。沈云沛坦言，立宪派愿意接受光绪这样英明的君主实行君宪，但不愿墨守君主专制或清朝贵族集团的整体专制。光绪帝对沈云沛的独到见解与坦诚深表赞赏。此后，沈云沛夜以继日筹办资政院，在各省设立谘议局作为各省宪政议事机构，讨论各省预决算、税收、公债以及单行章程规则的增删和修改，选举资政院议员、省行政长官和申复资政院或督抚的咨询等。沈云沛与沈家本、宝熙等讨论制定《宪法大纲》《资政院章程草案》《各省谘议局章程》和《谘议局议员选举章程》。六月初十，沈云沛奏报资政院章程、资政院构成与职能，以及宪法纲领性文件《宪法大纲》。六月二十四日，清廷颁布《各省谘议局章程》和《谘议局议员选举章程》，为各省选举资政院议员奠定了基础。

八月初一，清廷颁布《宪法大纲》计二十三条，由"君上大权"和"臣民权利义务"两部分构成。"君上大权"规定了"大清皇帝统治大清帝国，万世一系，永永尊戴"。在"臣民权利义务"部分，规定九条并注明"其细目当于宪法起草时酌定"：（1）臣民中有合于法律命令所定资格者，得为文武官吏及议员。（2）臣民于法律范围以内，所有言论、著作、出版及集会、结社等事，均准其自由。（3）臣民非按照法律所定，不加以逮捕、监禁、处罚。（4）臣民可以请法官审判其呈诉之案件。（5）臣民应专受法律所定审判衙门之审判。（6）臣民之财产及居住，无故不加侵扰。（7）臣民按照法律所定，有纳税、当兵之义务。（8）臣民现完之赋税，非经新定法律更改，悉仍照旧输纳。（9）臣民有遵守国家法律之义务。

沈云沛主持制定的《宪法大纲》，是中国历史上第一部宪法性文件，标志着近代中国进入了宪政时代，具有开天辟地的划时代的深远意义。近代学者纷纷撰文称，晚清的君主立宪，倘若假以时日，将使中国免遭几十年战争之难，未尝无光明的前景。

2. 沈云沛出版中国行政法规的开山之作《行政法议》及其主要观点

沈云沛在帮办资政院过程中，认真研究欧美各国行政法规，结合中国国情，撰写出版《行政法议》一书，后又重新修订出版。《行政法议》是近代中国行政法规的开山之作，在晚清宪政改革中产生了广泛影响。行政法无疑是宪政改革中核心问题，因为行政权居于国家权力的主导地位。中国几千年的君主专制传统，行政权一权独大，封疆大吏乃至知县，集一方政治、经济、文化、教育、司法等大权为一身。各级衙门在把国家意志转化为社会行为的行政过程中，表现的往往是一种以国家的力量管理和约束民众的行为，以使其符合国家意志。其行政行为是否合法、公平、公正难以受到有效的控制和监督。中央设立的都察院，其御史以及派往各部的给事中等监察言官，同样不能形成有效的相互监督、相互制约的关系。故宪政改革中，亟须制定相应的行政法规，对行政行为进行控制、监督。这意味着行政要遵守法律，服从宪法规范。否则，行政权为实现国家意志而行使的管理、约束行为，势必蜕变为对民权的侵犯，会使法治整体崩溃，以致宪政改革名存实亡。

沈云沛在《行政法议》中，论述立宪政治就是权力分解，目的是防止行政者滥用权力，保证臣民的权利不受侵害，以及保证民众的参政权。宪政国家摒弃集权，国家权力分为立法、行政和司法，其三权分别由三个不同机关行使，从而使三权互相牵制和制约，保持三种国家权力的平衡，以保障人民权利，限制政府权力。沈云沛按照行政法的基本原则，阐述了规范行政法的立法、执法，以及指导规范行政行为的实施等一系列法则。论述依法行政、尊重和保障人权、越权无效各原则，以及正当法律程序、公开、公正、公平、便民、救济各原则。

《行政法议》是中国近代立宪政治理论的里程碑。然而，《行政法议》与沈云沛主持制定的《宪法大纲》一样，它是对专制政治的挑战，势必削弱了各级官吏的权力。载泽认为："立宪利于国，利于民，惟独不利于官。"在这种政治情势下，晚清宪政改革在各种政治力量的角逐中，归于失败有其必然性。

3. 沈云沛坚决维护宪法精神的意识

《宪法大纲》颁布不久，光绪帝驾崩，三岁的溥仪继皇位，摄政王载沣欲斩杀袁世凯以除大清心腹之患。满汉枢机重臣均不赞同载沣的主张，其共同理由是，袁世凯训练的北洋“六镇”新军实力强大，诛杀袁世凯则易激起兵变而导致危机。而沈云沛强烈反对的理由是：大清已宣布预备立宪，《宪法大纲》业经颁布，政府随意诛杀权臣与宪法精神相悖。政府诛杀朝臣必须经过资政院的议处，否则，政府无视宪法诛杀权臣为宪政所不容。政府尊重宪政，应有具体行动和诚意，否则将失信于民。资政院总裁溥伦等极力赞成沈云沛的意见，终致载沣退而解除袁世凯的职务，袁世凯退隐祖籍河南彰德洹上村。

沈云沛以宪法精神否定随意诛杀大臣，是中国宪政史上的第一次。沈云沛以宪法精神否定诛杀袁世凯，意在稳定宪政改革大局。从载沣欲诛杀袁世凯事件中，沈云沛意识到执政者在朝野面前暴露了幼稚、短见的政治眼光和有限的驾驭全局的能力。载沣领导的清政府的所作所为致使梁启超、张謇等立宪激进派的过激情绪滋长，最终导致中国立宪政治改革的流产和失败。

宣统三年（1911年）四月初十实行“责任内阁制”，朝野立宪人士对责任内阁极度失望。这也暴露了立宪激进人士的真实意图，当内阁中没有自己的位置，或立宪削弱了自己的权力，便找出一些冠冕堂皇的借口予以反对。对于立宪人士攻讦否定按照宪法成立的“皇族内阁”感到失望的沈云沛与许鼎霖言，责任内阁十三人中九人为满族，在对待满族与汉人的信任度上，并不排除清政府的私心，沿袭了对汉族官员的警惕限制与对满族官员的擢升信用，但这绝不是否定责任内阁的理由。即便清廷存在私心信用满族官员，但这些满族官员都是改革派，而非顽固保守、庸碌无能之辈。中国需要这些致力于立宪政治的杰出人士组成责任内阁，否则，责任内阁就变成了尸位素餐、争权夺利的权力交易所，这与宪法精神南辕北辙。因此，“皇族内阁”不影响改革，还有利于立宪政治的顺利推行，应该看作是中国政治改革的历史性转折。如果立宪激进派真是为了在中国实行立宪政治，就不要把获得权力放在前面，更不要再激进狂热，否则，会为推进立宪政治设置障碍，反而打扰改革的进程，使立宪政治中断失败。

然而，梁启超、张謇等立宪激进派人士在“皇族内阁”出台后愤懑至极，政治态度一百八十度大转弯，由主张立宪改良的先锋变为宣扬立宪的激进者，号召立宪人士起来革命。他们认为清朝分明如革命党所言乃骑在汉族头上的“鞑虏”，是一个异族压迫政权，若要去除此压迫，惟“排满”革命一途。此种思维广泛传播，致众多的立宪激进者转向革命。沈云沛认识到国人高喊立宪，而在扩大的民权中，自己必须是享有特殊话语权者，实际上依然是专制观念。于是，全国局势极度混乱，国人重回专制政体依靠个人权威的老路。

回顾百年来的历史，当时中国要想实现真正的宪政民主，即使立宪预备期定为三十年、五十年也不为过。但是，立宪激进者甚至五年都等不了。因此，清廷立宪政治的失败和未来的立宪民主之路的艰难曲折是必然的。

4. 沈云沛坚守宪法至上的思想

宣统三年（1911 年）七月十六日，内阁总理大臣奕劻及协理徐世昌、那桐至沈府探望沈云沛，他们坦言，政府已经意识到一味向立宪激进者妥协，召开资政院会议立即立宪是有害的，沈云沛的意见是正确的。同时罢沈云沛邮传部署理尚书与右侍郎是重大的失误。在国家处在危难时刻，当抛却前嫌应诏出山。沈云沛遂于翌日至紫禁城弼德院，以顾问大臣和津浦铁路帮办的身份供职。沈云沛向内阁呈防止动乱蔓延全国而至生灵涂炭的条陈，首先建议内阁敦促摄政王效法汉之“轮台罪己”，检讨立宪改革之失误，平息事态；资政院匆忙立宪，诸多立宪事宜均未筹备就绪，应立即颁布实施宪法信条，以安定人心。

资政院于九月初四下午召开第二次会议并发表公报。资政院要求清政府以加快君主立宪应对武昌起义。九月十一日，摄政王载沣撤销“皇族内阁”，授袁世凯为内阁总理大臣。为表示全面推行立宪政治的诚意与决心，在沈云沛运作下，九月十三日，清政府颁布《宪法重大信条十九条》，其主要内容为：皇位继承顺序，于宪法规定之；宪法由资政院起草决议，由皇帝颁布之；宪法改正提案权属于国会；总理大臣由国会公举，皇帝任命，其他国务大臣由总理推举，皇帝任命；皇族不得为总理大臣及其他国务大臣并各省行政长官；总理大臣受国会弹劾时，非国会解散，即总理辞职，但一次内阁不得为两次国会之解散；不得以命令代法律；除紧急命令，应特定条件外，以执行法律及法律所委任者为限；国际条约，非经国会议决，不得缔结；但宣战媾和，不在国会会期内，得由国会追认之；官制官规，定自宪法；每年出入预算，必经国会议决，不得自由处分；国会未开之前，资政院适用之。此《宪法信条》是继三年前由沈云沛主持制定的《宪法大纲》后又一部中国近代宪法纲领。其规定中国实行议会政治、虚君共和、废除君主专制体制，权力归国会，其实质与民主立宪是同等的。

沈云沛质疑载沣命袁世凯组织完全责任内阁，指出载沣授命袁世凯内阁总理程序违宪。摄政王遂收回上谕，总理人选交资政院选举。资政院总裁许鼎霖于九月十九日主持全体会议，以无记名投票公选总理大臣，袁世凯当选。虽然前后结果相同，但第二次任命遵守宪法程序，因为程序正义是现代政治得以公正运行的重要原则。这一事件在中国的法律史、政治史乃至整个社会历史上都具有重要意义。

沈云沛、徐世昌等极力支持停战和南北和议。袁世凯组阁，宣统按照宪法退居幕后而为"虚君"。沈云沛认为此举符合他在《行政法议》中已经阐述的立宪政治理论。内阁责任制的总统乃"虚君"，与君主立宪制的皇帝"虚君"，就立宪政治而言实质上并无区别。似日本、英国的君主立宪制与法国民主共和的内阁责任制，没有实质的区分一样，都是立宪政治。沈云沛反对用革命手段实现的民主共和，但能被动接受用议和方式实现的民主共和政体，尤其是赞同以"退位"的方式，将国家权力、疆域予以禅让，从而保证大中国的统一与疆域版图的完整。于是，沈云沛与徐世昌等立即筹划清帝退位相关事宜。

民国成立后，袁世凯接受古德诺及各方提出中国政体应改内阁责任制而行总统制的意见，下令修改《中华民国临时约法》，设政治会议为咨询机构，任命沈云沛为政治会议政治委员，许鼎霖被指定为政治会议审查员，他们二人共同拟定《约法会议组织条例》《中华民国约法草案》。1914 年 3 月 18 日，沈云沛参加民国政府约法会议，讨论通过《中华民国约法草案》，确定中国实行总统制政体。5 月 1 日，中华民国政府公布《中华民国约法》，其中对国家和人民的规定：中华民国由中华人民组织之；中华民国之主权，本国国民之全体；中华民国之领土，依从前帝国所有之疆域。中华民国人民，无种族、阶级、宗教之区别，法律上均为平等；人民享有各项之自由权：人民之身体，非依法律，不得逮捕、拘禁、审问、处罚；人民之家宅，非依法律，不得侵入或搜索；人民有保有财产及营业之自由；有言论、著作、刊行、集会、结社之自由；有书写秘密之自由；有居住迁徙之自由；有信教之自由；有诉讼于法院之权；有请愿行政官署及陈诉于参政院之权；有应任官考试及从事公务之权；有选举及被选举之权；有纳税之义务；有服兵役之义务。根据《中华民国约法》，5月26日产生参政院，黎元洪任院长，沈云沛任民国政府参政院参政。6月30日参政院议决原各省都督制。各省都督集军政大权于一身，与民主共和宪政精神南辕北辙。参政院成立后，黎元洪、沈云沛提出，都督制违背了民主共和及《中华民国约法》，任何行政行为必须受到行政法的制约，任何人都不能处至高无上地位，不能以命令代替法律，各省应实行军民分治，彻底废除集军政民权力于一身的都督制。于是袁世凯采纳参政院及各方意见，决定废除都督制，把各省的军事与民政分开。

沈云沛的法治思想，阐明了立宪政治的真谛，认为君主立宪与民主立宪两者并没有实质的差别。宪法保障民权不受侵犯，限制与规范政府的权力。任何人，包括君主、总统都不能以命令代替法律，都不能超越宪法之上。在这个宗旨下，各个国家依据各国的不同情况所实行的君主立宪制、总统制或内阁责任制，均为立宪政治。但沈云沛意识到，一个国家的政体被一些人随意轻率的变来更去，反映出他们并非真的要实行立宪政治，他们关注的依然是权力专制。这表明，中国几千年专制文化的惯性太大了，立宪政治道路是漫长而艰难的。

但是，沈云沛的法治思想也有不彻底、不配套等不足之处。一是沈云沛没有完全厘清法治与法制之间的关系。法治关注的是法律运行的状态、方式、程序和过程，包括法律的权威性、公正性、普遍性、公开性等基本要求，以及法律对公共权力的制约和保障人权等基本原则。相比之下，法制仅指“法律制度”的简称。二是沈云沛的法治思想中有人治的成分，即法制思想。他认为君主立宪制的君主应有一定的行政权力，就是法制可以与人治共存，甚至可以理解为存在“人治下的法制”。但法治是明确与人治相对立的，人治是无法与法治共存的。三是沈云沛没有认识到，法治需要市场经济、民主政治等环境才能实现，而法制可以在各种政治、文化体制中存在，不限定特定的配套环境。因此，沈云沛主持起草的宪法性文件在推进立宪政治的过程中实施是异常艰难的，甚至难以避免失败的命运。

四、国家主权论

沈云沛是一个坚定的国家主权论者。国家主权是国家的根本属性，是指一个国家独立自主地处理其内外事务的统治权力。主权具有不可分割、不从属于外来意志和神圣不可侵犯的性质。主权不是国际法赋予国家的，而是国家固有的，国际法中的主权原则只是对国家这种最基本属性的一种宣示和确认。国家主权具体包括以下四个方面：管辖权，国家在国内行使最高统治权，国家对它领土内的一切人（享有外交豁免权的人除外）和事物以及领土外的本国人实行管辖的权力。独立权，国家完全自主地行使权力（包括经济、国防、外交等），排除任何外来干涉。自卫权，国家为维护政治独立和领土完整而对外来侵略和威胁进行防卫的权力。平等权，主权国家不论大小、强弱，也不论政治、经济、文化差异，在国际法上的地位一律平等。

沈云沛在任职商部、农工商部、邮传部和参政院期间，在主管船、路、邮、电四项交通政务工作中，坚决维护国家主权，体现了强烈的国家主权意识。沈云沛的国家主权思想主要体现在以下几个方面：

一是遏制德国扩张势力的思想。光绪二十三年（1897 年）十月，"巨野教案"发生后，德国派军舰多艘强行进入胶州湾，并派兵占领青岛。光绪二十四年（1898 年）二月，清政府被迫与德国签订《胶澳租借条约》，租期九十九年，允许德国在山东修筑铁路和开采沿线矿产。光绪二十五年(1899 年)至光绪三十年（1904 年），德国在青岛与济南间建成胶济铁路。德国领事曾著文毫不隐晦表达了修筑胶济铁路之目的，"将此路筑成，则我无穷之利益，皆在此铁路上。盖铁路若成，则由中国内地，可直达胶州海口。中国内地所生产之货物，可由海路运到德国，是即如英国在印度之办法""是路既成之后，亟宜引而长之，而引长之路，以行向直隶、河南之间为第一要义。盖我铁路所至之处，即我占地所及之处"。胶济铁路修成后，整个山东都是德国的势力范围。沈云沛入主邮传部后，认为德国不仅仅是通过修筑胶济铁路确立其在山东的势力范围，而是有更深远的政治、经济、军事扩张野心。光绪三十四年（1908 年）七月，沈云沛与张嘉璈、程明超、水钧韶等就此座谈，商讨对策。沈云沛分析："自德国占领青岛及租借胶州湾以来……所得之成绩甚大，其扩张之力已过于中德条约所许者。"德国已经威胁并觊觎"芝罘、威海卫、天津三埠"。沈云沛认为，若遏制德国扩张野心，消除竞争不利局面，补救"三埠"之衰败情形，"唯有一法……自山东内地建一铁路以达芝罘、威海卫"。但其后的政潮与战乱，致山东筑路计划延误。宣统二年（1910年）九月，沈云沛巡视津浦、沪宁铁路抵南京时，接山东巡抚孙宝琦电函，禀报德国再改胶沂线路，请求胶沂铁路起点高密。沈云沛清楚德人意欲一举两得：一则由高密经诸城较胶州（胶县）筑路费省；二则高密为胶济一车站，将来胶沂路成，胶沂必为胶济所扼而为德国操纵。"即使沂州左右矿产尚饶，而彼可以操纵，可以吸收""京奉路之为大连所扼；广九路之为九龙所扼"，前车之鉴，不可明知故犯。经慎重思考，沈云沛否决了胶沂铁路起点高密之请求。对于孙宝琦与德国议定起点高密，意在其后开辟青口，沈云沛亦予以否定："至议开辟青口，原为打通出路起见，但沂州以西已有津浦直下长江，似不必多辟此口。本部上年奏筑开海铁路兼营海州、海口，盖相度形势，由海（州）之汴（开封）、之陕（西）、之甘（肃），实东西一大纬线，比诸青口尽收沂峄之利，实有径庭之别。现在海州、海口已饬估工，尚辟青口自相扰夺，似不甚合。如虑不辟青口胶沂无所出路，本部于徐海之间正拟改为直线，将来胶沂作一支路与徐海，尽可接连，不必因此过虑。以上各节于条约无须变更，于事实尚较妥洽。"沈云沛函复山东巡抚孙宝琦与德国公使，否定了"胶沂青铁路"。沈云沛挫败了德国利用胶沂铁路展筑至青口，继而至海州，将势力扩张到海州以致苏北的图谋。第一次世界大战爆发后，德国忧其在山东的势力必将受到协约国尤其是日本的挑战。与其损兵折将蒙受战败之辱，不如主动将胶州湾与胶济铁路交还中国，此于德国有百利无一害，也必定赢得中国的好感，为其将来重返中国打下基础。于是，德国代办马尔参于1914年6月25日向中国外交部表示，德国愿意无偿地交还青岛及胶济铁路，外交部总长孙宝琦和山东官绅闻之莫不表示欢迎。此时，参政院参政沈云沛表示极力反对，责问道：德国处心积虑经营山东，并一直试图通过胶沂青铁路向海州、苏北扩张势力，怎么会无偿地交还青岛和胶济铁路？德国自料远东胶州湾难以自保，主动放弃租借地而收缩兵力免遭战败。这样，中国在无形中便站到了协约国的对立面，美国、英国、日本等协约国必转而反对、敌视中国。欧战对于日本是个千载难逢的时机，必定会向德国宣战，占领青岛和胶济铁路。倘若中国接收青岛和胶济铁路，日本必乘此为借口对中国发动战争。所以，中国应审时度势，以静制动，不入圈套。沈云沛之见在参政院获得支持。

二是遏制日俄扩张野心的思想。鸦片战争后，英国、美国、俄国、日本等国觊觎东北，其中对中国威胁、侵害最烈者当属俄国。光绪二十六年（1900年）义和团事变，俄国向南满扩张，企图独占东三省和蒙古。英国和美国企图用日本打破俄国独占东三省和蒙古的情势，削弱俄国在远东的势力。而日本打出"各国在中国工商业机会均等"的调子，实则想取俄国而代之。光绪二十八年（1902年）日本和英国签订了《英日同盟条约》，向俄国独占东三省和蒙古发出挑战。时在商部典农司的沈云沛，对东北与蒙古之情势，以及日本、英国等列强瓜分东北之阴谋洞若观火，他以典农司的名义制定开发营口与"六镇"的计划。营口处大辽河入海口左岸，海河交汇，扼关内与东北咽喉，在营口开发滩涂和松辽平原的荒地，对抗俄国势力不无意义；"六镇"地区处内蒙古河套以东，满洲里西南，开渠引水垦荒种植，此处大片荒地即可变成粮仓，以对抗列强从东北向西延伸之势力。沈云沛之开发营口与"六镇"的计划被奏准遂付诸实施，成绩斐然。任职邮传部的沈云沛洞察日本、俄国处心积虑攫取东北铁路修筑权，以达到实际占领之目的，认为欲挽救东北危急形势，抵御、遏制日本、俄国之法，惟采取以其人之道还治其人之身策略，即以铁路对铁路，开发壮大东北经济，遏制挫败日俄之野心。争夺中国东北和朝鲜的日俄战争以俄国败北告终，光绪三十一年（1905年）八月初七，两国签署了《朴次茅斯条约》，该约改俄国独占东北的局面而由俄国与日本共占，两国分别依托南满铁路和东清铁路，占据东北南部和北部。沈云沛对其侵占东三省，致"名为我领土，实则几无我容足之地"的危急情形忧心如焚。光绪三十三年（1907年），清政府改革东三省官制，改将军为东三省总督。徐世昌上任总督后，多次与通晓战策谋略的沈云沛运筹东北。沈云沛与徐世昌的共识是，欲挽救东北危急情势，必须注重东北铁路修筑大端。沈云沛分析，日俄战争，日本胜在铁路；战后俄国尚能与日本在东北争锋亦依靠铁路。

沈云沛断言："将来之战争必然发挥于三省，其鏖战之场必不出三省一步。"沈云沛提出以铁路遏制日俄铁路，"选重要地使我国铁路足以抵制日俄而有余""故我国铁路对于戎机，须以能操纵日俄之命脉为先务"。通过修筑铁路进行移民发展经济，在营口垦牧种植基础上经营营口与葫芦岛，进而控制辽西，通过"六镇"地区，向华北和内蒙古经济腹地延伸。在这些地方"设官以治之。等屯田于屯戍，以实边为卫边，然后寓兵于农，国家可以收长治久安之效也"。惟如此方能改变东三省"无我容足之地"之危急情势。光绪三十四年（1908年）年初，沈云沛入主邮传部，光绪采纳沈云沛对值时之政见，上谕将东三省与关内之咽喉葫芦岛辟为商港。宣统元年（1909年）四月，沈云沛对东北铁路整体规划与徐世昌进行磋商：宜先修筑一条锦爱铁路（锦州至爱珲）。徐世昌深表赞同。这条贯穿东北腹地的铁路，"能成功，则俄国货物及东省货物之由海参崴、大连出口者，皆分道入我辙"。因于日本亦极为不利，"日人于东省铁路，必起干涉"。沈云沛建议采用"远交近攻"政策以抵制日本之阻挠。函札外务部向美国借款筑路，借款与筑路分开，路权在中国。美国原则上同意中国借款修筑锦爱铁路，其路权归属中国。沈云沛采取借美款修筑锦爱铁路，其政治及外交目的在借助美国遏制日本。后时局动荡，致使该路罢修。俄国在东清铁路即将竣工时，屡次向中国提出修筑自长春至永吉的吉长铁路的要求，该线路居东三省中心，路势极为重要。鉴于日俄觊觎吉长铁路，为保卫吉长路权，"维商务而固边防"，吉林将军长顺奏请该路由中国自办。沈云沛面对的形势极为严峻棘手，因为中国与日本关于铁路修筑事宜，只能在中日《满洲善后协约》之框架下进行。在极为不利的态势下，沈云沛与日本反复争执，最后，日本无奈接受了邮传部之意见。历经七个月的艰苦、激烈的交锋，双方终于达成协议。此外，沈云沛还密查日俄南满、东清等铁路情形，全力阻止了日本暗投资本修筑开原至海龙等铁路的计划。

三是拒绝法国修筑广西铁路的思想。法国利用铁路攫取越南资源，继而觊觎广西铁路，多次与中国商谋修筑事宜。光绪三十年（1904年），在法国不断要求下，中国外务部声明：俟将来该处兴旺，由中国设立公司再与法国公司商议广西筑路事宜。五年之后的宣统元年（1909年）十月初，法国公使直接至外务部，声明"广西铁路前经商允中法合办之路线，如中国筹借法款兴修"，条件优厚，可仿照沈云沛签订的津浦铁路章程办理。关于线路，亦"不必拘定前议"。法国的态度很明显，只要中国在广西修筑铁路，可以不拘于其前线路之议，法国均会仿照津浦铁路章程办理借款，广西路权在中国。沈云沛接外务部函，遂与徐世昌、汪大燮商谋，应拒绝法国试图在广西筑路请求。广西与越南接壤，与国防关系紧要。法国意图通过修筑铁路把广西视作其势力范围，因此，应依据前议予以拒绝为上。中国与法国在前议中商定的"广西铁路，由北海至南宁，及南宁展接铁路，暨由北海不至南宁而至别处为止之"铁路。法国公使所称中法合办之路线，即是专指北海、南宁线路而言。然而，广西商办铁路无意成立铁路公司，亦无意筹筑该路，故广西铁路难以修筑。至于法国公使大度地提出"不必拘定前议"之论，沈云沛的策略是权当没有听见，毋庸置疑便是。沈云沛与徐世昌等谋定后，致外务部《广西铁路事》密函，提出"自应毋庸置疑"之策，"即希尊处婉词酌复是荷"。

四是主张驳回英国在浦口开设商埠请求。宣统三年（1911年），沈云沛帮办的津浦铁路即将竣工，南京英国领事利用其承筑南段之有利条件，向两江总督提出在浦口开设商埠。英人认为，南京浦口成了津浦铁路与沪宁铁路及浦信铁路三条铁路和长江航运之枢纽，商机无限，在此设立商埠乃一本万利，因此志在必得。沈云沛接两江总督电函，与徐世昌磋商一致后，即函告盛宣怀与两江总督："当与本路交涉。"沈云沛饬令南局总办罗国瑞：英国在浦口开设商埠，严重损害了中国南北商贸与长江航运利益。故商埠凡涉及津浦铁路之处一律予以拒绝。应明白无误地告知英国，浦口商埠应由中国自行设立，容不得任何人染指。盛宣怀与两江总督赞成沈云沛、徐世昌意见，浦口这块商贸繁盛之地不能由英国人占据。英国于浦口设立商埠遭受挫败后，英公使朱尔典遂至外务部照请在浦口开设商埠。沈云沛即与军机大臣徐世昌磋商认为，津浦铁路大臣对英国在浦口设立商埠态度鲜明，即凡涉及津浦铁路之处予以拒绝，至于其他事项"此事仍应由外务部主持驳斥，似非津浦铁路大臣所能拟议"。因此，沈云沛与徐世昌商讨后，致函外务部左右侍郎、军机大臣那桐，以及曹汝霖等《浦口开设商铺请主持驳斥由》："此事仍应由外务部主持驳斥。"津浦铁路帮办沈云沛的否决致英国计划彻底破灭。

五是主张在中国主权框架下订立《中日电约》。甲午战争后，日本一直要求在东北南满铁路界外商埠设立电报局，要求在东北、烟台等地架设电话线路，反复表示欲与中国签订《中日电约》。时邮传部尚未成立，六部还没有司其职之机构。邮传部成立后，照复日本要求签订《中日电约》提到议事日程上来。沈云沛在审阅日本屡次致外务部照会与函件，感到日本之要求乃在其势力范围之外地方，此涉及国家主权。日本人拟在南满洲铁路之外设商埠，设电报局和架设横穿华北、华东之电报、电话线路是在中国的土地上，应该在尊重中国主权的框架内提出合理要求，这是不可动摇的主权立场。否则，中国拒绝与任何国家签订所谓电约。本着维护主权立场，沈云沛与邮传部尚书陈璧商讨后经部议决定：日本在南满洲铁路境外所设电线即交与中国；日本现有之电话线，亦应由日本所用之日本报生在中国电局内收发电报，所需报房由中国备给，由日本给租；日本邮政局通至中国电局之电线，由中国建造以期连接。清政府外务部根据沈云沛提出的坚持主权立场，与日本多次谈判而无成效。英外务部斡旋，并将日本提出的新议案四条节略递交邮传部。沈云沛审阅后，逐条加议，进行严密规范，然后将其作为附件致函外务部。沈云沛采取一系列外交举措，向日本施压，但是，沈云沛饬令上海电政总办周万鹏在伦敦与日本谈判无果，于是中国决定终止与日本的谈判。之后日本提出电约五条办法并恢复谈判，沈云沛对此进行慎重研究，经更改补充后交外务部。光绪三十四年（1908 年）九月，日本最终在尊重中国主权的框架下妥协让步，改定中日电约大纲八款。沈云沛拟函致外务部《周道万鹏改定电约可否即派该道签押希酌核见复由》，在得到外务部备案认可后，《中日电约》签订。

六是主张禁阻英国在上海私自安设无线电报。《中日电约》签订后，沈云沛饬令各省，凡欧美各国因铁路、商贸需要，必须在中国架设电话线等，均以《中日电约》为参照订立电约。所有未经允准签约而私自作为的，不管出于何种原因，一律视作严重侵犯中国主权之行为。同时札饬各省密查欧美各国在中国私设电报、电台，架设电线等侵犯中国主权之行为，一经发现立即禁阻、拆除。宣统元年（1909 年）二月，沈云沛接上海汇中旅馆报告，洋商在旅馆私设无线电报。沈云沛遂与尚书李殿林、左侍郎吴郁生紧急磋商，署名拟函致外务部，要求立即照会英国，阻止该行为，以维护中国的主权。外务部接函后即照会英国公使，英国在道歉之后将上海汇中旅馆无线电报撤除。此后，沈云沛大力整顿各地电政，制定了《收发无线电报暂行章程》，以维护主权。

第二章　沈云沛的经济思想

一、实业培元思想

沈云沛是近代著名实业家。实业是农、矿、工、商等企业的总称。实业家在一定程度上可以理解为是企业家。企业家是一个职能概念，不是一个持久不变的职业状态，因而在现有的经济理论和企业理论中，有很多企业家的定义。例如，企业家是企业的经营者，企业家是承担企业经营风险的人，企业家是掌握企业控制权的人，企业家是企业剩余的索取者等。实业家这个词通常用于近代中国遭受列强凌辱的时候，那些以产业救国的具有社会责任感的爱国人士。从光绪二十七年（1901 年）清廷发布诏书号召各界兴办实业和铁路，实施发展经济国策始，至宣统三年（1911 年）辛亥革命前，中国近代经济得到长足发展。按照有关资料和中国社会科学院公布的研究数据得知，其间，全国有祝大椿、沈云沛、盛宣怀、严信厚、周学熙等十四个实业家，总投资 999.51 万元。沈云沛投资 114.75 万元，紧随上海祝大椿之后排名第二。

沈云沛从年轻时就产生了“实业培元”的思想，他是在中国较早具有实业救国思想的人。近代以来，中国屡遭西方列强侵略，中国失去的不只是银子和土地，还有国家的主权和尊严。其解救的办法就是沈云沛提出的“谋实业以培天下之元气”，以实业富民强国。于是，那种把业儒视为获得自身与家族尊严及荣耀的传统思维被打破，代之以开办实业为匡世救民、赢得尊重与荣誉的手段，这促使人们思想观念的转变，成为整个社会思潮。沈云沛的“实业培元”思想，来源于传统中医药理论的精髓“固本培元”。元和本指的都是元气，是人体的本源之气，是人体维持正常生命活动的基本能量。人的生命历程要经历生、长、壮、老、死，是一个由弱到强，再由强到弱的过程。历代医家在实践中辨证论治，提出以调补气血、培元固本的治疗思想，逐渐发展成固本培元派。沈云沛是一名中医专家，他把社会比作人体，病弱的人体需要“固本培元”，病弱的社会需要“实业培元”，因为经济是社会的基础，这个比喻不仅形象，而且准确。

沈云沛等实业救国论者认为振兴实业能够救中国于不亡，致中国于富强。实业救国思潮从兴起到高涨，其内容虽然在不断丰富和深化，但其核心目的一直是富强图存。自西方列强入侵以来，先进的仁人志士在敌强我弱的强烈反差中深思：为何列强如此富强，中国的实力却如此衰弱？他们在了解世界各国的兴衰史后认识到“近世以来，政局大变，列国倾向注集商战，经济竞争烈于军备”“惟实业足以左右世界之大势者，不特私人之自立以此，即国家之战胜亦以此”。在他们看来，实业的发达是列强富强的根本原因，而中国的贫弱则是由于实业的不发达。中国欲富强图存，要以振兴实业为根本之计。

沈云沛的实业培元思想有一个从产生到成熟的发展过程。首先，沈云沛从小就深受父辈儒商思想的影响，生发了实业培元思想的萌芽。沈云沛祖籍浙江湖州，古称吴兴。吴兴堂沈氏家族是江南豪门望族。沈氏在江南除了拥有大量田产，且在养蚕缫丝、纺织、粮油、酿酒、流通贸易等方面独占鳌头。由于经济基础雄厚，家学渊源，后裔人才辈出，形成众多沈氏门阀氏族，使其家族长期处于领袖地位，力撑江南经济半边天。明天启六年（1626年）六月，常州轩三房沈氏沈继源为躲避魏忠贤的捕杀，到海州阿湖定居垦荒。之后历经家族兴衰，以及南逃北归，至乾隆三十二年（1767年），沈云沛曾祖沈秘弃官回海州垦荒。二十多年后，沈秘垦荒五万余亩卓有成效，成为海州地区大富户，为人瞩目。沈云沛祖父沈绶恩、父亲沈观国、母亲杨氏对沈云沛寄予厚望。沈观国多次参加科举，同治十年（1871年）为岁贡，后为训导、奉直大夫。沈云沛生性颖悟好学，熟读诗书的其母杨氏是第一位老师，精通中医的薄秀才为第二位老师，在苏北鲁南名头很响的沈氏镖师为第三位老师，学富五车的举人李荫远是第四位老师，通过两位家教、两位私学老师十年教育，沈云沛已熟知经史子集、兵法、中医、文学、艺术、算术和武术。其后，沈云沛进行了三次游学，分别到北京、山西、西安、河南等地，结交贤良饱学之士，为从政经商打下了良好的学识基础。

其次，沈云沛在七年科举未中及十年宦游中，目睹百业凋敝、民不聊生的现状，初步产生了实业培元的思想。同治十二年（1873年）中举后，沈云沛于海州在调研、规划、筹备的基础上，改革沈氏原有经济结构、进行码头基础建设、兴建甡茂船队、设立当铺，开始了实业培元的探索。交通运输方式的革新对于经济发展至关重要。光绪二年（1876年），沈云沛第二次赴京参加会试落榜，闻日本借琉球渔民被杀进犯台湾，向清廷强索七十五万两银。朝廷国库空虚、国力衰弱所面临的危机让沈云沛忧心，更加坚定其在海州发展农工商业、探索实业救国道路之决心。沈云沛认为，海州处海滨一隅，其农工商发展及货物流通必须与全国相维系，而交通运输颇为关键。当时海州原始落后的运输方式，无法实现在全国范围内较大规模的货物流通。沈云沛据此将水路运输作为沈氏贸迁的重要支柱。全国盐政惟两淮最大，而淮北盐产量又占两淮大半，海州盐务在两淮的地位举足轻重。经过深思熟虑，沈云沛决定利用鸿门以及南乡堆房地理优势，兴建鸿门与六里河小圩码头。利用南北两个码头，沟通两淮盐运水路及中西部各地；利用临洪河与潮河（六里河），可达沿海各港口及亚欧各国。这可将海州置于海路与内河运输枢纽位置，进行全国大规模商业运输和贸易。至光绪五年（1879年）全部竣工时，沈云沛购置的三艘以蒸汽机为动力的火轮船也相继到港，建立了甡茂号船队，"导贸迁之往来"，这开创了海州地区水路贸易之先河。至此，沈云沛占尽了海州海路与内河水路运输的天时地利，这在沈氏实业中占有重要地位，在全国也具有示范意义。

当铺既是提款机，又是周转的润滑剂，在实业发展中作用巨大。光绪三年（1877年），沈云沛在海州中大街开办甡银当铺。起初，甡银当铺为纯粹的典当兼理存款、贷款业务的传统经营模式。但沈云沛敏锐地意识到金融与实业、商业发展之关系，又将当铺兼理的存款、贷款业务扩大至汇兑，使"甡银当铺"具有钱庄的功能。钱庄是为商业服务的金融机构，可以将社会零散的资金集中起来开办实业。这是沈云沛实业发展的必然选择和重要举措，致一些实业投资者以开办当铺兼作钱庄集资成为风尚。

再次，沈云沛在回海州丁父忧、任团练大臣、丁母忧的十一年间，深受张之洞大办实业启发，使其实业培元的思想更加明确。光绪十六年（1890年）六月，沈云沛结束十年宦游回海州丁父忧三年。光绪二十年（1894年）四月甲午恩科，沈云沛赴京会试而中进士，受张之洞荐举为团练大臣滞留海州。光绪二十三年（1897年）年底，海州团练奉旨解散，沈云沛奉旨回京参加礼部朝考。光绪二十四年（1898年）六月，沈云沛因"母疾"告假回到海州，不久改为丁母忧三年。其间正好避开"戊戌政变"劫难而大办实业。沈云沛较早接触到西方科技文明、工业革命、农业实验，特别是张之洞的洋务思想与"三不争"而争天下先的思想，及其前瞻性和务实的精神，对其影响是巨大的。沈云沛践行实业培元思想的主要举措是加强和完善初期阶段的实体运作，实施具有全国示范意义的大规模农工业实业投资，如兴办鸿门果木试验场（鸿门果园）、海州种植实验场、锦屏山溥利茶叶公司、云台山茶叶树艺公司、海赣垦牧公司、硝皮制革总厂、临洪油饼厂、毛巾洋胰（香皂）厂、织布厂、渔业公司等，并根据海州地域民情开办小型多样的实业与商业网点等。

中国是农业国，强国富民除了兴办工商实业外，尤以农务为根本。可以说，中国近代农业试验自沈云沛始。沈云沛投巨资兴办鸿门果木试验场（鸿门果园），是早在光绪初年便谋定好的开发项目。其规模为国内罕见，也是淮海地区第一家颇具规模的企业实体。张謇对此十分赞誉，于是张謇效法沈云沛，在南通兴办植物园。庚子事变后，沈云沛又从美国、日本引来一些果木优良品种，致使鸿门果园的梨、桃、苹果、葡萄名闻遐迩。光绪十七年（1891年），沈云沛决定在海州创办种植试验场，开展农业试验，并制定创办海州种植试验场、改革振兴海州农林的行动计划。至光绪二十年（1894年），成为淮海地区第一家最大规模的农业试验实体。光绪二十一年（1895年），沈云沛筹谋将云台山周围的沙卤田划定为种植试验场范围。翌年沈云沛致函张謇，倡议与其联合开发海州荒滩，对张謇启发很大，于是张謇即与其弟商谋成立通海垦牧公司。至光绪二十四年（1898年）二月，沈云沛与从秘鲁回国的许鼎霖商谈海赣滩涂开发垦牧事宜，决定以赣榆青口以南沿海至灌河口广大滩涂、芦苇泽地为垦牧范围，定名为海赣垦牧公司。沈云沛亲自挂帅海赣垦牧公司，并拟定了具体的垦牧办法，绘制海州垦牧示意图、说帖，操办立案登记实施购置沙卤田事宜。同时，沈云沛设立树艺公司两个，在锦屏山的长二十六里、宽十五里范围内，种松、橡一千余万株，伴有其他杂木倍之；在云台山广种云雾茶树八百万丛，并广植各种经济树木。光绪二十七年（1901年），沈云沛赴南通面见张謇，希望与张謇联合海州垦牧，但张謇始终未提及入股海州垦牧，而沈云沛从沈敬夫处得知张謇与汤寿潜等正在招股南通垦牧。之后，沈云沛决定不走南通垦牧筑海堤之路，并著述《海赣垦牧公司》一书。海赣垦牧公司总公司设在海州鸿门沈家花园西大厅，总账房设于上海，并于云台山、东陬山、响水口、青口设立分所。垦牧范围自海州北境入赣榆县界六十里，抵山东日照县；向南自州治东抵阜宁县境约三百里，总面积约八千公顷。海赣垦牧公司以其良好的经济效益与社会效益，成为垦荒国策的一面旗帜。在海州垦牧的示范作用下，全国掀起了垦牧高潮，全国兴办垦牧种植达一百零四处。这些为后来沈云沛开办大清农事试验场（北京动物园）提供了经验。

与此同时，沈云沛经过在河南、山东等地多年考察，深感皮革应用广泛，但国内尚无制革业，认为必须自办硝皮厂，对国内生牛皮自行硝制，减少生皮出口，与进口洋皮对抗。光绪三十年（1904 年），沈云沛投资八万元在鸿门码头兴办海州硝皮制革总厂，在安徽寿州、河南周家口、山东沂州、天津分别设分厂，效益十分显著。成为中国第一家跨省制革联合企业。在这重大的转变中，沈云沛走在了时代前列。《民生日报》认为，沈云沛是“中国实业的先行者”。

最后，沈云沛于庚子国难后在朝廷身居要职十余年，擘画和运作全国实业救国大计，使其实业培元的思想发扬光大。在沈云沛看来，此十年是实现人生价值最辉煌、最值得骄傲的十年。光绪二十七年（1901 年）后，在举国上下收回利权运动和抵制洋货运动中，中国人实业救国思潮更加高涨。清政府制定商律、地方各级政府颁发章程，掖奖民营，从立法上鼓励私人投资，惠商政策逐步完善，工商业成了令人尊敬的行业。沈云沛、张之洞、李鸿章、刘坤一、张謇等反对利用义和团的政见，以及率先大力开办实业之举，无不与国情和清朝的“新政”相合。载振奏请在工部增设典农司，主管全国农业实验和开发，由沈云沛负责筹谋全国农业开发事宜。此后，沈云沛开始制定并实施全国农业垦牧计划，于营口、西京（西安）、狼山和“六镇”实施大规模垦牧，从而推动了各省垦牧种植业的发展。光绪二十八年（1902 年），沈云沛就开发营口滩涂、松辽平原荒地磋商实施方案。他仿效开办海赣垦牧公司之章程，制定由朝廷与当地集资自愿投股，在典农司指导与监督下由当地组织实施，按股分成、利益共享等条款。这样，既兼顾了地方与当地投资者的利益，又调动了各方垦牧的积极性。“六镇”的荒漠缘由缺水所致，只要开渠引水，大片荒地即可变成粮仓。沈云沛经过与当地磋商落实垦牧实施方案，在方法上依然采取由朝廷与当地集资自愿投股，利益共享，由当地组织实施。营口和“六镇”等的垦牧与海州种植试验场、海赣垦牧公司一样取得了成功。沈云沛主持全国垦牧开发，使荒漠变为绿洲、成为米谷飘香的粮仓，利在民生，惠民无疆。

同时，沈云沛筹谋在京师兴办农事试验场（北京动物园），当与营口、“六镇”、海州种植试验场等地垦荒不同，既要便于观览，又要利于农业研究试验，他选择的地点是北京西直门外乐善园等三处废弃的皇家园林。光绪三十年（1904 年），沈云沛主持完成农事试验场规划，规划采用西方理念和做法，将其分为四大部分：一为植物园区；二为农产品试验区；三为风景建筑区；四为游览附设区。沈云沛规划的农事试验场宏大、投入巨大而使朝廷踌躇再三。沈云沛利用农学会创办的《农学报》宣传农业科技知识，呼吁改革中国农业，以期形成上下共识。光绪三十二年（1906 年），沈云沛分别呈文向载振、光绪阐述开办大清农事试验场的意义、作用与效益，并上呈《农事试验场章程》。沈云沛言：“本场为开通风气，改良农事起见，特于场内附设博览园，以便公众游览，得考察试验之成绩，发起农事之观念，并于博览园附设动物园、博物馆。”历经近两年不懈努力，光绪、慈禧等赞同开办。朝廷在京师开办农事试验场在国内外引起轰动，认为这是中国几千年来第一次朝廷创办科学农业之举。光绪三十四年（1908 年），农工商部农事试验场对外开放，农事试验场成为北京市民和外地游客的首选去处。美国、德国、英国、日本等国家媒体盛赞沈云沛是中国走向现代化及商业文明的先行者。

在此基础上，沈云沛与各地商讨完善商会的建立，组织并完善了具有新时代特征的中国各地商会。沈云沛被海州商人选举为海州商会第一任总理。1912 年，沈云沛等积极组织在北京召开了中国历史上第一次全国工商会议。沈云沛在会上提出了组建经济团体、兴办工商业学校、共谋振兴中国实业的意见，得到与会者的赞同与响应。会后，全国各类经济组织如雨后春笋涌现，其后五年中，全国成立了一百零七个经济团体。1913 年 5 月，召开中国实业会、中国实业会上海分会成立大会，沈云沛被选为会长，唐文治为副会长。《民生日报》评论沈云沛在北京成立的中国实业会、在上海成立的中国实业会上海分会，是“以群策群力，建设工业社会，企图工业发达为宗旨”，认为沈云沛等中国实业的先行者“已经表露出强烈的集团自我认同意识”。

以沈云沛为代表的实业救国者身上蕴含着创造的精神、综合发展的主张、重视人才的见解、引进技术的思想，是儒家经典等传统文化中所没有的。他们是真正敢为天下先的开拓者，是为了救国、强国的爱国者。诚然，以沈云沛为代表的实业救国者的身上也有一些缺憾，他们创办的企业困难重重，有些宏达的谋略没有能够实现，但他们留给后人许多值得深思的启示，其精神更为后人树立了光辉的榜样。

实业救国思潮在一定程度上抵制了西方列强的冲击，促进了民族资本主义的发展，推动了中国早期现代化的进程。实业救国在历史上发挥的作用是正面的：第一，其对西方经济和政治思想的吸收和探索促进了国内政治经济学说的发展；第二，其对清末民初中国的实业发展以及工业人才的培养起到了推动作用；第三，实业救国思想家的理论探讨和实践给中国国民经济体系的建立产生了巨大影响。但是，实业救国思潮从根本上来说，带有唯生产力论的色彩和工业拜物教的气息，忽视甚至无视了上层建筑对生产力的反作用。这使得实业救国论者对中国的分析出现了偏差。尤其是张謇所认为的，可以从发展实业出发，一并解决诸如政治制度、国民教育、法律建构等一揽子问题，就明显混淆了当时中国社会发展的次要矛盾和主要矛盾。张謇兴办的大生纱厂就是在国外资本的挤压下衰落的。到二十世纪二十年代初，越来越多的有识之士认识到只有先通过政治革命，打破腐朽的政治制度，建立先进的政治体系，才能促进国家持续发展。但是，改革开放后唯生产力论再次出现，因此要进一步解放思想，深化改革开放。

二、铁路强国思想

沈云沛认为，实体经济是一国经济的立身之本，是财富创造的根本源泉，是国家强盛的重要支柱。交通尤其是铁路是兴国之器、强国之基。建设交通和铁路，在实业发展阶段的大背景下，有着重大而深远的意义。交通和铁路建设，不仅为人民群众出行生活带来了很大便利，同时也促进了经济社会的良好发展，推动了地区经济快速崛起。

建设交通强国首先是建设铁路强国。国家铁路处于关系国家安全、国民经济命脉的重要行业和关键领域，作为国民经济大动脉和国家重要基础设施，铁路建设在国民经济中扮演越来越重要的角色。铁路运输是国民经济基础性、战略性、先导性产业，也是重要服务性行业，是服务发展的重要支撑。建设铁路强国就要实现"人享其行、物优其流"的目标。

晚清官制无"铁路大臣"一职，但由于沈云沛致力于中国铁路事业功绩卓著，故海州地区民间多称沈云沛为"铁路大臣"。"铁路大臣"肩负国家铁路建设、运输经营管理、铁路安全生产和做大国铁资本等重要职责。沈云沛在那云谲波诡、政潮不断的历史时期，致力于中国铁路事业十余年，以西方科技和近代文明与戴着面具的保守顽固势力、利己主义集团做不懈而持久的斗争，走的是一条坎坷而漫长的道路，使中国铁路"十道之咸通"，其功"可歌于八极"①。

沈云沛铁路强国思想主要表现在以下几个方面：一是主张"铁路为自强第一要端"与擘画中国铁路宏伟蓝图。光绪十五年（1889年），清廷终于接受了铁路，历经二十多年的彷徨。光绪二十二年（1896年），张之洞等联名上奏《历陈筹办卢汉铁路情形折》："铁路为自强第一要端，铁路不成，其它无论矣。"沈云沛深以为然并坚持力行。中国"力行新政"而把修筑铁路放在首位，这是沈云沛等的主张和盼望。光绪二十三年（1897年），张之洞、沈云沛等力主修筑津镇铁路（经临沂、海州）。光绪二十五年（1899年）五月，中国与中英公司、德国华德银行签订《津镇铁路借款合同》，借款七百四十万英镑，五年内全路建成。张謇等人发起声势浩大的保路运动。在所有斡旋无效情况下，清政府放弃津镇铁路，改道自天津经徐州绕道安徽至南京浦口为津浦铁路，由沈云沛主持修筑。

---

①"十道之咸通""可歌于八极"：清吴廷燮之语。十道指沈云沛主持修筑的十条铁路。八极指四面八方的极远之处。

光绪二十九年（1903年），铁路先后为商部、农工商部主管。清廷颁布《铁路简明章程》规定：无论华人、洋人，商办铁路均可向督抚衙门递呈请办铁路。其宗旨是在激励国内绅商投资铁路，通过借款官办与商办集股两条腿走路方式发展中国铁路事业。光绪三十二年（1906年）九月，设邮传部，主管路、船、邮、电“四政”。“四政”是中国近代化建设最基础的前沿产业，铁路为该部第一要务。

宣统元年（1909年）一月，沈云沛署理邮传部尚书，开始实施以西方科技发展中国交通运输、擘画中国铁路蓝图的宏伟大计。沈云沛首先制定“四政”建设规划，对全国铁路修筑情形、布局规划、筹款方式等进行全面分析和思考，提出“四政”尤其是铁路建设规划及切实可行的措施。其中沈云沛于中国铁路的呕心沥血之谋划要点：“……其路政现办之工程，腹地则以津浦、粤汉、川汉为最长；边则以锦爱、吉长、张绥为最要。津浦经世昌等整顿，复经云沛亲赴浦口相度，约计明春北段可通车至德州境内。南段浦滁二百里间沮洳之地，土方亦可完工。自应督饬员司南北兼程，期与京汉、粤汉相为经纬。其东西纬线之汴洛一路，因洛溢桥圮（指洛河泛滥冲毁大桥一事），现已赶紧施工。原奏拟定自此左出为清海、开徐；右出为洛潼、西潼。清海为纬线之尾间；开徐居纬线之中点，尤宜及早开工。经夙夕图维，业已粗有端绪，惟款项有着，方能议及兴修清徐及、洛潼、西潼。各段工程应饬苏、豫、陕三公司遵期赶办。粤汉自归部办后，候补参议龙建章等赴粤彻查工款，仍与署内特设一筹办处以专责成，与外务、度支两部妥慎筹商总期上秉。宸谟[①]下导民利，务为沟通省界俾昭同轨之功。川汉自鄂境宜昌以东，归并粤汉案内统筹，其宜昌以西，由川省公司聘定。部候补丞参詹天佑为总工程师，方谋兴工凿险。巴东三峡古号崎岖，詹天佑于京张之居庸，既擅前工，当不难于川汉之巫山，更收后效。西北张绥轨线，仍由詹天佑以京张总办兼顾，拨款二十万两以应工需。洋河现已挖筑桥墩，预度后年夏间当能通车至于山西之天镇。东北吉长轨线，业经购地复勘，开春冰泮，建厂设站，分段程功。京奉展线，当责成铁路局长梁士诒，督同委员与日本南满洲公司磋商，冀挽

①宸谟：帝王的谋略。

回路权，渐使驰驱就范。锦爱一线，首衔京奉干轨，中贯奉、吉、黑三疆，关系东陲尤为重要，由外务、度支两部会同奏准，由该省借贷美款，当即遵咨该督，催令赶紧经营。江西之南浔、安徽之芜湾、福建之漳厦，按年接展，如限葳工，随时督催，俾符原议。此为实行筹备路政之办法也。"同时，筹谋制定《东三省铁路大计划》；实施赎路政策，拟从宣统元年（1909年）起赎回正太、汴洛、道清、沪宁、广九诸路。对沈云沛的构想，与尚书徐世昌共同上奏获准。

二是主张铁路线路选择应充分考虑区域发展利弊。事实证明，铁路修到哪里，哪里的经济就会腾飞发展。新线路的开通为铁路运力输入新的血液，对缓解运能紧张，改善民生，促进沿线经济快速发展起到积极而深远的作用。中国地理环境复杂多样，中西部铁路基础设施建设虽然难度较大，但意义更大，不仅能够带动铁路沿线地区相关产业发展并发挥经济辐射作用，而且可以促进旅游文化资源的开发和带来新的发展机遇。沈云沛等筹筑由中国沿海中部通往中西部的陇海铁路，就成为促进东部沿海地区与中西部内陆地区协调发展的典范。但是，陇海铁路筹筑过程最为复杂，从光绪二十九年（1903年）议筑，到1925年通车海州，历经二十二年。其间围绕着汴洛铁路东西展筑由支线升为干线、商办与借款官办、路权、路款、线路走向等，不仅其沿线各省商办铁路公司与清朝、民国政府部门和机构争执不休，局势变幻莫测，加之英国乘机从中搅局，德国则以"开沂海"与"胶沂青"铁路与陇海铁路一争长短。至于东部终点海州、通州港址之争，则贯穿陇海铁路修筑始终。

光绪二十五年（1899年）年底，盛宣怀上奏《预筹卢汉铁路干路还款并保全支路利益折》获准，修建开封至洛阳的汴洛铁路，作为干线卢汉铁路之支线。据此，翰林院编修沈云沛立即向盛宣怀提议，汴洛铁路修筑可由开封和洛阳两地合进修筑，或从郑州分头向开封、洛阳修筑。修成通车后再由开封和洛阳向两端展筑，东至海州，西至兰州，形成横贯中国东西的交通干线。盛宣怀赞赏沈云沛着眼大局，展筑汴洛铁路而为东西干线设想。这样，卢汉铁路与展筑的汴洛铁路便形成了一纵一横的格局。次年，义和团起事与八国联军入侵，致汴洛铁路搁置。光绪三十年（1904年）九月，汴洛铁路动工，从郑州起向开封和洛阳东西两端同时修筑。于是，沈云沛面呈载振，建议汴洛铁路由支线升级为干线：西段由洛阳展筑至潼关、兰州，东段由开封向东展筑经徐州、邳州至海州，形成横贯中国东西的交通干线。载振大为赞赏，部议后并上奏："据汴洛线向东，经徐州、邳州，至海州建成铁路，可形成东西一大干线。"汴洛铁路东端以海州为终点的横贯东西干线的设想已由沈云沛提出，这是第一次上奏备案。光绪三十四年（1908年）二月，沈云沛转署邮传部右侍郎后，制定了汴洛铁路展筑经徐州、东部终点海州建三个港口的方案：一是在山东和江苏交界的岚山头筑一深水海港；二是在灌河口的燕尾港筑一内河港；三是在东西连岛筑一海港。沈云沛规划在东西连岛筑港，提出"西连岛风平浪静，虽不甚深，但于此稍加疏浚，便可与黄浦江深度相同，可以在此建造转运海港，便等于将陇海铁路修筑到上海"之规划，与法国测绘队长克那纳，技正沙海昂，总工程师薛玛、席拉，荷兰公司代表陶普斯等的意见相合。他们出具报告、说帖、意见书、图说，说明西连岛作为陇海铁路终点港为最优：港底均系细沙，疏浚较易；遇风可以西连岛为屏障；港岸巩固，无变迁之患；外国火轮可以随便出入；港位居盐港之中心，适值直线终点。最终，陇海铁路当局与法国、比利时、荷兰等债权国把老窑（连云港）作为陇海铁路东端终点港口。

宣统元年（1909年），由沈云沛署理邮传部尚书。正月十八日，徐世昌遂与沈云沛上奏展筑汴洛铁路而为陇海铁路干线的奏折："该路大概以开封为起点，以自开商埠之海州为尾闾，西联汴洛以达甘新，为中原东西一大纬线。"而张謇得知此事后遂上书邮传部，直言终点海州"商港值得怀疑"，力主陇海铁路终点通州为佳。1912年之后，张謇先后呈文交通部总长朱启钤、周自齐与叶恭绰，反对陇海铁路终点海州而力主终点通州。"陇秦豫海铁路"这个名词出现于1912年9月24日，它折射出陇海铁路东部终点海州、通州之争再起。虽然"陇秦豫海铁路"与"陇海铁路"名中都有"海"字，但"陇秦豫海"之"海"并非海州而是"海滨"。而"海滨"又无具体终点港址所指，则反映出主政者妥协的无奈，抑或希冀转圜的策略。出现这种变故的操作者是张謇。1915年，张謇根据沙海昂勘测崇明之"最终比较，以南线崇明大港最优，而临洪口、西连岛次之"报告，第四次呈文交通部总长周自齐，要求汴洛铁路东筑经徐州后，应转而向东南经清江浦（淮安），沿运河河堤至崇明，并详尽分析了两地投资、效益之利弊，但最终均被邮传部、交通部与债权国否决。沈云沛长期置身朝廷中枢，对列强在中国的利害关系、思维方式了解之广度与深度，以及眼光视野和思考、观察、运筹能力为张謇所不可及。陇海铁路终点在海州的筹谋是沈云沛从全国大局出发的，坚信海州为陇海铁路东端终点是最佳选择，事实证明了沈云沛力主陇海铁路终点海州的远见卓识。海州地处中国东部海岸之中部，中西部腹地辽阔，修建一条横贯东西的铁路干线，是为中原、关中及西域腹地出海口的便捷通道。腹地矿产、物产之贸迁以及于海州转运，北上南下或通过海州便捷出口，经济效益不可限量，非张謇之南线所经的十二县物产相提并论。因为债权人与企业家是追求利润最大化的，而煤钢比农渔优势更大。张謇言走南线七百里河堤为路基可节省投资。但铁路线路走向之确定，要综合各种因素予以科学理性分析、勘察设计而定。即便铁路走向迁就河堤，然废黄河故道河堤以及其他旧河堤的地势低洼潮湿浸泡路基实为铁路大敌，故不能作为铁路路基。南线通州是北线海州路程两倍之多，投资与收效之比远不及北线，故不可投巨资舍近求远。尤其是长江流域一直是英国等列强的势力范围，北方及青岛则为俄国、德国、日本的利益区域，相互利益之争甚为激烈。若陇海铁路弃海州而终点通州或崇明，势必将面对与英国等列强的竞争，有不可预测的风险因素。而终点海州处于中间地带，南北列强势力鞭长莫及，可独享中原、关中及西域腹地物产贸迁之利。因此，徐州至通州之南线不仅仅是投资、效益问题，更是一个极为敏感的政治问题。陇海铁路终点海州为最佳选择最终成为现实，沈云沛的运作与影响是显而易见的。

1915年12月底，沈云沛回海州后即约见格瑞奈和武同举，听取格瑞奈关于勘测与建港意见。格瑞奈报告经勘测墟沟、西连岛、高公岛、秦山岛等处的水深、沙淤等水文地质，认为老窑具有修建天然良港的自然条件，为它处不可媲美。沈云沛希望格瑞奈制定老窑港口规划并报陇海铁路总公所与东路工程局核准，以便筹谋筑港在前，以期与筑路同时竣工相接。1916年1月初，沈云沛赴徐州与施肇曾、卢学孟就徐海铁路选定终点老窑港址及筹划筑港相关问题商谋意见。施肇曾、卢学孟对确立西连岛老窑港址一致赞同。4月，沈云沛在北京为徐海铁路募捐后带着尚未定稿的《川汉铁路》著述再赴徐州，提议由施肇曾、卢学孟以陇海铁路督办、东路工程局局长的身份，直接出面游说比利时电车铁路公司借款，这是解决徐海铁路续筑资金困难的唯一一条捷径，为此可能产生的后果由沈云沛承担。陶普施与荷兰筑港公司和安士第银行团商谋后，认为此种借贷手法，在某种意义上具有一定的可行性与法律依据。于是，遂商定借款五千万弗罗令，专供徐海铁路与筑港前期费用。而张謇强烈呼吁："宁可蹈沈君戋戋之村气"，也要陇海铁路终点通州。1917 年、1924 年法国工程师格瑞奈又先后对老窑（连云港）进行勘测，结论均为最佳天然良港选址。1921 年至 1925 年，在交通部任职的沈云沛之子沈蕃与陇海铁路督办施肇曾、东路局局长卢学孟等，协力推进陇海铁路修筑到海州。由于种种原因，直至 1935 年由荷兰治港公司投资承包建筑的连云港海港和连云港火车站竣工启运。同年，经国民政府批准，在连云港口所在地设立连云市，1961 年改为连云港市。今天，"一带一路"建设对中国经济与世界经济的互动发展，毋庸置疑仍受惠于陇海铁路。

三是主张"谋划铁路要兼顾国防"。沈云沛在擘画中国铁路宏伟蓝图时，从国防安全角度高瞻远瞩地制定《东三省铁路大计划》，其在"筑路之必要"中言："东三省之风云千变万化，因果迭生，然迹其滥觞，无一非铁路所由造。日俄战争以前之东三省，俄之殖民地也。日俄战争以后之东三省，日俄二国之逐鹿场也。俄曷为而能殖民以乌苏里、东清二路高峻之故。日俄一役，日曷为而胜，俄曷为而败，以日有安奉、新奉运输神速。而俄之西伯利亚乌苏里路远线单，转运维艰之故。推而至于今日俄值大败之后，尚能与日本并驾齐驱同逐东三省之鹿者，亦无非恃东清，犹有北部而乌苏里依然故我也。日俄二国之与我东三省，既以铁路为其轻重如此，然则我居主人翁之位者，欲以东三省制日俄，以东三省保东三省，非法古人以夷制夷之故，故智而以铁路制铁路，以铁路保东三省，其可得乎善哉。徐相国之言曰，欲保全东三省须振兴兵、农、商、矿，欲振兴兵、农、商、矿，须先筑铁路……"沈云沛特别从"宜抵抗日俄""宜注重国防""宜连接航路"等方面，论述东三省铁路之重要。同时，指出俄国和日本觊觎东三省之司马昭之心："俄有东清线三千里，乌苏里线千八百里……有席卷囊括之气概……议以三万万卢布之巨款另筑黑龙江四千七百里之大铁路直通伯里与海参崴连接，限千九百十二年竣工……所谓司马昭之心路人皆知者也。日有南满线千八百七十里，与东清一纵一横成丁字形，现所改筑者安奉线五百七十里，顷又要求会宁至吉林筑造。权其长足之进步，与俄实相颉颃，故定线之初，宜熟察情形，选重要地使我国铁路足以抵制日俄而有余，且力避并行之途免致贻其口实……东三省为发祥之始基，腹地之肩背，一有战争则全国受其影响。然日俄不两立，战争安有已时？昔日之战争，由朝鲜问题发生，而首遭其殃者为东三省。今朝鲜已为日本之领土，则将来之战争必然发挥于东三省。其鏖战之场必不出东三省一步。为朝鲜而战争，我之局外中立，已大失国权，惹外人之耻笑，若为东三省而战争，我仍以严正中立自居，则毋宁较纪侯[①]，大去其国之为愈也。故我国铁路对于戎机，须以能操纵日俄之命脉为先务。"沈云沛还指出："线路经过之区，宜择其土壤最沃、边防最吃紧者，使熙熙攘攘之辈，皆愿出入其途，分地以开之，设官以治之。等屯田于屯戍，以实边为卫边，然后寓兵于农，国家可以收长治久安之效。"历史验证了沈云沛分析的准确性，这对中国的国防建设具有重要的战略意义。

宣统元年（1909 年）三月，沈云沛接广西巡抚张鸣岐上奏和军机处朱批后，强调地理复杂及军务特情，要本着利于军事与兼顾商业等统筹拟订方案。沈云沛与度支部、陆军部商定广西铁路线路，否定张鸣岐的桂邕铁路线，改为先桂林至衡州线，以"兴内政而固国防"。由于广西予以反对，沈云沛则派人考察四个月后，再奏固国防方案获准。九月，沈云沛主持京张铁路开通典礼后，认为展筑张绥铁路不仅具有重要的经济意义，而且"实于行军理藩政策极有关系"势在必行。这些足以说明沈云沛既是一位精明的实业家，又是一位高明的战略家。

四是回答借用外资修路诘问的《论外资之得失》。各省保路运动与反对借款筑路风波持续不断，且有愈演愈烈之势。针对士绅"借款筑路就是丧失路权，就是卖国行为"的问题，沈云沛诘问士绅：借款筑路是筑在中国国土上，修成的几条铁路经济效益极佳，造福于民，哪一条铁路被卖了？不借款当然可以，但你们腰里装着多少钱又筹集了多少款？商办铁路十几年凑集资

①纪侯：《左传》记载"纪侯去国"，意为失败逃亡。

金只修了几十里，成本却大大高于借款修筑的国有铁路，利息是外借款的数倍之多，这是坑害了洋人还是坑害了中国百姓？反对借款修路，自己又拿不出资金，路权保下来了却修不成铁路。你们如此闹下去，扪心自问，是出于爱国之心还是一己私利？对于沈云沛诘问，士绅们始终没有正面回答。沈云沛对因为士绅反对借用外资修路，致使多条铁路流产，而自筹资金无几，严重阻碍中国铁路建设，非常痛心，认为借用外资筑路是上上策。于是，宣统二年（1910年）撰写《论外资之得失》发表："……至今日，而全国铁路犹不满五千里。蒙藏新疆勿论矣。即陕甘云贵川汉亦无尺寸之路。其余各省虽已开工，然皆资金莫继。中国本部物博人众，其铁路之开通尚且等于俟河之清，况乃锦爱、伊犁、张恰、川藏各路，在地荒人少之境耶？而一一必由自力以成之谈何容易？窃恐铁路未开而外患已迫，即不借一铢之外债而中国亦莫保矣……无如中国今日民穷财尽达于极点，即筹区区尾款创设公司开办工场，尚且力竭声嘶，况各省铁路干线长则千余里，短则数百里，为吾国开国以来为曾有之大事业……就本部铁路言之，各省铁路平均千英里，十八省合计一万八千里。照中国铁路先例，每英里约须七万两，共计十三万万余两。据东亚同文会支那经济报告书云，我国人民平均每人约银三两。以我国人口四万万总数计之，合计不过共有银十二万万两而已，断不能尽数解囊投资于铁路，而不另谋他项事业。由是观之，玄黄之马而以负重致远，庸有济乎？故我敢断言之，曰吾国今日而欲修成铁路，非仰外资之力决无成功之时也。更有不能不皆外债者，以我国人民平均只有银三两之故，故我国内普通利息年必一二分，而外债利息年仅三四厘。何妨暂借轻利之外债投诸生产事业，以开发我国之天然之富源？而铁路即为开发富源之大事业。今不研究外债政策以谋积极进行之方法，只出死力以抵拒外债，争回商办铁路，劝募吾国民年必一二分之血本，何其不思之甚也？……若大借年息仅三四厘之外债以充工费，俟路成工竣，然后将铁路每年收入之余利项下抽款次第偿还一方，既有利于铁路公司一方，复有利于国计民生，一举而两得之为愈也……拒债者既不知外人干涉财政之原因，复不量国民经济之能力，只畏外债若蛇蝎而欲争回商办，其热心固可敬而其愚亦甚矣。"沈云沛之文说理透彻，以理服人，但面对狂热的激进主义者攻击，难有效果。

五是主张铁路国有政策。推行铁路国有政策是沈云沛一贯坚持的立场。光绪三十三年（1907年），时任农工商部右侍郎的沈云沛与光绪对值时，就论及铁路国有问题，进言铁路国有为世界通行，没有任何一个国家铁路干线为商办民营。沈云沛理解清廷《铁路简明章程》允许铁路商办民营是处于资金匮乏的无奈之举。各省士绅利用各种强行摊派手段集股，其结果非但没有加速中国铁路建设，相反是劳民伤财，民怨沸腾。同时，商办铁路又打着路权的旗帜，极力反对官办借款筑路，严重阻碍了中国铁路建设。欲解决商办铁路之沉疴，惟有仿效各国实行铁路国有，舍此别无他途。然而，商办铁路多年来产生的负面影响，牵一发而动全身，当筹谋万全之策。宣统元年（1909年）沈云沛指令水钧韶撰写世界各国铁路修筑与经营情况，并与中国铁路进行比较，让商办铁路公司认清世界大趋势，同时让官办铁路看清差距，明确改进方向。水钧韶翻译《法国经营属地铁路成绩》，撰写《意大利铁路之状况》；中国铁路顾问、日本工学博士原口要撰写《中国铁路谈》，均在《交通官报》发表。通过分析比较，认为：中国七条铁路长2063英里，仅及日本一半，但均系官办国有铁路，而商办潮汕、粤汉、沪杭甬等路均未修成。因此，中国商办铁路作为补充和过渡之使命理应结束，实行铁路国有势在必行。沈云沛认为只有实行国有方能使中国铁路迅速健康发展，他力主铁路国有，虽然得到有识之士认可，但却受到各省商办铁路公司和士绅的攻讦。年底，沈云沛针对各省商办铁路存在的各自为政，造成一系列人为的困难与弊端，亲自对已建成各路的运营情况进行调查，通过京奉、京汉铁路运营余利甚多，而独沪宁一路亏损的实例，说明"今之粤汉、川汉铁路"分省修筑之弊，铁路统一国有之必要。新任邮传部大臣盛宣怀认为实行铁路国有理直气壮，四川士绅挪用路款投机倒账巨亏二百万见不得天日，立即采取收购路款国有与借款修筑粤汉、川汉铁路的一系列举措，完全击中了川汉商办铁路公司的要害，意味着四川士绅倒账巨亏之款必须自己负责，而他们无法向股民交代，四川商办铁路公司便组织人员宣传："铁路国有政策是出卖全国铁路主权的政策，路亡则国亡。"于是，反对铁路国有政策的四川"保路运动"兴起。之后，署理邮传部大臣吴郁生根据沈云沛的纲目整理公布《邮传部修正川粤汉借款暨干路国有办法辨明书》，也难挽铁路国有政策终结之命运。

六是管理和整治铁路的思路和计策。光绪三十四年（1908年）三月，陈璧奏请沈云沛转任邮传部署理右侍郎之后，光绪帝曾在养心殿几次与沈云沛对值，听取其对修筑铁路之策。沈云沛对整顿铁路提出“四计”：（1）翻译介绍西方修筑铁路历程和经验资料，广为宣传，让各省士绅民众知道修筑铁路之难和需要的技术、巨额投资、建设与回报周期，修筑铁路应该量力而行。（2）论述分析修筑铁路措施的是非与利弊：朝廷缺乏资金而难以筑路，民间资金又严重不足，借列强资金修筑中国铁路乃借鸡生蛋，利国利民，实明智之举。列强的资金用于中国铁路，铁路修在中国土地上，受益的是国家，与卖国不沾边。而铁路商办自筑，缺资金无技术，所集资金杯水车薪，挥霍民脂民膏而铁路不成，吃亏受害的是民众。两相比较，利弊自明。（3）将几年来各省商办铁路巨额耗资而铁路不成使股民受害，与朝廷借款筑路取得的巨大效益的数据等情况予以对比公布，是非清楚，让人警醒。（4）铁路乃国之命脉，世界上没有任何一个国家的铁路干线允许民营，朝廷当痛下决心废除商办铁路而奉行铁路国有政策，此乃西方通行国策。但由于商办铁路存在多年，所产生的负面影响很大，铁路国有政策牵一发而动全身，当对商办铁路进行分类酌情处置。惟如此，中国铁路才有希望。光绪深以为然。

宣统元年（1909年）一月以后，沈云沛作为邮传部主官，终年奔走于各路，掌握实际情况，分类指导，借图改良。沈云沛先后查视京汉、津浦、沪宁、汴洛诸路，对照各路上报文牍现场查核有关情况和问题，听取各方意见和建议，指出修改意见。对发现存在的问题，明确改进方向，饬令各路局调查报告商务情形，进行改善。沈云沛分别重点对广西铁路、山西铁路、闽粤铁路、川粤汉铁路修筑进行大力整顿，多次现场指挥，就地解决问题。特别是川汉铁路修筑境状让沈云沛寝食难安、忧心如焚。沈云沛在经过多年调研与思考而写成的著作《川汉铁路》一书中，详尽分析了处于中国西南部的川汉铁路在政治、军事上占据的重要地位和巨大的经济意义，其与成都、汉口、广州三个重镇连接，与卢汉铁路相交，中国西南部的快捷通道形成，预测客货物量逐年激增，将促进该地区的经济繁荣；分析设计利弊，预测投资、竣工时间和营运收入等情况。但川汉铁路修筑问题积重难返，内部争权夺势，管理极为混乱，浪费十分严重。美国著名经济学家罗斯考察了中国商办铁路之后说：这些铁路都打着"完全由中国人自己建造"的旗号，但工程的全部耗费却远远超过实际应该花的。譬如粤汉铁路，用股东们的话来说，"工程进展的速度几乎像蜗牛爬行一般"，而工地上露天堆放的铁轨、枕木，堆积如山，日晒雨淋，任其生锈腐烂。沈云沛洞察两路的情形，在步履维艰中尽力而为。但这条被称为中国铁路史上与京张铁路一样具有里程碑意义的商办川汉铁路的命运，却与官办京张铁路有天壤之别。

三、商业富国思想

沈云沛从年轻时就受浙商家庭的影响，产生了"无商不富"的思想。之后，沈云沛在十年宦游期间，深受洋务运动的影响，特别是张之洞所办实业的启发，产生了商业富国的思想。因为商业的作用不仅表现在产出量对国民经济的贡献上，同时商业发展对孕育市场关系、完善市场机制以及解决劳动力就业问题均有重要作用。在经济活动中，生产者与消费者之间的连接障碍会导致市场供求失衡，故生产者与消费者之间需要一个缓冲和协调的市场主体，即独立承担流通风险、降低交易成本的商业组织，才能在价格上达成一致，使交易双方都获得更多的利益。商业是反馈消费者需求信息的第一道环节，最终产品的价格也是在商品市场上形成的，各类要素市场能否清晰无误地反映和折射需求并有效定价，在相当程度上，都取决于商品市场上及时、准确和有效的价格机制。因此，没有发育成熟、富有效率的商业体系，就不可能有完善的市场体系。

沈云沛在践行其实业救国思想，创办农工企业的同时，敏锐地意识到商业具有促进农工企业发展的作用，更加坚定了商业富国的思想。沈云沛认为，商业对国民经济其他产业具有推动作用。在十八世纪的英国，推动工业革命的真正动力是商业贸易。在当时，生产规模的扩张极大地受到市场需求的限制，是商业贸易为工业革命做好了准备。商业的发展对工业化进程和整个国民经济发展所产生的推动作用是不可低估的。由于制造业生产规模大、相对集约的趋势与消费购买量小、相对分散的特点，在商品空间、时间以及具体品类、特色上产生的矛盾呈日益扩大之势。这就要求商业组织在规模、数量和质量上必须以一定速度增长以匹配工业、制造业高速增长的要求。沈云沛的这一思想主要表现在以下几个方面：

一是主张自开商埠以振兴商业。鸦片战争后，西方列强以枪炮打开了中国闭关锁国的大门，强迫中国签订开放通商口岸等协议。历经半个多世纪，国人看到了无法漠视的事实：被逼迫而开的商埠经济繁荣，一方面外国商人大赚其钱，但另一方面也带动了商埠周边地区的经济发展。沈云沛开办实业，乃“慨然于中国实业之坠地”“列强攫我沿海之精华”，所走的是实业救国之路。在宦游与实业经历中，沈云沛亲身感受洋务运动的兴起，通商口岸为振兴中国实业，促进中国的经济发展产生了一定的作用，给社会带来了前所未有的变化，这是任何一个中国人都无法回避的事实。越来越多的官员对于开埠通商不再持否定的立场，转而思考开通更多的商埠。沈云沛等一批有识之士最早体察并思考这一重要国策。中国的一些重要口岸与其在外国人的压力下被迫签约开埠，“转致授柄于人，不如自开口岸，尚可示以限制”。于是，自开商埠振兴商务，以抵御外来经济侵略，防止主权外溢，逐渐成为朝野的共识。清末，吴淞、岳州、秦皇岛、三都澳自动开辟为商埠。这既是近代中国社会变迁过程中的必然产物，也是清政府顺应历史潮流，融入世界现代文明，振兴实业增强国力的表现。光绪二十四年（1898年）八月，军机处就《总署议复桂抚黄槐森奏开南宁商埠折》颁上谕：“着沿江、沿边各将军督抚就各省地方悉心筹度，如有形势扼要、商贾辐辏之区，可以推广口岸展拓商埠者，即行咨商总理衙门办理。”沈云沛在商部参与制定《商律》，提出一系列重商、奖励等措施、法规。在这种大趋势下，沈云沛开始思考筹谋海州自开商埠之方法、步骤等相关事宜。沈云沛认为，海州地处中国沿海中部，腹地辽阔，沿海、水陆要冲，显然属“沿江、沿边”“形势扼要”之处，地位极为重要，自开商埠之条件更为优越。他断言，海州自开商埠势在必行，刻不容缓。重要的是海州本身要完善自开商埠的准备工作，具备各项条件。但长期海禁致使海州交通阻隔，信息蔽塞，这是发展地方经济的致命弱点。沈云沛在运作海州实业时，始终把加强海州对外联系，建立稳固而畅通的渠道放在重要位置上，从而把所开办的海州工商业置于全国的大局中予以思考和运筹。沈云沛与沈氏实业督管董才卿等多次论及海州局部与中国全局之关系，阐述海州的开放程度，决定了海州与新浦发展的前途与命运。惟有将海州实业与文化置于中国的整体大局中去，方能保持强劲的发展势头和强盛的生命力。这是沈云沛在开办实业中立足全局、高屋建瓴的突出表现。沈云沛在海州开办实业时，一直在做海州自开商埠的履勘、调研等各项准备工作，最终将临洪口大浦作为海州自开商埠的具体展拓区域。沈云沛认为，临洪口之大浦是较大河汊港口，是海州、新浦海上运输的主要港口，海州自开商埠以临洪口之大浦为最佳选择。开放大浦港，必以新浦和海州作为依托成为自开商埠的重要口岸，这也为海州、新浦的发展带来无可限量的前景。以大浦作为海州港埠自行宣布对外开放，加强海州与全国各地的商业联系，具有十分重要的意义。这是维系一个地区繁荣的关键所在。光绪三十年（1904 年）六月，沈云沛呈文两江总督周馥，请求大浦作为海州自开商埠。之后，沈云沛又与许鼎霖联名呈文周馥请求奏报自开海州商埠，并夹《请行驶小轮船片》，申请自雇小火轮船装运货，往来行驶。海关总税务司赫德批准戴理尔关于海州临洪口大浦的勘测报告，并札致周馥，通报查勘临洪口情形，结论为海州宜于临洪口开设商埠。据此，周馥于同年七月夹片上《海州商务渐兴拟请自开商埠折》："其余南北杂货率统由赣榆青口、海州临洪口出口。"上谕准奏。外务部与政务处、户部等接上谕审议后，遂上《外务部等议复署两江总督周奏请海州开埠折》，称海州为沿海、水陆要冲，商务渐兴，"风气较从前开辟"，赞同海州自开商埠。确定海州自开商埠名为"海州关"，海州关亦设大浦；赣榆县的青口及其余各口，一并设立分卡；批准沈云沛等海州士绅《请行驶小轮船片》照章行轮等款项。光绪朱批准奏海州自开商埠。于是，光绪三十一年（1905 年）十月，位于新浦以东十里的大浦以海州关名义宣布开放。由海州临洪口大浦港与青岛间的汽船通航，进而开通北至大连、天津，南至南通、上海、宁波、广州、香港、南洋之间的货运，商品集散功能进一步得到增强，进而促进了淮海地区，以及中原、关中腹部的经济发展。这为后来秦陇豫海铁路东部终点海州奠定了基础。海州自开商埠及对海州与中原、关中腹部区域经济发展的促进作用，在今天仍有借鉴与启示意义。沈云沛一生呕心沥血筹谋陇海铁路，考虑的绝非仅仅海州一城一邑对外开放联络，而是以海州为东部终点所形成的横贯中国东西的交通大动脉，对中原等广大腹部地区经济发展所产生的巨大作用，而绝非张謇理解为“沈君戋戋之村气”。

二是主张扩张航业以发展商业。沈云沛在组建火轮船队开展水路运输领域走在全国的最前列。同治十一年（1872年），李鸿章奏请试办轮船招商局。翌年，由沈氏实业督办董才卿操作，于海州鸿门、小圩兴建两个码头，购置“甡茂”号火轮三艘，从事大规模的贸迁，后又在南京成立运输公司，从事商业运输。沈云沛的“甡茂”号船队和运输公司业绩显著，为沈云沛成为当时排名第二的中国实业家发挥了重要作用。因而被商部刊文誉之为中国“商界之嚆矢”。宣统元年（1909年）二月，轮船招商局奉旨归邮传部主管。宣统二年（1910年）四月，沈云沛收到上海实业家祝大椿要求兴办邮船的呈文，沈云沛极力支持、鼓励。在得到邮传部支持后，祝大椿购买轮船多艘，来往于新加坡、日本及所经沿海各港口。其邮轮开中国邮船事业之先河，故沈云沛言，中国邮船当自祝大椿始。鉴于朝野对船政重要性认识不足，各界对欧美列强之船政几乎一无所知，沈云沛同程明超、张嘉璈及部有关司员举行座谈，讨论中国船政事业与欧美、日本船业之差距，制定发展船政之方略。沈云沛认为，国外之船务运输为中国做出了表率，根据中国水路运输历史渊源与现行状况，要在扩充海运的同时，重点发挥长江、淮河、运河、黄河等水系内河运输。沈云沛还部署张嘉璈撰《论船政与国家之关系及列国之政策》《列国运河与交通上之关系》两文，论述中国船政，以及列强船政政策，为发展中国的船政事业、轮船制造及使用擘画方略与借鉴；对苏伊士运河、威廉帝运河、格林斯运河、巴拿马运河等世界主要运河经过地域、各国使用运河情况、船数、里数、货物吨数及历年收入、投入经费等进行详尽论述，指出我国运河及各水系运输之不足，提出河道亟待疏浚、管理等建议。沈云沛审阅张嘉璈之文，赞其观点鲜明，说理透彻，其文发表后在国内引起很大反响。沈云沛在得知俄国要在莫斯科召开万国行船会后，遂电派驻俄二等通译官郑延禧参加该会，并要求会后详细报告各国行船情形。郑延禧认真考察各国船务情况后呈文沈云沛，据此向邮传部重点介绍列强之轮船海上交通情况，大家惊叹英法船政发达，深感中国船务远远落后于英法列强，邮传部“自当勉竭”“经久于先而早期乐成于后”，通过扩张行业以增强国力。沈云沛在一份关于“四政”擘画奏折中，提出中国要发展船政事业，缩短与英法列强之差距，其一要通过整顿轮船招商局入手，制定轮船公司章程与船政律法，致船务有章可循，鼓励、保护商办、官督商办船务。其二是派员赴海外学习行船事宜，同时开办学校、设立船政课目、自己培养人才。“如船政，经臣等查悉，招商局历年官督商办情形，拟定查核账目办法，仍一面调查内港外江大小轮船数，一面议定轮船公司注册给照章程，并派员赴沪考察海外行船事宜，以期扩张航业……臣部既于上海实业学堂附设船电两科，复拟于吴淞海滨创建一商船学堂以冀实习驾驶……因又责成佥事陈毅及起草员、参订员等分类纂订，先从船政二律入手……臣等自当勉竭……经久于先而早期乐成于后者也。”中国船政事业与铁路一样，走的是一条坎坷而漫长的道路。沈云沛同一批致力于中国实业救国的仁人志士，对中国近代的前沿产业做出了可贵的探索，为其后的发展提供了借鉴。

三是主张以中国邮递近代化促进商业。鸦片战争后，中国邮递逐步迈向近代化的进程，但“客邮”占据绝对统治地位。列强以“中国没有邮政机构，通信不便”为由，在中国设立邮局，严重侵犯了中国主权。外国人坦言：按万国公法，此国官民不能在彼国境界开设邮局，此在本国之外开设邮局之事，在泰西各国视之，即与在他人之地建造炮台、派兵驻守、开征税项等篾理之事无异，且均属欺压地主之权。在此种情况下，中国开始设立邮局，开展邮政事业，剥离海关专司的邮政归邮传部邮政司掌管。这是中国挽回利权的一个必要举措，具有历史的必然性。光绪十六年（1890 年），总理衙门推广海关办理邮政。几年后，全国二十四处海关均开办了海关邮局。光绪二十二年（1896 年），大清国家邮政局正式创办，此后邮政逐步向内地发展。“凡铁路设站、电报设局之各处均添设邮政官局”。至光绪三十年（1904 年），除甘肃一省未经设局外，设立邮政总、分、支等局千处之多。中国邮政虽经励精图治得到长足发展，但较之欧美列强，幅员辽阔的中国，邮政仍严重滞后。光绪二十年（1894 年），沈云沛于海州奉旨办团练期间，便以海防传递信息之需，提出开通新浦旱班邮路的主张，但沈云沛与江苏省联络未果。四年后，沈云沛回海州丁母忧，遂重提开通新浦旱班邮路之议，因为邮路设立涉及面较广，又被搁置。光绪二十七年（1901 年），沈云沛负责开展全国垦牧试验，他直接向工部尚书载振呈报，请求开通新浦邮路。光绪二十九年（1903 年）

年底，新浦旱班邮路开通成功。虽需经清江和镇江局分转，但此举仍大大改善了海州、新浦的对外联系状况。沈云沛以故乡海州刚申办旱班邮路，因无独立投递之局所，制约海州对外联络、实业与贸迁之现实，把加强邮政建设提到邮传部的议事日程上。光绪三十四年（1908 年）八月初，沈云沛组织邮传部相关司员，统计各省各等邮局近三年以来的经营比较表，各界邮政情形表和邮件、信件投递数量，全国邮界经由地、行程里数等情况。在统计基础上，分别阐述中国邮政状况、存在问题与发展目标。宣统二年（1910 年）九月，沈云沛在上奏《本部奏分年筹办邮政缮单呈览折》中，以西方国家邮政发达为例，再次阐述进一步加强与完善中国邮政之重要性与迫切性："邮政一项为无形交通之大端，与宪政精神关系尤巨。东西各国近数十年于此项政务锐意讲求，竭力推广。一国大小邮局多至数万处所，暨以宣达上下之情，消此隔阂之弊，且与汇兑、储蓄等事，罔不周备国家人民交受其益。我国邮政开办之初，权由税务司兼理，十数年来规模粗具。查宪政编查馆奏定行政纲目，规定臣部邮政司掌。"在调查研究的基础上，沈云沛提出将遍布全国各地规模庞大的驿站予以裁撤，将其财产与人员予以统筹安排。历代以来，驿站作为官方的唯一通信机构，起着联络中央、地方和军队的重要作用。然而，随着邮政的发展，驿站日显衰落，驿站制度已经失去其原有的作用。沈云沛主张裁撤驿站，出于克服邮递"双轨制"，以驿站的力量作为加强邮政的补充，以满足日益增长的邮递通信需求。宣统二年（1910 年）年底，上谕准陆军部奏折，驿站归邮传部管理。沈云沛派员与陆军部"再三酌商"铁路军用路线，分陆军、海军、边界防务运输三种。沈云沛实现了以裁撤驿站为契机加强邮政的初衷。在各省各方争夺不下的博弈中，从邮传部与陆军部的折冲中可以看出，沈云沛实施的策略乃兼顾各方利益，体现利益的平衡。驿站归邮传部管理后，沈云沛重新拟定邮政区域，由以海关辖区为标准改为以行政区域为标准，将全国分为五十个区，即十四个邮界、三十六个副邮界。邮政局除传递信件、汇寄银钞外增加新的业务被实施并延续。

沈云沛的商业富国思想，虽然对推进实业救国发挥了重要作用，但其官商思想也带来了官僚腐败，从而阻碍了中国向现代政治转型的步伐。晚清由于允许并鼓励官员经商，同时越来越多的商人当官，使官员经商现象成为常态。但是，官商也存在弊端：官员们以权谋私、滥用职权来牟取暴利，破坏了自然的商品经济发展，严重脱离了原有的生产领域，违背了商业市场规则和商品交易原则。使得百姓被迫对官员行贿、讨好权贵，甚至出卖子女的联姻，损害了百姓的利益。国库严重亏空，朝廷面临巨大的财政支出和官员的奢靡之需，不得不将压力推给百姓，增加本来就很严重的课税，使得百姓生活更加困苦。官员富裕，百姓贫弱，出现了严重的两极分化。官员经商虽然带来许多的危害，但也不能否定其时代意义。要打破"重农抑商"这一妨碍国家经济发展的思想，这些上层社会的商业经营者的出现，起到了一定的补充和推动市场发展的作用，有利于晚清社会的转型。

四、犁户承包思想

沈云沛的家族在海州是以垦荒起家的，他从小就熟悉农业生产经营，特别是他在海州阿湖私学读书期间，目睹了农业生产的情况和问题，使他产生了改革农业经营模式的想法。于是，在沈云沛中举后，他践行实业救国思想的第一个尝试，就是改革农业经营模式，实行农田统一耕作种植，创立犁户承包制。农田统一耕作种植，是指利用近代的耕作方式和技术，统一规划和管理农村土地，实行农田集约化经营，提高农业生产效益和农民生活水平。实现农田统一耕作有利于提高农业生产效益、促进农村劳动力的流动和优化农村资源配置等，但同时也存在许多挑战和问题。随着近代工商业的发展，农田实现"统一耕作"已成为新趋势。土地所有者将会加大让利扶持力度，帮助农民实现规模化经营和土地统一管理，从而提高农业生产效益。

同治十二年（1873 年）年底，沈云沛开始谋划海州实业，决定从改造盐碱地入手，改革佃户地租缴纳方式，在提高佃户收入前提下，增加沈氏土地收入，以积累资金，为实业投资提供可靠保证。沈氏的土地，多为盐碱或贫瘠之地，产量极低，佃户租种沈氏土地信心不足，时有抛荒现象发生。沈云沛认为，佃户生活无保障，灾害年景佃户衣食无着而收租，营小利而背大义，逞私愤而忘公义，积弊不除，根基不牢，实业投资定为无源之水、无本之木。沈云沛决定采取"以工代赈"，盐碱地治理初见成效，收成提高三成。

在此基础上，沈云沛决定废除中国几千年的佃户制，创立“犁户承包制”，开创中国农村土地承包之先河。沈云沛将沈氏拥有的土地划分西湖、中寨、双店、竹墩、张湾、恒兴、玉兴、南湾、德兴、义兴、仁兴、中兴等域片，每处建有“U”形二十余间连体房屋，并附设炮楼，称“堆房”，有专事监督管理、仓储保卫人员等。根据每处土地亩数以及每户劳力确定“犁”数，一张耕犁种一百亩（有的为一百五十亩），四十余处堆房有十至二十五张犁不等。耕种者可以承接一张犁或几张犁的土地，承接户称为“犁户”，可独立耕种所承包的土地，也可根据其需要自行决定雇工；犁户公举“犁头”为其代言人；夏秋分红无论年成好坏，收获均按“六四”分成：东家为六，犁户为四。东家凭借经济优势以工代赈，以保证农户免受饥寒。沈云沛创立的犁户承包制度，使耕种者的生活有了保障，调动了犁户的积极性。庄稼产量大增，远超昔日，沈氏收入亦随之大幅度增加。光绪三年（1877 年）八月，沈云沛至高桥巡检司恒兴号堆房考察，同犁头陈景恩等商谈犁户分成改革，将原“六四”分配比例改为“五五”分成。恒兴号陈、李、马、姜、周五姓犁户一致做出决定：五姓后代一直在此居住，不得迁徙他处，否则不入祖宗祠堂。百年之后，恒兴号堆房（现沈李村小沈庄）五姓后代严格遵循祖宗遗言，无一户迁徙离开，而且把此村命名为“沈庄”。从恒兴号堆房回海州后，沈云沛要求管家赵理斋协助董才卿推行堆房分配比例，除南乡小圩西部两千亩土地继续保持原租赁外，沈氏所有堆房一律按恒兴号堆房“五五”分成比例实行，并检查犁户承接犁数的实际能力，确定数量，增加土地产出。沈云沛创立犁户承包制后的农业收入每亩红利约在二十角（约合二两银），为沈氏积累了巨大的实业投资资金。其后，沈云沛利用资金优势开办实业，采取“人弃我取，人取我予”的经商策略，擘画沈氏实业全局。据沈云沛后人讲述，光绪二十八年（1902 年）后，沈云沛官宦京师，每年都要从海州汇出五万两银子补贴家用，均从犁户堆房账目中支出。沈云沛又以每亩三角钱低价购进锦屏山南至新坝、海州西大岭、新浦之南贾圩、马跳等处沮洳斥卤之地，加之其前买下的蔷薇河北富安刘氏报废盐田、新浦东跳河两岸一千五百亩荒地，海州、新浦周边田地均为沈氏所有。继而，沈云沛仍以每亩三角的价格购置了南云台、东巷、五羊湖等处盐碱地达三万亩，“绵延二十里”，经短短几年以工代赈"治农海上，海滨斥卤"，由每亩三角飙升为三十元。

沈云沛实业救国之路从改革海州农业与地产入手取得显著成效，不仅为其实业投资积聚了巨额资金，而且使得后来东海、灌云、海州等土地去碱化受益匪浅，如今连云港市的大片良田，其实是从沈云沛开始得以改良的。

中国是个农业大国，但不是农业现代化国家。中国农业在全面走上"小岗模式"道路以后，产生了农业、农村、农民"三农"问题。要通过规模化运营农业，统一运营、统一耕种，进一步实现农业的节本增效，进一步刺激土地流转和集约化经营，促进农村现代化发展。

第三章　沈云沛的科学与教育思想

一、科学兴国的思想

沈云沛从上私学起就接受了文学、史学、数学等科学知识教育；在游学时通过考察实业，认识到西方科学技术对兴办实业的重要性，出现了科学兴国思想的萌芽；特别是在海州进行实业救国实践时，更感到科学技术和经济学等对兴办实业的重要作用，产生了科学兴国的思想；而在帮办资政院期间，便充分认识到政治学、法学对建立民主政治体制的重要性，坚定了科学兴国的思想。科学兴国思想，旨在通过科学及创新来推动国家的发展与振兴。科学兴国思想既对中国的经济发展及改善人民生活水平具有重要意义，也对提升国家综合实力、保障国家安全和扩大影响力起着关键性的作用。科学兴国注重强调科技与经济的融合发展，通过促进科技与产业的深度融合，推动科技成果转化为生产力，实现科技与经济的双向互动。科学兴国鼓励开展国际合作与交流，吸取世界先进科学的优点与管理经验，促进中国的全球化和国际化，提升中国在国际科技舞台上的地位和影响力。

沈云沛的科学兴国思想主要体现在以下几个方面：一是主张致力于社会科学研究。沈云沛在繁忙的工作间隙著书立说，亲自撰写并出版《君宪评议》《行政法议》《君宪纪实》《论外资之得失》《川汉铁路》《海赣垦牧公司》等专著。在中国近代撰写出版这些社会科学书籍是非常难能可贵的，其对于宣传和推进中国君主立宪制及实业救国的思想和实践，对于推进学习西方先进的社会科学，促进国人的解放思想，发挥了巨大作用，从而也奠定了沈云沛作为近代中国思想家和社会科学家的地位。

二是主张成立中国交通研究机构。沈云沛立足中国交通长远计，便筹谋成立中国交通研究所。沈云沛在呈文中言，邮传部所辖船、路、电、邮之“四政”，学问皆属专门，非遇事研求不足以资臂助。从长远发展考虑，应该荟萃专门人员，择重要事件，参合中外学理事实进行论证研究，详加讨论，避免施政失当。邮传部现设之图书通译局予以整顿，与交通研究所合为一体，相得益彰，以提供并研究列国成规、典章，成败得失案例，于中国交通政务均有裨益。同时造就一批中国铁路交通中高级科技人才。因此，沈云沛与邮传部尚书徐世昌商谋部议后，奏请设立交通研究所。

三是主张推进科学知识的应用。沈云沛就邮传部主管的路、船、邮、电之“四政”，在擘画中国铁路宏伟蓝图并制定赎路政策之时，对全国官商办铁路修筑情形、布局规划、筹款等一系列问题进行思考，按照《论外资之得失》的理论观点，提出切实可行的解决措施，使中国铁路建设的棘手问题，逐步得到有效解决。沈云沛在谋划中国立宪政治，推进君主立宪制之时，运用《君宪评议》《行政法议》的思想理论，结合中国国情，运筹帷幄，主持制定中国第一部《宪法大纲》，其轰动一时，影响后世。这充分体现了沈云沛坚持理论与实践相结合的科学精神，在当时是难能可贵的。

沈云沛科学兴国的思想，在一百多年后的今天，仍然是我们应该坚持和推行的。只有通过科学创新，中国才能实现从追赶者到领先者的转变，进一步提升国家实力和影响力。全面推进科学兴国战略的措施：第一，政府应当营造人才生长和科学创新的宽松环境，让人才自然生长，宽容创新失败，激发科研人员的原始创新活力。第二，政府应加大对创新体系和平台的建设力度，提供有力支持和保障，消除人为的障碍。建立科学创新中心、工程实验室等创新平台，促进科学家、工程师尤其是社科研究员等科学人才间的合作与交流。第三，政府应加强知识产权的保护，鼓励和支持科技成果的转化，为创新者提供良好的营商环境和市场机制。第四，应进一步打破无关的行政干预，完善相关政策和法规，还科研机构的本意，杜绝科研行政腐败。

二、教育为本的思想

沈云沛从廷试而学时就接受了母亲杨氏的文史和算术教育，上私学时接受了文史哲、中医、兵法、武术、书法、绘画等教育，使他认识到教育的重要性。

在海州践行实业救国思想时，沈云沛不仅继续学习，而且兴办义学，树立了教育为本的思想。教育为本思想，主张通过教育来促进国家和事业的发展进步。沈云沛等认为，教育是立国之本，也是国家繁荣昌盛的源泉。教育不仅关系到个人的成长和发展，更关系到国家和民族的未来。教育可以提供平等的机会，减少社会不平等和贫困现象。教育能够推动科技进步和产业升级，促进经济的发展和增长。教育有助于传承科学和文化，培养民众的社会价值观和道德观念。

沈云沛一生求学、重视教育，为兴办中小学和高校等各类学校做出了很大努力和贡献，堪称中国近代的教育家。沈云沛践行教育为本思想主要表现在如下方面：

1. 主张大力开办义学和中小学。光绪五年（1879 年），沈云沛与父商谋，决定将南云台山沈家一千亩学田捐出充公，倡议地方豪绅捐田办学，解决一些贫穷子弟就学问题，改变海州地区教育落后的现状。沈云沛于锦屏山沈氏祠堂设立沈氏教董书院，沈氏子弟及亲友近邻可入学，其学费、教员支出由书院学田支付，学子享受优厚待遇，书院聘请海州地区学有专长的举子、名流来此教授或讲学，沈云沛亲书“鸿角香庐”。光绪二十年（1894 年），沈云沛于甲午恩科会试中进士，钦点翰林院庶吉士，回海州掌教于郁洲书院。光绪三十年（1904 年），沈云沛与海州知州、学正等商谈，利用石室书院旧址，创立海州学堂，沈云沛被聘为首任堂长（校长），把旧式的石室书院改成中国第一批“中学为体，西学为用”的新式学校。之后，学校陆续更名为江苏省立第十一中学、江苏省海州师范学校、连云港师范高等专科学校、连云港师范学院。该校在一百多年的办学历程中，为国家输送了大批优秀人才，数万余名校友遍布海内外。

2. 主张兴办新式高等教育机构。沈云沛曾任职农工商部、邮传部，他重视教育，创办北京铁路管理传习所（北京交通大学前身），为国家培养了大批有用之才。传习所开设铁路工程科，应用英国、法国及德国相关教材和聘用一批外籍教员，授翰林院检讨、京师大学堂译学馆提调章梫为代理监督。沈云沛在落成典礼上道：“我们中国人要记住这个日子。传习所是为提倡路权，培育铁路技术与管理人才而创办的第一所学校。时下讨人喜欢的话是保路权，但国人是否想过如何去保？用什么去保？在中国修铁路，缺钱少银姑且不谈，没有技术，不懂铁路管理，争路权的结果是铁路勘察设计都做不了，修筑铁路成了一句空话。创办铁路管理传习所，就是要培养我们自己懂铁路、管铁路的专门人才。中国铁路的未来就寄托在你们身上。"虽然采取扩充专科附设中学、购买仪器、增建工厂讲堂各事希冀弥补不足，但依然难以解决迫在眉睫之人才需求。沈云沛与徐世昌就北京铁路管理传习所增加邮电科，扩充为交通传习所取得共识，上奏获准。于是，北京铁路管理传习所更名为北京交通传习所。此与其后分设的北京铁路管理学校和北京邮电学校，为中国铁路、邮电培养了大批技术人才。

3. 注重高校提高教学质量。沈云沛任职邮传部后，接办唐山路矿学堂、上海高等实业学堂，提出一些创新主张，推进了学校发展和质量提升。唐山路矿学堂改归邮传部直辖后，沈云沛要求学校要组织学生到实际中扩充眼界。宣统元年（1909 年）五月，沈云沛饬令唐山路矿学堂学生暑假考察京张铁路，实地练习，考察结束后，学校要进行总结。唐山路矿学堂于暑期带领学生考察京张铁路，并作《唐山路矿学堂甲班学生夏期履行考察京张铁路纪事》呈报署理尚书沈云沛。沈云沛看后，将其转发于上海高等实业学堂、北京交通传习所，并在《交通官报》上刊发宣传。沈云沛对原为南洋公学的上海高等实业学堂十分关注，奏请增设机电专科。沈云沛特别指令该学堂与北京交通传习所要关注日本的电气铁路，掌握列国机电发展情况及技术，如德国等制造的飞艇飞行器。沈云沛还派詹天佑等前往监督验考，并要求詹天佑结合实际给毕业生讲解技术知识，留意发现优秀毕业生，在其毕业后于实际工作中予以重点培养。

沈云沛教育为本的思想在今天仍具有一定的应用价值。为了提高教育水平，各国都在不断探索和尝试各种教育模式和方法。其中，创新教育、素质教育、个性化教育等新型教育模式已成为主流。这些教育模式注重培养学生的创新精神和实践能力，提高学生的综合素质，为国家现代化提供了人才支持。但著名的"钱学森之问"还没有彻底解决。因此，只有推进教育改革，才能培养出国家发展需要的创新人才，完成国家现代化的宏伟目标。

三、人才关键的思想

沈云沛从小就接受了传统的各种知识和技能教育，在宦游和经商为政的同时，自己特别注重学习近代科学知识和管理经验，非常重视人才的培养、延揽、使用和奖励，形成了人才关键的思想。人才是指拥有特定的专业知识和才能，并能够在特定领域或岗位上取得卓越成就的个人。人才是一个国家、一个地方发展的核心竞争力，是先进生产力和先进文化的重要创造者和传播者，是社会发展的宝贵资源。具备创新思维、专业技能和实践经验的人才能够促进科技进步、提高生产效率、推动企业创新和竞争力，从而推动整个社会的经济繁荣。人才通过创新、研究、教育等方式，为社会带来新的知识、技术和思想，推动社会各个领域的发展。通过提供良好的教育和培训机会，激发人才的潜能，营造适宜的发展空间，可以增强社会的公平性和包容性，减少人才流失和社会不稳定因素。

沈云沛从邮传部主管业务的实践中，充分意识到专门人才对开展“四政”及修筑铁路具有重要意义。沈云沛在《奏调用专门人员奏明立案折》中言：“臣部总辖船、路、电、邮四政，皆系专门事业，自非调用专门人员无以利推行而收实效。”邮传部对“四政”专门技术人才，尤其对铁路技术人才望贤若渴。于是，沈云沛于邮传部任上着力开办中等高等技术学校，不拘一格广揽技术人才，大力培养、奖励、提拔重用人才，让其在实际磨炼中增长才干而成为中坚力量，逐步建立起一支中国近代铁路交通技术人才队伍。

一是主张培养技术人才。沈云沛在邮传部任右侍郎、署理尚书期间，通过创办北京铁路管理传习所、成立中国交通研究所，以及扩大提升唐山路矿学堂、上海高等实业学堂，培养与建立了中国铁路交通技术骨干队伍，为中国近代铁路交通的发展做出重要贡献。民国年间，这些技术骨干如施肇曾、阮惟和、卢学孟、关冕钧、邝孙谋、沈琪等，在中国铁路规划与建设中起着至关重要的作用。

二是主张激励奖励人才。沈云沛将京张铁路视为中国铁路之标杆，詹天佑、关冕钧等技术骨干为中国铁路工程技术人员之楷模，先后八次上奏褒奖詹天佑等。光绪三十四年（1908 年）十月，邮传部右侍郎沈云沛片奏中赞誉詹天佑："品端艺粹，力果心精，自美国毕业回华后，历办京奉、新易各路工程，成效久已卓著。光绪三十一年（1905 年），派充京张总办兼总工程师，定线敷工，指挥群众，栉风沐雨，昕夕勤劬，廉洁自持，事事节省，工竣用款比原估单有减无增。"一个月后，沈云沛根据詹天佑呈文邮传部陈述留学人员之情，以及各省督抚报送的申奖名单，沈云沛与陈璧部议上奏，奖励"回国十年以上，学力素优，复有经验"的人，给其授予正统的功名。根据邮传部所奏，朝廷指派外务部尚书梁敦彦、吏部右侍郎于式枚、法部左侍郎绍昌三大臣审查确定：一等之魏瀚、李维格、郑清廉、邝荣光、吴仰曾、杨廉等十二人为工科进士，詹天佑列为工科进士之第一名。宣统元年（1909 年）三月，沈云沛举荐詹天佑任留学生主试官等职。七月，京张铁路路轨顺利铺到张家口。沈云沛得知詹天佑边铺轨、边带着路工沿铁路两边栽植树木，不仅美化铁路环境，且树木根系深入土壤更能稳固路基，树木成材可作大用。沈云沛大加赞赏，立即札饬全国各条铁路效法詹天佑的做法，并定为检查验收铁路合格与否之重要一条。沈云沛与徐世昌等磋商，将京张铁路树立为中国铁路之标杆，总结推广中国铁路建设事业经验，奖励有功人员。

三是主张提拔重用人才。沈云沛从任职邮传部右侍郎、署理尚书到任职弼德院顾问大臣、督办浦信铁路的近十年时间中，自光绪三十四年（1908 年）十月上奏荐举詹天佑升为邮传部"丞参候补"、京张铁路会办关冕钧升为"参议候补"起，之后对詹天佑、叶恭绰、关冕钧、龙建章、水钧韶、卢祖华、邝孙谋、卢学孟、施肇曾、阮维和、曾鲲化等一百余名铁路交通技术骨干进行大力提拔、重用，使之成为邮传部"四政"的中坚力量。据统计，至 1914 年，全国铁路协会会员总数达到一千五百九十二人，几乎囊括了中国铁路所有技术骨干，其阵容十分强大。梁士诒、叶恭绰为正副会长，关赓麟为执行部总干事。

百年之后的今天，沈云沛的人才思想仍然没有过时。培育和重用优秀的科学人才是践行科学兴国思想的关键，而高层次科学家和创新领军人物等又是关键中的关键。只有通过改革人才体制机制，为科学创新和人才成长提供宽松的环境，让人才自然生长，才能产生并留住高层次创新型人才，促进国家经济社会发展，实现中国现代化的百年梦想。

第四章　沈云沛的新闻与文化思想

一、新闻先行的思想

沈云沛在任职工部典农司时就非常重视报纸和新闻对推动工作的先导作用，产生了新闻先行的思想。入职邮传部后更加重视报纸和新闻的先导作用，丰富了新闻先行的思想。新闻的意义在于负责向公众传递最新的信息和事件，帮助人们了解世界，做出明智的决策。新闻工作的重要作用：一是披露真相。新闻工作者的责任是挖掘事实，并通过报道将真相公之于众。二是监督权力。新闻工作者需要对政府、企业和个人进行监督，确保其遵守规则和法律，并履行职责。三是传播知识。通过报道各种事件和议题，新闻工作者向公众传递了各种知识和信息，包括科学、文化、教育和社会事务。四是反映民意。新闻工作者可以了解公众的态度和看法，反映他们的需求和诉求。五是促进社会进步。新闻工作有助于培养公民素养和民主意识，通过报道各种社会问题、探讨解决方案和关注弱势群体，促进社会的公正和发展。为此，新闻工作者需要保持独立性和专业性，不断提高自身的职业素养和能力，以更好地履行他们的职责和使命。

光绪二十七年（1901 年），沈云沛在任工部（后商部）典农校尉、负责全国农业开发事宜时，就重视新闻的作用。沈云沛主持全国垦牧种植和开办大清农事试验场，对营口、“六镇”和京师西直门外等地进行考察，推进工作进展的同时，利用中国农学会创办的《农学报》译介外国农书，宣传农业科技知识，呼吁改革中国农业。他还在很有影响的《大公报》刊文《中国京城宜创造公园说》，进行广泛宣传。此后，沈云沛在《大公报》《农学报》上公布《农事试验场章程》，为开办农事试验场大造舆论；在《大公报》《顺天时报》等开辟整版专门刊登《万牲园游览规则》等，引起国内外的关注和轰动，万牲园出现游人如织的景象。

宣统元年（1909年）二月，署理邮传部尚书沈云沛为更新国人观念、顺应世界潮流、擘画中国交通运输的宏伟大计，顺利实施其全盘计划，创办了《交通官报》。沈云沛聘请张嘉璈为总编，聘请张煜铨、程明超、薛大可等学者与知名人士担任撰稿人，指令本部水钧韶、关冕钧等予以配合。《交通官报》创刊词道："齐一官民意志，发达交通学术，增进交通事业，以官报而兼学报之任务者也。"沈云沛以《交通官报》为阵地，开辟了十几个栏目，翻译介绍西方各国的交通运输发展状况，刊用与中国铁路、海运等现状进行对比及改进方略，发表调查报告、邮传部对朝廷的奏折及上谕、邮传部的部署和计划，以及对各省铁路交通的通报与批复等。《交通官报》是近代中国极具权威和影响力的交通刊物，为沈云沛谋划中国铁路功不可没，对促进中国经济发展起到了重要作用。

沈云沛的新闻先行的思想在今天仍然具有现实意义。社会发展离不开人类的意识导向，而人类与社会之间的相互沟通需要一个有效的媒介，而新闻传播恰好满足了这种媒介的需求，既能够传递社会发展的信息，同时也能够影响到人类本身的思维发展。正是因为有新闻传播来传递社会与人之间的沟通，所以人类才能够推动社会的发展，社会的发展才能够带动人类思维的转变。马克思曾经说过："报纸的最大好处就是每日都在干预运动，能够成为运动的喉舌。"著名的传播学学者伦纳认为："传播媒介可以创造经济和社会所需的'气候'，一旦充分使用媒介，经济和社会发展就会加速进行。"社会发展离不开社会思潮的影响，而社会思潮的引导离不开新闻传播的作用。随着人类社会的不断进步，传统思想必然要朝向现代思想进行转变，但是传统思想的禁锢并不是轻易就可以被打破的，且在传统社会中，统治者为了维护自身权益所形成的思想文化已经变为巨大的思想牢笼，人们要想从这个牢笼中脱离出来就必须拥有钥匙，而新闻传播就发挥了钥匙的作用。新闻传播通过对现代化思想的报道和解析，有效地解开了传统思想套在人们身上的枷锁，给了人们自由选择生活的机会。随着社会的不断发展，新闻传播也在不断创新，从传统的单张小报到现代化的网络技术，从枯燥的文字到形象的影音，新闻传播行业在不断迎合时代的发展，从思想上给予人们解放与自由。新闻传播所讨论的问题也在不断地深入，随着社会思潮的不断丰富化、多变化和复杂化，新闻传播不断朝向深刻、丰厚、多元的方向进化，通过各种媒体、媒介将全新的时代元素融合到社会思潮中，引导人们的社会观念和生活意识，从精神层面改造人们的思维方式，让人们更适合现代社会的时代变迁。

二、知行合一的思想

沈云沛在年轻时深受父辈的影响和教育，树立了远大的人生理想，产生了知行合一的思想。知行合一的思想渊源可以追溯到《易经》《老子》等古代哲学经典。宋朝的朱熹进一步阐释了知行合一的思想，并将其作为儒家思想的核心。明朝的王阳明在《传习录》中对知行合一的理论进行了深入阐述，使得这一思想体系得到了广泛传播和深入发展。知行合一的字面含义就是“知识和行为合二为一”。具体来说，就是人在生活工作过程中，将学到的知识和理论付诸实践，通过实践不断反思、调整和提升自我。知识只有在实践中得到应用，才能真正发挥价值。因此，反思自我是知行合一的关键一步。只有通过对自己行为的反思和评估，才能不断发现自己的不足之处，并且不断优化自己的行为方式，达到不断提高和进步的目的。知行合一的理念也要求人们不断探索和学习新的知识。只有不断学习新的知识，才能不断扩展自己的视野，才能更好地了解自己和世界，进而更好地发挥自己的潜力，达到知行合一的境界。

咸丰八年（1858 年）至同治六年（1867 年），沈云沛在阿湖私学、陶许庵私学从师读书九年，熟知经史子集，精研《卫公兵法》《黄帝内经》《乾凿度》《坤灵图》等书，并学习算术、书法、绘画等知识，还苦练拳术、剑术等技能。之后，十三岁的沈云沛向其父沈观国进言：古之成大学问者均重游学，行万里路，读万卷书，在游学中广交名士，求教名师，广开思路，采百家之长乃为学之道。沈观国十分赞同其子之见。同治七年（1868 年）春，沈观国、李荫远带领沈云沛等海州学子游学，时为海州学界第一次。沈观国带领数百从游学子，先西去阿湖讲学交流，后北上一路讲学至京师。一个多月后，沈云沛等游学者经山西闻喜、西安、洛阳回海州。游学归来的沈云沛眼界大开、学业精进。此后沈云沛不再至陶许庵按部就班就读，而以自行攻读为主。同治九年（1870年），十六岁的沈云沛再次提出游学。七月，沈云沛、黄道传等五十人从沈观国、李荫远游学，广交结贤良饱学之士，更加明确了知行合一的理念。

从同治十二年（1873年）沈云沛在南京乡试中举至光绪二十年（1894年）进京会试中进士的二十年，他坚持知行合一的理念，分别去京城、西安、河南、杭州等地宦游，先后做左宗棠、廖寿丰的幕僚，在其间隙致力于践行实业救国思想的试验，不仅学习了经济学、法学等新的知识，而且锻炼了工作能力和认知能力，初步达到了知行合一的境界。

三、节操笃守的思想

沈云沛从小在父母、老师的传统教育，以及儒商诚信氛围的熏陶下，形成了节操笃守的思想。节操就是气节操守的简称。气节操守，是做人的标准，是检验灵魂的试金石。它指一个人在任何条件和处境下，都能笃守某种被誉为高尚纯正的道德品质的行为表现。具有高尚节操者，诚信无欺，见义勇为，甚至舍生取义，做到"富贵不淫，贫贱不移，威武不屈"。无节操者，实际上是指某人的行为不符合既定的标准，行事说话没有底线，表现为见利忘义、贪生怕死，以致卖国求荣，他们灵魂里充满了铜臭。纵观历史，守节操者流芳百世；无节操者，为世人所不齿。节操笃守意味着一个人在道德、伦理和行为准则方面的定力和坚守。要保持节操，首先需要有一定的道德价值观和准则。这些准则可以基于法律法规、职业道德、宗教信仰或家庭教育等方面。其次需要在生活和工作中保持诚实、守信、遵守规则和承担责任的态度。同时，特别需要时刻提醒自己避免自私自利的行为，以及对自己的言行负责，不做违背节操的事情。

沈云沛一生践行节操笃守的思想，坚持遵守自己的德性操守。一是笃守廉洁奉公的节操不改变。沈云沛自身不徇私情而持公义，对铁路修筑的贪污劣行，不问亲疏概采取高压手段，铁腕惩治腐败。邮传部管辖的"四政"，尤其耗资甚巨的铁路，从勘察到土地征用、施工、材料采购、运行管理等，对一些贪鄙之人而言，大有油水可捞。一些凭一技之长或靠财力捐纳的候补官员等，在获取权力之后，便不计后果巧取豪夺，化公为私。沈云沛入主邮传部后，在部议和致各路局札函中，饬令各路局要修筑干干净净的铁路，不要落污名、骂名。津浦铁路北段发生的赵家场购地舞弊案，深深地刺激了沈云沛。他认为，铁路“用人之道，以教育培养为先，而尤以赏罚劝惩为亟”。邮传部应以此案为鉴，对全国已成未成借款官办铁路“切实考查，严行甄择，不稍宽贷”。邮传部遂部议对全国各路局进行督察，对所聘司员之贪鄙舞弊行为不稍宽贷，立即就地处理；对捐纳候补官员等朝廷命官，查实后上奏予以惩处。沈云沛铁腕惩治铁路司员贪鄙劣行虽然卓有成效，但深感由于监督乏力，贪鄙劣行大有日渐蔓延之势。设于京师的都察院以及派往六部的给事中，他们无法对铁路廉洁情况实施有效的监督，减少或威慑营私舞弊劣行，尤其是对商办铁路更是无从监督，致其贪劣龌龊横行无忌。由于各省商办铁路公司的总裁及董事会人选，朝廷无权任免，故邮传部直接查办商办铁路公司的营私舞弊，非但于事无补反而必引发风波。因此，惩治商办铁路公司之严重违法行为，仅靠邮传部无能为力，须由六部通力合作方许奏效。但这种复杂的组合施政方法，穷于应付之举，绝非长久之计。因此，尽管沈云沛对加强铁路廉洁情况监督殚精竭虑，但始终未有根治良方。

二是笃守维护国家主权的底线不动摇。沈云沛在任职商部、邮传部期间，坚守维护国家主权节操，挫败了俄国、日本、英国、德国、法国等国利用铁路、邮电等侵犯中国主权的野心。光绪三十二年（1906年）九月，上谕特设邮传部，其初衷是“总以振兴实业，挽回利权为宗旨”。沈云沛在与光绪对值时阐明自己的见解：“四政”涉及中国“政治、财政、外交、边务、实业、司法诸方面”，重在维护主权，如借款修筑铁路、合同的履行、借款利息、抵押担保、人事、行车等具体规定，无不体现国家的主权归属，在明确中国主权不被侵犯的前提下与列强签订各类条约。舍弃主权，任何冠冕堂皇的承诺与优厚条件都是不可接受的。主权丧失与否，是在缔结条约或具体规定时所明确的双方的地位。沈云沛在与欧美列强围绕“四政”展开的外交中，经世致用，通过有理有节的外交折冲，有效地维护中国的主权和民族尊严。现存的六十七件沈云沛“四政”外交档案，主要对象为德国、日本，其次为俄国和英国。其奏折、函札、抄件、谈判附录、饬令等手书二百余页，字斟句酌，逻辑严密，体现了“政治翘楚”沈云沛“为国忠贞”而运筹的高超谋略，体现了这位“不敢不勉”的晚清重臣高度的责任感和使命感，体现了沈云沛在特定的历史时期爱国爱民的赤子之心。

三是笃守文明的理想追求不妥协。中国的立宪政治道路是这样的艰难与悲哀，文明先进的立宪政治，在中国被异化成龌龊不堪、争权夺利的名利场。沈云沛在任职邮传部、资政院期间，一直坚定自己的推进君主立宪制和铁路强国的理想追求，不与争权夺利的政客同流合污，不顾被人误解和攻讦，坚持渐进改良的九年立宪预备期不能变的认知，坚持宁愿降职也要完成铁路强国使命的节操。民国初年的混乱政局，令沈云沛痛心疾首。1914 年 4 月，他曾作诗呈送刚至京任职的徐世昌：“甲寅三月春寒特甚，东海相国[①]自青岛来京师，呈诗见意：尧舜咨嗟四海穷，千钧一发介华戎。已看秦火燔姬录，未必荆人得楚弓。葛相隆中应有策，汉王马上竟何功？東山携手前盟在，雨雪瀌瀌正北风。”沈云沛的同僚杨士琦从上海至北京任职，二人彻夜长谈。沈云沛感怀作诗赠杨士琦：“春寒感事赠杨泗州[②]：兼旬雨雪滞芳辰，今日清明已暮春。岂合霜华竞桃李？但凭风力长荆榛。黄钟已毁阳无律，黑眚方来夜未晨。灰死烛龙呼不起，焦原愁杀履冰人。”同光派诗友陈衍至京，于金鱼胡同拜访沈云沛，看到此诗。陈衍曾在《石遗室诗话》记载此事：“年来大局，分乐观、悲观两派。雨人曾长邮传部，阅世已深，当‘二次革命’之后，作此悲观，不堪卒读矣。”

沈云沛节操笃守的思想直到今天仍然对国人具有警示意义。在现代社会，笃守节操是每个人应该关注和培养的品德和素养之一。笃守节操不仅是个人品德的体现，也是个人形象和信誉的保证。一个笃守节操的人，在职场和社会中更容易获得他人的信任和尊重。同时，也能够更好地与他人协作、交流与合作，提升自身的竞争力和影响力。对于社会而言，笃守节操的人更容易遵守法律法规，维护社会安全和秩序，为社会和谐、稳定、繁荣做出表率和贡献。而不守节操的人，不仅会破坏个人形象，令人不齿，更会给社会带来

①东海相国：即徐世昌，号东海，任国务卿，称相国。
②杨泗州：即杨士琦。

负面影响，损害社会公共利益和信誉。但现实中丧失底线、不守节操的人经常见到，这对精神文明建设带来巨大影响。因此，每一个人应该时刻铭记和笃守节操这一重要准则，为自己和他人创造更多的价值和意义，建设更加健康、文明、和谐的现代化社会。

主要参考文献

（1）〔法〕托克维尔：《旧制度与大革命》，陈玮译，中央编译出版社，2013 年。
（2）〔德〕哈耶克：《通往奴役之路》，王明毅等译，中国社会科学出版社，1997 年。
（3）〔英〕穆勒：《论自由》，严复译，上海三联书店，2009 年。
（4）蒋廷黻：《中国近代史》，中华书局，2019 年。
（5）罗志田：《革命的形成：清季十年的转折》，商务印书馆，2021 年。
（6）雷颐：《帝国的覆没》，东方出版社，2021 年。
（7）杨天石：《从帝制走向共和：杨天石解读辛亥密档》，重庆出版社，2015 年。
（8）〔美〕唐德刚：《历史的"三峡"》，中国文史出版社，2020 年。
（9）许倬云：《三千年文明大变局》，九州出版社，2023 年。
（10）杨东升：《知识论》，商务印书馆，2020 年。
（11）萧功秦：《儒家文化的困境：近代士大夫与中西文化的碰撞》，山西人民出版社，2022 年。
（12）侯宜杰：《二十世纪初中国政治改革风潮：清末立宪运动史》，辽宁人民出版社，2020 年。
（13）〔德〕柯丽莎：《铁路与中国转型》，金毅译，江苏人民出版社，2023 年。
（14）谌旭彬：《大变局：晚清改革五十年》，浙江人民出版社，2023 年。
（15）傅国涌：《大商人：影响中国的近代实业家们》，中信出版社，2008 年。
（16）中国第一历史档案馆编：《光绪宣统两朝上谕档》，广西师范大学出版社，1996 年。
（17）中国第一历史档案馆编：《光绪朝朱批奏折》，中华书局，1996 年。
（18）戴逸、李文海主编：《清通鉴》，山西人民出版社，1999 年。
（19）李启成点校：《资政院议场会议速记录：晚清预备国会论辩实录》，上海三联书店，2011 年。

（20）戴鸿慈：《出使九国日记》，朝华出版社，2018年。
（21）陈师礼总纂：《皖政辑要》，黄山书社，2005年。
（22）特秀主修、王文炳总纂、张謇题签：《光绪赣榆县志》，1888年。（现藏连云港市博物馆）
（23）王佐良主修、王思衍总纂：《民国赣榆县续志》，1919年。（现藏连云港市博物馆）
（24）连云港市地方志编纂委员会编：《连云港市志》，方志出版社，2000年。
（25）赣榆县地方志编纂委员会编：《赣榆县志》，中华书局，1997年。
（26）连云港市海州区地方志编纂委员会编:《海州区志》,方志出版社,1999年。
（27）连云港市新浦区地方志编纂委员会编《新浦区新志》,方志出版社,2014年。
（28）杨东升主编：《连云港简史》，商务印书馆，2018年。
（29）徐德济主编：《连云港港史》，人民交通出版社，1987年。
（30）王铜起编著：《今古名人》，江苏人民出版社，2008年。
（31）江苏省政协文史委编：《江苏文史资料》，1986年。
（32）山西省政协文史委编：《山西文史资料》，1984年、1991年。
（33）连云港市政协文史委编：《连云港文史资料》（第1、2、3、4、5、6、7辑），1983—1989年。
（34）赣榆县政协文史委编：《赣榆文史资料》（第1、2、3、4、5、6、7、8辑），1984—1989年。
（35）连云港市海州区政协文史委编：《海州文史资料》（第7辑），2004年。
（36）陈博林：《许鼎霖传》，中国文史出版社，2019年。（连云港市哲学社会科学界联合会2016年、2018年研究课题立项资助出版）
（37）周明军编：《许鼎霖年谱》，未刊稿，2017年。（连云港市哲学社会科学界联合会2016年研究课题立项资助出版）
（38）章开沅：《张謇》，团结出版社，2011年。
（39）祁龙威：《张謇日记笺注选存》，广陵书社，2007年。
（40）王敦琴主编：《张謇研究精讲》，苏州大学出版社，2013年。
（41）刘末鸣、詹红旗主编：《张謇兼怀天下》，中国文史出版社，2019年。
（42）庄安正编著：《张謇年谱长编》（晚清篇、民国篇），上海交通大学出版社，2018年。

（43）张謇研究中心编：《张謇全集》，江苏古籍出版社，1994 年。
（44）刘风光：《沈云沛传》，中国文联出版社，2017 年。（连云港市哲学社会科学界联合会 2016 年研究课题立项资助出版）
（45）刘风光编：《沈云沛年谱》，中国文化出版社，2013 年。
（46）沈云沛：《行政法议》，1906 年。（现藏中国国家图书馆）
（47）沈云沛 :《君宪纪实》，1915 年。（现藏中国国家图书馆）
（48）沈云沛：《川汉铁路》，1916 年。（现藏中国国家图书馆）
（49）沈云沛：《海赣垦牧公司》，1905 年。（现藏中国国家图书馆）

后　记

1988 年我在担任连云港团市委宣传部部长时，与南通团市委宣传部黄部长交流两市历史，谈到清末民初“实业救国”的“江北三名流”，是当时由上海《时报》主笔狄楚青（号平子）在该报发表的文章中提出来的一个概念，是指南通的张謇、海州的沈云沛、赣榆的许鼎霖三位著名实业家。之后，我寄给黄部长刚刚时兴的明信片，上面写了一副对联：“江苏港口连海通河，江北名流通单连双。”说明连云港市历史及海港在全省乃至全国的重要地位和知名度。

但是，30 年之后，连云港的经济发展水平与南通等城市相比不尽如人意，而连云港亟须发扬“江北三名流”“实业救国”的精神，奋力赶超，以提高发展质量和美誉度。在此时，我履行连云港市哲学社会科学界联合会主席的职责，利用连云港市 2016 年、2018 年社会科学应用课题资助立项，安排和资助我市文史专家刘风光、陈博林等开展“江北三名流”沈云沛和许鼎霖研究，并分别于 2017 年在中国文联出版社出版了《沈云沛传》、2019 年在中国文史出版社出版了《许鼎霖传》两本书。虽然这两本书填补了沈云沛和许鼎霖研究的空白，但相对于南通市的张謇研究，还有较大的差距，南通至今已出版张謇研究的书籍 40 多本，取得了很好的宣传效果，张謇在全国基本上是家喻户晓。然而，沈云沛和许鼎霖这两位历史人物，不但全国没有知名度，而且在连云港了解的人也不多。我认为，我们要学习南通市的经验，大力研究和宣传连云港市重要的历史人物，进一步弘扬他们热爱家乡、奉献家乡、宣传家乡的精神，以提升连云港的知名度和美誉度，促进连云港早日实现现代化的美好愿景。同时我发现，“江北三名流”都与连云港有着密切的联系，其中，沈云沛和许鼎霖两人是连云港人，在连云港长大，在外地为官的同时于连云港投资兴办实业；张謇曾在连云港工作过，生前经常到连云港来访友和投资，可以说连云港是张謇的第二故乡。而全国至今还没有综合研究中国实业救国的“江北三名流”的学术专著出版，特别是在中国三千年未有之大变局、百年未有之大转型的当代，在加强实业救国的"江北三名流"研究的基础上，开辟综合研究"江北三名流"的新视角，上升转换为国家和社会转型的推动者"江北三杰"（许鼎霖、沈云沛和张謇）研究，就更加具有重要的意义。

于是，我于2021年利用疫情封控的时间，专门研读了有关许鼎霖、沈云沛和张謇的书籍和资料，开展国家和社会转型的推动者"江北三杰"专题研究，借鉴南京大学《中国思想家评传丛书》的研究思路和模式，起草了《转型的推动者："江北三杰"评传》一书的撰写提纲。通过对"江北三杰"的初步研究，我发现许鼎霖、沈云沛和张謇三人既有共同点，又有不同点。

三人都是政治家，都反对帝制和保皇，希望民主法治，为推进立宪政治做出了杰出贡献。帝制与君主立宪制和民主共和制的区别，即保皇与改良和革命的区别。但改良和革命都是为了实现民主，只是实现的方式不同。革命方式有两种：资产阶级革命和无产阶级革命。三人对此的立场观点和作用有差异：许鼎霖先是倡行君主立宪制，反对革命，后是支持民主共和制，最后加入国民党；清末任资政院总裁（即全国议会议长），民国任江苏省议会议长。张謇早年对抗同盟会，倡行君主立宪制，后支持民主共和制，再倡行君主立宪制，虽然赞成共和，但一直到晚年坚持反对革命；清末任江苏谘议局议长，民国任北洋政府参政院参政。沈云沛始终倡行君主立宪制，反对革命，被动同意民主共和制；清末任资政院帮办，民国任北洋政府参政院参政。

三人都是爱国爱民者，在外交场合和对外活动中，为维护国家的主权和尊严做出了重要贡献。都关心群众疾苦，尽力进行赈灾和救济。不同点在于许鼎霖是外交家，曾是首批外交官，努力维护国家和华侨的权益，他的外交是成功的且具有开创性意义。沈云沛在任邮传部署理尚书时，筹谋全国铁路，考虑兼顾军事作用和经济利益，以制衡列强；还在海州兴办团练以御敌。张謇作为商人，也一直呼吁铁路商办，以反对列强经济侵略。许鼎霖和沈云沛主要是以工代赈及直接救济，张謇主要是以发展公益事业的方式救济。

三人都是实业家，都在家乡兴办实业，同时到外地投资或兴办实业，践行实业救国，为促进中国经济发展和经济转型做出了很大贡献。不同点在于张謇是辞官经商，所办实业是私营的，主要投资在家乡，而且做得种类较多、规模较大；曾任民国农商部总长，比另二人去世晚，影响较大。沈云沛所办实业既有私营的，主要投资在家乡；又有国营的，修筑全国铁路和全国农业经营示范，如果算上国营的投资规模比张謇大得多。许鼎霖所办实业主要在家乡以外投资，是私营的，其投资规模与沈云沛私营的相当。

三人都是近代教育和文化事业创办者与建设者，创建的教育和文化事业都是成功的，对社会文化转型做出了突出贡献。不同点在于张謇创办的教育和文化事业门类比较齐全，主要投资家乡，影响较大。沈云沛创办的全国性科学教育和文化事业在全国具有一定的示范意义，影响较大。许鼎霖创办的教育和文化事业相对较少，但对落后地方的带动作用较大。

三人都是学者和诗人，都发表自己的政见和观点，影响公众，以推动国家转型，并以诗抒怀。不同点在于沈云沛是思想家、社会科学家，有论著数本出版，公开发表政见，主持起草中国第一部宪法，具有开创性意义。许鼎霖是辩论家，不但在外交场合以雄辩著称，而且公开发表自己的政见。张謇是清流派的重要成员，经常在媒体及公开的场合发表激进空洞的政见。

因此，评价“江北三杰”，要从政治、外交、军事、经济、科学、教育、文化、思想等方面进行全面的评价。三人不单是实业救国的“江北三名流”，更是全方位推进国家和社会转型的“江北三杰”。许鼎霖与沈云沛是海州同乡，与张謇是在赣榆选青书院的诤友。沈云沛与张謇是江南贡院乡试中结识的，此时沈云沛刚满十九岁就中举人。而比沈云沛小三岁的许鼎霖中亚元已经二十五岁，而比沈云沛大一岁、比许鼎霖大四岁的张謇三十二岁方中举人。但当沈云沛四十一岁中进士后入仕，张謇四十二岁中状元后入仕，此时的许鼎霖已经任职清廷七年，正在国外做外交官。也可以说，这三人都是由乡试而相识结交的，后来成了中国近代史上的风云人物，他们积极探索救国图存、强国裕民的道路，大力推进中国的政治、经济、文化和思想转型，故称为“江北三杰”。但在三人中，许鼎霖定位为政治家、外交家、实业家，张謇定位为实业家、教育家、政治家，沈云沛定位为实业家、政治家、思想家。在三人的工作交往中，既有合作与协调，又有分歧与斗争；三人的个人关系，也有远有近。然而，“江北三杰”是一体的，他们三人推动近代中国社会转型的目标是共同的，影响是深远的，他们为中国走向现代化的贡献必将载入史册，为世人所铭记。

2022年年初，我牵头组成课题调查研究三人组，启动《转型的推动者："江北三杰"评传》一书的撰写工作。然而，由于疫情封控等原因，原定于2022年上半年去北京、上海、南京、南通等地调查研究，到图书馆、博物馆等处查阅资料，走访"江北三杰"故居、工作地，当面访谈其后人的设想，有的予以推迟，有的没有得到完全实施。但是，当今的知识社会和信息时代，不仅可以通过互联网查阅许多信息资料，而且可以用手机进行视频采访，以实现原来的设想。2023年，疫情封控解除后，我寄居于北方某地，全身心地投入课题学术研究和书稿撰写之中。

本书撰写分工如下：《许鼎霖评传》上篇、下篇和《沈云沛评传》下篇，由杨东升撰写；《张謇评传》上篇、下篇，由徐学鸿撰写；《沈云沛评传》上篇，由阎建宁撰写。全书提纲撰写和书稿统稿、定稿，以及《序言》撰写，由杨东升负责。

在本书的撰写过程中，参考了相关书籍、文章等资料，向其作者表示衷心感谢！同时，对提供市级重点文艺项目和社科规划项目基金资助的连云港市委宣传部，对给予关心帮助的连云港市哲学与社会学学会、连云港市统计学会、连云港市宗教学会，表示衷心感谢！

在本书启动撰写之前，就确定了撰写要以学术性为主、科普性为辅的方向，评论要围绕弘扬市场经济、民主法治的新理论和企业家精神（产权独立、平等诚信、自由创新、敢冒风险），打破既有的落后理念和观点，有新发现、新思想和新结论的要求。其目的是通过研究中国三千年未有之大变局的历史，在当前中国百年未有之大转型中，为促进连云港和江苏乃至中国的发展进步以及全面转型，发挥应有的作用。上述目的是否能够实现，需要广大读者及公众的共同努力。

然而，由于作者水平所限，本书中难免有不妥甚至错误之处，希望广大读者提出中肯的批评意见。

杨东升

2023年冬季初稿于太行山麓杨邑

2024年春季修改于江南水乡硅谷